"十三五"职业教育国家规划教材
"十二五"职业教育国家规划教材
经全国职业教育教材审定委员会审定

普通高等教育"十一五"国家级规划教材

2018年陕西省优秀教材

机械制造工艺装备

（第三版）

主　编　魏康民
副主编　南　欢　卢文澈　李俊民
主　审　刘金乾

重庆大学出版社

内 容 提 要

该书通过对轴、盘、箱体、模具零件及齿轮等零件工艺过程与工艺装备选择内容的介绍，将机械加工工艺过程与机械加工工艺装备知识有机地融为一体，并“教、学、做”一体。教材打破了原有的学科体系，形成了新的教学内容体系，注重学生综合工程实践应用能力的培养。

本书在编写中力求反映新技术、新工艺，结合生产实际，突出应用性，实现易教易学的高职教材特色。同时，强调素质教育和以能力为本位的教育理念。本书面向21世纪，紧紧围绕培养目标，面对现实，强求实效，通俗易懂，简单实用。

本书适用于高职高专院校“机械制造与自动化”及“模具设计与制造”、机电一体化等机械类专业使用，也可供职工培训用，还可供有关工程技术人员参考。

图书在版编目(CIP)数据

机械制造工艺装备 / 魏康民主编. -- 3版. -- 重庆：重庆大学出版社，2021.4

高职高专机械系列教材

ISBN 978-7-5624-8745-6

Ⅰ.①机… Ⅱ.①魏… Ⅲ.①机械制造—工艺装备—高等职业教育—教材 Ⅳ.TH16

中国版本图书馆CIP数据核字(2021)第072899号

机械制造工艺装备

(第三版)

主 编 魏康民

副主编 南 欢 卢文澈 李俊民

主 审 刘金乾

策划编辑：周 立

责任编辑：周 立 版式设计：周 立

责任校对：贾 梅 责任印制：赵 晟

*

重庆大学出版社出版发行

出版人：饶帮华

社址：重庆市沙坪坝区大学城西路21号

邮编：401331

电话：(023) 88617190 88617185(中小学)

传真：(023) 88617186 88617166

网址：http://www.cqup.com.cn

邮箱：fxk@cqup.com.cn (营销中心)

全国新华书店经销

重庆华林天美印务有限公司印刷

*

开本：787mm×1092mm 1/16 印张：20 字数：515千 插页：8开1页

2005年1月第1版 2021年4月第3版 2021年4月第8次印刷

印数：15 301—17 300

ISBN 978-7-5624-8745-6 定价：49.50元

第三版前言

近年来，我国高职教育快速发展，但从发展的实践来看，高素质技能型人才的培养目标与具有明显学科化倾向的课程模式已经变得很不协调，职业教育课程微观内容的设计与编排远未跳出学科体系的藩篱，大部分教材始终不能适应职业工作的需要。因此，课程内容的序化已成为制约职业教育课程改革成败与否的关键；按照工作过程的顺序开发课程，是凸现职业教育特色的课程开发的突破口，是培养学生关键能力的有效措施。为此，我们同企业一起对原《机械制造工艺装备》教材进行了修订，本次修订选择真实的机械零件作载体，设计课程的学习情境和教学任务，教材与“机械制造与自动化、模具设计与制造专业岗位职业标准”和人才培养要求对接，使该教材的编写更加贴合工程实际，具备了较好的工学结合基础，易教易学，将受到相关学校教师和学生的欢迎。

该书通过对轴、盘、箱体、模具零件及齿轮等零件工艺过程与工艺装备选择内容的介绍，将机械加工工艺过程与机械加工工艺装备知识有机地融为一体，并“教、学、做”一体。教材打破了原有的学科体系，形成了新的教学内容体系，注重学生综合工程实践应用能力的培养。通过学习，使学生熟悉轴、盘、箱体、模具零件及齿轮等零件工艺过程，熟练掌握机械加工工艺装备选择的原则和方法；熟悉零件质量的检查、分析、评估和资料归档。

本书在编写中结合近几年各高职院校教学改革的经验，力求反映新技术、新工艺，结合生产实际，突出应用性，实现易教易学的高职教材特色。同时，本书为新形态教材，配有数字资源，可线上备课。

本书面向21世纪，紧紧围绕毕业生面向工业企业从事机械制造工艺规程及工艺装备的设计与实施，产品质量分析与控制，机械制造设备的安装、调试、维修、更新改造和生产技术管理等工作这一培养目标，面对现实，强求实效，通俗易懂，简单实用。

本书连续三次被评为“十三五”“十二五”“十一五”职业教育国家规划教材，2018年被评为陕西省优秀教材。

本书适用于高职高专院校“机械制造与自动化”及“模具设计与制造”等机械类专业使用，也可供职工培训用，还可供有关工程技术人员参考。

全书由绪论和5个项目组成。绪论主要介绍机械制造工装在机械制造中的作用、地位及发展趋势，机械制造工艺装备的种类及用途，机械零件的结构特点及加工设备，机械制造工艺装备课程的内容、学习要求和方法；项目1 砂轮架主轴加工工艺装备；项目2 工具磨床支承盘零件加工工艺装备；项目3 砂轮架箱体加工工艺装备；项目4 模具工作零件加工工艺装备；项目5 齿轮加工工艺装备

本书由陕西工业职业技术学院的魏康民教授任主编，陕西工业职业技术学院的南欢副教授和卢文澈副教授以及陕西德仁汽车有限责任公司的副总经理李俊民高级工程师任副主编，咸阳机床厂的刘金乾高级工程师任主审。魏康民编写绪论和项目1，徐孝昌编写项目2，李俊民编写项目3，南欢编写项目4，卢文澈编写项目5。

本书在编写过程中得到了有关院校的领导和同行们的大力支持，兄弟院校的许多专家教授在本书编写过程中提出了不少建议。陕西工业职业技术学院的董海东为本书的编写工作做了大量的工作。编者在此向他们表示衷心的感谢。

由于本书改革力度比较大，加之时间仓促，编者水平有限，书中难免有欠妥之处，敬请各位读者批评指正。

编　者

2021年1月

第二版前言

《机械制造工艺装备》一书是重庆大学出版社为了适应高等职业技术教育教学改革的需要而组织教师编写的。该书自2004年出版以来，受到了高职高专各院校的普遍欢迎，尤其是受到了高职高专各院校“机械制造与自动化”及“模具设计与制造”等教改试点专业的普遍欢迎，得到了较为广泛的使用。正是如此，该书被教育部评为十一五国家规划教材。按照本教材在审报十一五国家规划教材时的要求，我们对本教材进行了修订。修订时，我们通过对原教材的使用，获得了不少经验，找到了一些规律，发现了一些问题。在充分总结经验的基础上，认真分析了教材存在的问题。

修订后的《机械制造工艺装备》(第二版)在结构上做了更加合理的调整：在原书的基础上降低了理论深度，加强了技能实践环节，更加注重了半工半续、工学结合的办学模式；突出了常用的核心内容，精减了次要内容，减少了篇幅，简明扼要，并在编写过程中注意了对基础知识的回顾与运用。本次修订对原教材中出现的错误进行了更正，使之内容更加完整、表达更加准确、结构更加合理、文字更加精炼，既能满足3年制高职高专教育的要求，又能适应2年制高职高专教育的需要。

本书在编写中力求反映新技术、新工艺，结合生产实际，突出应用性，实现易教易学的高职教材特色。同时，要强调素质教育和以能力为本位的教育理念。本书面向21世纪，紧紧围绕培养目标，面对现实，强求实效，通俗易懂，简单实用。

本书适用于高职高专院校“机械制造与自动化”及“模具设计与制造”、机电一体化等机械类专业使用，也可供职工培训用，还可供有关工程技术人员参考。

全书共分7章。第1章概述；第2章机床夹具基础知识；第3章切削加工用工、夹具；第4章成形磨削夹具；第5章其他夹具及专用夹具设计方法；第6章测量工具；第7章机械制造中的常用刀具。

本书由陕西工业职业技术学院的魏康民副教授任主编，陕西工业职业技术学院的南欢副教授和卢文澈讲师任副主编，陕西工业职业技术学院的陈淑惠副教授任主审。魏康民编写了第1章、第2章、第3章；南欢编写了第4章；卢文澈编写了第6章、第7章。

本书在编写过程中得到了有关院校领导和同行们的大力支持和帮助，书中引用了兄弟院校有关教材的珍贵资料，编者在此向他们表示衷心的感谢。

由于本书改革力度比较大，加之时间仓促，编者水平有限，书中难免有欠妥之处，敬请各位读者批评指正。

编　者

2007年8月

前言

随着我国高职教育的快速发展和高职教育教学研究的不断深入,机制类各专业同其他高职专业一样也已从规模发展转为内涵建设;缩小人才培养质量与社会需求之间的系统性偏差和结构性矛盾是每个高职专业发展的核心。然而,从近年的发展实践来看,高素质技能型人才的培养目标与具有明显学科化倾向的课程模式已经变得很不协调,职业教育课程微观内容的设计与编排远未跳出学科体系的藩篱,大部分教材始终不能适应职业工作的需要。因此,课程内容的序化已成为制约职业教育课程改革成败与否的关键;按照工作过程的顺序开发课程,是凸现职业教育特色的课程开发的突破口,是培养学生关键能力的有效措施。为此,我们同企业一起对原《机械制造工艺装备》教材进行了修订,本次修订选择真实的机械零件作载体,设计课程的学习情境和教学任务,教材与"机械制造与自动化、模具设计与制造专业岗位职业标准"和人才培养要求对接,使该教材的编写更加贴合工程实际,具备了较好的工学结合基础,易教易学,将受到相关学校教师和学生的欢迎。

该书通过对轴、盘、箱体、模具零件及齿轮等零件工艺过程与工艺装备选择内容的介绍,将机械加工工艺过程与机械加工工艺装备知识有机地融为一体,并"教、学、做"一体。教材打破了原有的学科体系,形成了新的教学内容体系,注重学生综合工程实践应用能力的培养。通过学习,使学生熟悉轴、盘、箱体、模具零件及齿轮等零件工艺过程,熟练掌握机械加工工艺装备选择的原则和方法;熟悉零件质量的检查、分析、评估和资料归档。

本书在编写中结合近几年各高职院校教学改革的经验,力求反映新技术、新工艺,结合生产实际,突出应用性,实现易教易学的高职教材特色。同时,要强调素质教育和以能力为本位的教育理念。本书面向21世纪,紧紧围绕毕业生面向工业企业从事机械制造工艺规程及工艺装备的设计与实施,产品质量分析与控制,机械制造设备的安装、调试、维修、更新改造和生产技术管理等工作这一培养目标,面对现实,强求实效,通俗易懂,简单实用。

本书适用于高职高专院校"机械制造与自动化"及"模具设

计与制造”、机电一体化等机械类专业使用,也可供职工培训用,还可供有关工程技术人员参考。

全书由绪论和5个项目组成。绪论主要介绍机械制造工装在机械制造中的作用、地位及发展趋势,机械制造工艺装备的种类及用途,机械零件的结构特点及加工设备,机械制造工装课程的内容、学习要求和方法;项目1砂轮架主轴加工工艺装备;项目2工具磨床支承盘零件加工工艺装备;项目3砂轮架箱体加工工艺装备;项目4模具工作零件加工工艺装备;项目5齿轮加工工艺装备

本书由陕西工业职业技术学院的魏康民教授任主编,陕西工业职业技术学院的南欢副教授和卢文澈副教授任副主编,咸阳机床厂的刘金乾高级工程师任主审。魏康民编写了绪论和项目一,徐孝昌编写了项目二,陕西德仁汽车有限责任公司的副总经理李俊民高级工程师编写了项目三,南欢编写了项目四,卢文澈编写了项目五。

本书在编写过程中,得到了有关院校的领导和同行们的大力支持,陕西工业职业技术学院材料工程学院的张普礼和机械工程学院的田锋社和胡建辉等在本书编写过程中提出了不少建议,并给予了大力支持和帮助。董海东、付兴娥、朱航科为本书的编写工作做了大量工作。编者在此向他们表示衷心的感谢。

由于本书改革力度比较大,加之时间仓促,编者水平有限,书中难免有欠妥之处,敬请各位读者批评指正。

编　者

2001年1月

目录

绪 论

(1)机械制造工装在机械制造中的作用、地位及发展趋势

1)机械制造工装在机械制造中的作用、地位

机械制造工业是为国民经济各部门提供机械装备的行业,在国民经济中占有十分重要的地位。机械制造本身也离不开机械装备。工艺装备通常是指机械制造中用到的刀具、夹具、模具、量具、辅具等(简称工装)。好的工装可使机械加工的生产效率大幅提高,产品质量稳定可靠,且能降价生产成本,节约能源和原材料等。因此,工装在机械加工中扮演着重要的角色。

以切削刀具和工夹具为例,无论是普通机床,还是先进的数控机床和加工中心机床,以至柔性制造系统,都必须依靠刀具才能完成切削工作。国外切削专家认为,一台价值25万美元的数控机床,其效率的发挥在很大程度上取决于一把价值30美元立铣刀的性能。刀具上的每一项革新,往往可以成倍、成10倍地提高工效。例如,群钻与麻花钻相比,工效可提高3~5倍。刀具所产生的效益可达刀具本身所消耗费用的10倍。因此,国外十分重视刀具费用的投入,如德国奔驰汽车厂每辆汽车的刀具费用占其销售价的2%。我国工人发明家邹德骏获国家专利发明的JC4型高效工夹具有自动进刀钻孔、扩孔、铰孔、攻螺纹、套螺纹、滚压等多种功能,其中的多功能六工位回转工夹具,一次能固定5种刀具一个找中心的顶尖,在2 s内精确地变换刀具位置,重复定位精度达到0.01 mm;螺旋式安全快换工夹具,2 s内能在水平方向更换更多种规格的丝锥和圆板牙。这套工夹具用在量大面广的中小型卧式车床上,车床不需作任何改动就能提高工效1~20倍。

工艺装备的好坏,也是衡量一个工厂技术水平能力的重要技术指标。某航空单位的统计资料表明,平均加工一个零件约需25套工装;完成一个壳体类零件的加工,则需要800套工装。

由此可知,工装在生产中的作用是巨大的,因此,工装设计在机械制造中必然是一项非常重要的技术工作。

2)机械制造工装的发展趋势

在机械制造过程中,工艺装备的合理使用对保证零件质量,提高机械制造水平,降低生产成本等起着至关重要的作用。尤其是工艺装备中工、夹具的广泛使用,在扩大机床的使用范围、保证加工精度和提高效率等方面具有显著效果。

在早期的机械零件制造中，只使用一些简单的工、夹具，对凸模、凹模、型腔模等模具工作零件进行机械加工，并在此基础上进行钳工修配。随着工业的发展，不仅机械数量大，而且精度、复杂程度要求越来越高，简单的工、夹具及传统的加工方法已无法适应现代工业的发展要求。因此，研制高水平的工、夹具并合理地使用，显得格外重要。目前，机械制造中工、夹具的使用率已成为衡量机械制造水平的标准之一。

工装的使用至少有百余年的历史了，工装目前发展的方向大致可归纳为以下 4 个方面：

①高精度、高效率

在机床夹具方面，一些工业发达国家针对模具零件的加工具有精度高、形状复杂、品种多、数量小等特点。在现有的工、夹具的应付实际加工需要的情况下，应研制精度高、定位夹紧迅速准确、通用化程度高的新型工、夹具。

高精度电极夹具系统不仅在电火花加工机床上使用，还可在车床、铣床、磨床、线切割等机床上使用，因而可实现电极制造和电极使用的一体化，使电极在不同机床之间转换时，不需再费时去找正，装夹过程既快速又精确。

另外，在我国已推广使用多年的组合夹具，由于它是由一套预先制造好的各种不同形状、不同规格尺寸而且有完全互换性及高耐磨性的标准组件所组成的，因此，它具有结构灵活、供应及时、不受工件形状的限制、可达到一定精度、组件能长期重复使用等特点。根据零件的形状和加工特点组装成的组合夹具，可用于钻、车、镗、铣、刨、磨等机床上工件的装夹。基于模具零件品种多、数量少、加工方法多样、精度要求等情况，应充分发挥组合夹具的优越性，在机械制造中合理采用组合夹具，会收到很好的效果。

②高寿命

在刀具方面，不断研究开发新型刀具材料，如高性能高速钢、粉末高速钢、涂层高速钢、细晶粒与涂层硬质合金、复杂陶瓷、立方氮化硼与人造金刚石等，大大提高了刀具的使用寿命。在模具方面，采用了硬质合金材料，其寿命比用 Cr12 模具钢提高了 20～30 倍。成本仅提高了 3 倍左右；工业发达国家用合金工具钢制造的模具寿命可高达几千万次，硬质合金钢制造的模具寿命则达到了几亿次。

③采用模块化技术

如近年来出现的可转位面铣刀，将硬质合金刀片直接夹固在铣刀体上，一个切削刃用钝后，可直接在铣床上转换切削刃或更换刀片，不必拆卸铣刀，节省辅助时间，减少劳动量，在提高产品质量和加工效率、降低成本等方面都显示出优越性。我国的 TMG-28 模块式工具系统，具有联接牢固、结合刚性好、拆卸方便、互换性好等优点，达到模块式工具的国际水平。此外，HSK 数控工具接口、组合夹具等都是模块化技术的具体应用和体现。

④采用 CAD/CAM 技术

从 20 世纪 60 年代起，国外就开始进行 CAD/CAM 技术的研究工作，至 70 年代中期以后，可以说是 CAD/CAM 技术不断发展的时代。到目前为止，各类工装 CAD/CAM 的软硬件层出不穷。根据 CIPP 的预测，到 2000 年，作为设计与制造之间联系手段的图样将失去其主要作用。但由于产品零件形状千差万别，几乎不可能搞出一个能适应各种零件的系统化数值化的软件来。尽管如此，工装 CAD/CAM 技术仍然取得了相当大的进展。例如，刀具 CAD 系统根据人机交互输入的参数可实现完全自动化设计。夹具 CAD 系统不仅可以输出各种夹具图样，也可用于协助设计人员从事方案的设计与分析，达到智能型的较高层次。模具 CAD/CAM 更是取得了喜人成绩。据报道，某些工业发达国家的模具75%已使用了CAD技术，我国许多单位在精密引线框架级进模、彩色电视机箱注射模和立式彩色电视机前壳注射模上都使用了CAD/CAM系统。一般而言，采用工装CAD系统，可提高工效5～10倍。当前CAD/CAM发展趋势为：继续发展几何图形系统，以满足复杂零件和相应的复杂工装的设计要求；在CAD/CAM基础上建立生产集成系统MIS；开发智能数据库和分布式数据库，发展专家系统和智能CAD，等等。

(2)机械制造工艺装备的种类及用途

在机械制造中，对机械零件进行加工所必需用到的装置都属于机械制造工艺装备。

1)夹具

夹具是一种装夹工件的工艺装备。夹具的主要作用有以下4个方面：

①能稳定地保证工件的加工精度

用夹具装夹工件时，工件相对刀具、机床的位置由夹具保证，不受划线质量及工人技术水平的影响，因而精度高，稳定可靠。

②缩短了劳动时间，提高了劳动生产率

采用夹具后，能使工件迅速地定位和夹紧，缩短了辅助时间和基本时间，提高了劳动生产率。

③改善了劳动条件，降低了生产成本

用夹具装夹工件方便、省力、安全。特别是采用气动、液压等夹紧装置时，减轻了工人的劳动强度，保证了安全生产。同时，生产率也得到了提高，故可明显地降低成本。

④能扩大机床的使用范围

在产品更换时，工厂现有的机床，有时往往不能适应新产品的要求，为此可用夹具扩大机床的使用范围。

2)工具

工具的形式和种类是多种多样的，在机械制造过程中所有对加工起必要作用或辅助作用的用具都属于工具的范围。例如，仿形加工中的靠模样板，车削加工中车形面、螺纹等所用的工具及对刀装置，电加工中的工具电极和电极丝及其校正工具，工件的定位装置，工件的找正装置，孔加工中的各种辅助工具及加工装置，等等。

3)机床设备

机械制造中常用的机床除各种车床、镗床、铣床、磨床、钻床等通用机床外，数控(NC)铣床、加工中心、电火花成形机床、电火花线切割机床和成形磨床，也是现代机械制造中必备的装备。

机械中大部分零件的加工是在机床上进行的。电火花成形加工机床主要用于冲裁模、复合模、连续模等各种冲模的凹模、凸凹模、固定板、卸料板等零件的形孔及拉丝模、拉深模等具有复杂形孔零件的穿孔加工，以及对锻模、塑料模、压铸模、挤压模等各种模具的形腔加工，还可用于电火花刻文字、刻花纹等。

电火花线切割机床的主要加工对象是冲模的凹模、固定板、卸料板、顶板及导向板等各种内外成形零件，以及各种复杂零件的窄槽和小孔等。

成形磨床在模具制造中最重要的用途是对凸模、凹模拼块及凸、凹模的加工。

4）机床附件

为了使机床正常发挥本身的各种功能，扩大机床的用途，需要在机床设备的基础上使用相应的机床附件，如坐标镗床的万能转台、镗排，铣床上的立铣头、分度头，电火花成形加工的主轴头、平动头，以及随机床设备配套使用的各种附件等。

5）测量工具

工件加工完后，必须使用各种通用或专用量具进行检验，以确定其精度是否符合图样要求。

模具的制造特点：一是模具零件的形状各异，制造工艺较复杂；二是有些零件，如形腔、型面等有较高的精度要求；三是模具的制造方式多为单件生产及小批量生产。因此，如何正确地选择测量工具和检验方法，将关系到模具的制造质量、使用寿命和成本的高低。

模具的测量工具包括以下 3 个方面：

①模具制造中大量地使用通用测量器具，以适应模具单件、小批量生产的特点，常用游标量具、测微螺旋副量具及平台检测技术用工、量具。这类量具结构简单、仪器投资小、成本低，能解决一般及中等精度机械零件、多种模具零件的检测任务。

②在机械零件、模具零件中，有不少精度要求较高的零件，如模架中的导柱、导套，大型或精密模具的模腔尺寸、孔距尺寸等。在检查、验收这类零件时，需要高精度的量仪，如比较仪、投影仪、工具显微镜及三坐标测量机等。

③与其他机械制造相比，模具制造中许多零件工艺独特，用常规测量器具难以检测。例如，汽车覆盖件冷冲模具的制造和检测，高精度复杂形状的模具型腔等，需要更高层的制造工艺知识和检测方法，形成了模具专业的检测技术。如模型、样架、样板等专用检测工具的使用。

由此可知，机械、模具制造中的检测技术广泛涉及几何量测量技术。随着工业的发展，对机械、模具的制造要求越来越高，高精度的机械、模具靠精密的、先进的计量技术来保证，机械、模具制造中的检测技术和检测工具也必将得到迅速发展。

6）刀具

在机械零件加工中，常用的刀具有车刀、铣刀、镗刀、钻头、铰刀等。但针对某些机械零件的加工特点，还需特制一些专门的刀具。例如，有的机械零件为消除热处理后的变形，需要对淬硬后的零件进行车削、镗削、铰孔等切削加工（无法磨削的），这就要求刀具采用硬质合金材料，并且对刀具的角度必须根据加工性质、工件材料和硬度及切削条件等来正确设计或选择；此外，由于模具制造中常有型腔和型面零件的加工，因此，就要根据加工特点专门设计某些型腔加工用的立铣刀和仿形铣刀等。当型腔或型面零件是不适合磨削的材料时，则需要精铣进行加工。

（3）机械零件的结构特点及加工设备

机械零件的制造方法主要为机械加工和特种加工。模具零件是机械零件的一种，在模具零件加工中，仿形机床和数控机床是进行机械成形零件成形加工的主要方法。

1）模具零件的结构特点

对于冷冲模和型腔模中的各类模具，使用目的不同，结构上也存在较大的差异，然而从零件的种类上可分成以下类型：

①具有特种型面的模具工作零件，如凸、凹模、型芯及球面模柄等。

②销轴类的定位、卸料零件,如定位销、挡料销、顶销、推杆及导柱、滚轮、模柄等。

③套、孔类零件,如导套、定和动模板、浇口套及压边圈。

④板块类的支承零件,如上下模板、导向板、导料板、各类支承板、固定板及导块、镶块、滑块等。

⑤抽芯机构中的斜楔。

⑥螺纹成形零件。

2)机械零件的机械加工设备

根据机械零件的结构特点可知,各种机械、模具的大部分零件几乎都可用机械加工方法来制造。对于常见的机械零件,经过车、铣、刨、镗、钻等不同工序的加工,留出一定的精度加工余量,经热处理后,用仿形磨、成形磨或坐标磨床等精密机床分别精加工而成。

①普通金属切削加工机床

在机械零件加工中,广泛使用车床来进行圆形凸模、凹模镶套、导柱、导套等圆柱形零件的切削加工,以及车锥形、镗孔、平端面、车螺纹、滚花等。车床的种类很多,而在模具加工中,除特殊情况外,一般使用卧式车床。

铣床的种类很多,加工范围广。在机械、模具制造中应用最多的是升降台式的立式铣床、卧式铣床以及万能工具铣床。立式和万能工具铣床主要加工各种模具的型腔、型孔。机械、模具零件的平面铣削主要有卧铣和立铣两种方式。其中,立铣的加工生产率高,在模具标准件的大批量生产中应用广泛;卧铣的通用性好,适合于机械、模具零件的单件生产。

坐标镗床是机械、模具制造的专用设备,主要用于加工机械、模具零件中心孔距要求精度高的型孔,还可作样板划线、微量铣削、中心距测定和其他直线性尺寸的检验。如加工连续模的凸模固定板、卸料板、凹模座等零件时,可不必划线直接加工。

磨床加工是机械、模具加工中的主要工艺。平面磨床主要用于坯料的准备加工、磨平面及磨平面刃口;外圆磨床用于磨削圆柱曲面、导柱、圆柱销、圆形凸模等零件;内圆磨床主要用于磨削机械、模具零件内孔、导套零件。

②仿形切削加工用机床

在机械制造中,仿形车床用于加工机械零件的旋转成形曲面;仿形刨床用于加工直线和圆弧组成的各种形状复杂的凸模,是加工机械零件的专用设备;对于大型模具,则多用仿形铣床加工型腔和不规则的成形部位。

机械加工中,除常用各类仿形机床外,还广泛使用成形磨床,主要用于加工模具型芯等工作零件;有时还使用刻模机、雕刻机和靠模机,在模具上雕刻立体凹凸形状,如标记、文字等相当于立式带锯床的靠模机,用宽度狭小的锯片,沿划线形状可进行直线或曲线切割出模具零件的轮廓形状。

③数控机床

与普通机床和仿形机床相比,数控机床的机械结构和传动系统具有较高的精度和刚度,在数控机床上,工件的加工过程是按程序自动进行。因此,数控机床加工精度和质量是由机床来保证的,无人为误差的影响;数控加工程序可按加工零件要求变换,具有很强的灵活性和适应性,可加工形状复杂的零件;采用数控加工可免去划线工作,降低工卡具要求,生产效率高。此外,数控机床与计算机联接,成为解决机械设计与制造中的薄弱环节的有效途径。因此,数控机床在机械制造中的应用非常广泛。

(4)机械制造工装课程的内容、学习要求和方法

1)本课程的内容及学习要求

本课程主要介绍机械制造过程中所用到的装置,包括机床夹具、金属切削刀具、工具及量具等。

通过本课程的学习,要求学生能从技术与经济紧密结合的角度出发,围绕加工质量与生产率这两个目标,掌握和熟悉机械制造过程中常用工艺装备的性能与选用原则。其具体要求如下:

①掌握机床夹具的设计原理与设计方法,并会分析机床夹具使用时产生的误差对零件加工精度的影响。

②能组装一般零件加工中所用的组合夹具。

③掌握机械制造过程中金属切削刀具的使用性能和选用方法。

④掌握机械制造过程中零件测量的基本方法及常用量具的结构、基本特性、使用方法。

⑤掌握机械制造过程中工具的结构、使用范围与使用方法。

⑥对机械制造工装的作用和发展趋势有一定的了解。

2)本课程的学习方法

机械制造工装课是一门综合性、实践性、灵活性很强的专业技术课程。其内容均来自具体的生产实践,同时它又以“工程材料与热加工基础”“公差配合与测量技术”“机械设计基础”等许多技术学科为基础,内容极为丰富,所涉及的知识面非常广泛。因此,在学习本课程时必须理论联系实际,即将课本知识与生产实际紧密结合,同时又要注意综合运用所学过的相关基础学科的知识。另外,在学好教材基础内容的同时,还应广泛阅读有关资料,熟悉有关手册,重视积累实践经验,逐步提高分析和解决实际问题的工作能力。

项目 1
砂轮架主轴加工工艺装备

知识目标：

1. 熟悉砂轮架主轴加工的工艺过程。

2. 熟悉机床夹具的组成，掌握工件定位的基本原理；熟悉工件定位的基本方法、定位元件的基本种类，掌握工件定位时定位元件的选择方法。

3. 熟悉产生定位误差的原因。

4. 熟悉机床夹具夹紧机构的组成、作用，掌握夹紧机构夹紧力确定的基本原则和方法。

项目 1 车刀的安装

项目 1 一夹一顶车削零件

5. 熟悉车削加工中常用的刀具类型及选择方法。

6. 熟悉车削加工中常用的工具类型及选择方法。

7. 能够合理选用车削加工过程中使用的机床、刀具、量具、夹具及工具。

8. 熟悉砂轮架主轴零件检测指标，了解轴零件工艺实施效果评价的基本要求。

能力目标：

1. 具有一般夹具的设计能力。
2. 掌握车削加工中工件的装夹、校正、调整方法。
3. 掌握定位误差的分析计算方法。
4. 掌握车削加工中一般刀具的使用方法。
5. 掌握车削加工中一般工具的使用方法。
6. 掌握夹具精度的分析方法。

任务 1.1 项目要求与分析

(1)项目要求

确定如图 1.1 所示的磨床砂轮架主轴加工工艺装备。

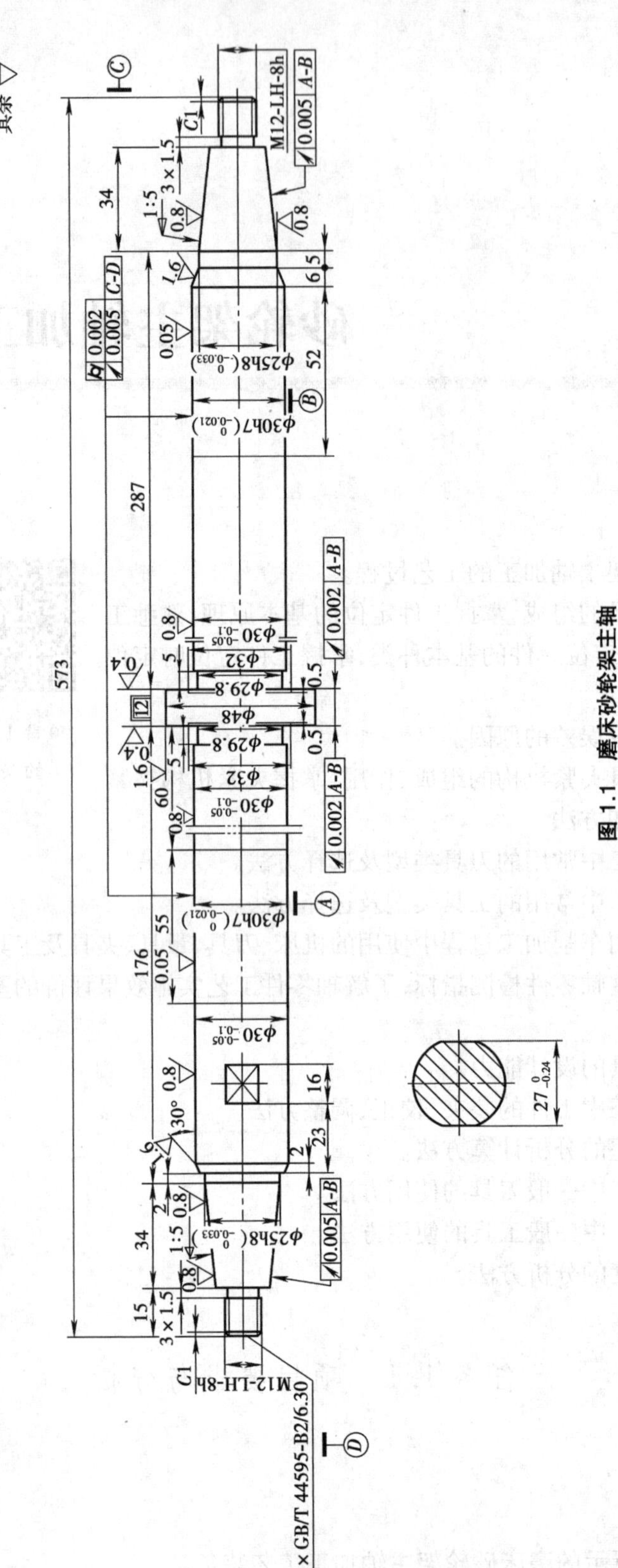

其余 12.5
M12-LH-8h
0.005 A-B
0.002 C-D
0.005
φ25h8
φ30h7
φ30
φ32
φ29.8
φ48
φ30
φ32
0.002 A-B
573
287
176
34
52
55
60
1:5
3×1.5
C1
30°
16
23
27 0 -0.24
2×GB/T 44595-B2/6.30

图1.1 磨床砂轮架主轴

(2)项目分析

1)砂轮主轴的结构分析

由图1.1可知,该主轴的结构具有以下特点:

①主轴结构简单,尺寸均匀,主轴的加工表面绝大部分为回转表面,非回转表面也为对称表面,因此易于实现主轴的动静平衡,最大限度地保证了主轴回转精度,从而保证磨床的加工精度。

②主轴负载与动力均采用圆锥表面(两端圆锥面)传递。圆锥面具有径向定位精度高、接触均匀、联接可靠、传递扭矩大、加工工艺性好,但其轴向定位精度较低,对于本例不影响其使用性能。

③主轴紧固采用螺纹联接,易于实现与支承轴颈的同轴要求,避免联接的回转不平衡,消除了偏心对主轴回转精度的影响。

④主轴轴向采用轴肩端面定位,其端面加工易于实现与中心线垂直,以保证主轴轴向窜动精度要求。

⑤由于砂轮架装配以及操作空间的限制,其轴向尺寸较大,长径比$L/d \geqslant 15 \sim 20$,属于细长轴结构,因此加工精度比较难于保证,加工工艺较为复杂,工艺装备较难确定。

2)砂轮主轴的技术要求及其分析

主轴的支承轴颈是主轴的装配基准,它的制造精度直接影响到主轴部件的旋转精度,故对它提出很高的技术要求。

主轴两端圆锥面是安装皮带轮传动套以及砂轮的定位表面,其中心线必须与支承轴颈中心线同轴。

主轴轴向定位面与主轴旋转中心线不垂直,会引起主轴周期性的轴向窜动,尤其是三片瓦动压滑动轴承支承的主轴,其定位轴肩面与端面轴承形成滑动推力轴承,承受加工中的轴向磨削力,因此,必须严格控制其垂直度要求。

以上各面为主轴的主要表面。其中,支承轴颈的尺寸精度、几何形状精度、其他表面与其相互位置精度要求高,这是主轴加工中的主要矛盾,也是制订主轴加工工艺与确定工艺装备的关键。

①加工精度

A.尺寸精度

砂轮轴的尺寸精度主要指直径和长度的精度。直径方向的尺寸,若有一定配合要求,比其长度方向的尺寸要求严格得多。因此,对于直径的尺寸常常规定有严格的公差。该砂轮轴主要轴颈的直径尺寸精度为IT8—IT7。长度方向的尺寸要求则不严格,通常规定其基本尺寸就可以了。

B.几何形状精度

轴颈的几何形状精度是指圆度、圆柱度,这些误差将影响与其配合件的接触质量与主轴的回转精度。由于三片瓦轴承对配合间隙很敏感,因此,其支承轴径圆柱度规定为0.002 mm;配合圆锥面和主轴径向定位面的形状精度则包含在其尺寸精度范围内。

C.相互位置精度

由于砂轮轴转速高,主轴配合轴颈(装配传动件的轴颈,在此为圆锥面)对于支承轴颈(装配轴承的轴颈,在此为圆柱面)的同轴度有严格的要求,其径向跳动达到 0.003 mm;较之径向跳动而言,主轴的轴向定位端面与支承轴径中心线的垂直度要求就更为严格,其端面跳动为 0.002 mm,这些要求都是根据轴的工作性能和具体的装配结构以及装配关系制订的。考虑到主轴加工时的定位基准为两端中心孔,因此设计中要求主轴的支承表面对中心孔的跳动应达到 0.003 mm 的要求。

②表面粗糙度

随着砂轮架运转速度和精密等级的提高,主轴的表面粗糙度要求也很高。其支承轴颈的表面粗糙度为 R_a0.05 μm,配合表面的粗糙度 R_a0.8 μm,定位表面的粗糙度 R_a0.4 ~ 0.8 μm,其余表面粗糙度 R_a1.6 ~ 12.5 μm。表面粗糙度的高要求有利于保证主轴性能的稳定与持久。

③配合表面的接触精度

装配砂轮以及皮带轮传力件的圆锥表面,其接触精度也有较高的要求,全长上接触点不小于 75%。

④主轴最终热处理

主轴最终热处理采用渗碳淬火,其渗层深度为 1.5 mm,硬度为 HRC57。零件经渗碳淬火后既具有很高的表面硬度,又具有很高的耐冲击韧性和心部强度,这有利于保持零件的精度,保证零件使用的有效性。但渗碳淬火变形大,零件加工时应考虑到变形对加工工艺及精度的影响。

⑤主轴材料和毛坯

砂轮主轴材料选用 20Cr,主轴毛坯经锻造后正火,即能使零件毛坯组织结构得到改善,同时又保证了主轴具有较好的机械加工工艺性。

3)磨床砂轮主轴加工工艺过程

经过对主轴结构特点、技术要求的分析,可根据生产批量、设备条件等编制主轴的工艺规程,编制过程中应着重考虑主要表面(支承轴颈、锥孔、短锥及端面等)和加工比较困难的表面(如深孔)的工艺措施,从而正确地选择定位基准,合理安排工序。表 1.1 为图 1.1 磨床砂轮架主轴单件小批生产时的工艺过程。

表 1.1 磨床砂轮主轴加工工艺过程

工 序	工序内容	设 备	定位基准
1	正火 毛坯检验		
2	车:按图 1.1 工艺图车全部 ①两端打中心孔 B2,其深度不超过 5 mm ②两处 1:5锥面留磨量 0.5 ~ 0.6 mm ③两端 ϕ25,ϕ30,1:5锥面对中心孔同轴度 0.05 mm ④按零件图车 ϕ48 两端面槽,深至尺寸 ⑤检验	C6140	外圆
3	热处理: ①渗碳 S1.5,校直跳动量 0.1 ~ 0.15 mm ②检验		

续表

工　序	工序内容	设　备	定位基准
4	车:软爪中心架装夹工件 ①均匀车去两端面,取总长573 mm ②两端打中心孔B2 ③车两端外径至 $\phi12.5$ mm ④检验	C6140	外圆
5	铣:铣扁至图纸尺寸	X52K	外圆
6	钳:在铣扁处打编号(年、月、序号) 检验		
7	热处理:淬火+低温回火:HRC58 检验		
8	研磨:研磨两端中心孔 检验	中心孔 研磨机	
9	粗磨: ①磨两端 $\phi37h7$ 外圆留余量0.15~0.2 mm ②磨3段 $\phi30_{-0.10}^{-0.05}$ 外圆留余量0.15~0.2 mm ③磨两段 $\phi25h8$ 外圆留余量0.15~0.2 mm ④磨两段1∶5锥体留余量0.15~0.2 mm ⑤磨两个倒棱 ⑥检验	M131W	顶尖孔
10	热处理:时效 检验		
11	车:软爪、顶尖装夹工件 ①沉割两端3×1.5 mm槽,车螺纹外径至尺寸,倒角 ②车两端M12左-8h螺纹 ③检验	C6140	顶尖孔
12	研磨:研磨两端中心孔,表面粗糙度 R_a 值为0.4 μm 检验	中心孔 研磨机	
13	精磨: ①磨 $\phi48$ 外圆至尺寸 ②磨三段 $\phi30_{-0.10}^{-0.05}$ mm外圆至尺寸(注意各段分布位置) ③磨两处倒棱 ④磨两段 $\phi25h8$ 外圆至尺寸 ⑤磨两段 $\phi30h7$ 外圆至 $\phi30_{-0.003}^{+0.005}$ mm,表面粗糙度 R_a 值为0.4 μm以上	M131W	顶尖孔

续表

工　序	工序内容	设　备	定位基准
13	⑥磨两端1∶5锥体至尺寸 ⑦靠磨 ϕ48 两端面至$12^{+0.04}_{+0.02}$ mm 工艺要求:1∶5锥体对基准 *A-B* 跳动允差 0.004 mm ϕ30h7 外圆对基准 *C-D* 跳动允差 0.003 mm ⑧检验	M131W	顶尖孔
14	超精磨: ①磨两段 ϕ30h7 外圆至尺寸,表面粗糙度 *Ra* 值为 0.05 μm,圆柱度 0.002 mm 工艺要求:1∶5锥体对基准 *A-B* 跳动允差 0.004 mm ②检验	MGB1432	顶尖孔
15	入库		
16	精靠磨 ϕ48 两端面至图纸要求,与相配件配研成套装配 检验		

4)砂轮架主轴加工常用的工艺装备

夹具、刀具、量具及工具的选择直接影响工件的加工精度、生产率和制造成本,应根据不同情况适当选择。

通过工艺过程的分析,结合现有生产条件和工序要求,砂轮架主轴加工常用的工艺装备见表1.2。

表1.2　砂轮架主轴加工常用的工艺装备

夹　具	刀　具	量　具	工　具
三爪定心卡盘、四爪单动卡盘、花盘、鸡心夹头、顶尖、分度头、锥堵、心轴等	车刀、砂轮、中心钻、键槽铣刀等	游标卡尺、千分尺、百分表、光滑极限量规、比较仪等	中心架、跟刀架、刀杆与刀杆夹、靠模装置等

①夹具的选择

零件加工时,夹具选择应与设备相适应、应与工序的精度要求相适应;小批生产时,尽量选择通用夹具,大批生产时,为提高生产率,尽可能选择专用夹具。

从砂轮轴结构分析中可知,砂轮轴结构已经属于细长轴的范围。因此,细长轴加工就成为砂轮轴加工中应考虑的一个主要问题。细长轴车削采用反向走刀法加工,如图1.2所示。这种方法的特点是:

a.细长轴左端缠有一圈钢丝,利用三爪卡盘夹紧,以减少接触面积,使工件在卡盘内能自由调节其位置,避免夹紧时形成弯曲力矩,且切削过程中发生的变形也不会因卡盘夹死而产生内应力。

b.尾架顶尖改成弹性顶尖,当工件因切削热发生线膨胀伸长时,顶尖能自动后退,可避免热膨胀引起的弯曲变形。

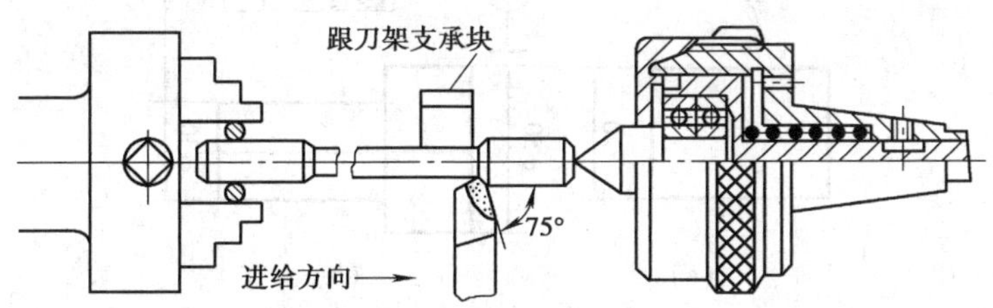

图1.2　细长轴反向进给车削法

c.采用3个支承块跟刀架，以提高工件刚性。

d.改变走刀方向，使大托板由车头向尾架方向移动。由于细长轴固定在卡盘内，可自由伸缩，因此反向走刀后，工件受拉，不易产生弹性弯曲变形，而且反向走刀的平稳性也比正向走刀好，其原因是反向走刀时车床小齿轮与床身上齿条的啮合比较好。

由于采取这些措施，因此，反向走刀车削法能达到较高的加工精度和较细的表面粗糙度。

②刀具的选择

切削刀具对于提高劳动生产率、保证加工精度与表面质量、改进生产技术、降低加工成本，都有直接的影响。如何正确选择、合理使用、不断改进刀具，以及设计专用刀具是机械加工中一项重要工作。

零件加工时，刀具选择应与设备相适应。小批生产时，尽量选择通用刀具；大批生产时，为提高生产率，尽可能选择专用刀具。本例砂轮主轴为小批生产，各工序应选通用刀具。

③量具的选择

量具主要根据生长产类型和所要求检验的精度来选择。单件小批生产时，应选择标准的通用量具；大批生产时，一般应根据所检验的精度要求设计专用量具，内容详见项目5。

④工具的选择

工具主要根据生产类型、零件的结构特点和所要求的加工精度来选择。

任务1.2　基准的概念及工件装夹方式

(1)基准的概念及分类

基准就是零件上用以确定其他点、线、面位置所依据的那些点、线、面。基准根据其功用不同分为设计基准与工艺基准。

1)设计基准

在零件图上用以确定零件上其他点、线、面位置的基准称为设计基准。如图1.3(a)所示的零件，对尺寸20 mm而言，A，B面互为设计基准；图1.3(b)中，$\phi50$ mm圆柱面的设计基准是$\phi50$ mm的轴线，$\phi30$ mm圆柱面的设计基准是$\phi30$ mm的轴线。就同轴度而言，$\phi50$ mm的轴线是$\phi30$ mm轴线的设计基准。如图1.3(c)所示的零件，圆柱面的下素线D为槽底面C的设计基准。作为设计基准的点、线、面在工件上不一定具体存在，如表面的几何中心、对称线和对称平面等。

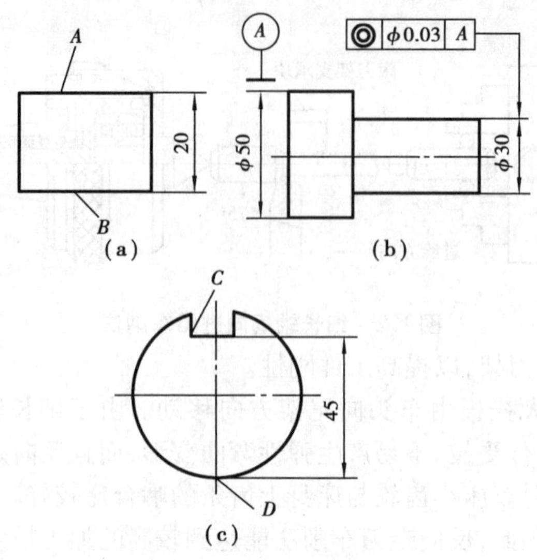

图 1.3 设计基准示例

2)工艺基准

零件在加工工艺过程中所采用的基准,称为工艺基准。工艺基准按用途不同,可分为工序基准、定位基准、测量基准及装配基准。

①工序基准

在工序图上,用以确定本工序被加工表面加工后的尺寸、形状和位置的基准,称为工序基准。其所标注的加工面尺寸称为工序尺寸。如图 1.4 所示为一工件上钻孔工序简图。图 1.4(a)、(b)分别表示对被加工孔的工序基准的两种不同选择。而尺寸 22 ±0.1 和尺寸 18 ±0.1 为选取不同工序基准时的工序尺寸。

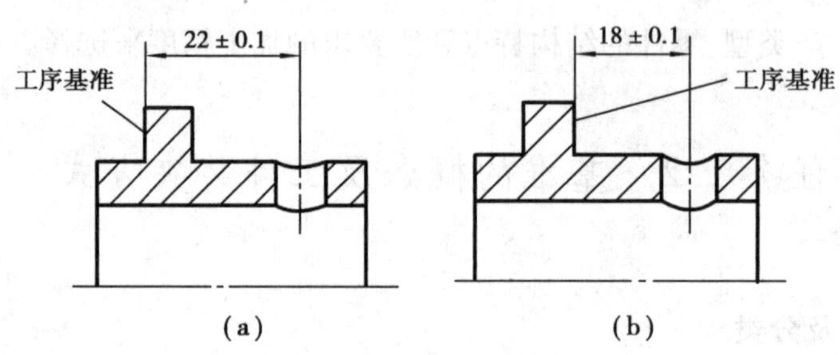

图 1.4 工序基准示例

②定位基准

加工时,使工件在机床上或夹具中占据一正确位置所依据的基准称为定位基准。作为定位基准的点、线、面可能是工件上的某些面,也可能是看不见摸不着的中心线、对称线、对称面及球心等。工件定位时,往往需要通过某些表面来体现,这些面称为定位基准面。例如,用三爪自定心卡盘夹持工件外圆,体现以轴线为定位基准,外圆面为定位基准面;严格地说,定位基准与定位基面并不相同,但可以替代,这中间存在一个误差问题,定位精度要求高时,替代后需计入这个误差。

③测量基准

零件检验时，用以测量已加工表面尺寸形状及位置的基准称为测量基准。如图 1.3(c)所示，检验尺寸 45 时，下素线 D 为测量基准。

④装配基准

装配时，用以确定零件或部件在产品中相对位置所采用的基准称为装配基准。

(2)工件的装夹方式

定位和夹紧的整个过程称为装夹，工件的装夹方式有以下 3 种：

1)直接找正法

此法是用百分表、划针或目测在机床上直接找正工件，使其获得正确位置的一种装夹方法。

例如，在磨床上磨削一个与外圆表面有同轴度要求的内孔时，加工前将工件装在四爪单动卡盘上，用百分表直接找正外圆表面，即可获得工件的正确位置，如图 1.5(a)所示。

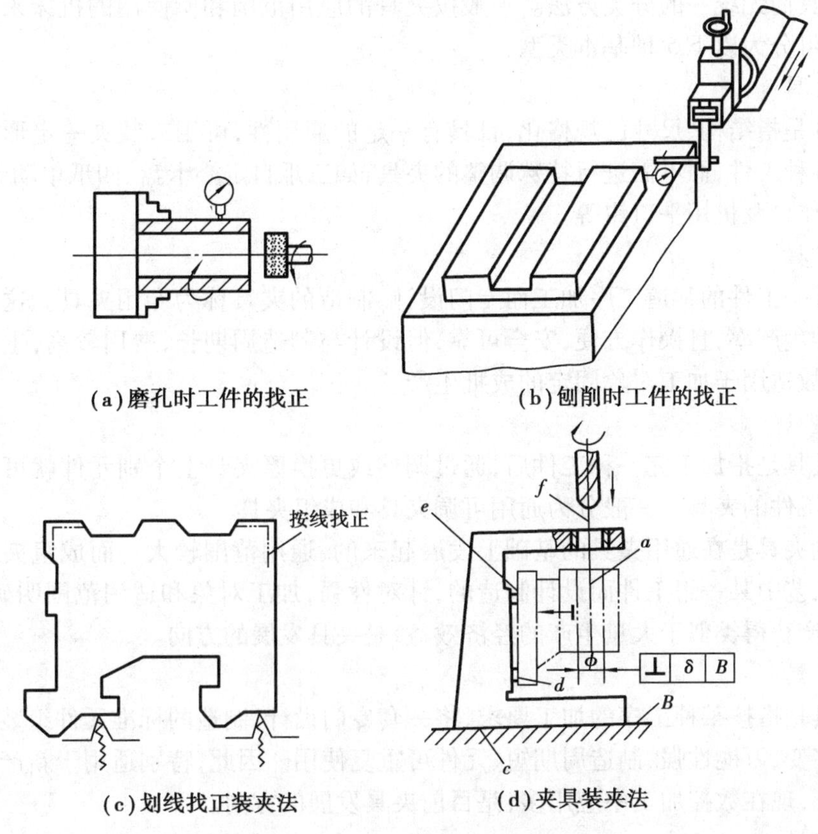

(a)磨孔时工件的找正　(b)刨削时工件的找正

(c)划线找正装夹法　(d)夹具装夹法

图 1.5　工件的装夹方式示例

又如，在牛头刨床上加工一个同工件底面及侧面有平行度要求的槽时，用百分表找正工件的右侧面(见图 1.5(b))，即可使工件获得正确的位置。直接找正法装夹工件时找正面即为定位基准。

直接找正法生产效率低，对工人技术水平要求高，一般用于单件小批量生产。

2)划线找正法

划线找正法是先在毛坯上按照零件图划出中心线、对称线和各待加工表面的加工线,然后将工件装在机床上,按照划好的线找正工件在机床上的装夹位置,如图 1.5(c)所示。此时用于找正的划线即为定位基准。

由于受到划线精度及找正精度的限制,此法多用于生产批量较小,毛坯精度较低以及大型零件等不便于使用夹具的粗加工中。

3)用夹具装夹

此法是用夹具上的定位元件使工件获得正确位置的一种方法。如图 1.5(d)所示,此时工件与定位元件相接触的面即为定位基准。采用夹具装夹,迅速方便生产率高,定位精度高;但需设计、制造专用夹具,广泛用于成批生产和大量生产中。

(3)夹具的分类及组成

1)夹具的分类

目前,夹具尚无统一的分类方法。一般按夹具的应用范围和所使用的机床来分类。夹具按应用范围,可分为以下 5 种基本类型:

①通用夹具

通用夹具是指结构、尺寸已规格化,且具有一定的通用性,可用来装夹一定形状和一定尺寸范围内的各种工件,而不需进行特殊调整的夹具,如三爪自定心卡盘、四爪单动卡盘、万能分度头、回转工作台及机用平口钳等。

②专用夹具

为满足某一工件的某道工序加工而专门设计、制造的夹具称为专用夹具。这类夹具能提高零件加工的生产率,且操作方便,安全可靠,但设计与制造周期长,费用较高,生产对象变化后无法再用,故适用于加工对象固定的成批生产。

③可调夹具

可调整夹具是指加工完一种工件后,通过调整或更换原夹具上个别元件就可加工形状相似,尺寸相近工件的夹具。一般分为通用可调夹具和成组夹具。

通用可调夹具是在通用夹具的基础上发展起来的,通用范围较大。而成组夹具则是专门为成组加工工艺中某一组工件而设计制造的,针对性强,加工对象和适用范围明确,可使多品种、小批量生产获得类似于大量生产的经济效益,是夹具发展的方向。

④组合夹具

组合夹具是指按某种工序的加工要求,将一套专门设计、制造的标准元件组装而构成的夹具。其灵活多变、万能性强、制造周期短、元件可重复使用。因此,特别适用于新产品的试制和单件小批生产,现在数控加工中应用多,是目前夹具发展的方向。

⑤随行夹具

这是一种在自动线或柔性制造系统中使用的夹具。工件安装在随行夹具上,除完成对工件的定位和夹紧外,还载着工件由运输装置送往各机床,并在各机床上被定位和夹紧。

夹具按使用的机床类型,还可分为车床夹具、铣床夹具、钻床夹具、镗床夹具、磨床夹具等。

2)夹具的组成

虽然各类机床夹具的结构不同,但按其各部分的主要功能分析可知,它一般是由定位元件、夹紧装置、夹具体及其他装置或元件组成。

①定位装置

该装置是由定位元件组合而成，其作用是确定工件在夹具中的正确位置。如图1.6(b)所示为钻后盖零件上ϕ12 mm孔的夹具，夹具上的圆柱销5，菱形销1和支承板6都是定位元件，通过它们使工件在夹具中占据正确的位置。

②夹紧装置

夹紧装置的作用是保证工件在夹具中已定位好的正确位置在加工过程中不因外力的影响而变化，使加工顺利进行。图1.6中的螺杆2(与圆柱销合成的一个零件)、螺母3和开口垫圈4组成了夹紧装置。

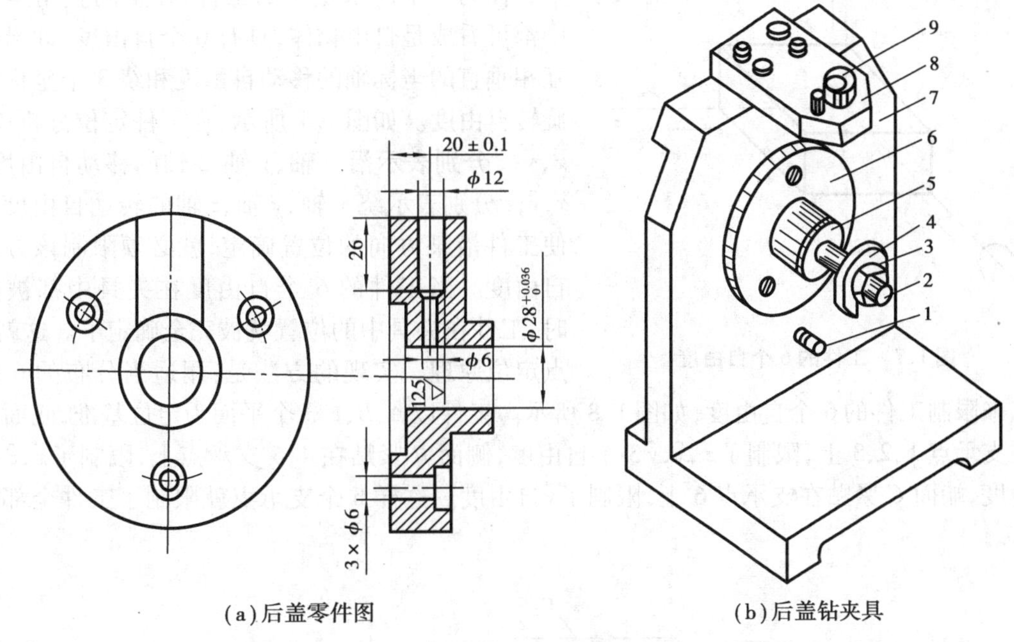

(a)后盖零件图　　(b)后盖钻夹具

图1.6　后盖零件图及后盖钻夹具

1—菱形销;2—螺杆;3—螺母;4—开口垫圈;5—圆柱销;
6—支承板;7—夹具体;8—钻模板;9—钻套

③夹具体

夹具体是夹具的基础件，如图1.6中的件7，通过它将夹具的所有部分联接成一个整体。

④其他装置或元件

夹具除上述3部分外，还有一些根据需要设置的其他装置或元件，如分度装置、导向元件和夹具与机床之间的联接元件等。图1.6中的钻套9与钻模板8就是为了引导钻头而设置的导向装置。

任务 1.3　定位原理

工件在夹具中的定位问题是夹具设计中首先要解决的重要问题。因为定位问题是夹具设计的出发点,定位方案未确定,便无法进行夹紧装置、对刀、引导元件及整个夹具体等的设计工作。而定位方案一经确定,则夹具其他组成部分的总体装配,也大体上随之确定。

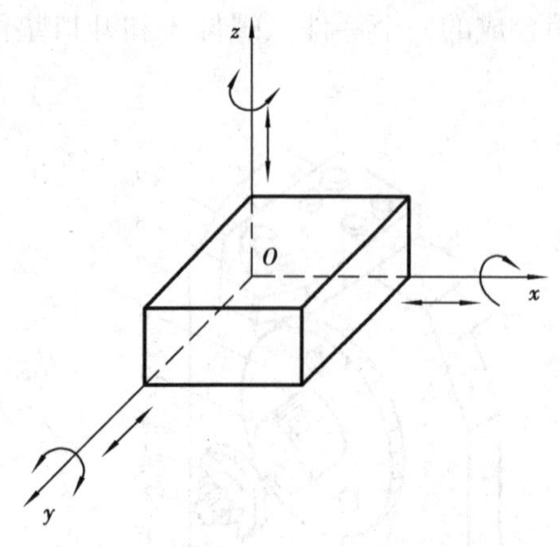

图 1.7　工件的 6 个自由度

(1)六点定位原理

任何一个尚未定位的工件,在空间直角坐标系中都可看成是自由物体,具有 6 个自由度,即沿 3 个互相垂直的坐标轴的移动自由度和绕 3 个坐标轴的旋转自由度。如图 1.7 所示,在工件定位分析中,用 $\vec{x}$,$\vec{y}$,$\vec{z}$ 分别表示沿 x 轴、y 轴、z 轴的移动自由度,用 $\widehat{x}$,$\widehat{y}$,$\widehat{z}$ 分别表示绕 x 轴、y 轴、z 轴的转动自由度。要使工件沿某方向的位置确定,就必须限制该方向的自由度。当工件的 6 个自由度在夹具中都被限定时,工件在夹具中的位置就被完全确定了。这就是 6 点定位原理。实现的方法是:用适当分布的 6 个支承点来限制工件的 6 个自由度,如图 1.8 所示。工件以 A,B,C 3 个平面为定位基准,底面 A 紧贴在支承点 1,2,3 上,限制了 $\vec{z}$,$\widehat{x}$,$\widehat{y}$ 3 个自由度,侧面 B 紧贴在 4,5 支承点上,限制了 $\vec{x}$,$\widehat{z}$ 两个自由度,端面 C 紧贴在支承点 6 上,限制了 $\vec{y}$ 自由度。这样 6 个支承点就限制了工件全部的自由度。

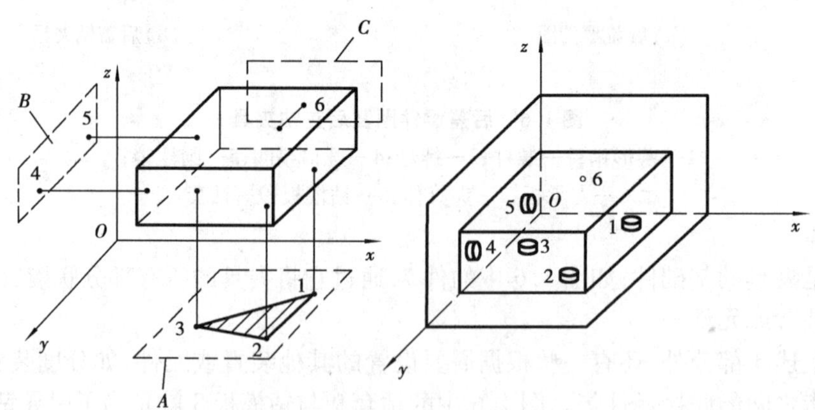

图 1.8　六点定位原理

在应用六点定位原理时,应注意以下 4 个问题:

①工件在夹具中定位时,并非在任何情况下都必须限制 6 个自由度,究竟哪几个自由度需要限制,主要取决于工件的技术要求、结构尺寸和加工方法等。

②一般来说，一个定位支承点只能限制工件一个自由度。因此，工件在夹具中定位时，所用支承点数目，充其量也决不应多于6个。同时，每个定位支承点所限制的自由度，原则上不允许重复或互相矛盾。

③定位支承点限制工件自由度的作用，可以这样去理解，即定位支承点与工件的定位基准始终保持紧贴接触。若两者一旦脱离，就表示定位支承点失去了限制工件自由度的作用（也即失去了定位作用）。

④在分析定位支承点起定位作用时，不考虑力的影响。工件在某一坐标参数方向上的自由度被限制，是指工件在该坐标参数方向上有了确定的位置，而不是指工件在受到使工件脱离支承点的外力时，不能运动。使工件在外力作用下不能运动，这是夹紧的任务。不要把定位与夹紧两个概念相混淆，初学者往往容易忽略二者的区别。反过来说，工件在外力作用下不能运动（即被夹紧了），并不一定说工件的所有自由度都被限制了。

（2）工件的定位方式及种类

在实际生产中，工件加工时的定位，可能要将其6个自由度全部都限制，也可能只限制其中的一部分，因为只要限制那些影响加工精度的自由度就行了。工件的定位方式有以下4种：

1）完全定位

工件上的6个自由度全部被限制的定位称为完全定位，如图1.9所示。在铣床上加工一批零件的沟槽时，为了保证图中 x,y,z 3个尺寸的加工精度，就必须限制该零件的6个自由度。一般工件在3个坐标方向上均有尺寸要求时，要用此方式定位。

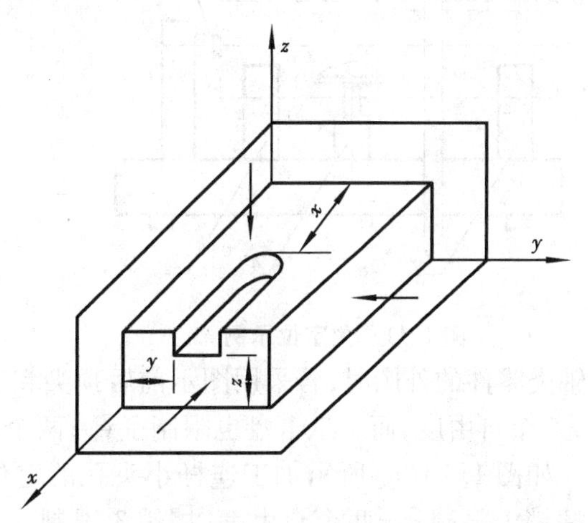

图1.9　完全定位示例

2）不完全定位

工件上6个自由度没有被全部限制，但能满足加工需要的定位方式称为不完全定位。在车床上车削如图1.10（a）所示零件的通孔时，由于孔在 x 方向的移动 $\vec{x}$ 和转动 $\hat{x}$ 都不会影响其加工精度，所以不需要限制，只需限制其余4个自由度（$\vec{y},\vec{z},\hat{y},\hat{z}$）就能满足加工需要。如图1.10（b）所示的零件在磨床上采用电磁工作台定位磨平面时，由于工件只有厚度和平行度的加工要求，因此只需限制 $\hat{x}$，$\hat{y}$ 和 $\vec{z}$ 3个自由度就能满足加工需要。

3）欠定位

应该限制的自由度在定位时未被限制的定位称为欠定位。这种定位方式显然是无法保证工序所规定的加工要求，因此，在实际生产中欠定位是绝对不允许出现的。如图1.11所示的零件在圆柱上铣键槽，如果只采用 V 形块1，2及止推销3定位，无防转销4，工件绕工件轴线回转方向的位置将不确定，铣出的键槽将难以达到要求。

4）过定位

工件的自由度被设置的定位元件重复限制的定位方式，称为过定位。如图1.12所示，车

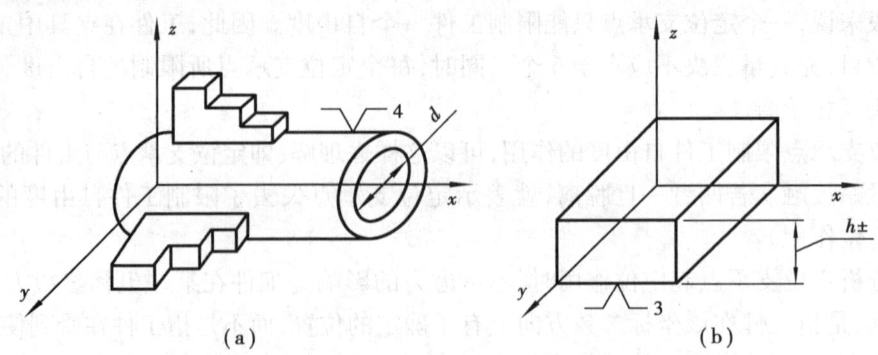

图 1.10　不完全定位示例

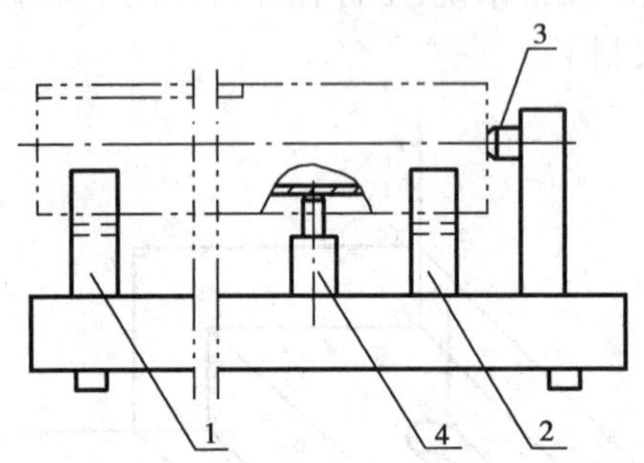

图 1.11　欠定位示例

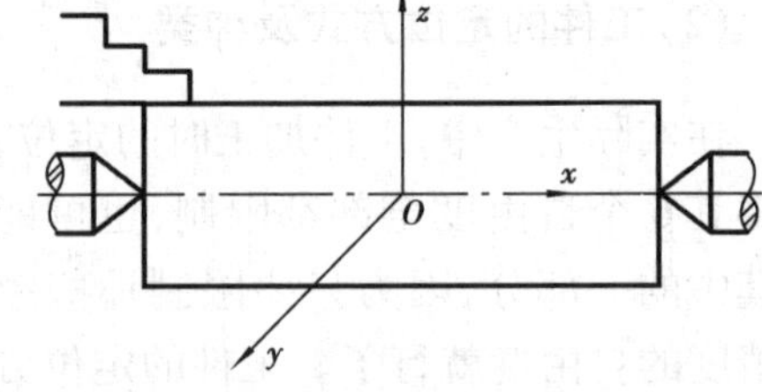

图 1.12　过定位示例

削轴类零件的外圆时,若采用图示前后顶尖和三爪卡盘安装,由于前后顶尖已限制了$\vec{x}$,$\vec{y}$,$\vec{z}$,$\hat{y}$和$\hat{z}$5 个自由度,而三爪卡盘也限制了$\vec{y}$,$\vec{z}$两个自由度,出现了过定位。

如图 1.13(a)所示加工连杆小头孔的定位方案,平面支承 2 限制$\vec{z}$,$\hat{x}$,$\hat{y}$3 个自由度,短圆柱销 1 限制$\vec{x}$,$\vec{y}$两个自由度,挡销 3 限制 $\hat{z}$ 一个自由度从而实现完全定位。若将销 1 改成长圆柱销 1′,因其限制工件的$\vec{x}$,$\vec{y}$,$\hat{x}$,$\hat{y}$4 个自由度,从而引起 $\hat{x}$,$\hat{y}$ 两个自由度被重复限制。在工件定位时出现如图 1.13(b)所示的不确定情况,更严重的是在施加夹紧力后会使连杆产生弹性变形(见图 1.13(c)),加工完松夹后,工件变形恢复,就形成加工表面严重的位置或形状误差。

由以上分析可知,过定位可能会产生以下不良影响

①使定位变得不稳定而降低定位精度。

②使工件或定位元件受力后产生变形。

③阻碍工件装入夹具等。

这是由于工件上的定位基准与夹具上的定位表面均有几何形状误差,定位基准之间、定位表面之间存在有位置误差,一旦出现过定位,就会使定位基准与定位表面接触不良甚至不能接触。因此,在确定工件定位方案时,一般不允许出现过定位。

加工完毕松夹后,工件变形恢复,就形成加工表面严重的位置或形状误差。

实际生产中,在采取适当工艺措施的情况下,可利用过定位来提高工件的定位刚度。只要解决好以下两个问题,过定位是允许存在的,有时甚至是必要的:

①重复限制自由度的支承之间,不能使工件的安装发生干涉。

②因过定位而引起的不良后果,在采取相应措施后,仍应保证工件的加工要求。

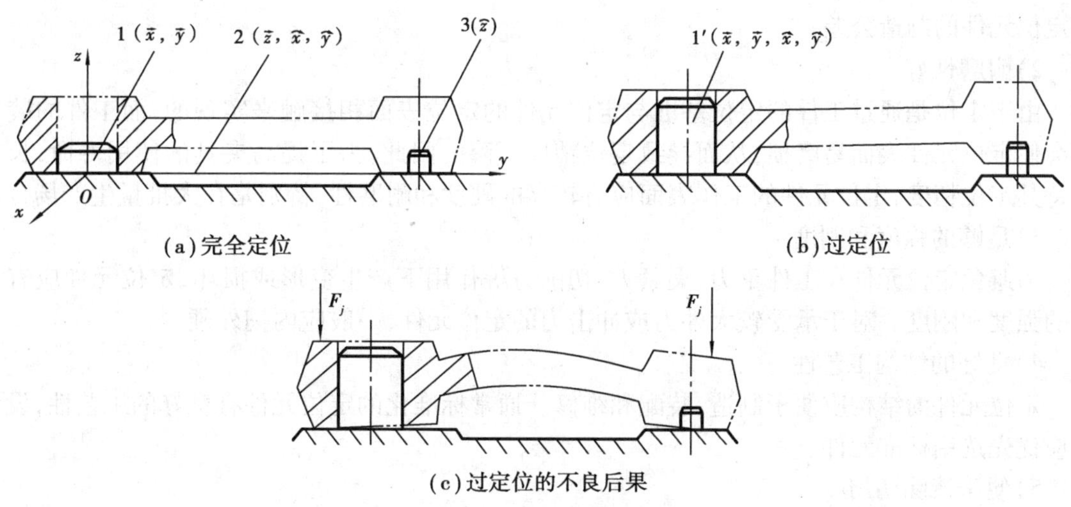

(a)完全定位　　(b)过定位

(c)过定位的不良后果

图1.13　连杆定位分析

1—短圆柱销;1′—长圆柱销;2—平面支承;3—挡销

如图1.13所示,若连杆大头孔与端面的垂直度误差很小,长销与台阶面的垂直度误差也很小,此时就可利用大头孔与长销的配合间隙来补偿这种较小的垂直度误差,并不致引起相互干涉仍能保证连杆端面与平面支承可靠接触,就不会产生图1.13(b)的定位不确定情况,也不会造成图1.13(c)夹紧后的严重变形,因而是允许采用的。采用这种方式定位由于整个端面接触,增强了切削时的刚度和定位稳定性,而且用长圆柱销定位大头孔,有利于保证被加工孔相对大头孔轴线的平行。

常用的处理过定位的方法有以下两种:

①适当提高定位基准及定位元件工作表面之间的位置精度(但要考虑工艺的可行性、经济合理性),使产生的误差在允许的范围内。

②酌情改变重复定位元件的结构,借以降低或消除过定位的干扰作用。这种方法实质上已不是过定位了。

任务1.4　定位副的选择和要求

工件在夹具中定位时是通过一定的表面和定位元件相接触或配合来实现的,这些表面(定位基准面)和定位元件合成为定位副。定位副的选择及其制造精度将直接影响工件的定位精度和夹具的工作效率以及制造、使用性能,故对定位副的选择须提出必要的原则和要求。

(1)定位元件的基本要求

定位元件作为夹具结构中的重要元件之一,它一般应具备以下基本要求:

1)足够的精度

定位元件的工作表面精度与定位误差有很大的关系,将会直接影响工件的加工精度。精度过低,保证不了工件的加工要求,过高又会使加工困难。通常可根据有关资料或生产经验确定定位元件的制造公差。

2)耐磨性好

由于定位是通过工件的定位基准与定位元件的定位表面相接触来实现的,而工件的装卸将会使定位元件表面易磨损,从而导致定位精度下降。因此,为了提高夹具的使用寿命,长期保持其定位精度,定位元件的工作表面应有较高的硬度和耐磨性,特别是在大批量生产场合。

3)足够的强度和刚度

为避免定位元件在工件重力、夹紧力、切削力等作用下产生变形或损坏,定位元件应有足够的强度和刚度。对于承受较大外力或冲击力的定位元件,一般应内韧外硬。

4)良好的结构工艺性

定位元件的结构应便于制造、装配和维修。通常标准化的定位元件有良好的工艺性,设计时应优先选用标准元件。

5)便于清除切屑

定位元件工作表面的形状应有利于清除切屑,否则,会因切屑而影响定位精度,而且切屑还会损伤定位基准表面。

(2)工件以平面定位

1)固定支承

固定支承有支承钉和支承板两种形式。在使用过程中,它们是固定不变的。

①支承钉

如图 1.14 所示为标准支承钉结构(GB/T 2226—1991)。A 型是平头支承钉,用于定位加工过的精基准;B 型是球头支承钉,用于定位未加工毛坯的粗基准;C 型是齿纹面支承钉,常用于侧面定位以增大摩擦力。一般一个支承钉只限制一个自由度,因此,一个毛坯平面只能用 3 个球头支承钉定位,以保证接触点确定,使其定位稳定。若工件是以加工过的平面为定位基准,则可用 3 个或更多的平头支承钉定位。但必须保证这几个平头支承钉的定位工作面位于同一平面内,否则,就会使各支承钉不能全部与工件接触,造成定位不稳定。

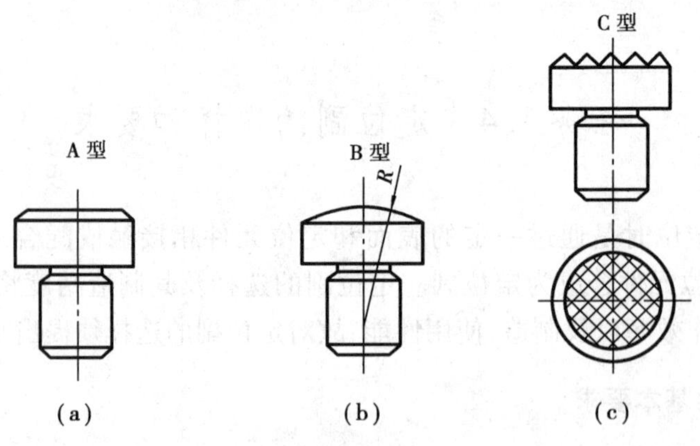

图 1.14 支承钉

②支承板

如图 1.15 所示为标准支承板结构(GB/T 2236—1991),用于定位精基准平面。A 型支承板结构简单,制造容易,但孔边切屑不易清除,故适用于侧面及顶面定位;B 型因开有斜槽,容易清除切屑,易保证工作面清洁,故适用于底面定位。

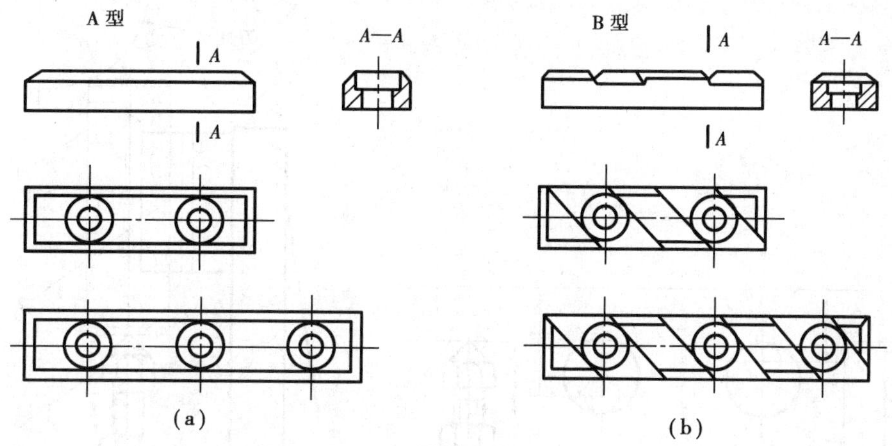

图 1.15　支承板

2)可调支承

支承点位置可以调整的支承为可调支承,如图 1.16 所示为 3 种常用的可调支承。调整时,要首先松后调,调好后用防松螺母锁紧。可调支承主要用于工件以粗基准面定位或定位基面的形状复杂(如成形面、台阶面等),以及各批毛坯的尺寸、形状变化较大时的情况。如图 1.17(a)所示的工件,毛坯为砂型铸件,先以 B 面定位铣 A 面,再以 A 面定位镗双孔。铣 A 面时,若采用固定支承,由于定位基面 B 的尺寸和形状误差较大,铣完后 A 面与两毛坯孔(图中虚线)的距离尺寸 H_1,H_2 变化也大,致使镗孔时余量很不均匀,甚至余量不够。因此,固定支承必须改为可调支承,再根据每批毛坯的实际误差大小调整支承钉的高度,就可避免上述情况发生。图 1.17(b)为利用可调支承加工不同尺寸的相似工件。可调支承在一批工件加工前调整一次,在同一批工件加工中保持不变,其作用与固定支承相同。

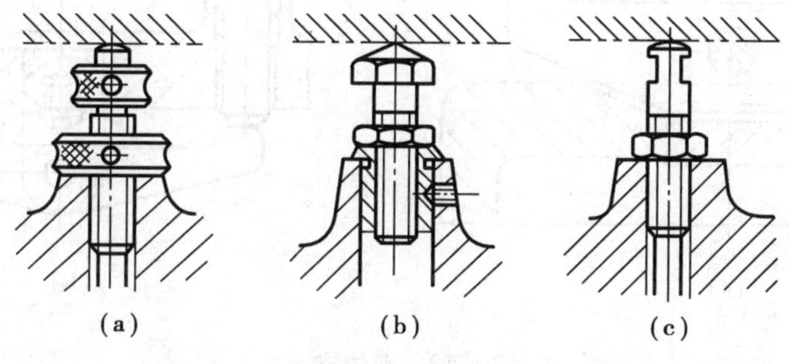

图 1.16　可调支承

3)自位支承

在工件定位过程中,能自动调整位置的支承称为自位支承(也称浮动支承)。如图 1.18(a)、(b)所示为两点式自定位支承。这类支承的特点是:支承点的位置能随着工件定位基准面的不同而自动调节,工件定位基面压下其中一点,其余点便上升,直至各点都与工件接触。接触点数的增加,提高了工件的装夹刚度和稳定性,但其作用仍相当于一个固定支承,只限制工件一个自由度。

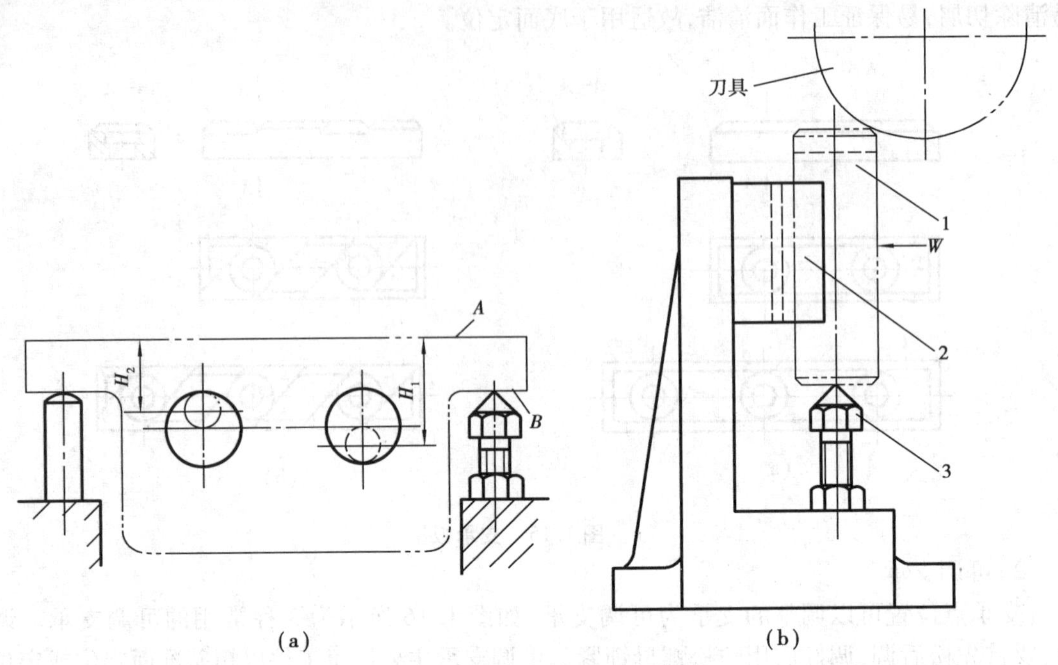

图 1.17 可调支承的应用

1—工件；2—定位元件；3—可调支承

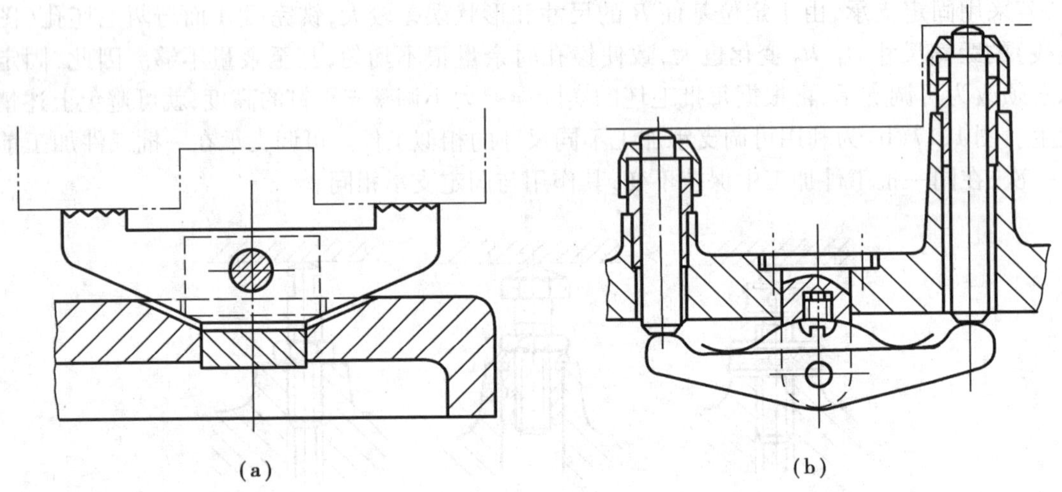

图 1.18 自位支承

4）辅助支承

生产中，由于工件形状以及夹紧力、切削力、工件重力等原因可能使工件在定位后还产生变形或定位不稳定。为了提高工件的安装刚性和稳定性，通常设置辅助支承。如图 1.19 所示，当工件的重心超出基本支承所形成的稳定区域时，工件上中心所在的一端便会下垂，而使另一端向上翘起，于是使工件上的定位基准脱离定位元件。为了避免出现这种情况，在将工件放在定位元件上时，能基本上接近其正确定位位置；这时，应在工件重心所在部位下方设置辅助支承，以实现预定位。

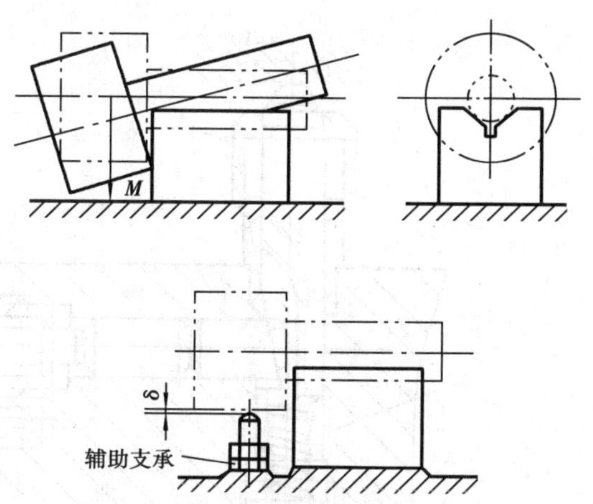

图1.19　辅助支承起预定位作用

强调指出的是，辅助支承只能起提高工件支承刚性的辅助定位作用，而决不能允许它破坏基本支承应起的主要定位作用，即辅助支承不起限制自由度的作用。因此，使用辅助支承时，需等工件定位夹紧好以后，再调整辅助支承的高度，使其与工件的有关表面接触并锁紧。每安装一个工件就调整一次辅助支承。也即必须逐个工件进行调整，以适应工件支承表面（见图1.17中的B面）的位置误差。

如图1.20所示为常用3种辅助支承的结构。

图1.20(a)为螺旋式辅助支承。使用此类辅助支承加工工件时，应在工件装夹前，先调节辅助支承至最低位置，等工件装夹好后再向上调节与工件接触。加工完毕，又必须把辅助支承重新调至最低位置，待下一个工件装夹好以后，再把辅助支承向上调节与工件接触，如此反复直到一批工件加工完毕。因此，这种辅助支承结构简单，但操作费时，效率较低。

图1.20(b)为自位式辅助支承。支承销1在其未与工件接触前，因受弹簧4的作用，其高度总是超出其他基本支承。当工件放在基本支承上后，这时，自位式辅助支承中的支承销1也同时受到工件重力作用而被压下，并与其他基本支承一起保持与工件接触。然后通过转动手柄3用顶柱2将支承销1锁紧。锁紧后的自位式辅助支承，才相当于一个刚性支承。在上一个工件加工完而重新安装下一个工件前，应先反方向转手柄3，使支承销1松开而重新向上弹至其原始自由位置。否则，由于仍处于锁紧状态的辅助支承相当于一个刚性支承，则它将取代基本支承的作用，从而破坏原基本支承的定位精度，严重时甚至引起工件报废。弹簧力的大小应能使支承销弹出，但不能顶起工件。顶柱2的斜面角（一般为10°）不能大于自锁角。

图1.20(c)为推引式辅助支承。工件装夹好后，推动手轮7使滑柱销5与工件接触，然后转动手轮使斜楔6的开槽部分涨开而锁紧。它适用于工件较重、垂直作用的切削负荷较大的场合。斜楔6的斜面角可取8°～10°。过小则滑柱销升程短，过大则可能失去自锁作用。

(3)工件以圆孔定位

工件以圆孔表面作为定位基面时，常用以下定位元件：

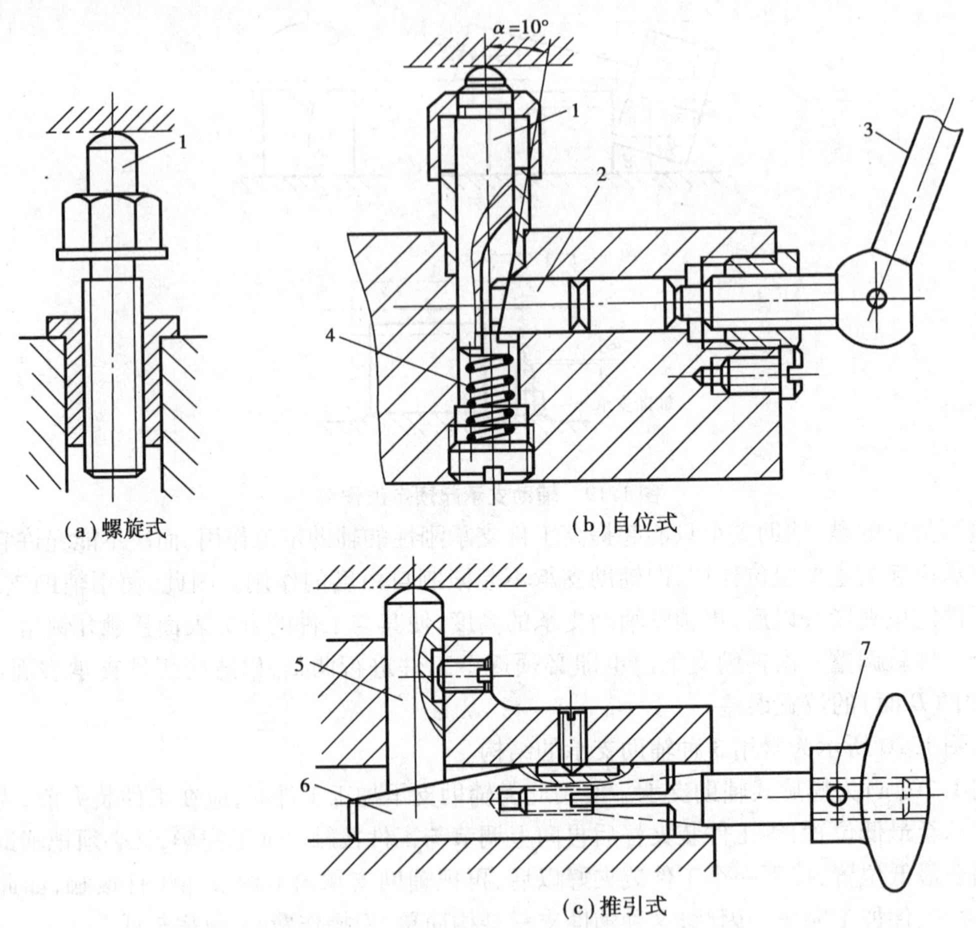

(a)螺旋式

(b)自位式

(c)推引式

图 1.20　辅助支承

1—支承销;2—顶柱;3—手柄;4—弹簧;5—滑柱销;6—斜楔;7—手轮

1)圆柱定位销

如图 1.21 所示为常用圆柱定位销结构。当工件直径小于 10 mm 时,为避免销子因撞击而折断,或热处理淬裂,通常将根部倒出圆角 R,应用时在夹具体上锪出沉孔,使定位销圆角部分沉入孔内而不影响定位,如图 1.21(a)所示。大批量生产时,为了便于更换定位销可采用如图 1.21(d)所示的带衬套结构。圆柱定位销的工作部分直径通常根据加工要求按 g5,g6,f6,f7 制造,定位销与夹具体的配合可参考标准。

此外,圆柱定位销可分为长定位销与短定位销。长定位销限制工件的 4 个自由度,短定位销限制工件的两个自由度。长、短定位销的区分主要是根据定位销的定位工作面与基准孔接触的相对长度来分的。

2)圆柱定位心轴

圆柱定位心轴主要用在车床、铣床、磨床上加工套类和盘类零件。如图 1.22 所示为 3 种常用圆柱心轴的结构形式。图 1.22(a)为间隙配合心轴,定位部直径按 h6,g6,f7 制造,装卸工件方便,但定心精度不高。图 1.22(b)为过盈配合心轴,适用于加工工件外圆及端面。它由导向部分 3、工作部分 2 和安装部分 1 组成。当工件孔的长度与直径之比 $L/d>1$ 时,为了装

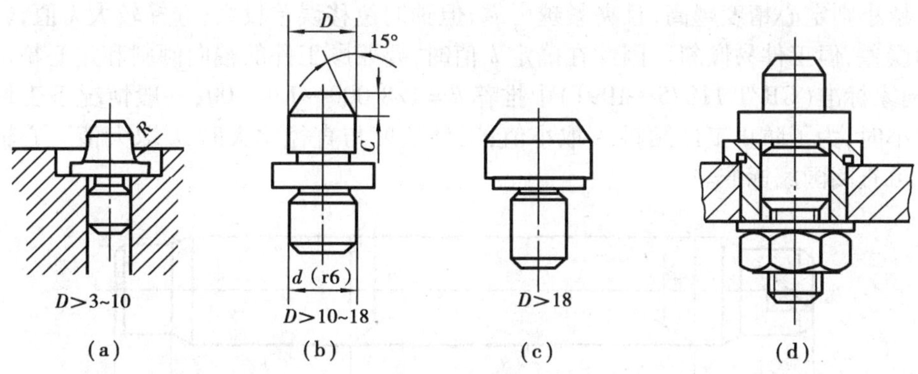

图1.21　圆柱定位销

卸工件容易，工作部分应有一定锥度。安装部分由同轴度极高的两顶尖孔及与拨盘配套和传递扭矩的削扁方组成。心轴上的凹槽是供车削端面时退刀用的。这种心轴结构简单，容易制造且定心精度高，但装卸工件不便，易损伤工件定位孔。多用于定心精度要求较高的场合。图1.22(c)是花键心轴，用于加工以花键孔定位的工件。当工件定位孔的长度与直径比 $L/d>1$ 时，工作部分可稍带锥度。

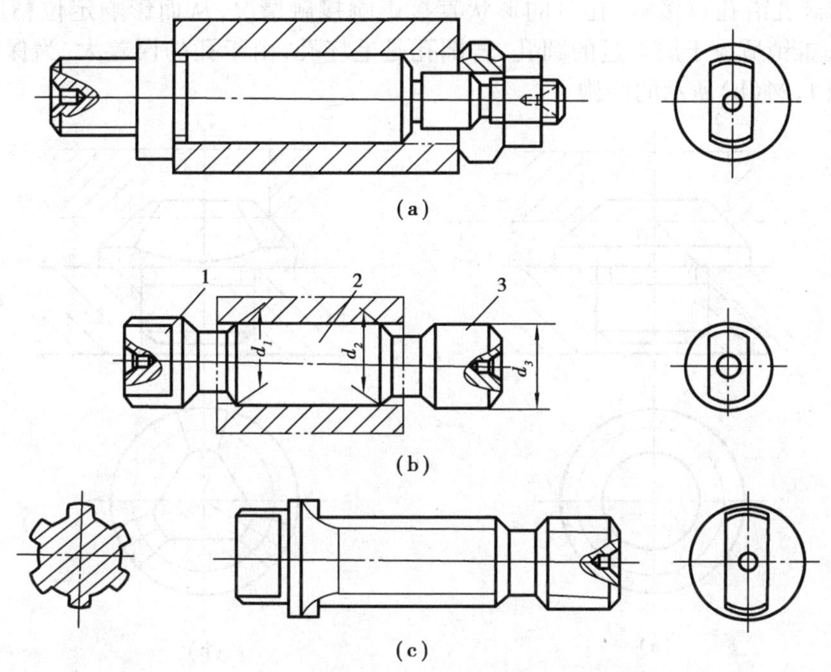

图1.22　圆柱心轴

1—安装部分；2—工作部分；3—导向部分

3）小锥度心轴

如图1.23所示，这种心轴的定心精度较高，可达 $\phi 0.01 \sim \phi 0.02$ mm，但轴向位移误差较大，工件易倾斜，故不宜加工端面。小锥度心轴是以工件孔和心轴工作面的弹性变形来夹紧工件，故传递扭矩较小，装卸工件不便。一般只用于定位孔的精度不低于IT7的精车和精磨加工。小锥度心轴的设计主要是确定锥度 k 及其结构尺寸。一般来说，基准孔的精度一定时选

择锥度 k 越小则定心精度越高，且夹紧越可靠；但轴向位移误差较大，选择较大 k 值，轴向可得到较小的误差，但工件易倾斜。因此在确定 k 值时，要兼顾工件的轴向倾斜和定心精度两方面的要求，国家标准（GB/T 11875—1991）中推荐 $k=1/8\ 000 \sim 1/3\ 000$；一般情况下工件长度与直径之比小时，为了防止工件倾斜，k 取小值；工件长度与直径比大时，k 取大值。心轴结构尺寸的确定可查阅国家标准。

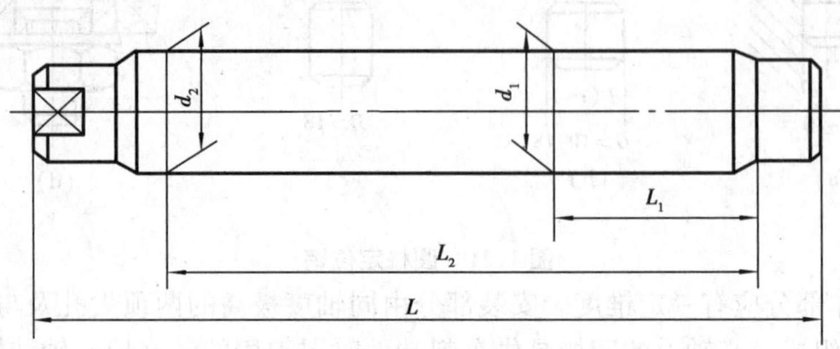

图 1.23　小锥度心轴

4）圆锥定位销

如图 1.24 所示为工件以圆孔在圆锥销上的定位示意图。它限制了工件的 $\vec{x}$，$\vec{y}$，$\vec{z}$ 3 个自由度，锥销与圆孔沿孔口接触，孔口的形状直接影响接触情况，从而影响定位精度。图 1.24（a）为整体圆锥销适应于加工过的圆孔，若圆孔是毛坯孔，由于孔的误差大，为保证两者接触均匀，采用图 1.24（b）所示的结构。

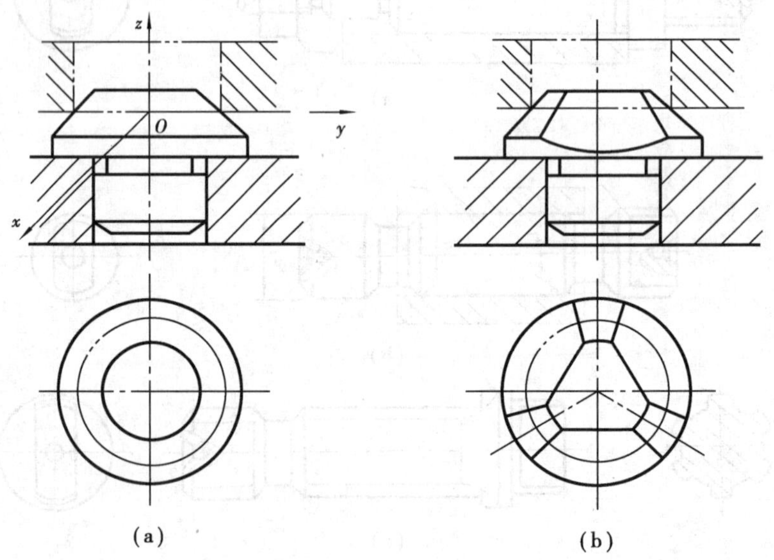

图 1.24　圆锥销定位

（4）工件以外圆柱面定位

工件以外圆柱面定位时，常用的定位元件有 V 形块、半圆套、定位套等。

1）V 形块

①V 形块的典型结构

如图 1.25 所示为常用 V 形块。图 1.25（a）是用于精基准的短 V 形块；图 1.25（b）是用于精基准的长V形块；图1.25(c)是用于粗基准的长V形块，也可定位两段精基准外圆相距较远的阶梯轴；图1.25(d)为大质量工件用镶淬硬垫块或镶硬质合金V形块。采用这种结构除制造经济性好外，又便于V形块定位工作面磨损后更换，还可通过更换不同厚度的垫块以适应不同直径的工件定位，使结构通用化。

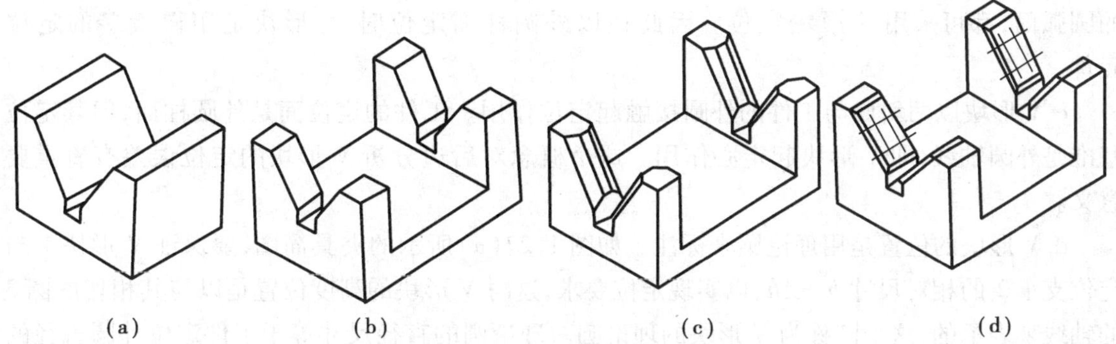

图1.25　V形块的典型结构

长、短V形块是按照V形块量棒和V形块定位工作面的接触长度 L 与量棒直径 d 之比来区分，即 $L/d \ll 1$ 时为短V形块，限制工件两个自由度；$L/d \gg 1$ 时为长V形块，限制工件4个自由度。

②V形块的结构参数

标准V形块(GB/T 2208—1991)的结构参数如图1.26所示。V形块在夹具上调整好位置后用螺钉紧固并配作两个销孔，用两个定位销定位。两斜面的夹角 α 有60°,90°,120° 3种，其中以90°应用最广。标准V形块是根据工件定位面外圆直径来选取。设计非标准V形块时可参考标准V形块的结构参数来进行。

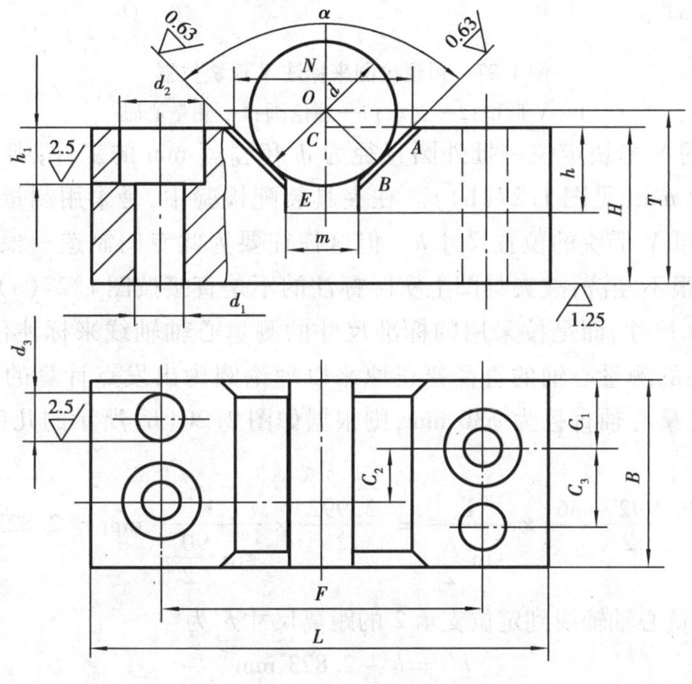

图1.26　V形块的结构尺寸

③V 形块的定位特性

a. V 形块定位的最大优点是对中性好，它可使一批工件的定位基准轴线始终对中在 V 形块两斜面的对称面上，而不受定位基准直径误差的影响。

b. V 形块定位的另一个特点是无论定位基准是否经过加工，是完整的圆柱面还是局部的圆弧面，都可采用 V 形块定位。因此在以外圆柱面定位时，V 形块是用得最多的定位元件。

c. V 形块以两斜面与工件的外圆接触起定位作用。工件的定位面是外圆柱面，但其定位基准是外圆轴线，即 V 形块起定心作用。这个概念对后边分析 V 形块的定位误差有着重要意义。

d. V 形块的位置是用理论圆来标注。如图 1.27(a)所示的夹具简图，要保证 V 形块 1 与定位支承 2 的相对尺寸 $h \pm \Delta h$，以实现定位要求，这时 V 形块的高度位置是以与其相切的圆 3 的轴线来表示的，这个圆称为 V 形块的理论圆。理论圆的直径尺寸等于工件定位外圆直径的平均尺寸，它是一个常量。

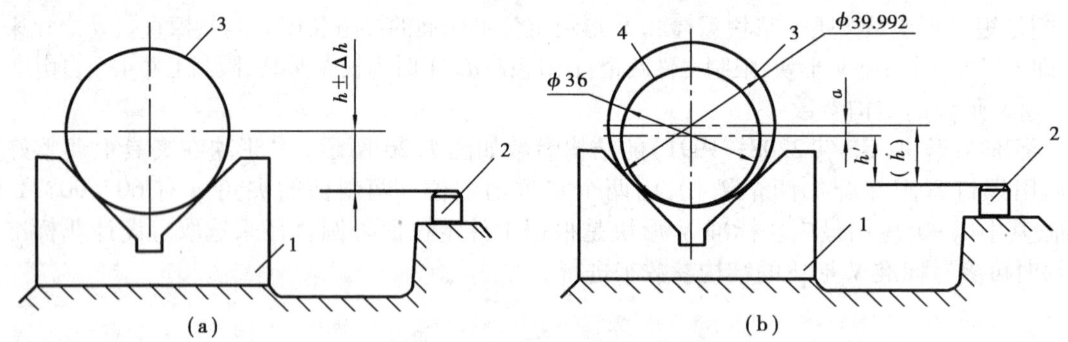

图 1.27　用理论圆来标注 V 形块位置

1—V 形块；2—支承；3—理论圆；4—测量心轴

设用 $\alpha = 90°$ 的 V 形块定位一批外圆直径为 $\phi 40_{-0.016}^{\ 0}$ mm 的工件，则 V 形块理论圆直径尺寸为 $\phi 39.992$ mm(见图 1.27(b))。在夹具装配检验中，是采用测量心轴使理论圆具体化，以便直接测量 V 形块的位置尺寸 h。但这往往要为此专门制造一根非标准尺寸的专用测量心轴，因而很不经济，故夹具图上实际标注的不是直接按图 1.27(a)那样以理论圆轴线来标注的 $h \pm \Delta h$ 尺寸，而是按采用的标准尺寸的测量心轴轴线来标注位置尺寸。因此，必须根据实际采用的测量心轴的直径修正原来以理论圆为出发点计算的 $h \pm \Delta h$ 尺寸。设已知标准尺寸的测量心轴直径为 $\phi 36$ mm，则根据如图 2.20(b)所示的几何关系可知，尺寸的修正值 a 为

$$a = \frac{39.992 - 36}{2} \times \frac{1}{\sin \dfrac{\alpha}{2}} = \frac{3.992}{2} \times \frac{1}{\sin \dfrac{90°}{2}} \text{ mm} = 2.823 \text{ mm}$$

由 $\phi 36$ mm 标准测量心轴轴线到定位支承 2 的距离尺寸 h' 为

$$h' = h - 2.823 \text{ mm}$$

④活动V形块与固定V形块

V形块还有固定式和活动式之分。固定式V形块通过定位销联接在夹具体上，活动V形块主要用来消除过定位。

2）定位套

工件以外圆柱面定位时，也可采用如图1.28所示的定位套。图1.28（a）为短定位套，限制工件两个自由度；图2.26（b）为长定位套，限制工件4个自由度。定位套结构简单，容易制造，但是定心精度不高，一般适用精基准定位。长短定位套的区分与长短V形块的区分相同。

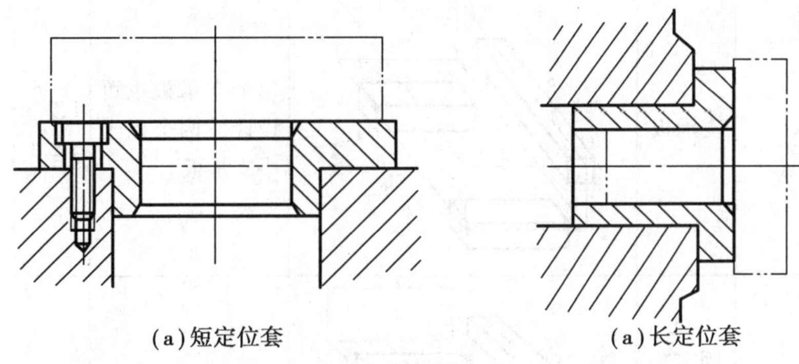

（a）短定位套　　（a）长定位套

图1.28　定位套

3）半圆套

如图1.29所示两种结构的半圆套定位装置，主要用于大型轴类工件及不便轴向装夹的工件定位。工件定位面精度不低于IT9—IT8，上半圆套1起夹紧作用，下半圆套2起定位作用。

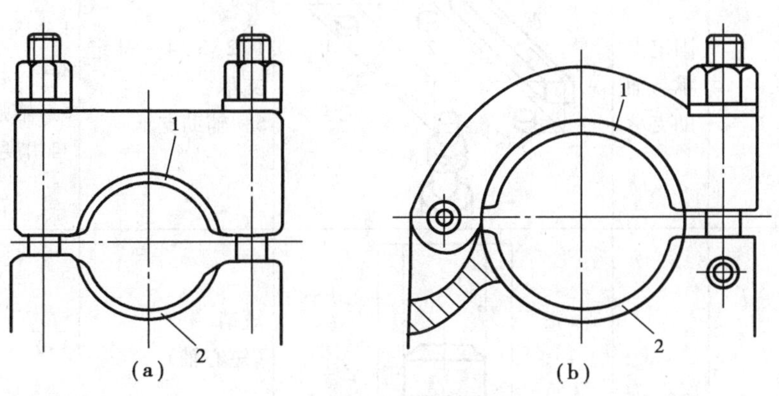

（a）　（b）

图1.29　半圆套

1—上半圆套；2—下半圆套

常见定位元件及其组合所能限制的自由度见表1.3。

表 1.3　常见定位元件所能限制的自由度

工件定位基准面	定位元件	定位方式简图	定位元件特点	限制的自由度
平面 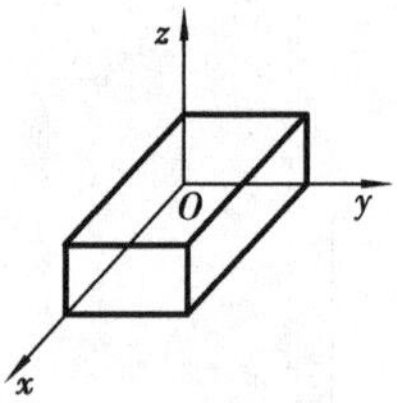	支承钉	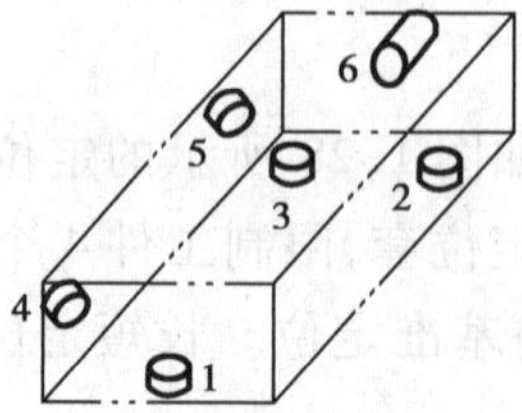		1,2,3—$\vec{z}$,$\hat{x}$,$\hat{y}$ 4,5—$\vec{y}$,$\hat{z}$ 6—$\vec{x}$
	支承板	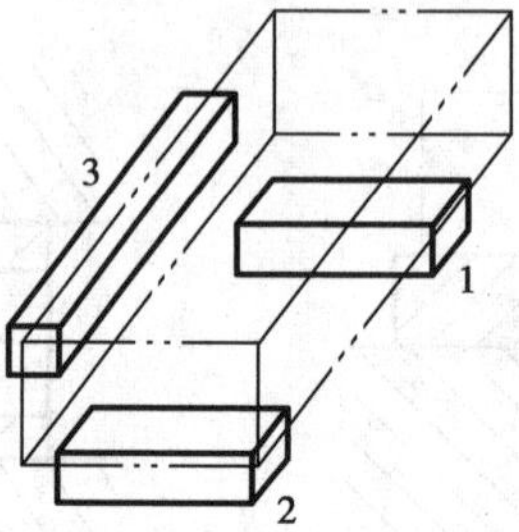	每个支承板也可设计成两个以上小支承板	1,2—$\vec{z}$,$\hat{x}$,$\hat{y}$ 3—$\vec{y}$,$\hat{z}$
平面 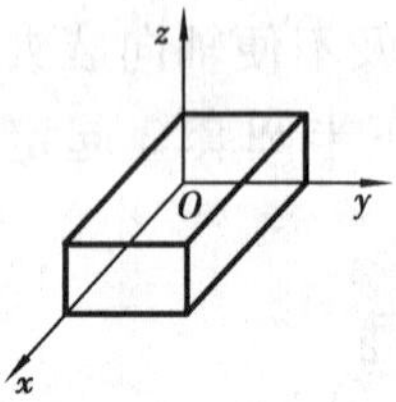	固定支承与浮动支承	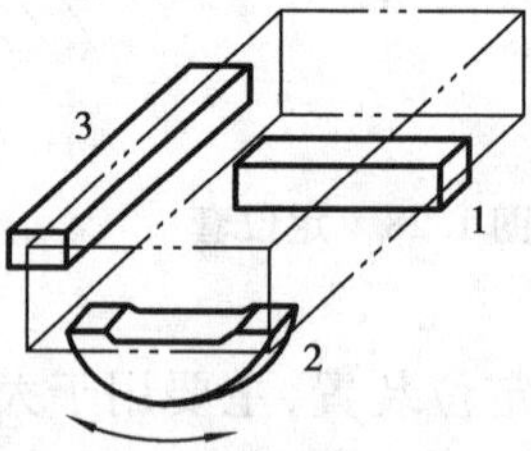	1,3—固定支承 2—浮动支承	1,2—$\vec{z}$,$\hat{x}$,$\hat{y}$ 3—$\vec{y}$,$\hat{z}$
	固定支承与辅助支承	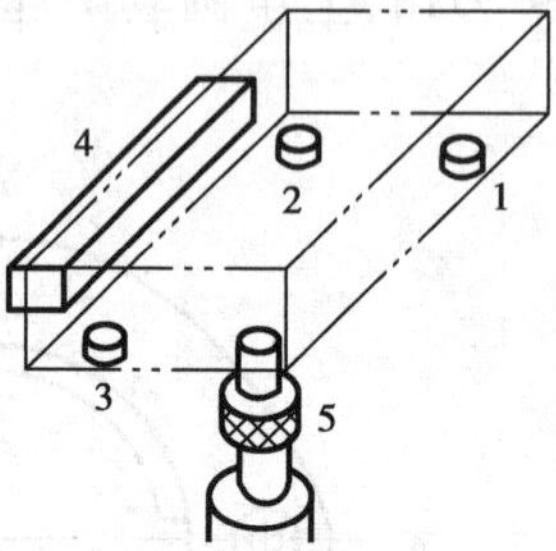	1,2,3,4—固定支承 5—辅助支承	1,2,3—$\vec{z}$,$\hat{x}$,$\hat{y}$ 4—$\vec{y}$,$\hat{z}$ 5—增强刚性,不限制自由度
圆孔 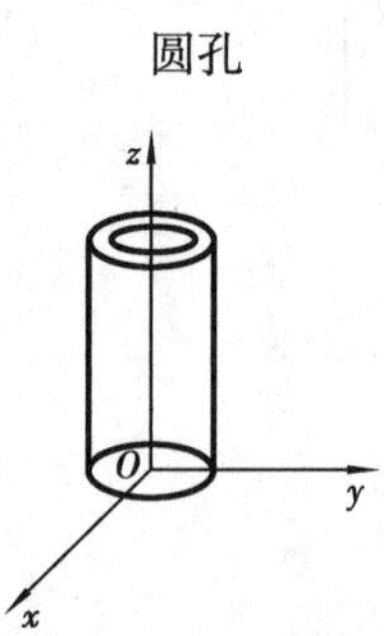	定位销(心轴)	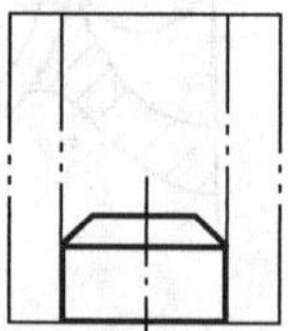	短销(短心轴)	$\vec{x}$,$\vec{y}$
		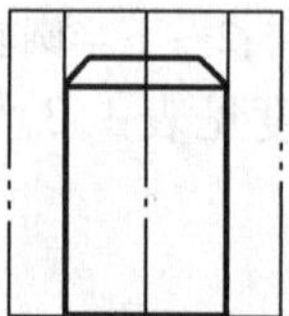	长销(长心轴)	$\vec{x}$,$\vec{y}$ $\hat{x}$,$\hat{y}$

续表

工件定位基准面	定位元件	定位方式简图	定位元件特点	限制的自由度
圆孔	锥销		单锥销	$\vec{x},\vec{y},\vec{z}$
			1—固定销 2—活动销	$\vec{x},\vec{y},\vec{z}$ $\hat{x},\hat{y}$
外圆柱面	支承板 或 支承钉		短支承板 或 支承钉	$\vec{z}$(或$\hat{y}$)
			长支承板 或 两个支承钉	$\vec{z},\hat{y}$
	V形架		短销 （V形块）	$\vec{y},\vec{z}$
			垂直运动的短活动V形块	$\vec{y}$(或$\vec{z}$)

续表

工件定位基准面	定位元件	定位方式简图	定位元件特点	限制的自由度
外圆柱面 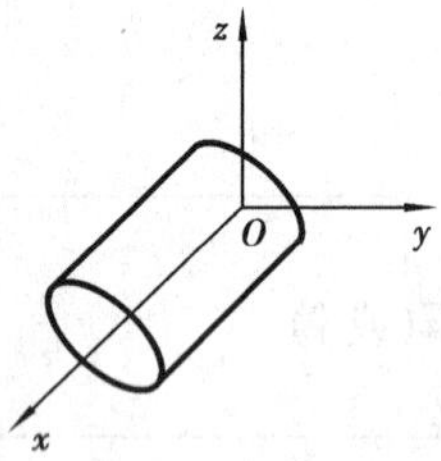	*V*形架	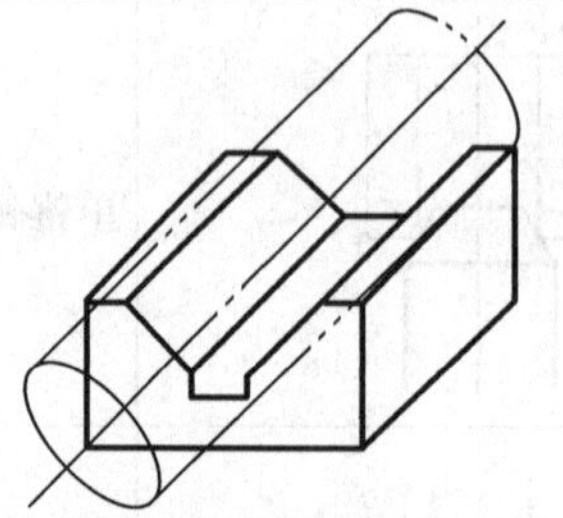	长V形块	$\vec{y},\vec{z}$ $\hat{y},\hat{z}$
	定位套	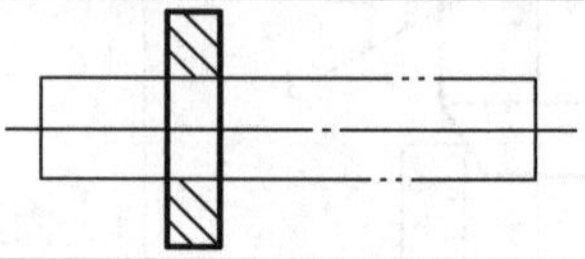	短套	$\vec{y},\vec{z}$
		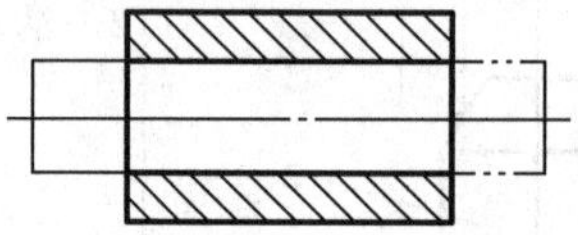	长套	$\vec{y},\vec{z}$ $\hat{y},\hat{z}$
	半圆孔	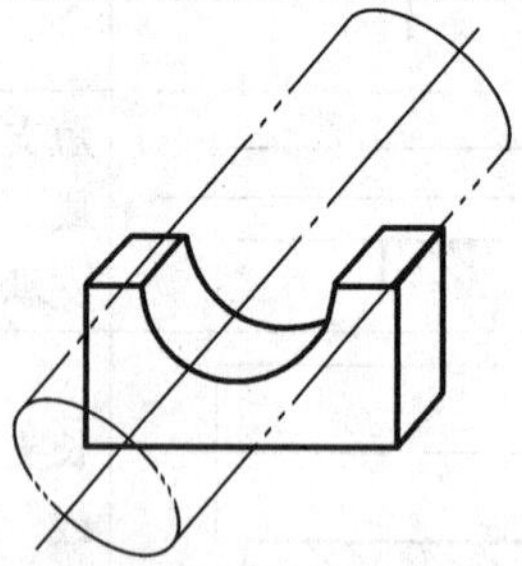	短半圆孔	$\vec{y},\vec{z}$
			长半圆孔	$\vec{y},\vec{z}$ $\hat{y},\hat{z}$
	锥套	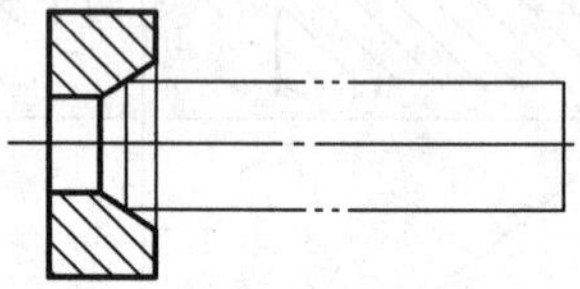	单锥套	$\vec{x},\vec{y},\vec{z}$
		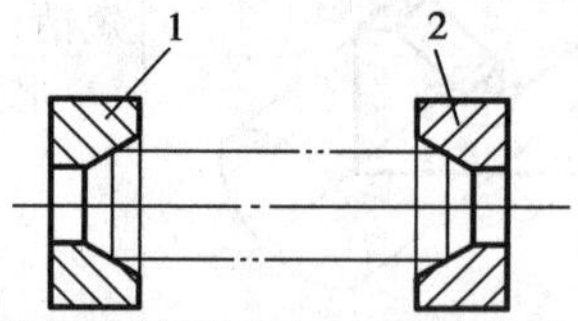	1—固定锥套 2—活动锥套	$\vec{x},\vec{y},\vec{z}$ $\hat{y},\hat{z}$

任务1.5 定位误差的分析计算

在机械加工过程中，产生加工误差的因素很多，有一项却是与采用夹具来安装工件进行加工有关。因为夹具的设计与制造所造成的误差必然会影响工件的定位精度，从而反映在工件的加工精度上。为了使工艺系统能够加工出合格的工件，系统中各组成误差的总和 $\sum\Delta$ 应不超过加工允差或位置公差δ_G，即$\sum\Delta\leqslant\delta_G$。而$\sum\Delta=\Delta_J+\Delta_G$，$\Delta_J=\Delta_D+\Delta_{T\text{-}A}$，从而有：

$$\Delta_D+\Delta_{T\text{-}A}+\Delta_G\leqslant\delta_G\quad(\text{此式称为误差计算不等式})$$

式中　Δ_J——与夹具有关的加工误差；

Δ_G——除夹具外与工艺系统其他因素有关的加工误差；

Δ_D——工件在夹具中定位时产生的定位误差；

$\Delta_{T\text{-}A}$——夹具在机床上调整安装时产生的误差。

由此可知，在夹具设计与制造中，为了满足加工要求，要尽可能设法减少这些与夹具有关的加工误差。如果这部分误差所占比例很大，则留给补偿其他加工误差的比例就很小，结果不是降低了工件的加工精度，就是有可能造成超差而导致工件报废。这里只讨论定位误差问题。

在根据经验或类比法初步确定工件的定位方案后，可假设误差计算不等式中的3项误差各占工件公差的1/3。最后可根据实际情况进行调整。如果满足$\Delta_D\leqslant1/3\delta_G$则合格；若$\Delta_D>1/3\delta_G$，表明定位误差按绝对平均法所分得的允许公差已经超差，此时应按综合调整法相互调剂，使3项误差的总和不超过工序公差要求，或采取相应工艺措施解决超差问题。

(1)定位误差产生的原因

定位误差是指用调整法进行加工时，由于工件在夹具中定位所引起的一种误差。定位误差包括基准不重合误差和基准位移误差两项。现举例分析其产生的原因。

1)基准不重合误差

因定位基准与工序基准不重合而引起的定位误差，称为基准不重合误差，以Δ_B表示。

如图1.30(a)所示为铣削台阶面工序简图，如图1.30(b)所示为其定位简图。要求保证尺寸$L_1\pm T_1/2$和$H_1\pm T_{H_1}/2$。由图1.30(a)可知，尺寸L_1的工序基准是E面，由图1.30(b)可知，其定位基准是A面，两者不重合。这样对于一批工件而言，当刀具按定位基准A面调整好位置时，其中每个工件的E面位置却是随尺寸$L_2\pm T_2/2$的变化而变化。由图1.30(b)可知，此时一批工件的E面位置可能发生的最大变动量为ΔL_2，它便是尺寸L_2的公差，即$\Delta L_2=T_2=L_{2max}-L_{2min}$。因此，在尺寸$L_1$中实际上附加了$\Delta L_2$这样一个误差值，这个误差就是基准不重合误差$\Delta_B$，它将直接影响加工尺寸$L_1$的精度。

对尺寸H_1而言，其工序基准与定位基准均为B面，两者重合，不存在Δ_B。

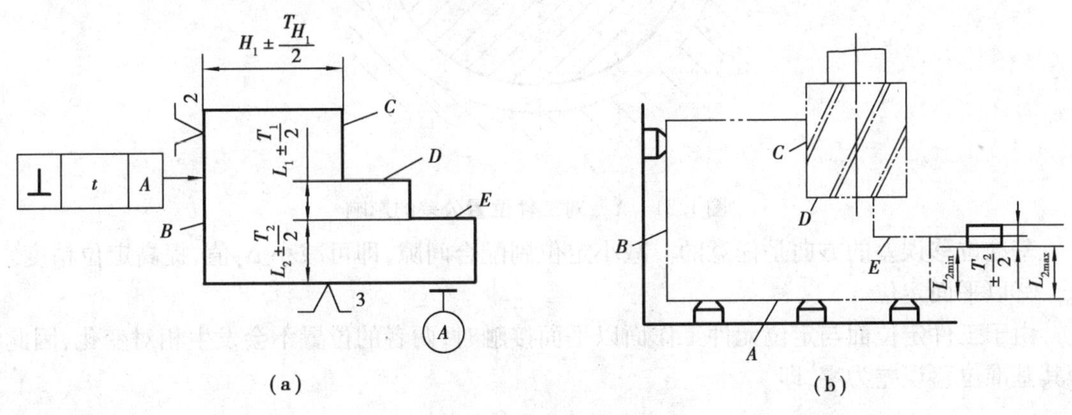

图1.30　基准不重合误差示例

2）基准位移误差 Δ_Y

对于有些定位方式来说，即使基准重合，也会产生另一种形式的定位误差，即由于定位基准本身发生位移而引起的基准位移误差。

工件在夹具中定位时，由于定位副制造不准确及最小配合间隙的影响，定位基准本身在加工尺寸方向上会产生一定的位移量，从而导致各个工件的位置不一致，造成加工误差，把这种误差称为基准位移误差，以 Δ_Y 表示。

不同的定位方式，其基准位移误差的分析和计算方法也不同。

①用圆柱定位销、圆柱心轴中心定位

当圆柱定位销、圆柱心轴与被定位的工件内孔为过盈配合时，不存在间隙，定位基准（内孔轴线）相对定位元件没有位置变化，则：

$$\Delta_Y = 0$$

当定位为间隙配合时（见图 1.31），由于间隙的影响，会使工件的中心发生偏移，其偏移量即为最大配合间隙，即

$$\Delta_Y = X_{max} = \delta_D + \delta_d + X_{min} \tag{1.1}$$

式中 X_{max}——定位副最大配合间隙；

δ_D——工件定位基准孔的直径公差；

δ_d——圆柱定位销或圆柱心轴的直径公差；

X_{min}——定位副所需最小间隙，由设计时确定。

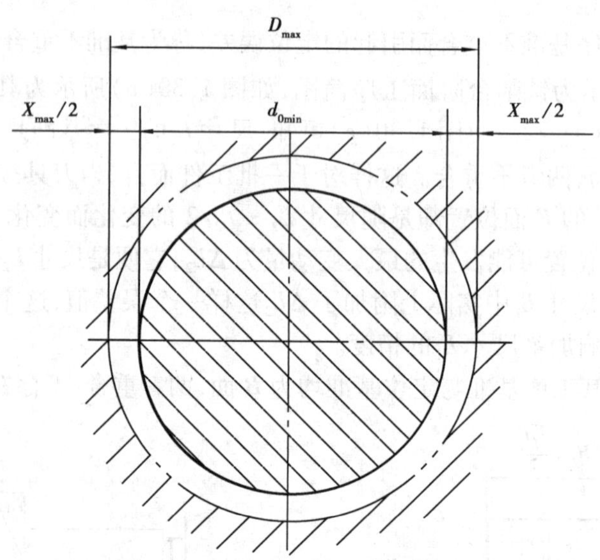

图 1.31 X_{max}对工件位置公差的影响

基准位移误差的方向是任意的。减小定位副配合间隙，即可减小 Δ_Y值，提高定位精度。

②以平面定位

由于工件定位面与定位元件工作面以平面接触时，两者的位置不会发生相对变化，因此认为其基准位移误差为零，即

$$\Delta_Y = 0$$

③工件以外圆柱定位

用定位套定位外圆的定位误差，其分析计算与用圆柱心轴定位圆孔的定位误差计算完全相同。

用V形块定位，如图1.32(a)所示。工件以外圆在V形块上定位，V形块本身是一定心元件，工件的定位面虽是外圆，但定位基准是外圆轴线。由于一批工件外圆直径尺寸的变化引起定位基准相对定位元件发生位置变化，从而产生垂直方向的基准位移误差，即

$$\Delta_Y = OO_1 = \frac{\delta_d}{2\sin\frac{\alpha}{2}} \tag{1.2}$$

式中　δ_d——工件定位基准的直径公差，mm；

α——V形块两斜面夹角。

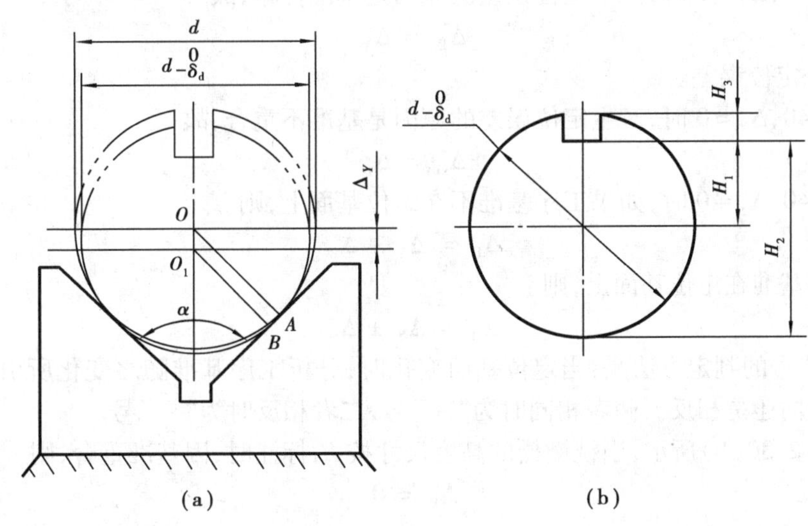

图1.32　工件以外圆在V形块上定位

3)结论

通过以上分析，可归纳如下几点结论：

①工件在夹具中定位时，不仅要限制工件的自由度，使工件在加工尺寸方向上有确定的位置，而且还必须尽量设法减少定位误差，保证有足够的定位精度。

②一批工件在夹具中定位时产生定位误差的原因有两个：一是由于定位基准与工序基准不重合，引起一批工件的工序基准相对定位基准产生了位置变化，即存在基准不重合误差 Δ_B；二是由于定位副制造不准确，引起一批工件的定位基准相对定位元件发生了位置变化，即存在基准位移误差 Δ_Y。

③工件以平面定位时，由于定位基准面的形状误差(如定位基准面的平行度误差、两基准面间的垂直度误差等)，也会引起基准位移误差，但误差值一般较小，可忽略不计。即工件以平面定位时，一般只考虑基准不重合误差，而忽略基准位移误差，即 $\Delta_Y=0$。

④分析计算定位误差时应注意的问题：

a. 由以上分析可知，工序基准相对于被加工表面在加工尺寸方向上所产生的最大位移量，便是定位误差。假如工序基准的位移方向与加工方向不一致，则只要考虑工序基准在加工尺

寸方向上的最大位移即可。

b. 某一工序的定位方案可以对本工序所有加工精度参数产生不同的定位误差，因此应对所有精度参数逐个分析计算其定位误差。

c. 定位误差主要发生在采用夹具装夹工件，并按调整法保证加工精度的情况下。如果按逐件试切法加工，则不存在定位误差。

d. 分析计算得出的定位误差值是指加工一批工件时可能产生的最大定位误差值，它是一个界限值，而不是指某一工件精度参数的定位误差具体数值。

（2）**定位误差的计算**

定位误差由基准不重合误差 Δ_B 和基准位移误差 Δ_Y 组成。

①当 $\Delta_B=0, \Delta_Y\neq 0$ 时，产生定位误差的原因是基准位移，故

$$\Delta_D = \Delta_Y \tag{1.3}$$

式中 Δ_D——定位误差。

②当 $\Delta_B\neq 0, \Delta_Y=0$ 时，产生定位误差的原因是基准不重合，故

$$\Delta_D = \Delta_B \tag{1.4}$$

③当 $\Delta_B\neq 0, \Delta_Y\neq 0$ 时，如果工序基准不在定位基面上，则

$$\Delta_D = \Delta_Y + \Delta_B \tag{1.5}$$

如果工序基准在定位基面上，则

$$\Delta_D = \Delta_Y \pm \Delta_B \tag{1.6}$$

“+”“-”号的判定方法是：当定位基面变化时，分析工序基准随之变化所引起 Δ_Y 和 Δ_B 变动方向是相同还是相反。两者相同时为“+”号，二者相反时为“-”号。

如图 2.30（b）所示，当铣键槽的高度尺寸按 H_1 标注时，因基准重合，则

$$\Delta_B = 0$$

故

$$\Delta_D(H_1) = \Delta_Y = \frac{\delta_d}{2\sin\frac{\alpha}{2}}$$

当铣键槽的尺寸按 H_2，H_3 标注时，因基准不重合，则

$$\Delta_B = \frac{\delta_d}{2}$$

按 H_2 标注时，因 δ_d 变大时，Δ_B，Δ_Y 引起尺寸 H_2 的工序基准作反方向变化，故

$$\Delta_D(H_2) = \Delta_Y - \Delta_B = \frac{\delta_d}{2\sin\frac{\alpha}{2}} - \frac{\delta_d}{2} \tag{1.7}$$

按 H_3 标注时，因 δ_d 变大时，Δ_B，Δ_Y 引起尺寸 H_2 的工序基准作同方向变化，故

$$\Delta_D(H_3) = \Delta_Y + \Delta_B = \frac{\delta_d}{2\sin\frac{\alpha}{2}} + \frac{\delta_d}{2} \tag{1.8}$$

例 1.1 如图 1.33 所示的 3 种定位方案，本工序需钻 ϕ_1 孔，试计算被加工孔的位置尺寸 L_1，L_2，L_3 的定位误差。

分析：①图 1.33（a）中尺寸 L_1 的工序基准为孔轴线，定位基准也为孔轴线，两者重合，则

$$\Delta_B = 0$$

由于存在间隙，定位基准将发生相对位置变化，即存在基准位移误差为

$$\Delta_Y = X_{max} = ES - EI = 0.021\ \text{mm} - (-0.02)\text{mm} = 0.041\ \text{mm}$$

$$\Delta_D = \Delta_Y = 0.041\ \text{mm}$$

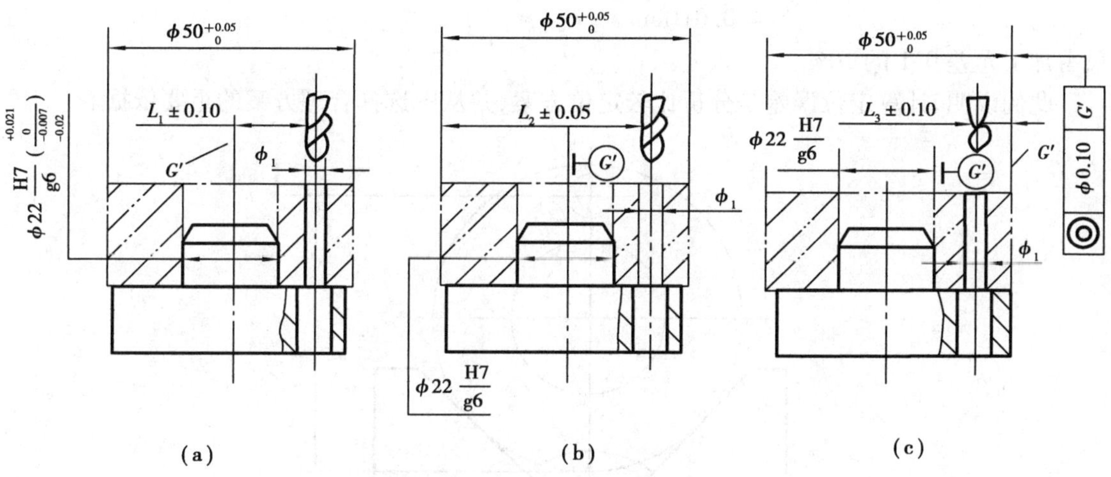

图1.33 心轴定位误差的分析计算

②图1.33(b)中尺寸L_2的工序基准为外圆左母线，定位基准为孔轴线，两者不重合，以$\frac{50^{+0.05}_{\ 0}}{2}$尺寸相联系，则

$$\Delta_B = \frac{0.05}{2}\ \text{mm} = 0.025\ \text{mm}$$

基准位移误差与图1.33(a)相同，即

$$\Delta_Y = 0.041\ \text{mm}$$

因基准不重合误差是尺寸$\phi 50^{+0.05}_{\ 0}$引起，基准位移误差是配合间隙引起，属相互独立因素，则

$$\Delta_D = \Delta_Y + \Delta_B = 0.025\ \text{mm} + 0.041\ \text{mm} = 0.066\ \text{mm}$$

③图1.33(c)同理，可得基准位移误差为

$$\Delta_Y = 0.041\ \text{mm}$$

因尺寸L_3的工序基准(外圆右母线)与定位基准(内孔轴线)不重合，两者以尺寸$\left[\frac{50^{+0.05}_{\ 0}}{2} + (0 \pm 0.05)\right]$联系，故

$$\Delta_B = 0.025\ \text{mm} + 2 \times 0.05\ \text{mm} = 0.125\ \text{mm}$$

工序基准不在工件定位面(内孔)上，即

$$\Delta_D = \Delta_Y + \Delta_B = 0.125\ \text{mm} + 0.041\ \text{mm} = 0.166\ \text{mm}$$

讨论：

①在图1.33(b)方案中，尺寸L_2的定位误差占工序允差的比例为0.066/0.1 = 66%。其所占比例过大，不能保证加工要求，需改进定位方案，可采用如图1.34所示方案实现钻孔加

工。此时,尺寸 L_2 的定位误差为

$$\Delta_D = \Delta_Y - \Delta_B = \frac{0.05\ \text{mm}}{2\sin\frac{90°}{2}} - \frac{0.05\ \text{mm}}{2}$$

$$= 0.035\ \text{mm} - 0.025\ \text{mm}$$

$$= 0.01\ \text{mm}$$

只占加工允差 0.1 的 10%。

此例说明,计算定位误差是分析比较定位方案,并从中选择合理方案的重要依据。

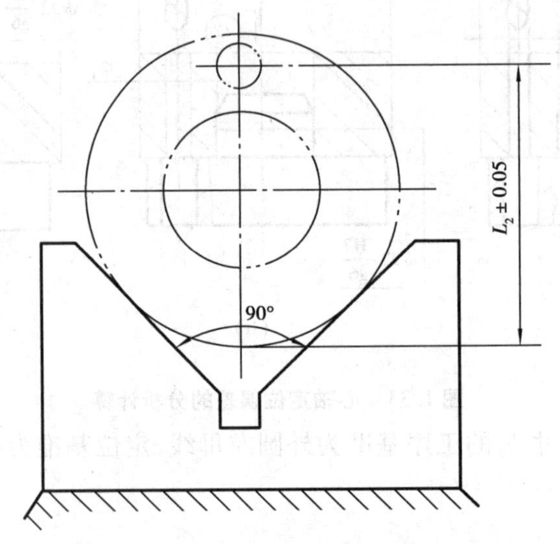

图 1.34　钻孔定位误差计算

②分析计算定位误差,就会遇到定位误差占工序允差的合适比例问题。要确定一个准确的数值是比较困难的,因为加工要求高低各不相同,加工方法能达到的经济精度也相差悬殊。这就需要有丰富的实际工艺知识,只有按实际情况来分析解决,根据从工序允差中扣除定位误差后余下的允差部分来判断具体加工方法能否经济地保证精度要求。但据实际统计资料表明,在一般情况下,夹具的精度对加工误差的影响较为重要。此外,分析定位方案时,也要求先对其定位误差是否影响工序的精度有一个估计,为此一般推荐在正常加工条件下,定位误差占工序允差的 1/3 以内比较合适。

例 1.2　如图 1.35(a)所示定位方案,加工工件上的小孔,已知 $d_1 = \phi 20^{\ 0}_{-0.013}$ mm,$d_2 = \phi 45^{\ 0}_{-0.016}$ mm 两外圆的同轴度公差为 $\phi 0.02$ mm,V 形块夹角 $\alpha = 90°$;试计算对距离尺寸 $H \pm 0.20$ mm产生的定位误差,并分析其定位质量。

分析:为便于分析计算,先将有关参数改标如图 1.35(b)所示。其中,同轴度可标为 $e = 0 \pm 0.01$ mm,$r_2 = 22.5^{\ 0}_{-0.008}$ mm。

由于工序基准为 d_2 外圆下母线 G,而定位基准为 d_1 外圆轴线 O_1,基准不重合,两者以 e 及 r_2 相联系,故

$$\Delta_B = 2 \times 0.01\ \text{mm} + 0.008\ \text{mm} = 0.028\ \text{mm}$$

$$\Delta_Y = \frac{\delta_{d_1}}{2\sin\frac{\alpha}{2}} = \frac{0.013\ \text{mm}}{2\sin\frac{90^\circ}{2}} = 0.009\,2\ \text{mm}$$

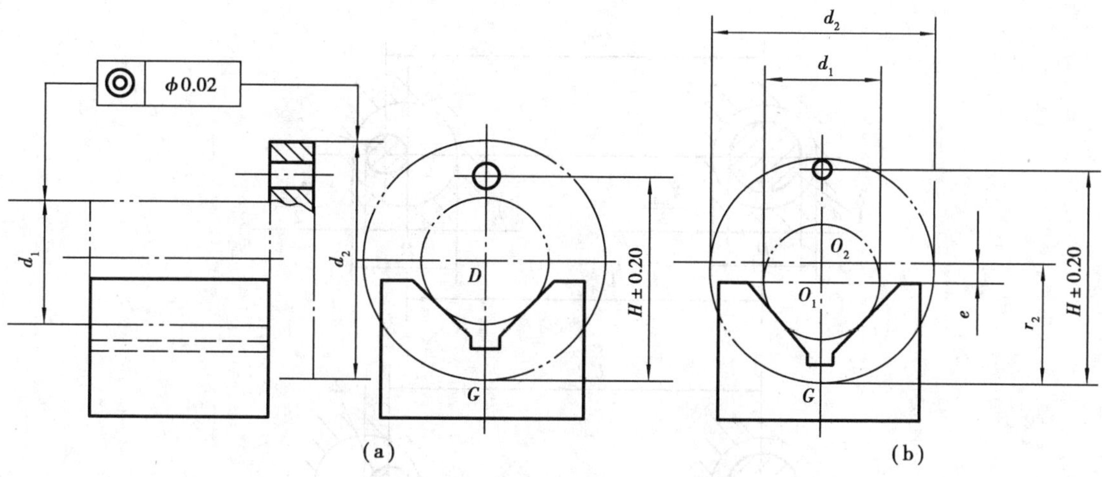

图 1.35　台阶轴在 V 形块上定位

因工序基准 G 不在工件定位面(d_1)外圆上,故

$$\Delta_D = \Delta_B + \Delta_Y = 0.028\ \text{mm} + 0.009\,2\ \text{mm} = 0.037\,2\ \text{mm}$$

计算所得定位误差 $\Delta_D = 0.037\,2\ \text{mm} < (0.2\times2)/3 = 0.13\ \text{mm}$,故此方案可行。

(3)**组合面定位**

实际生产中,常用几个定位元件组合起来同时定位工件的几个定位面,以达到定位要求,这就是组合面定位。现以生产中最常用的"一面两孔"定位方式作一简单介绍。

"一面两孔"定位方式常用在成批及大量生产中加工箱体、杠杆、盖板等零件,是以工件的一个平面和两个孔构成组合面定位。工件上的两个孔可以是其结构上原有的,也可为满足工艺上需要而专门加工的定位孔。采用"一面两孔"定位后,可使工件在加工过程中基准统一大大减少了夹具结构的多样性,有利于夹具的设计和制造。

在实际生产中,由于孔心距和销心距的制造误差,孔心距与销心距很难完全相等,此时工件就无法装入两销实现定位,这就是过定位所引起的后果。为了保证一批工件都能实现顺利定位,可采用下列方法消除过定位。

1)以两个圆柱销及平面支承

这种方法是减小定位销 2 的直径,使其减小到能够补偿孔心距及销心距误差的最大值,从而使 $\vec{x}$ 不出现重复限制。

如图 1.36 所示,假定工件上圆孔 1 与夹具上定位销 2 的中心重合,这时第 1 孔的装入条件为

$$d_{1\max} = D_{1\min} - X_{1\min}$$

式中　$d_{1\max}$——第 1 定位销的最大直径;

$D_{1\min}$——第 1 定位孔的最小直径;

$X_{1\min}$——第 1 定位副的最小间隙。

工件上孔心距的误差和夹具上销心距的误差完全用缩小定位销 2 的直径来补偿。当定位销 2 的直径缩小到使工件在如图 1.36 所示的两种极限情况下都能装入定位销上，考虑到安装顺利，还应在第 2 定位副中增加一最小间隙 $X_{2\min}$。

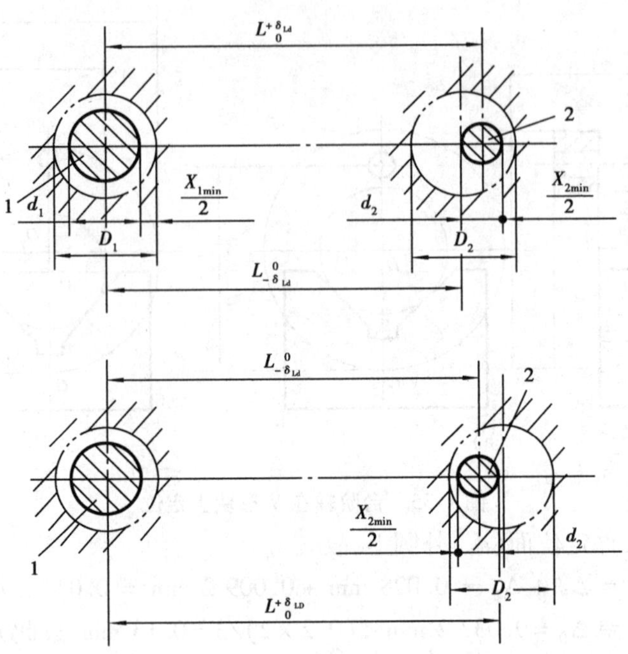

图 1.36　两圆柱销定位分析

1—圆孔；2—定位销

由图 1.36 可得

$$d_{2\max} = D_{2\mathrm{man}} - 2\delta_{LD} - 2\delta_{Ld} - X_{2\min}$$

式中　$d_{2\max}$——第 2 定位销的最大直径；

$D_{2\mathrm{man}}$——第 2 定位孔的最小直径；

$X_{2\min}$——第 2 定位副的最小间隙；

δ_{LD}，δ_{Ld}——孔间距和销间距偏差。

这种方法会因定位销 2 直径的减小而引起工件较大的转角误差，只有在加工要求不高时才使用。

2）以一圆柱销和一削边销及平面支承定位

这种方法不缩小定位销的直径，而采用定位销“削边”的方法也能增大连心线方向的间隙。这样在连心线的方向上，仍起到缩小定位销直径的作用，使中心距误差得到补偿。但在垂直于连心线的方向上，定位销 2 的直径并未减小，故工件的转角误差没有增大，提高了定位精度。

为了保证削边销的强度，一般多采用菱形结构，故又称为菱形销。常用削边销的结构如图 1.37 所示。图 1.37 中，A 型又名菱形销，刚性好、应用广；B 型结构简单，容易制造，但刚性差。菱形销安装时，削边方向应垂直于两销的连心线。

3）削边销尺寸的确定

如图 1.38 所示，削边销剩余圆柱部分的最大直径为

$$d_{2\max} = D_{2\min} - X_{2\min}$$

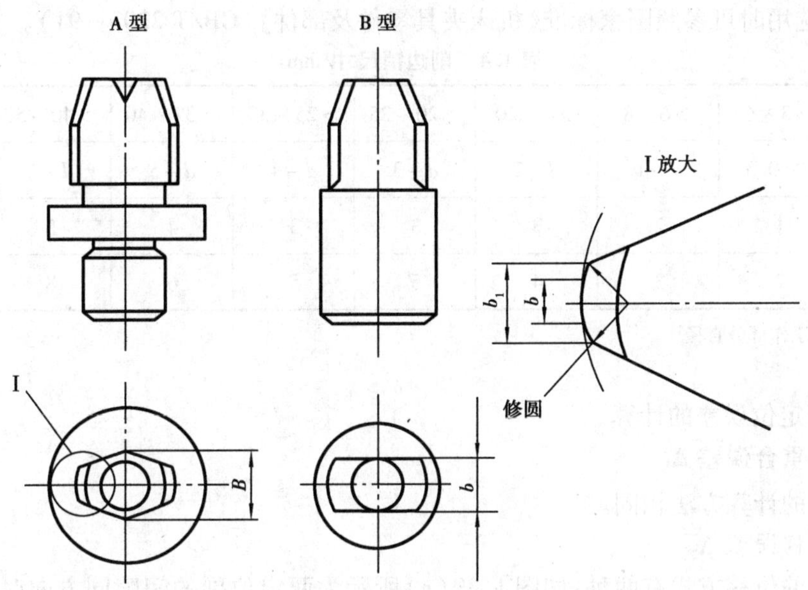

图1.37　菱形销结构

AE 和 CF 应能补偿 $\pm\delta_{LD}$，$\pm\delta_{Ld}$，则

$$AE = CF = a = \delta_{LD} + \delta_{Ld} + \frac{X_{2\min}}{2} - \frac{X_{1\min}}{2}$$

在实际工作中，补偿值一般计算后，经过分析，再进行调整，即

$$a = \delta_{LD} + \delta_{Ld} \tag{1.9}$$

补偿值确定后，便可根据图2.34计算削边销的尺寸，即

$$b_1 = \frac{D_{2\min} X_{2\min}}{2a} \quad 或 \quad X_{2\min} = \frac{2ab_1}{D_{2\min}} \tag{1.10}$$

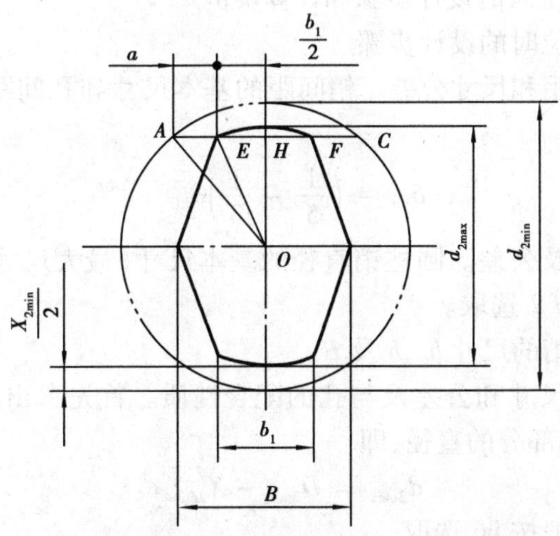

图1.38　削边销尺寸计算

当采用修圆削边销时，以 b 取代 b_1。b, b_1, B 的尺寸可根据表 1.4 选取。菱形销的结构尺寸已标准化，选用时可参照国家标准《机床夹具零件及部件》(GB/T 2203—91)。

表 1.4　削边销尺寸/mm

d	>3~6	>6~8	>8~20	>20~25	>25~32	>32~40	>40~50	>50
B	$d-0.5$	$d-1$	$d-2$	$d-3$	$d-4$	$d-5$	$d-6$	—
b	1	2	3	3	3	4	5	—
b_1	2	3	4	5	5	6	8	14

注：d 为削边销工作部分直径。

4)削边销定位误差的计算

①基准不重合误差 Δ_B

与前面讲的计算方法相同。

②基准位移误差 Δ_Y

定位基准的位移方式有两种：如图 1.39(a)所示为两定位副的间隙同方向时定位基准的两个极限位置，最上位置 $O_1''O_2''$，最下位置 $O_1'O_2'$；如图 1.39(b)所示为两定位副的间隙反方向时定位基准的两个极限位置为 $O_1'O_2''$ 与 $O_1''O_2'$。图中，$O_1'O_1''=X_{1\max}$ 为第 1 定位副的最大间隙，$O_2'O_2''=X_{2\max}$ 为第 2 定位副的最大间隙，根据图 1.39 可推导出 Δ_α，Δ_β 的计算公式为

$$\Delta_\alpha = \arctan\frac{X_{2\max}-X_{1\max}}{2L}$$

$$\Delta_\beta = \arctan\frac{X_{2\max}+X_{1\max}}{2L}$$

在计算某一加工尺寸的基准位移误差时，要考虑加工尺寸的方向和位置。计算时，可参考表1.5。

5)工件以一面两孔定位时的设计步骤和计算实例

①工件以一面两孔定位时的设计步骤

a. 确定定位销的中心距和尺寸公差。销间距的基本尺寸和孔间距的基本尺寸相同，销间距的公差为

$$\delta_{Ld} = \left(\frac{1}{5} \sim \frac{1}{3}\right)\delta_{LD}$$

b. 确定圆柱销的尺寸及公差。圆柱销直径的基本尺寸(最大尺寸)是该定位孔的最小极限尺寸，配合一般按 $g6$ 或 $f7$ 选取。

c. 按表 1.4 选取削边销的尺寸 b_1, b 及 B。

d. 确定削边销的直径尺寸和公差及与孔的配合性质。首先求出削边销的最小配合间隙 $X_{2\max}$，然后求出削边销工作部分的直径，即

$$d_{2\max} = D_{2\min} - X_{2\min}$$

削边销与定位孔的配合一般按 h6 选取。

e. 计算定位误差，分析定位质量。

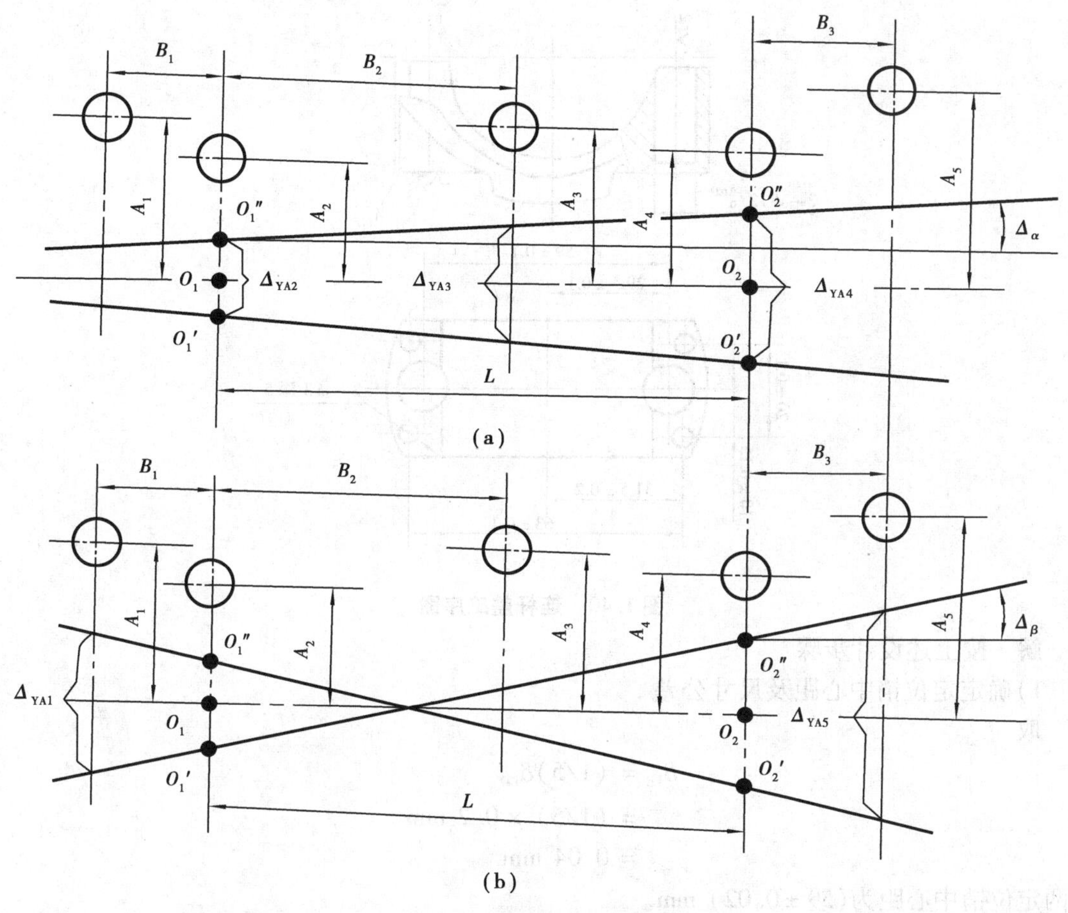

图1.39　定位基准位移示意图

表1.5　一面两孔定位时基准位移误差的计算公式

加工尺寸的方向与位置	加工尺寸	定位基准的位移方式	计算公式
水平尺寸:任意位置	B_1, B_2, B_3		$\Delta_Y = X_{1\max}$
垂直尺寸:在 O_1, O_2 上的垂直尺寸	A_2 A_4		$\Delta_Y = O_1'O_2'' = X_{1\max}$ $\Delta_Y = O_2'O_2'' = X_{2\max}$
垂直尺寸:在 O_1, O_2 之间的垂直尺寸	A_3	见图1.39(a)	$\Delta_Y = X_{1\max} + 2B_2 \tan \Delta_\alpha$
垂直尺寸:在 O_1, O_2 外侧的垂直尺寸	A_1 A_5	见图1.39(b)	$\Delta_Y = X_{1\max} + 2B_1 \tan \Delta_\beta$ $\Delta_Y = X_{2\max} + 2B_3 \tan \Delta_\beta$

②工件以一面两孔定位时的计算实例

例1.3　如图1.40所示为连杆盖工序图,现要求加工其上的4个定位销孔。根据加工要求,用平面 A 和 2-$\phi 12^{+0.027}_{0}$ mm 的孔定位。已知两定位孔的中心距为(59 ±0.1) mm,试设计两定位销尺寸并计算定位误差。

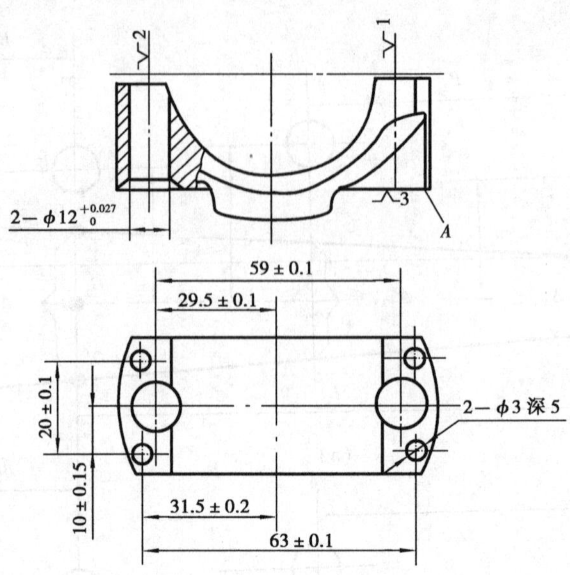

图 1.40 连杆盖工序图

解 按上述设计步骤

1)确定定位销中心距及尺寸公差

取

$$\begin{aligned}\delta_{Ld} &= (1/5)\delta_{LD} \\ &= (1/5)\times 0.2\ \text{mm} \\ &= 0.04\ \text{mm}\end{aligned}$$

故两定位销中心距为(59 ±0.02) mm。

2)确定圆柱销尺寸及公差

取 $\phi 12g6 = \phi 12^{-0.006}_{-0.017}$ mm。

3)按表 1.4 选定削边销的 b_1 及 B 之值

取

$$b_1 = 4\ \text{mm}\ B = d - 2\ \text{mm} = (12 - 2)\text{mm} = 10\ \text{mm}$$

4)确定削边销的直径尺寸及公差

取

$$a = \delta_{Ld} + \delta_{LD} = (0.02 + 0.1)\text{mm} = 0.12\ \text{mm}$$

则

$$X_{2\min} = \frac{2ab_1}{D_{2\min}} = \frac{2\times 0.12\times 4}{12}\ \text{mm} = 0.08\ \text{mm}$$

所以 $d_{2\max} = D_{2\min} - X_{2\min} = (12 - 0.08)\text{mm} = 11.92\ \text{mm}$

削边销与孔的配合取 h6,其下偏差为 −0.011 mm,故削边销直径为

$$\phi 11.92^{\ 0}_{-0.011}\ \text{mm} = \phi 12^{-0.08}_{-0.091}\ \text{mm}$$

所以 $$d_{2\max} = \phi 11.92\ \text{mm}$$

5)计算定位误差

本工序要保证的尺寸有 4 个,即(63 ±0.10) mm,(20 ±0.10) mm,(31.5 ±0.20) mm,(10 ±

0.15)mm。其中,(63 ±0.10)mm 和(20 ±0.10)mm 取决于夹具上两钻套之间的距离,与工件定位无关,因而无定位误差,只要计算(31.5 ±0.20)mm 和(10 ±0.15)mm 的定位误差即可。

①加工尺寸(31.5 ±0.20)mm 的定位误差。由于定位基准与工序基准不重合,两者之间的联系尺寸为(29.5 ±0.10)mm,基准不重合误差应等于该定位尺寸的公差,即

$$\Delta_B = 0.2 \text{ mm}$$

由于(31.5 ±0.20)mm 是水平尺寸,根据表 1.5,则

$$\Delta_Y = X_{1\max} = (0.027 + 0.017)\text{ mm} = 0.044 \text{ mm}$$

由于工序基准不在定位基面上,故

$$\Delta_D = \Delta_Y + \Delta_B = (0.044 + 0.2)\text{ mm} = 0.244 \text{ mm}$$

②加工尺寸(10 ±0.15)mm 的定位误差。由于定位基准与工序基准重合,则

$$\Delta_B = 0$$

分别计算左边两小孔和右边两孔的基准位移误差,取最大的作为(10 ±0.15)mm 的基准位移误差。因左右两小孔都在 O_1,O_2外侧,则按图 1.39(b)方式计算为

$$\tan \Delta_\beta = \frac{X_{1\max} + X_{2\max}}{2L} = \frac{0.044 + 0.118}{2 \times 59} = 0.001\,38$$

左端两小孔的尺寸相当于表 1.5 中的 A_1尺寸,故

$$\Delta_Y = X_{1\max} + 2B_1 \tan \Delta_\beta = (0.044 + 2 \times 2 \times 0.001\,38)\text{ mm} = 0.05 \text{ mm}$$

右端两小孔的尺寸相当于表 1.5 中的 A_5尺寸,故

$$\Delta_Y = X_{2\max} + 2B_3 \tan \Delta_\beta = (0.118 + 2 \times 2 \times 0.001\,38)\text{ mm} = 0.124 \text{ mm}$$

所以(10 ±0.15)mm 的基准位移误差为

$$\Delta_Y = 0.124 \text{ mm}$$

定位误差为

$$\Delta_D = \Delta_Y = 0.124 \text{ mm}$$

(4)**定位装置设计实例**

1)定位装置设计的基本原则

按工件的工艺基准选择原则,在定位装置设计时也应遵循“基准重合”和“基准统一”等原则,以减少定位误差。在组合定位中,主要定位基面的选择应便于工件的装夹和加工,并使夹具的结构简单。当基准不重合时,应按工艺尺寸链计算,求得新的工序尺寸,并以新的基准定位保证加工精度。

2)定位装置设计示例

如图 1.41 所示为支座工序图。本工序要求钻 2-M8 螺纹底孔,钻、扩、铰 ϕ8H8 孔,其余表面均已加工合格,试设计其定位装置。

①分析加工要求

2-M8 螺纹底孔相距 40 ±0.1 mm,其中一孔距侧面 E 为 8 mm;两螺孔中心连线至 ϕ15H7 孔中心距离为 20 ±0.1 mm;ϕ8H8 孔位于尺寸 60 ±0.1 mm 的中间平面内,且距底面 B 的尺寸为 25.5 ±0.05 mm;ϕ8H8 孔轴心线相对 ϕ15H7 孔轴心线垂直度要求为 0.1 mm。

②根据加工要求确定工件所需限制的自由度

为保证螺纹底孔的尺寸 8 mm 和 20 ±0.1 mm 及底孔轴线对 B 面垂直,需限制工件的$\vec{x}$,$\vec{y}$,$\hat{x}$,$\hat{y}$,$\hat{z}$ 5 个自由度;为保证 ϕ8H8 孔位于尺寸 60 ±0.1 mm 的中间平面内且距 B 面的尺寸为 25.5 ±0.05 mm 及该孔轴线与 ϕ15H7 孔轴线垂直,需限制工件的$\vec{x}$,$\vec{z}$,$\hat{x}$,$\hat{y}$,$\hat{z}$ 5 个自由度。因

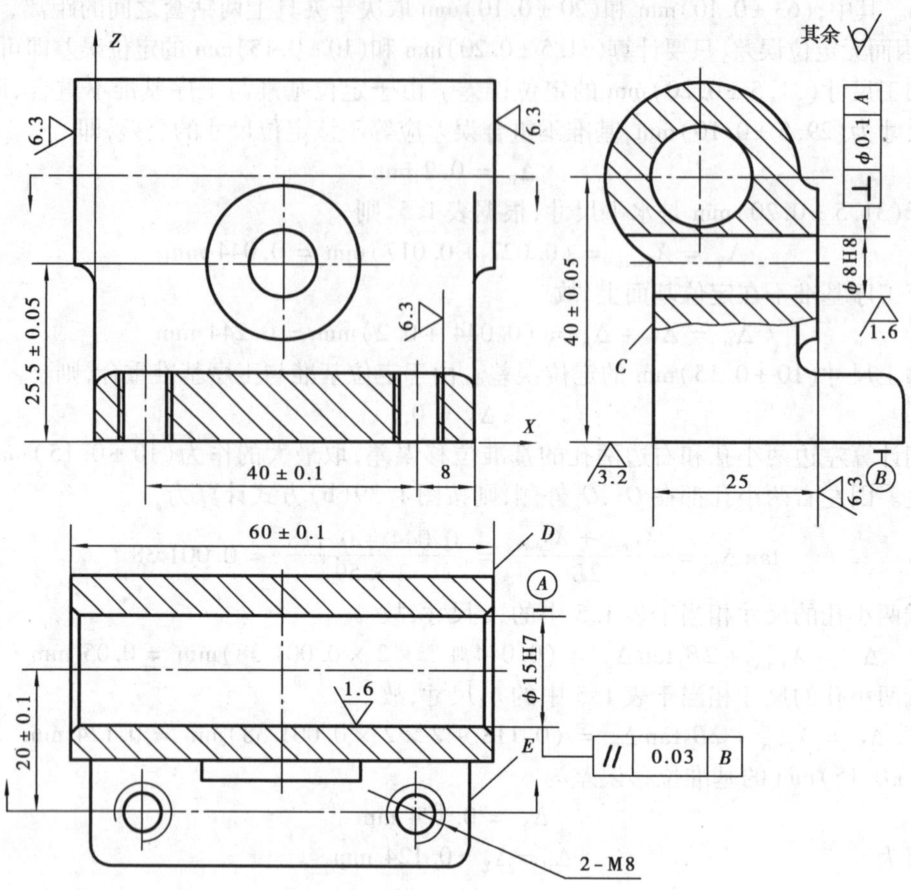

图 1.41　支座工序简图

此，应限制工件的全部自由度才能保证加工要求。

③选择定位基准、确定工件定位面上的支承点分布

定位基准的选择应尽可能遵循基准重合原则，并尽量选用精基准定位。故以底面 B 作为主要定位基准，设置 3 个支承点（见图 1.42），限制工件的$\vec{z}$，$\hat{x}$，$\hat{y}$ 3 个自由度，以保证螺纹底孔轴线到 B 面的尺寸 25.5 ±0.05 mm。

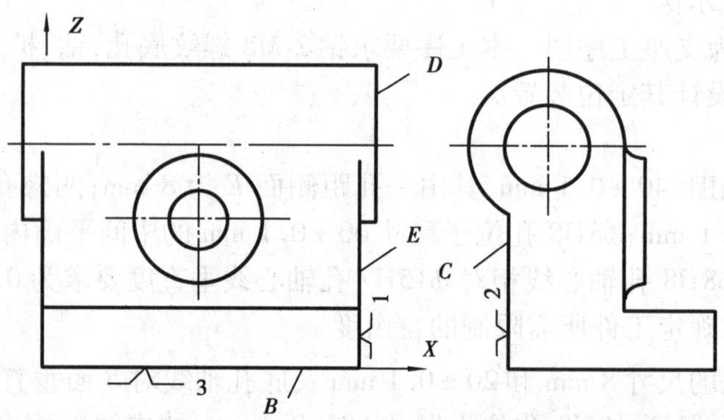

图 1.42　支座定位方案分析

对工件$\vec{y}$,$\hat{z}$两个自由度的限制有以下两种方案：

a. 以表面 C 为定位基准，设置两个支承点（见图1.42）。这种方案因表面 C 为毛面，难以保证尺寸20 ±0.1 mm及 ϕ8H8 孔轴线相对 ϕ15H7 孔轴线的垂直度要求。

b. 以 ϕ15H7 孔为定位基准，设置两个支承点（见图1.43）。符合基准重合原则，能满足加工要求，但定位元件结构相对复杂。

比较两种方案后，以 ϕ15H7 孔为定位基准。

对工件$\vec{x}$自由度的限制也有以下两种方案：

a. 以表面 E 为定位准，设置一个支承点（见图1.42）。使尺寸8 mm的工序基准和定位基准重合，便于保证该尺寸。但 E 面为毛面，此时很难保证 ϕ8H8 孔轴线位于60 ±0.1 mm尺寸的中间平面上，且定位元件数量增多，使定位装置结构复杂。

b. 以 ϕ15H7 孔的端面 D 为定位基准，设置一个支承点（见图1.43）。该方案使尺寸8 mm的工序基准与定位基准不重合。因工序基准为毛面，尺寸8 mm要求较低，并且有利于使孔 ϕ8H8 的轴线位于60 ±0.1 mm尺寸的中间平面内。

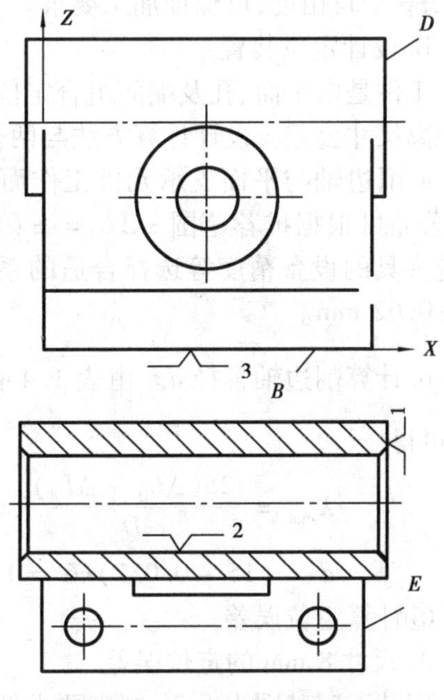

图1.43　支座定位方案分析

综上所述，选择图1.43作为工件的定位方案，即以底面 B、ϕ15H7 孔及端面 D 构成组合定位基准。

④选择定位元件结构、设计定位装置

A. 选择结构

因工件底面尺寸较小且定位元件必须让开钻孔位置，故选择一块支承板和两个平头支承钉构成钉板组合，与工件的 B 面接触组成主要定位副（见图1.46）。

用定位元件定位工件的内孔及端面时，仍有以下两种结构：

a. 选用固定式带台阶削边销和移动削边销定位 ϕ15H7 孔及端面 D，如图1.44(a)所示。其结构相对复杂，夹具的制造成本高，故不宜用。

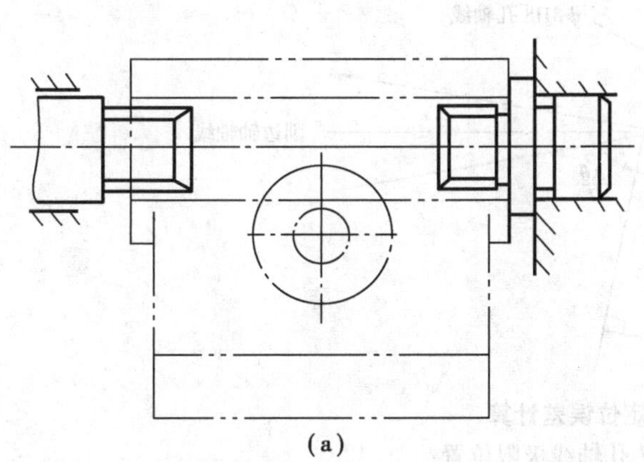
(a)

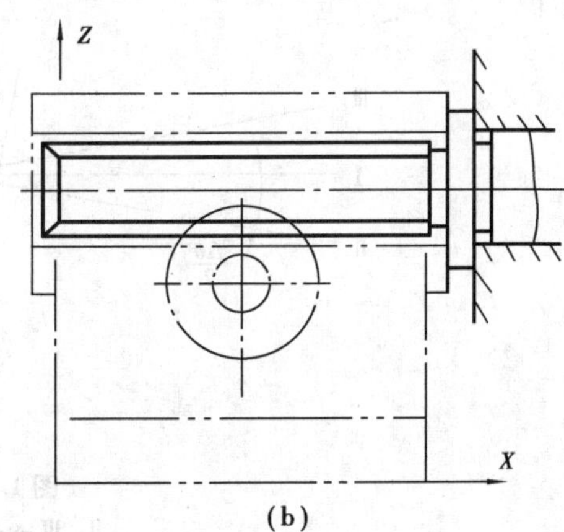

(b)

图1.44　定位元件结构分析

b. 选用带台阶的削边长轴定位工件的 ϕ15H7 孔及端面 D(见图 1.44(b)),限制了工件的 $\vec{x},\vec{y},\hat{z}$ 3 个自由度,可保证加工要求。

B. 设计定位装置

工件是由平面、孔及端面组合定位。此时,削边轴仍需补偿孔的位置误差及定位元件之间的距离尺寸公差。设计计算方法与两孔定位相似。

a. 削边轴与平面支承元件工作面之间的距离。其基本尺寸应为工件孔到底面的平均尺寸,公差可根据推荐范围 $\pm\Delta L_d=\pm(1/5\sim1/2)\Delta L_D$,再考虑尺寸 40 ±0.05 mm、生产批量及制造夹具的设备精度等选择合适的系数。此例取:削边轴至支承元件工作面之间的距离为 40 ±0.02 mm。

b. 计算削边轴直径 d。由表 1.4 查得削边轴的宽度 $b=4$ mm,代入式 $b=\dfrac{DX_{\min}}{2(\Delta L_D+\Delta L_d)}$ 中,可得

$$X_{\min}=\frac{2b(\Delta L_D+\Delta L_d)}{D}=\frac{2\times4\times(0.05+0.02)}{15}\text{mm}=0.037\text{ mm}$$

$$d=(15-0.037)h6=14.963_{-0.011}^{\ 0}\text{ mm}=15_{-0.048}^{-0.037}\text{ mm}$$

⑤计算定位误差

A. 尺寸 8 mm 的定位误差

因其工序基准为毛面,精度要求低,故不需计算。

B. 尺寸 25.5 ±0.05 mm 的定位误差

工序基准为 B 面,定位基准也为 B 面,且是以平面定位,故

$$\Delta_D=0$$

C. 尺寸 20 ±0.1 mm 的定位误差

工序基准与定位基准重合,$\Delta_B=0$。基准位移误差

$$\Delta_Y=0.018+0.048=0.066<\frac{0.2}{3}=0.067$$

D. 垂直度 ϕ0.1 mm 的定位误差

工序基准与定位基准重合,$\Delta_B=0$。基准转角误差 $\Delta\theta/2$ 的求解如下:

如图 1.45 所示,转角误差$\dfrac{\Delta\theta}{2}$是由定位基准(ϕ15H7 孔轴线)相对削边轴的轴线转动而引起,故

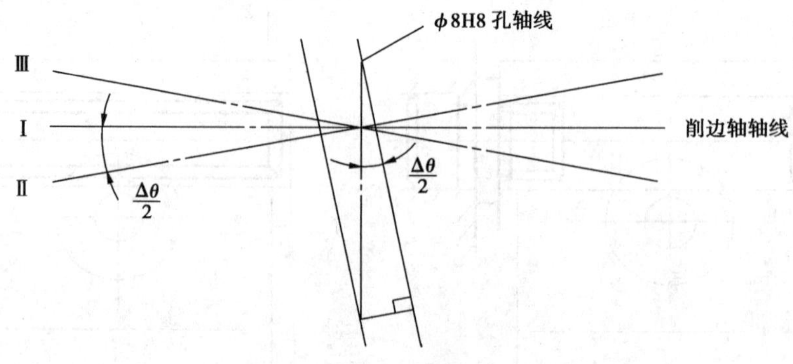

图 1.45　定位误差计算

Ⅱ,Ⅲ—ϕ15H7 孔轴线极限位置

$$\tan\frac{\Delta\theta}{2}=\frac{\frac{0.018+0.048}{2}}{30}=0.0011\qquad\frac{\Delta\theta}{2}=3'47''$$

$$\Delta_Y=25\times\sin\frac{\Delta\theta}{2}=25\times\sin 3'47''\ \text{mm}=0.027\ 5\ \text{mm}$$

$$\Delta_D=\Delta_Y=0.027\ 5\ \text{mm}<0.1/3\ \text{mm}=0.033\ \text{mm}$$

至此,完成了支座定位装置的设计。如图1.46所示为其结构。

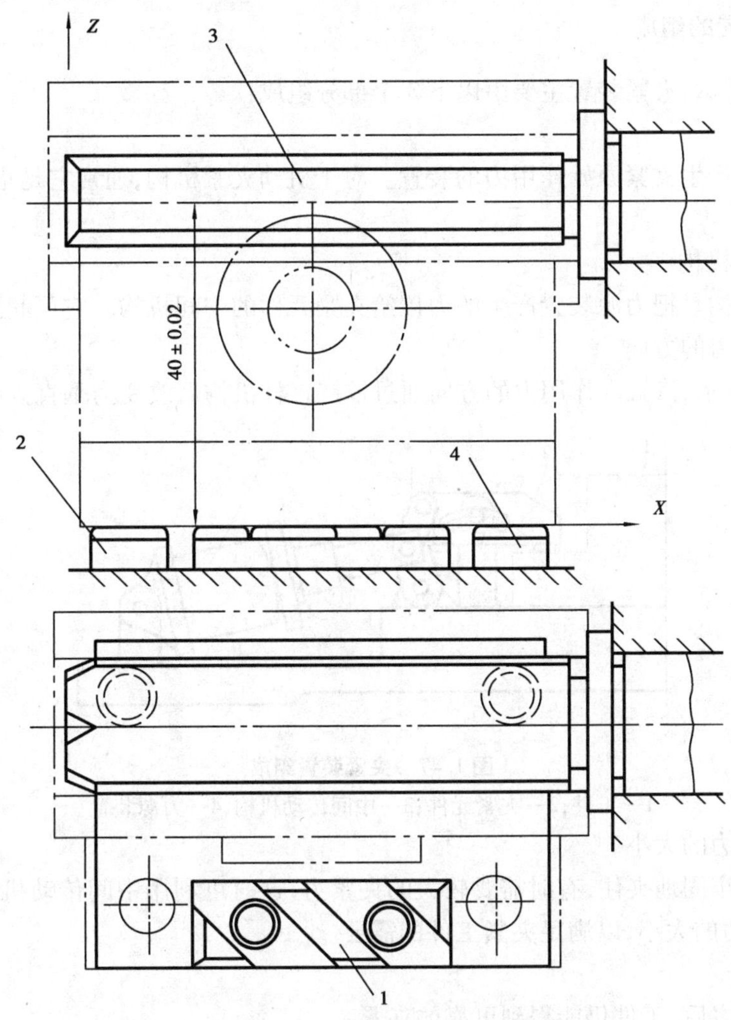

图1.46　支座定位装置结构

1—支承板;2,4—支承钉;3—削边轴

以上步骤是设计定位装置的一般程序,在实际工作中,其先后顺序可有差异,但分析问题的基本原理和方法是一致的。

任务1.6　夹紧装置的设计

机械加工过程中，为保持工件定位时所确定的正确加工位置，需要采用一定的机构将工件压紧夹牢，夹具上这种用来把工件压紧夹牢的机构称为夹紧装置。

(1)夹紧装置的组成

如图1.47所示，夹紧装置主要由以下3个部分组成：

1)力源装置

力源装置是产生夹紧原始作用力的装置。对于机动夹紧机构，通常它是指气动、液动和电动等动力装置。

2)中间传动机构

中间传动机构是把力源装置产生的力传给夹紧元件的中间机构。它可起到如下的作用：

①改变作用力的方向

如图1.47所示，汽缸内作用力的方向通过铰链杠杆机构后改变为垂直方向的夹紧力。

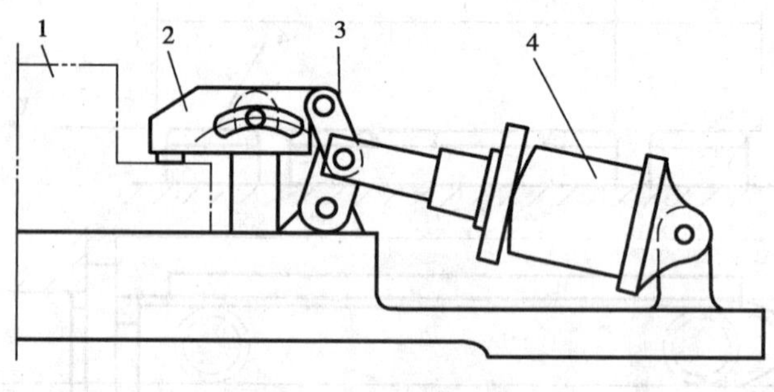

图1.47　夹紧装置组成

1—工件；2—夹紧元件；3—中间传动机构；4—力源装置

②改变作用力的大小

为了把工件牢固地夹住，有时需要较大的夹紧力，这时可利用中间传动机构(如斜楔和杠杆等)改变作用力的大小，以满足夹紧工件的需要。

③自锁作用

在力源消失之后，工件仍能得到可靠的夹紧。

3)夹紧元件

夹紧元件是夹紧装置的最终执行元件，它与工件直接接触，把工件夹紧。

(2)夹紧装置的基本要求

①夹紧过程中，不能改变工件定位后所占据的正确位置。

②夹紧力的大小要适当，既要保证工件在整个加工过程中位置稳定不变，又要保证工件不产生明显的变形或损伤工件表面。

③工艺性要好，夹紧装置的结构力求简单，便于制造、调整和维修。

④夹紧装置的操作应当方便，夹紧迅速，安全省力。

(3)夹紧力的确定

夹紧装置设计的基本问题主要是合理确定夹紧力，而力有三要素：方向、大小和作用点，确定夹紧力就要确定夹紧力的方向、作用点和大小。确定时，应根据工件的结构特点、加工要求，并结合工件加工中的受力状况及定位元件的结构和布置方式等综合考虑。

1)夹紧力方向的确定

①夹紧力的方向应垂直于主要定位基准面。主要定位基准面的面积较大，限制的自由度较多，夹紧力的方向垂直于该面容易保持装夹稳固，从而有利于保证工序的精度要求。如图1.48所示，被加工孔与左端面有垂直度要求，因此，工件以左端面与 B 面接触，限制3个自由度，工件以底面与 A 面接触，限制两个自由度，夹紧力 F 应垂直于主要定位基准面 B 面，这样有利于保证孔与端面的垂直度要求。若夹紧力方向改向 A 面，不仅装夹稳定性较差，而且因工件的左端面与底面的垂直度误差，使被加工孔与左端面的垂直度要求也难以保证。

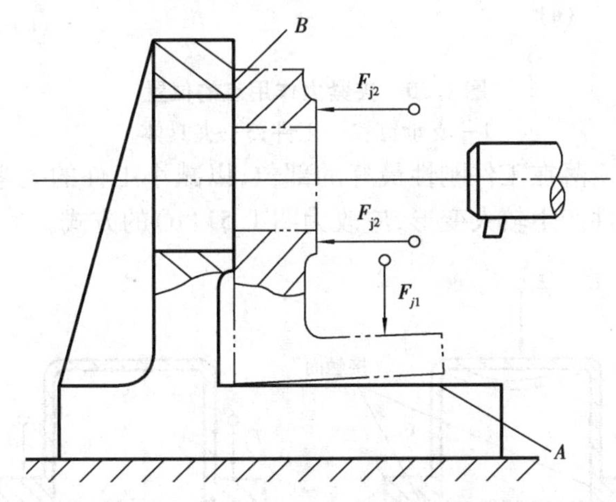

图1.48　夹紧力方向的选择

②夹紧力的方向应尽量与切削力、工件重力方向同向，这样可减小所需夹紧力。如图1.49(a)所示夹紧力 F_j 与切削力方向相反，则夹紧力至少要大于切削力；而如图1.49(b)所示，夹紧力 F_j 与主切削力方向一致，切削力由夹具的固定支承承受，所需夹紧力较小。

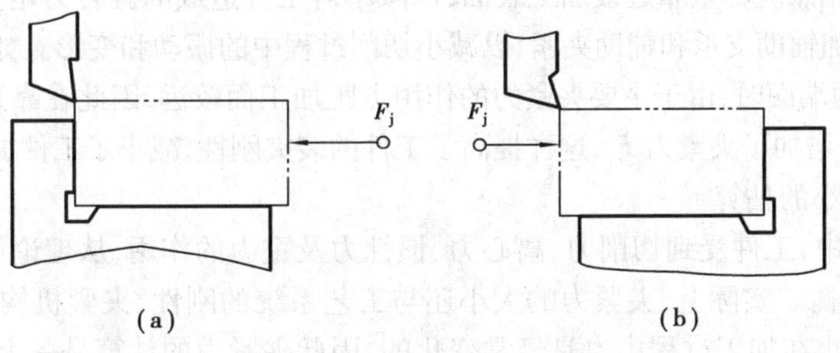

图1.49　夹紧力与切削力方向

③夹紧力的方向应尽量与工件刚度最大的方向相一致,以减小工件变形。如薄壁套筒工件,它的轴向刚度比径向刚度大,用轴向夹紧工件,不易产生变形。

2)夹紧力作用点的确定

①夹紧力的作用点应落在定位元件的支承范围内,以保证工件已获得的定位位置不变。如图 1.50 所示,夹紧力的作用点不在支承元件范围内,产生了使工件翻转的力矩,破坏了工件的定位。其正确位置应如图 1.50 所示的双点画线。

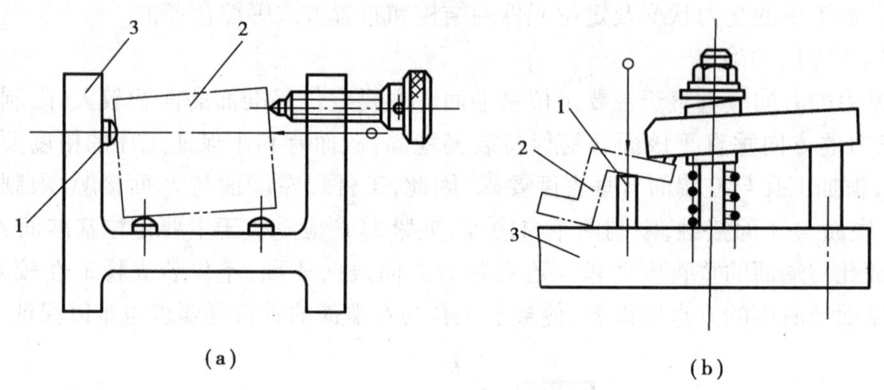

图 1.50　夹紧力作用点的位置

1—支承钉;2—工件;3—夹具体

②夹紧力的作用点应落在工件刚性最好的部位,以减小工件的夹紧变形。图 1.51(a)中的夹紧力作用点会使工件产生较大变形,应改为图 1.51(b)的方式。

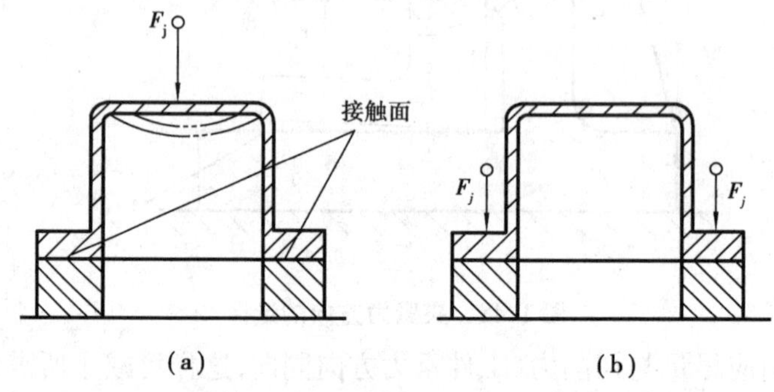

图 1.51　夹紧力的作用点应落在工件刚性最好的部位

③夹紧力作用点应尽量靠近被加工表面,以减小对工件造成的翻转力矩。必要时应在工件刚度差的部位增加辅助支承和辅助夹紧,以减小切削过程中的振动和变形。如图 1.52 所示的零件,在铣削 A,B 两端面时,由于主要夹紧力的作用点距加工面较远,因此在靠近加工表面的地方设置了辅助支承,增加了夹紧力 F_j,这样提高了工件的装夹刚性,减小了工件加工时的振动。

3)夹紧力大小的估算

在加工过程中,工件受到切削力、离心力、惯性力及重力的作用,从理论上讲夹紧力应与上述各力(矩)相平衡。实际上,夹紧力的大小还与工艺系统的刚性、夹紧机构的传递效率有关,而且切削力的大小在加工过程中也是经常变化的,因此夹紧力的计算是一个很复杂的问题,通常只进行粗略估算。

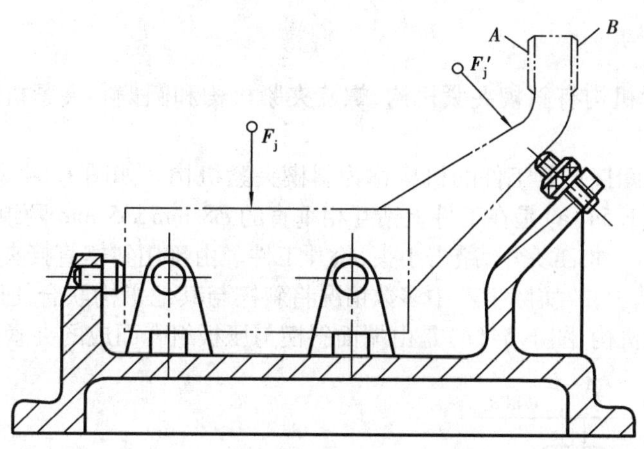

图1.52　辅助支承与辅助夹紧

首先,假设系统为刚性系统,切削过程处于稳定状态。在这些假设条件下,根据切削原理公式或切削力计算图表求出切削力。然后找出对夹紧最不利的瞬时状态,按静力学原理估算此状态下所需的夹紧力。为保证夹紧可靠,还需乘以安全系数才得实际需要的夹紧力,即

$$F_J = K \cdot F_j$$

式中　F_J——实际需要的夹紧力;

K——安全系数,一般取 $K=1.5\sim3$,粗加工取大值,精加工取小值;

F_j——在最不利的条件下由静力平衡计算出的夹紧力。

例1.4　如图1.53所示为工件铣削加工的情况。当开始铣削时情况最为不利。此时在 FL 力矩作用下有使工件绕 O 点翻转的趋势,与之相平衡的是作用在 A,B 两支承点上的夹紧力的反力所构成的摩擦力矩。

根据力矩平衡条件有

$$FL = \frac{F_{jmin} f L_1}{2} + \frac{F_{jmin} f L_2}{2}$$

由此可求出最小夹紧力

$$F_{jmin} = \frac{2FL}{f(L_1 + L_2)}$$

考虑安全系数,最后有

$$F_j = \frac{2KFL}{f(L_1 + L_2)}$$

式中　F_j——所需夹紧力,N;

F——作用力(总切削力在工作平面上的投影),N;

f——工件与夹具支承面之间的摩擦系数;

K——安全系数;

L,L_1,L_2——有关尺寸,mm。

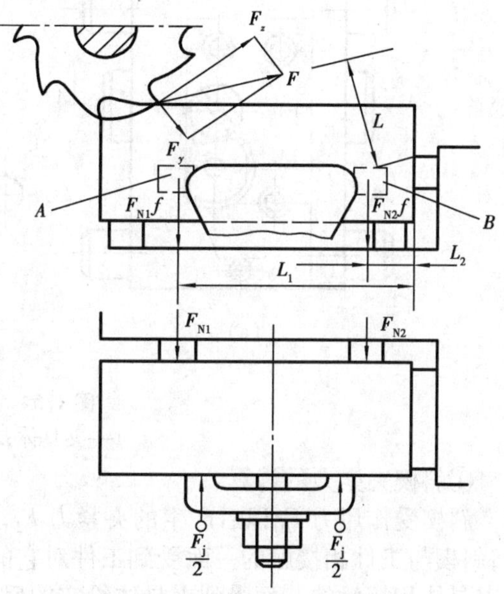

图1.53　铣削时夹紧力估算

(4)**基本夹紧机构**

夹具中常用夹紧机构有斜楔夹紧机构、螺旋夹紧机构和圆偏心夹紧机构等。

1)斜楔夹紧机构

利用斜面直接或间接夹紧工件的机构称为斜楔夹紧机构。如图 1.54 所示为几种斜楔夹紧机构的应用实例。图 1.54(a)是在工件上钻互相垂直的 $\phi8$ mm,$\phi5$ mm 两组孔。工件装入后,敲击斜楔大头,夹紧工件。加工完毕,敲击小头,松开工件。由于用斜楔直接夹紧工件,工件的夹紧力较小,且操作费时费力,故实际生产中多数情况将斜楔与其他机构联合使用。图 1.54(b)是斜楔与滑柱组成的夹紧机构,图 1.54(c)是由端面斜楔与压板组合而成的夹紧机构。

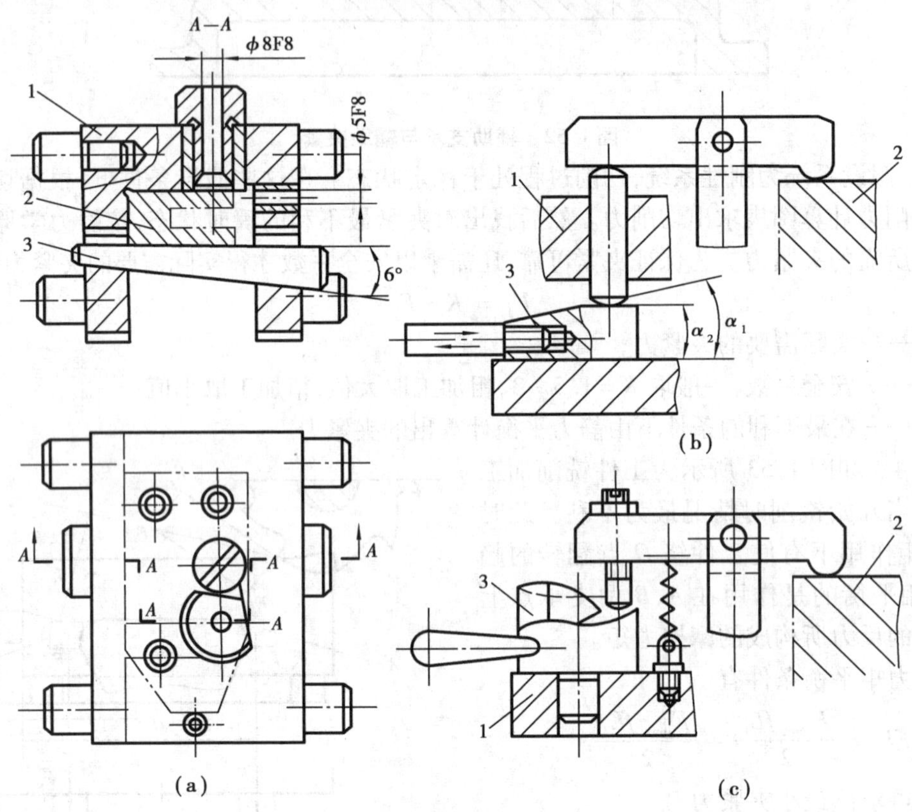

图 1.54　斜楔夹紧机构

1—夹具体;2—工件;3—斜楔

①斜楔夹紧力的计算

斜楔受作用力 F_Q 以后产生的夹紧力 F_J,可按斜楔受力的平衡条件求出。由图 1.55(a)可知,斜楔与工件相接触的一面受到工件对它的反力(即夹紧力)F_J 和摩擦力 F_1 的作用,而斜楔与夹具体相接触的一面受到夹具体给它的反力 F_N 和摩擦力 F_2 的作用。在上述 5 个力的作用下,斜楔处于平衡状态。

将 F_J 和 F_1 合成为 F_{R1},摩擦角为 ϕ_1;将 F_N 和 F_2 合成为 F_{R2},摩擦角为 ϕ_2。再将 F_{R2} 分解成水平分力 F_J 和垂直分力 F。

根据静力学平衡条件,得

$$F'_J = F_J \qquad F_Q = F_1 + F$$

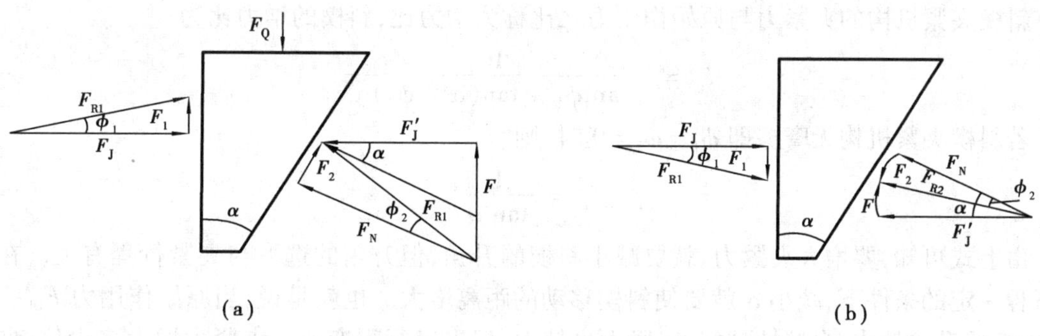

图1.55　斜楔夹紧受力分析

因为

$$F_1 = F_J\tan\phi_1 \qquad F = F_J\tan(\phi_2 + \alpha)$$

所以斜楔夹紧力的近似计算公式为

$$F_J = \frac{F_Q}{\tan\phi_1 + \tan(\phi_2 + \alpha)}$$

式中　F_J——斜楔对工件的夹紧力,N;

α——斜楔升角,(°);

F_Q——原始作用力,N;

ϕ_1——斜楔与工件间的摩擦角,(°);

ϕ_2——斜楔与夹具体间的摩擦角,(°)。

设 $\phi_1 = \phi_2$,当 α 很小时($\alpha \leqslant 10°$),可近似计算为

$$F_J = \frac{F_Q}{\tan(\alpha + 2\phi)} \qquad \phi_1 = \phi_2 = \phi, \alpha \leqslant 10°$$

②斜楔夹紧机构的自锁条件

斜楔在外力去除后,斜楔受力情况如图1.55(b)所示。F_N和F_2可合并成合力F_{R2},再把分解成水平分力F_J和垂直分力F。F力有使斜楔松开的趋势,欲使斜楔具有自锁性能,必须有

$$F_1 \geqslant F$$

因为

$$F_1 = F_J\tan\phi_1 \qquad F = F'_J\tan(\alpha - \phi_2)$$

$$F_J = F'_J$$

所以

$$\tan\phi_1 \geqslant \tan(\alpha - \phi_2)$$

故

$$\phi_1 \geqslant \alpha - \phi_2$$

或

$$\alpha < \phi_1 + \phi_2$$

即斜楔的升角小于斜楔与工件、斜楔与夹具体之间的摩擦角之和。

若 $\phi_1 = \phi_2 = \phi$,则

$$\alpha \leqslant 2\phi$$

一般钢铁接触面的摩擦系数 $f = 0.1 \sim 0.5$,故摩擦角 $\phi = 5°43' \sim 8°30'$,相应的升角 $\alpha = 10° \sim 17°$。

③斜楔夹紧机构的特点

A. 夹紧力增大倍数等于夹紧行程的缩小倍数

斜楔夹紧机构的夹紧力与原始作用力之比称为增力比,斜楔的增力比为

$$i_p = \frac{1}{[\tan \phi_1 + \tan(\alpha + \phi_2)]}$$

若斜楔夹紧机构无摩擦即 $\phi_1 = \phi_2 = 0$ 时,则

$$i_p = \frac{1}{\tan \alpha}$$

由上式可知,要增大夹紧力,就要减小斜楔的升角,但升角的选取与夹紧行程有关。在夹紧行程一定的条件下,减小 α 就要使斜楔移动的距离增大。也就是说,当原始作用力 F_Q 一定时,斜楔的升角越小,自锁性越好,夹紧力也越大,但夹紧行程变小。夹紧力增大多少倍,夹紧行程就缩小多少倍,这是斜楔夹紧机构的一个重要特征。

B. 改变了原始作用力的方向

斜楔夹紧机构的这一特征,由图 1.54 中可明显看出。

④斜楔升角的选择

根据自锁条件和对增力比与夹紧行程的综合考虑,手动夹紧机构 α 应选较小值,一般取 $\alpha = 6° \sim 8°$。自锁的机动夹紧机构中,取 $\alpha \leqslant 12°$,或采用双升角斜楔(见图 1.54(b)),以获得行程、增力、自锁的良好效果。起始用大升角 α_1,快速趋近工件;最终夹紧时,用小升角 α_2 使夹紧装置得到可靠的自锁性和输出较大的夹紧力。不需要自锁的机动夹紧,常取 $\alpha = 15° \sim 30°$。

2)螺旋夹紧机构

由螺钉、螺母、垫圈及压板等元件组成的夹紧机构,称为螺旋夹紧机构。螺旋夹紧机构结构简单,夹紧可靠,通用性大,自锁性能好,夹紧力和夹紧行程较大,目前在夹具中广泛应用。

①单个螺旋夹紧机构

直接用螺钉、螺母夹紧工件的机构,称为单个螺旋夹紧机构,如图 1.56 所示。图 1.56(a)中,用螺钉头部直接夹紧工件,容易损伤受压表面,并在旋紧螺钉时易引起工件转动,因此常在螺钉头部装上可摆动的压块(见图 1.56(b)),以防止发生上述现象。

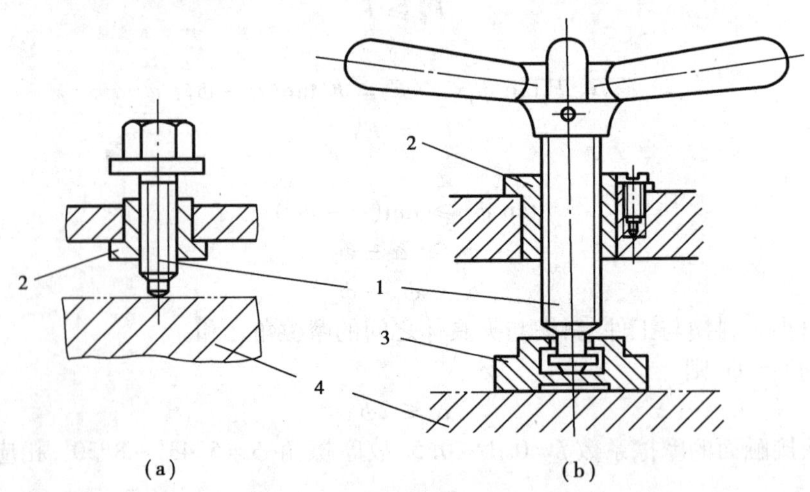

图 1.56 单个螺旋夹紧机构

1—螺钉、螺杆;2—螺母套;3—摆动压块;4—工件

②螺旋压板夹紧机构

螺旋压板夹紧机构是结构形式变化最多的夹紧机构，也是应用最广的夹紧机构。如图1.57所示为常用的5种典型结构。图1.57(a)、(b)为移动压板，图1.57(a)为减力增加夹紧行程；图1.57(b)为不增力但可改变夹紧力的方向；图1.57(c)是采用铰链压板增力机构，减小了夹紧行程，但使用上受工件尺寸的限制；图1.57(d)为钩形压板，其结构紧凑，使用方便，适用夹具上安装夹紧机构位置受到限制的场合；图1.57(e)为自调式压板，它能适应工件高度为0~200 mm的变化，结构简单，使用方便。

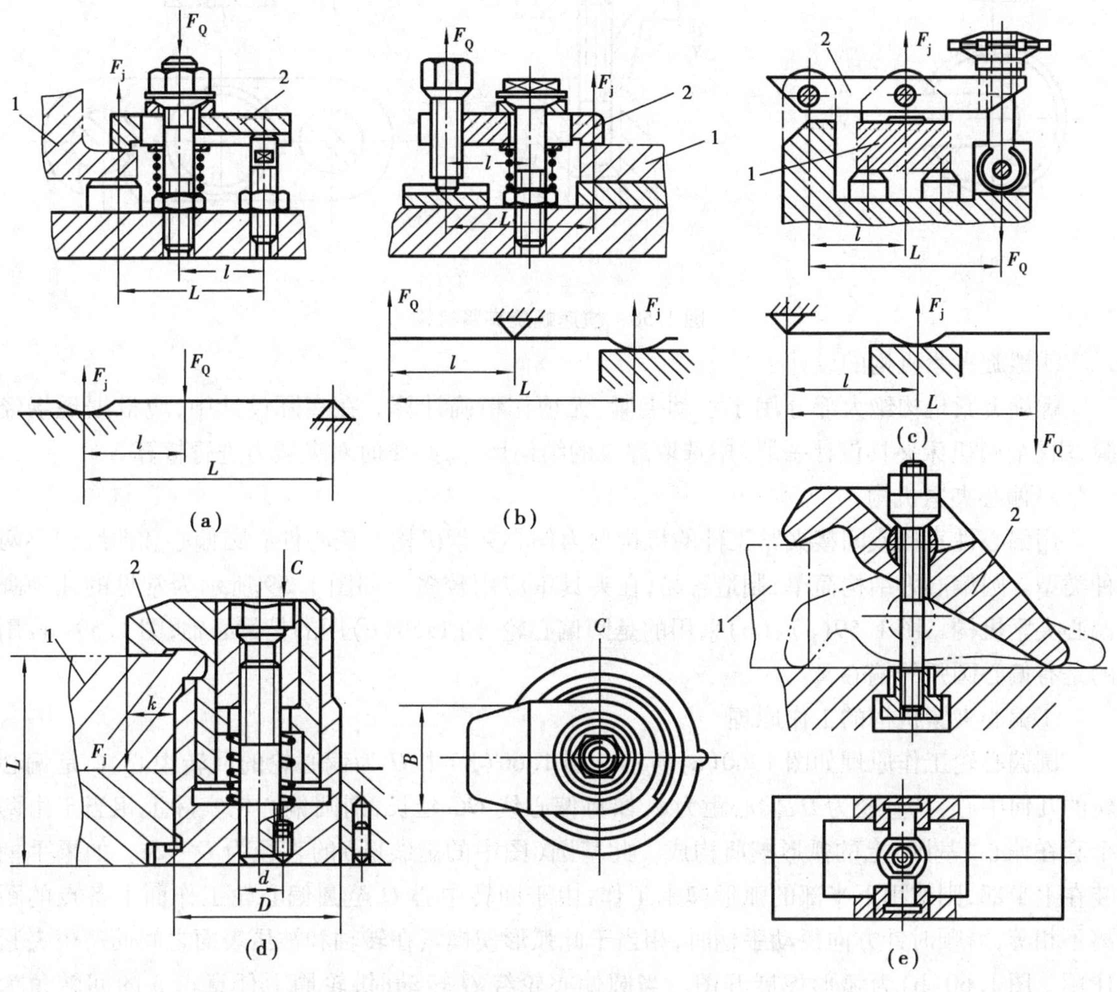

图1.57　螺旋压板夹紧机构

1—支柱；2—螺柱；3—球面垫圈；4—弹簧；5—压板

③快速螺旋夹紧机构

为迅速夹紧工件减少辅助时间，可采用各种快速的螺旋夹紧机构。如图1.58(a)所示为带有开口垫圈的螺母夹紧机构，螺母最大外径小于工件孔径，松开螺母取下开口垫圈，工件即可穿过螺母被取出；如图1.58(b)所示为快卸螺母结构，螺孔内钻有光滑斜孔，其直径略大于螺纹公称直径，螺母旋出一段距离后，就可取下螺母；如图1.58(c)所示为回转压板夹紧机构，旋松螺钉后,将回转压板逆时针转过适当角度,工件便可从上面取出。

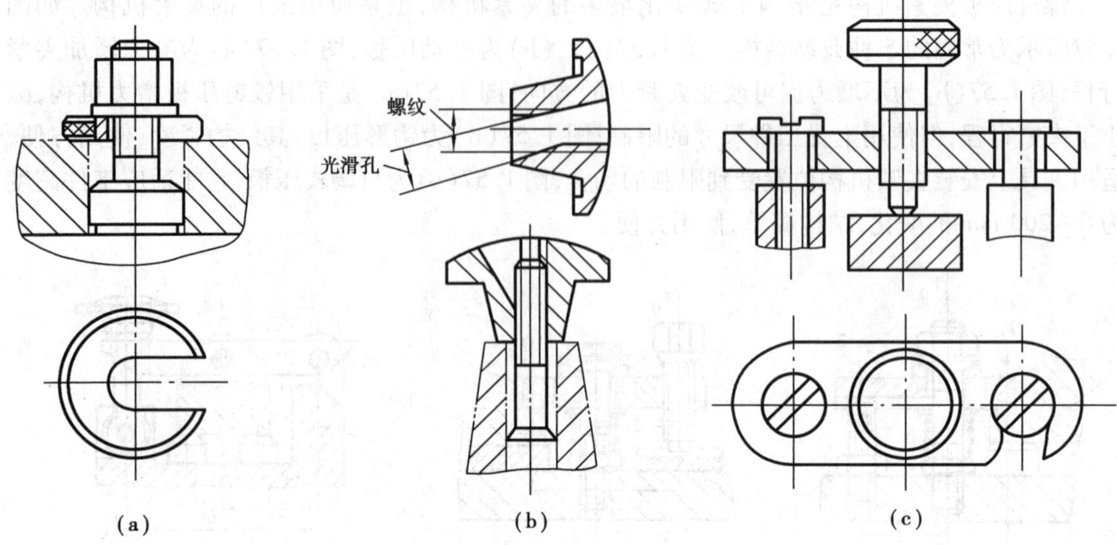

图 1.58 快速螺旋夹紧机构

④螺旋夹紧机构的设计

螺旋夹紧机构绝大部分用于手动夹紧,无须作精确计算。在实际设计中,应根据现场经验,由《金属机床夹具设计手册》中选取螺纹的结构尺寸,必要时对夹紧力进行核算。

3)偏心夹紧机构

用偏心件直接或间接夹紧工件的机构称为偏心夹紧机构。偏心件有圆偏心和曲线偏心两种类型。圆偏心因结构简单,制造容易,在夹具中应用较多。如图 1.59 所示为常见的几种圆偏心夹紧机构。图 1.59(a)、(b)采用的是圆偏心轮,图 1.59(c)用的是偏心轴,图 1.59(d)用的是有偏心圆弧的偏心叉。

①偏心夹紧机构的工作原理

圆偏心轮工作原理如图 1.60(a)所示。图 1.60(b)中 O 为偏心轮的回转中心,C 是偏心轮的几何中心,其直径为 D,偏心距为 e,如将偏心线 OC 延长,则圆偏心轮实际上相当于由两个套在偏心"基圆"上的弧形楔所构成。此基圆(图中的虚线圆)的直径为 $D-2e$。如果手柄装在上半部,则就用下半部的弧形楔来工作,由于回转中心 O 至圆偏心轮工作面上各点的距离不相等,沿顺时针方向扳动手柄时,相当于此弧形楔楔紧在转轴和被压表面之间而产生夹紧作用。图 1.60(b)为弧形楔展开图。当圆偏心轮绕 O 转动时,轮周上任意点 p 的回转角为 ϕ_x,回转半径为 r_x,用 ϕ_x,r_x 为坐标轴建立直角坐标系,再将轮周上各点的回转角和回转半径一一对应记入坐标系中,便得到圆偏心轮的展开图。

圆偏心轮与斜楔相比,其工作面上各点的升角 α_x 不是一个常数,它随着回转角 ϕ_x 的改变发生很大变化。

当 $\phi_x=90°$时,α_x 为最大值,即 P 点为最大值,即

$$\sin a_{\mathrm{p}} = \sin a_{\max} = \frac{2e}{D} \qquad \text{或} \qquad a_{\mathrm{p}} = a_{\max} = \arcsin\left(\frac{2e}{D}\right)$$

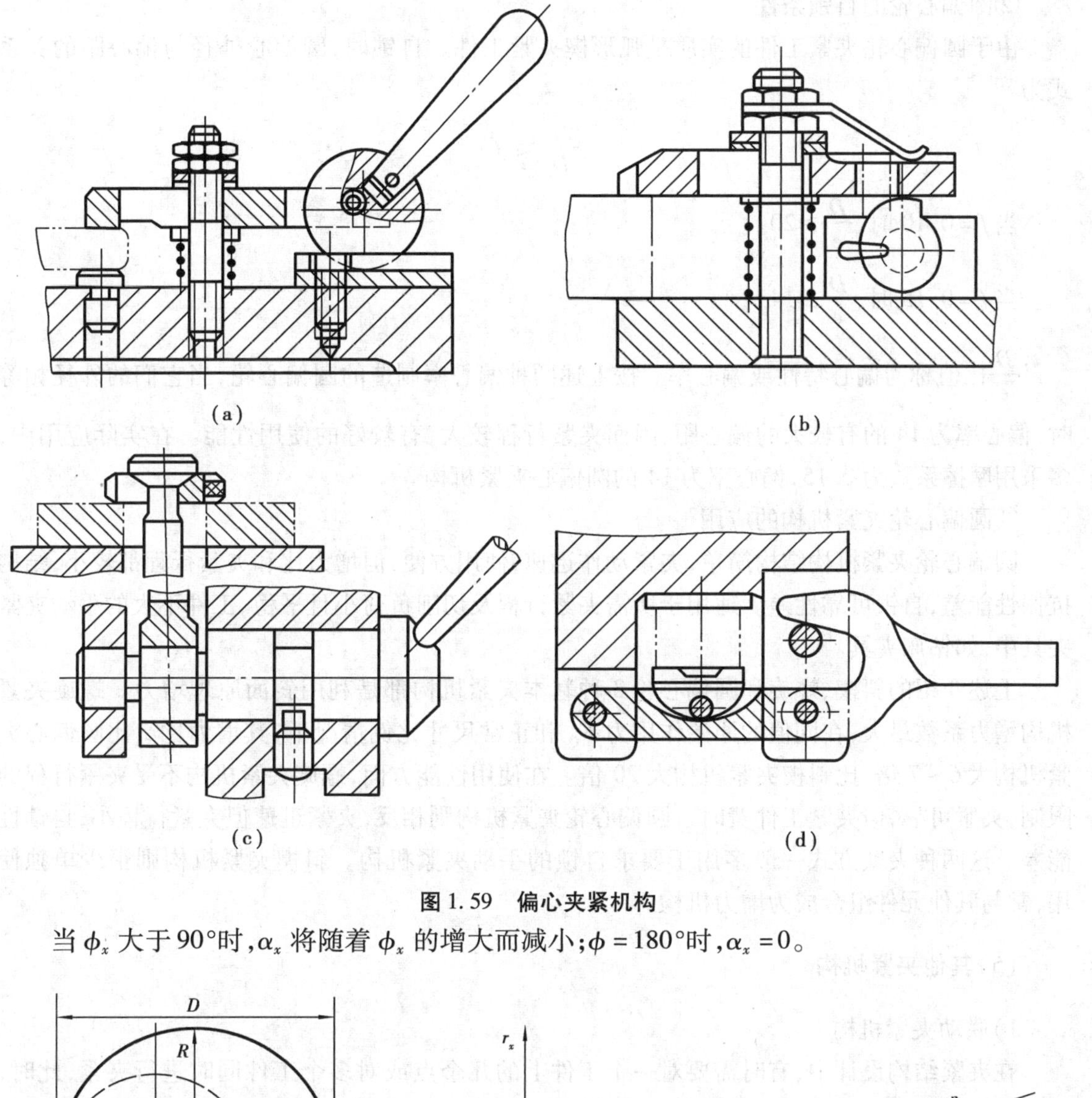

(a)　(b)

(c)　(d)

图1.59　偏心夹紧机构

当 ϕ_x 大于90°时，α_x 将随着 ϕ_x 的增大而减小；$\phi=180°$ 时，$\alpha_x=0$。

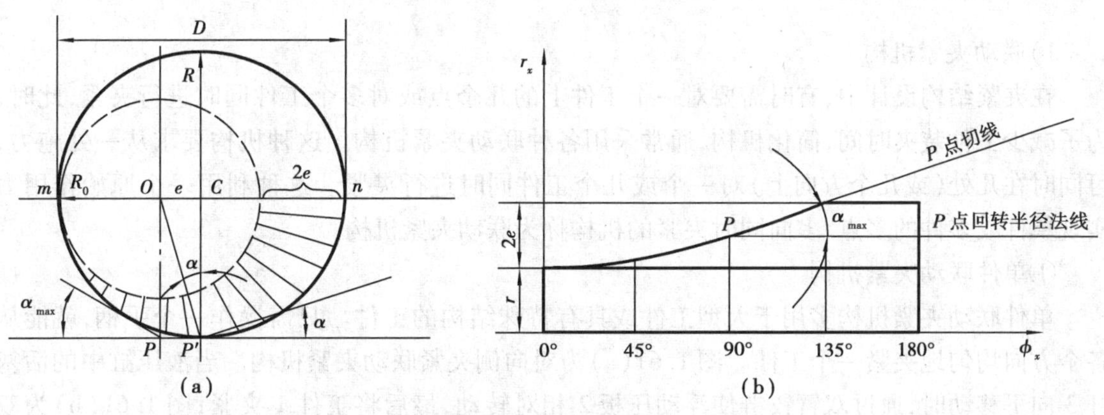

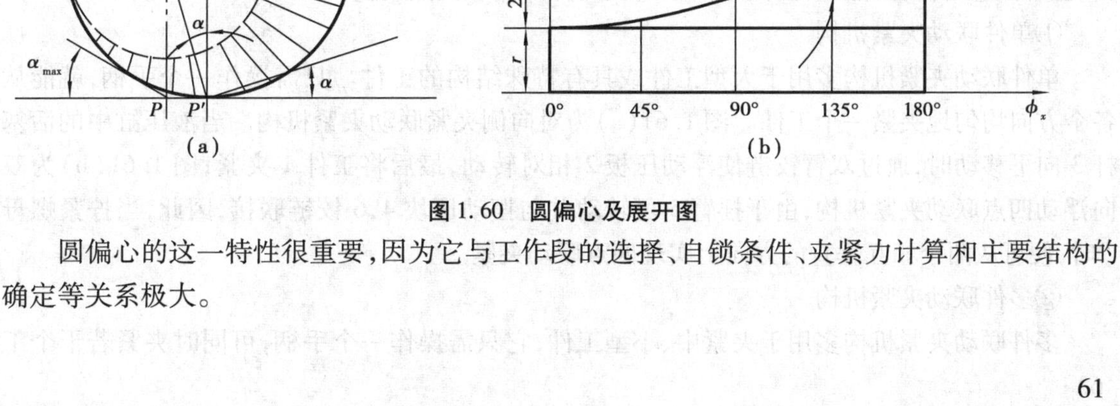

图1.60　圆偏心及展开图

圆偏心的这一特性很重要，因为它与工作段的选择、自锁条件、夹紧力计算和主要结构的确定等关系极大。

②圆偏心轮的自锁条件

由于圆偏心轮夹紧工件的实质是弧形楔夹紧工件。自锁时,圆偏心外径与偏心距的关系式为

$$\frac{2e}{D} \leqslant f$$

当 $f=0.10$ 时,$\frac{D}{e} \geqslant 20$。

当 $f=0.15$ 时,$\frac{D}{e} \geqslant 14$。

$\frac{D}{e}$比值称为偏心特性或偏心率。按上述两种偏心率制造的圆偏心轮,当它们的外径相等时,偏心率为 14 的有较大的偏心距,因而夹紧行程较大,有较好的使用性能。在实际应用中,多采用摩擦系数为 0.15,偏心率为 14 的圆偏心夹紧机构。

③圆偏心轮夹紧机构的应用

圆偏心轮夹紧机构结构简单,夹紧动作迅速,使用方便,但增力比和夹紧行程都较小,结构抗振性能差,自锁可靠性差。适用于所需夹紧行程及切削负荷小且平稳、工件不大的手动夹紧夹具中,如钻床夹具。

上述介绍的斜楔、螺旋和圆偏心轮 3 种基本夹紧机构都是利用斜面原理增力。螺旋夹紧机构增力系数最大,在同值的原始作用力 F_Q 和正常尺寸比例情况下,其增力比 i_p 比圆偏心夹紧机构大 6 ~ 7 倍,比斜楔夹紧机构大 20 倍。在使用性能方面,螺旋夹紧机构不受夹紧行程的限制,夹紧可靠,但夹紧工件费时。圆偏心轮夹紧机构则相反,夹紧迅速但夹紧行程小,自锁性能差。这两种夹紧方式一般多用于要求自锁的手动夹紧机构。斜楔夹紧机构则很少单独使用,常与其他元件组合成为增力机构。

(5)其他夹紧机构

1)联动夹紧机构

在夹紧结构设计中,有时需要对一个工件上的几个点或对多个工件同时进行夹紧,此时,为了减少工件装夹时间,简化机构,通常采用各种联动夹紧机构。这种机构要求从一处施力,可同时在几处(或几个方向上)对一个或几个工件同时进行夹紧。这种利用一个原始作用力实现单件或多件的多点、多向同时夹紧的机构称为联动夹紧机构。

①单件联动夹紧机构

单件联动夹紧机构多用于大型工件或具有特殊结构的工件。只需操作一个手柄,就能从各个方向均匀地夹紧一个工件。图 1.61(a)为对向侧夹紧联动夹紧机构。当液压缸中的活塞杆 3 向下移动时,通过双臂铰链使浮动压板 2 相对转动,最后将工件 1 夹紧;图 1.61(b)为双向浮动四点联动夹紧机构,由于摇臂 5 可转动并与摆动压块 4,6 铰链联接,因此,当拧紧螺母 7 时,便可从两个相互垂直的方向上实现四点联动夹紧。

②多件联动夹紧机构

多件联动夹紧机构多用于夹紧中、小型工件,它只需操作一个手柄,可同时夹紧若干个工

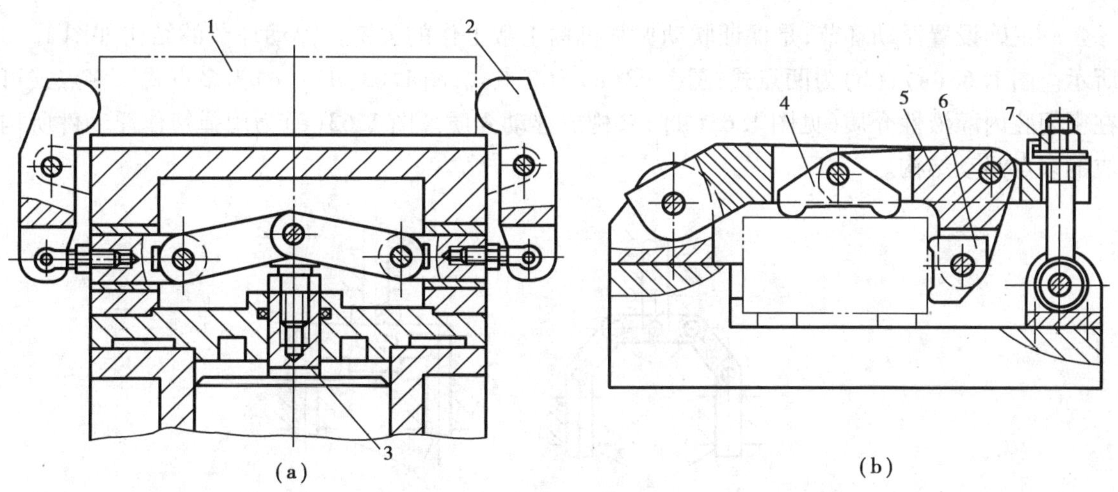

图1.61　单件联动夹紧机构

1—工件;2—浮动压板;3—活塞杆;5—摇臂;4,6—摆动压块;7—螺母

件,是提高生产效率的有效措施。图1.62(a)为对向式多件联动夹紧机构;图1.62(b)为平行式多件联动夹紧;图1.62(c)为复合式多件联动夹紧,是由对向式和平行式组合而构成。

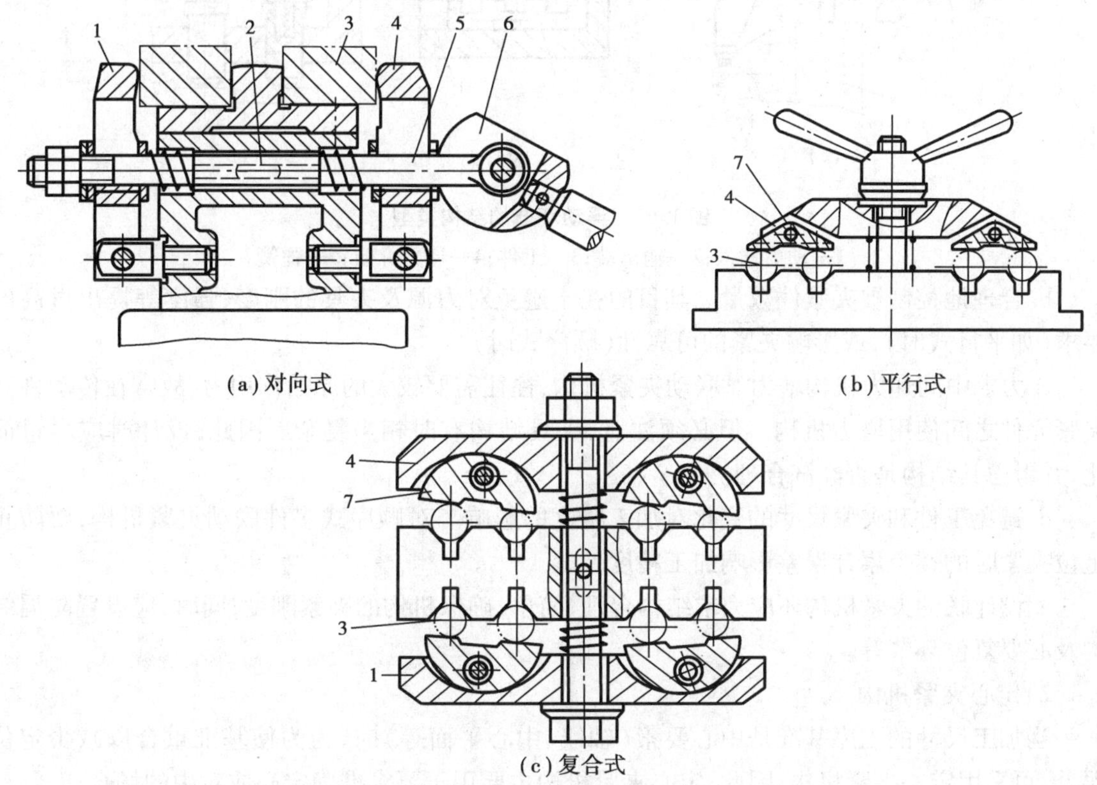

图1.62　多件联动夹紧机构

1,4—压板;2—键;3—工件;5—拉杆;6—偏心轮;7—摆动块

③联动夹紧机构的设计要求

综上所述,设计联动夹紧机构,应满足如下设计要求:

a. 正确设置浮动环节，是保证联动夹紧机构正常工作的关键。浮动环节的结构如图 1.63 所示。图 1.63(a)、(b)为两点式；图 1.63(c)为三点式；图 1.63(d)、(e)为多点式。多点式可在密闭腔内灌液性介质(见图 1.63(d))来构成浮动介质。图 1.63(e)为用弹簧作浮动件所构成的多点浮动结构。

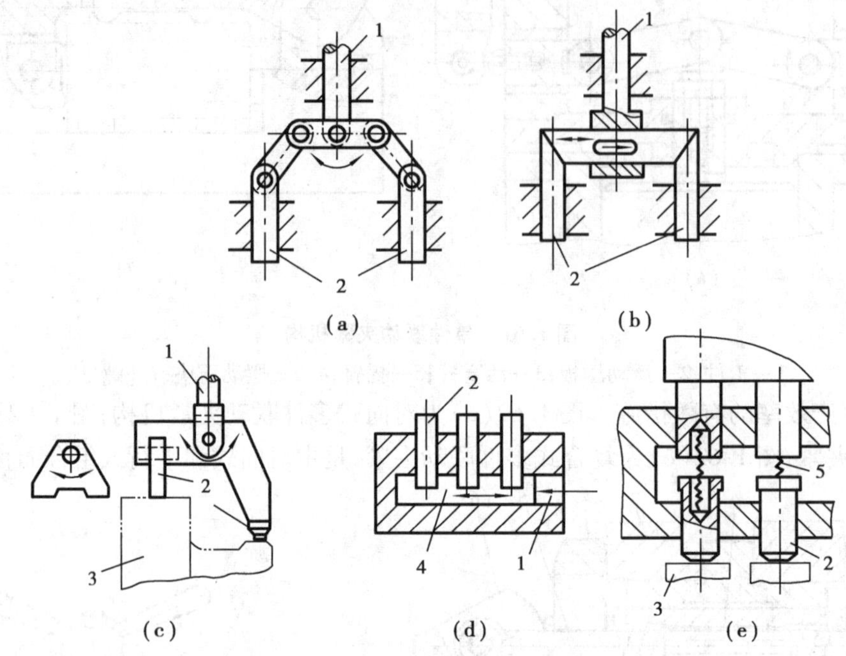

图 1.63　浮动环节的结构类型

1—动力输入；2—输出端；3—工件；4—递力介质；5—弹簧

b. 合理地控制被夹紧件数量。其目的在于避免对力源及夹具的刚度、强度等提出过高的要求(如平行式时)，或影响夹紧的可靠性(顺序式时)。

c. 力求中间递力机构增力。联动夹紧机构，往往需要较大的原始作用力，故常在传动件和夹紧元件之间使用增力机构。但必须注意，夹具结构有时相当复杂。因此，设计时应尽量简化，并考虑其结构是否经济合理。

d. 避免工件和夹紧尺寸的变化对加工精度的影响。对顺序式多件联动夹紧机构，要防止定位夹紧时的逐个累计误差影响加工精度。

e. 设计联动夹紧机构还应力求结构合理、简单，确保机构的夹紧刚度；同时，应设置防屑结构及必要复位环节等。

2)定心夹紧机构

当加工尺寸的工序基准是中心要素(轴线、中心平面等)时，为为使基准重合以减少定位误差，可采用定心夹紧机构，因此，定心夹紧机构主要用于要求准确定心或对中的场合。

①定心夹紧机构的工作原理

同时实现对工件定心定位和夹紧两个作用的机构称为定心夹紧机构。它是利用定位、夹紧元件的等速移动或均匀弹性变形的方式，使定位基准面的尺寸偏差相对工序基准对称分布，从而消除其对定位的影响，保证定心定位。如图 1.64(a)所示的三爪自定心卡盘。3 个卡爪 1

为定心夹紧元件，能等速趋近或离开卡盘中心（夹爪保持等距性行程），使其工作面2对中心总保持相等的距离。当工件定位直径不同时，由卡爪1的等距移动来调整，使工件工序基准（轴线）与卡盘中心保持一致。又如图1.64(b)所示的对中夹紧机构，左右夹爪（钳口）1为定心夹紧元件，它的工作面2对夹具（或已对定的刀具4）的中心平面保持等距性行程及位置，工件尺寸 $L \pm \Delta L/2$，其公差同样被夹爪均分在中心平面两侧。

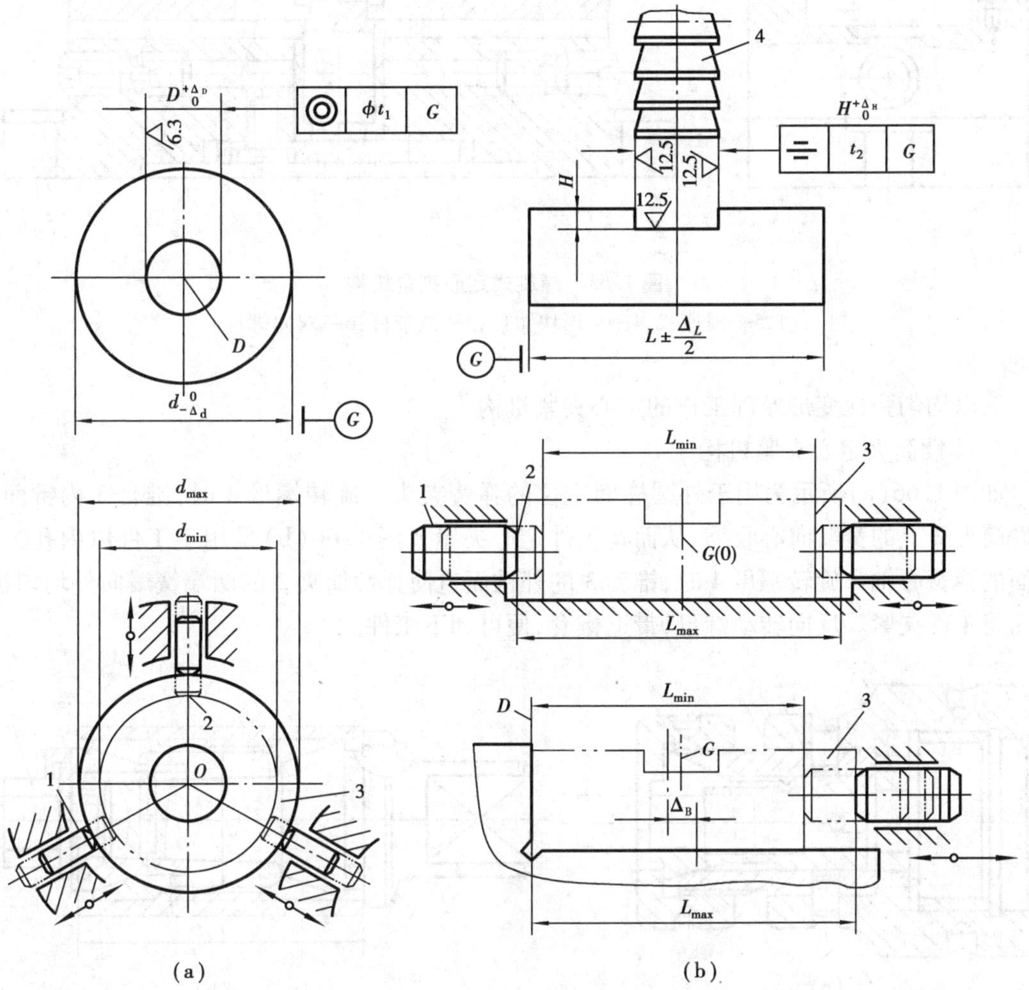

图1.64　定心夹紧机构的工作原理

1—卡爪；2—工作面；3—工件；4—刀具

定心夹紧机构在夹紧过程中，能使工件相对于某一轴线或某一对称面保持对称性，定心夹紧机构按其工作原理可分为两大类。

②等速移动原理工作的定心夹紧机构

如图1.65所示为按等速移动原理工作的螺旋式定心夹紧机构。旋转有左右螺纹的双向螺杆6，使滑座1,5上的V形块钳口2,4作对向等速移动，从而实现对工件的定心夹紧；反之，便可松开工件。V形块钳口可按工件需要更换，对中精度可借助调节杆3实现。

这种定心夹紧机构的特点是：结构简单、夹紧力和工作行程大，通用性好。但定心精度不高，一般为 $\phi0.05 \sim \phi0.1$ mm，主要适用于粗加工或半精加工中需要行程大而定心精度要求不

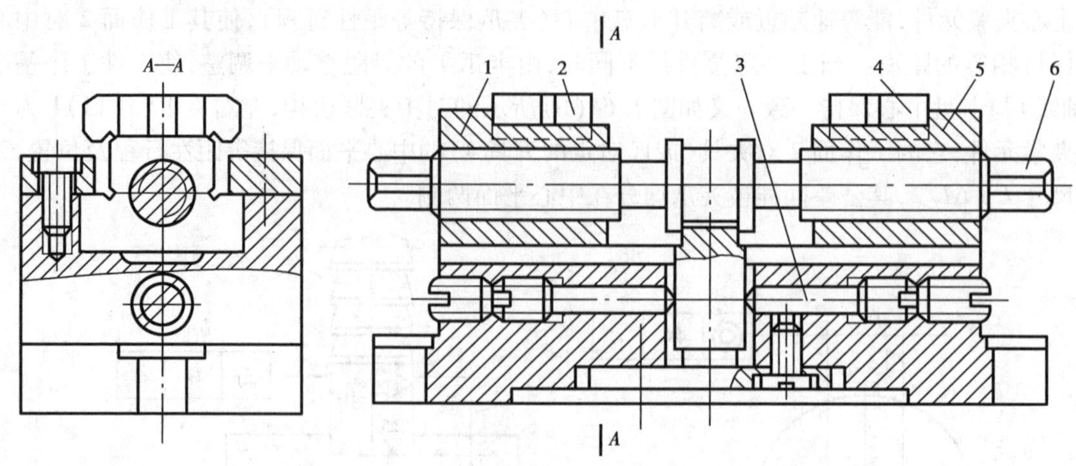

图 1.65　螺旋式定心夹紧机构

1,5—滑座;2,4—V 形块钳口;3—调节杆;6—双向螺杆

高的工件。

③以均匀弹性变形原理工作的定心夹紧机构

A. 弹性筒夹定心夹紧机构

如图 1.66(a)所示为用于外圆柱面定位的弹簧夹头。旋转螺母 4 时,锥套 3 内锥面迫使弹性筒夹 2 上的簧瓣向心收缩,从而将工件定心夹紧。图 1.66(b)是用于工件以内孔为定位基面的弹簧心轴。旋转螺母 4 时,锥套 3 的外锥面迫使弹性筒夹 2 的两端簧瓣向外均匀扩张,从而将工件夹紧。反向转动螺母,带退锥套,便可卸下工件。

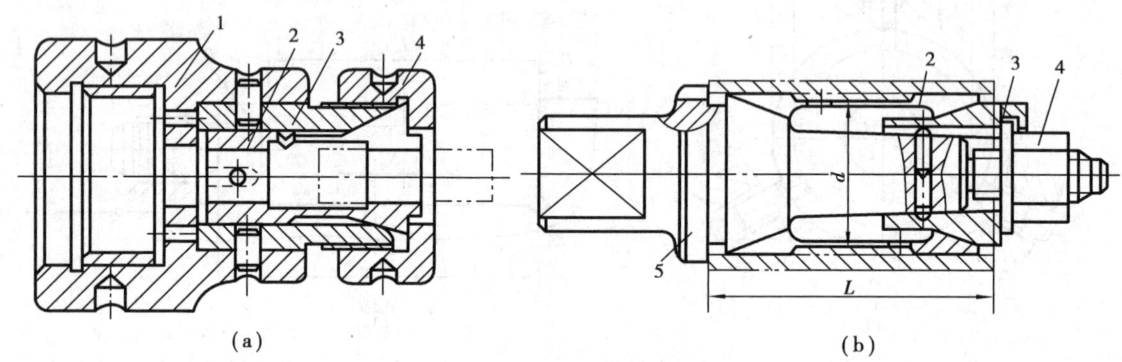

图 1.66　弹簧夹头和心轴

1—夹具体;2—弹性筒夹;3—锥套;4—螺母;5—心轴

弹簧筒夹定心夹紧机构结构简单,定心精度高,体积小,操作方便、迅速,因而应用十分广泛。由于弹性筒夹变形量不宜过大,故对工件的定位基准面有一定精度要求,其公差应控制在 0.5 mm 以内。一般适用于精加工和半精加工中。

B. 膜片卡盘定心夹紧机构

如图 1.67 所示工件以大端面和外圆为定位基面,在 10 个等高支柱 6 和膜片 2 的 10 个夹爪上定位。首先顺时针旋动螺钉 4 使楔块 5 下移,并推动滑柱 3 右移,迫使膜片 2 产生弹性变形,10 个夹爪同时张开,以放入工件。逆时针旋动螺钉,使膜片恢复弹性变形,10 个夹爪同时收缩将工件定心夹紧。夹爪上的支承钉 1 可以调节,以适应直径尺寸不同的工件。支承钉每次调整后都要用螺母锁紧,并在所用的机床上对 10 个支承钉的限位基面进行加工(夹爪在直径方向上应留有 0.4 mm 左右的预胀量),以保证定位基准线与机床主轴回转轴线的同轴度。膜片卡盘定心夹紧机构具有刚性、工艺性、通用性好、定心精度高(一般可达 0.01 mm 以内),操作方便迅速等特点。但它的夹紧力较小,故常用于磨削或有色金属件车削加工的精加工。

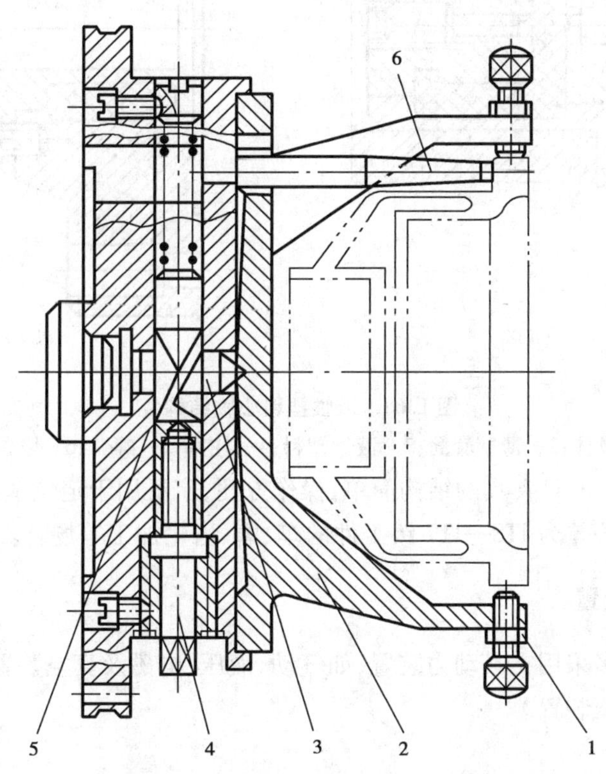

图 1.67　膜片卡盘定心夹紧机构

1—支承钉;2—膜片;3—滑柱;4—螺钉;5—楔块;6—支柱

C. 液性塑料定心夹紧结构

如图 1.68 所示为液性塑料定心机构的两种结构。其中,图 1.68(a)是工件以内孔为定位基面,图 1.68(b)是工件以外圆为定位基面。虽然两者的定位基面不同,但其基本结构与工作原理是相同的。起夹紧作用的薄壁套筒 2 直接压迫在夹具体 1 上,在所构成的容腔中注满了液性塑料 3。当将工件装到薄壁套筒 2 上之后旋进加压螺钉 5,通过柱塞 4 使液性塑料流动并将压力传到各个方向上,薄壁套筒的薄壁部分在压力作用下产生径向均匀的弹性变形,从而将工件定心夹紧。图 1.68(a)中的限位螺钉 6 用于限制加压螺钉的行程,防止薄壁套筒超负荷而产生塑性变形。

液性塑料在常温下是一种透明冻胶状的物质,它具有一定的弹性和流动性,物理性能比较稳定,在高压下体积缩小极微,因而它能均匀地将力作用在薄壁套筒上,产生径向变形。由于这种机构在工作过程中与工件接触的面积大,故定心精度高,一般可保证被加工表面的同轴度

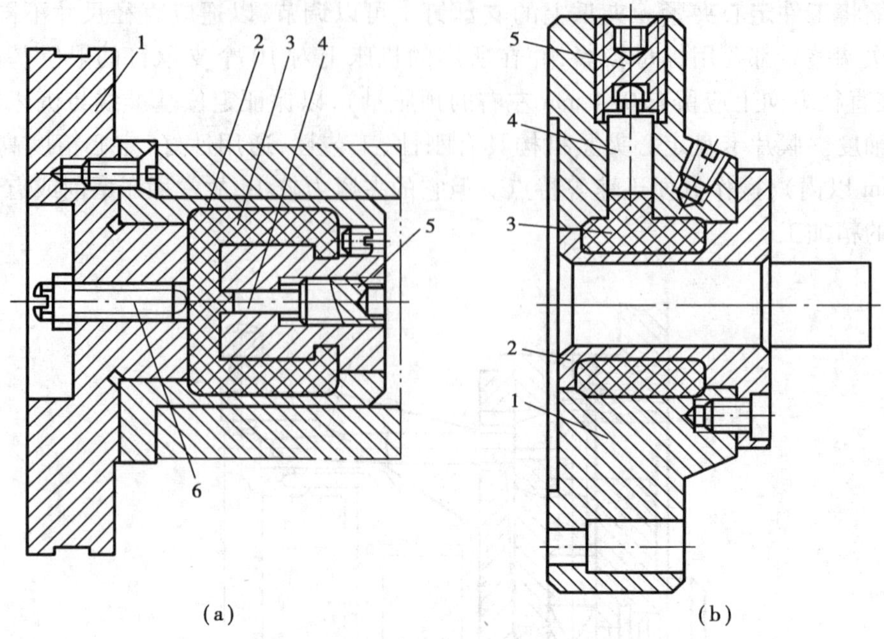

图 1.68 液性塑料心轴结构

1—夹具体;2—薄壁套筒;3—液性塑料;4—柱塞;5—螺钉;6—限位螺钉

误差为0.005～0.01 mm,且夹具的结构简单,操作方便,广泛用于定位基面孔径 $D \geqslant 18$ mm 或外径 $d \geqslant 18$ mm,尺寸公差为 IT8—IT7 级工件的车、磨、齿轮加工等场合。

(6)夹具的动力装置

现代高效夹具大多采用夹具动力装置,如气动、液压、电磁及真空装置等。其中,应用最广泛的是气压装置和液压装置。

1)气压装置

①典型的气压传动系统

气压装置主要包括3个部分:汽缸、辅助装置和管路。如图1.69所示为气动夹紧装置系统图。其中,所用的雾化器2、减压阀3、止回阀4、分配阀5、调速阀6、压力表7、汽缸8各组成元件的结构尺寸,都已经标准化。设计时,可查阅有关资料和手册。

②气压装置的特点

气压装置以压缩空气为力源应用比较广泛,与液压装置比较有以下优点:

a.动作迅速,反应快。气压为0.5 MPa时,汽缸活塞速度为1～10 m/s,夹具每小时可连续松夹上千次。

b.工作压力低,传动结构简单,对装置所用材料及制造精度要求不高,制造成本低。

c.空气黏度小,在管路中的损失较少,便于集中供应和远距离输送,易于集中操纵或程序控制等。

d.空气可就地取材,容易保持清洁,管路不容易堵塞,也不会污染环境,具有维护简单,使用安全、可靠、方便等特点。

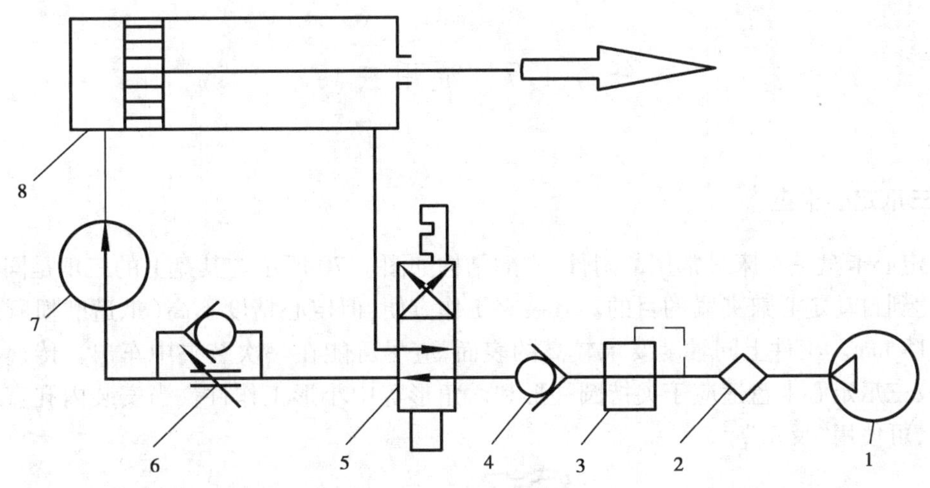

图1.69　典型的气压传动系统图

1—油泵;2—雾化器;3—减压阀;4—止回阀;5—分配阀;6—调适阀;7—压力表;8—汽缸

其主要缺点是空气压缩性大,夹具的刚度和稳定性差;在产生相同原始作用力的条件下,因工作压力低,其动力装置的结构尺寸大。此外,还有较大的排气噪声。

2)液压装置

液压装置是用高压油产生动力,工作原理及结构与气压装置相似。其共同的优点是:操作简单省力、动作迅速,使辅助时间大为减少。与气压装置相比,液压装置有以下特点:

①液压油油压高、传动力大,在产生同样原始作用力的情况下,液压缸的结构尺寸比气压的小许多倍。

②油液的不可压缩性使夹紧刚度高,工作平稳、可靠。

③液压传动噪声小,劳动条件比气压的好。

但是,油压高容易漏油,要求液压元件的材质和制造精度高,故而夹具成本较高。

3)气液增压装置

为了综合利用气压和液压传动的优点,在不需要增设液压装置的条件下,可在非液压机床上采用气液联动的增压装置,它具有如下的特点:

①其油压可达9.8~19.6 MPa,不需要增加机械增力机构就能产生很大的夹紧力,使夹具结构简化、传动效率提高和制造成本降低。

②气液增压装置已被制成通用部件,可以各种方式灵活、方便地与夹具组合使用。

4)电动装置

电动装置是以电动机带动夹具中的夹紧机构,对工件进行夹紧的一种方式,最常用的是电动卡盘,它的特点是:传动平稳,无噪声,具有普通三爪自定心卡盘的通用性;与气动卡盘相比,可省去汽缸和气动附件,但要有供夹紧用的电动机;夹紧力较气动的要小。

任务1.7　通用夹具

(1)**三爪定心卡盘**

三爪定心卡盘是车床最常用的附件,它的结构如图1.70所示。其盘上的三爪是同时运作的,确保达到自动定心兼夹紧的目的。其装夹工作方便,但定心精度不高(爪遭磨损所致),为0.05～0.15 mm。工件上同轴度要求较高的表面,应尽可能在一次装夹中车出。传递的扭矩也不大,故三爪定心卡盘适应于夹持圆柱形和六角形等中小形工作件。当安装内孔直径较大的工件时,可使用"反爪"。

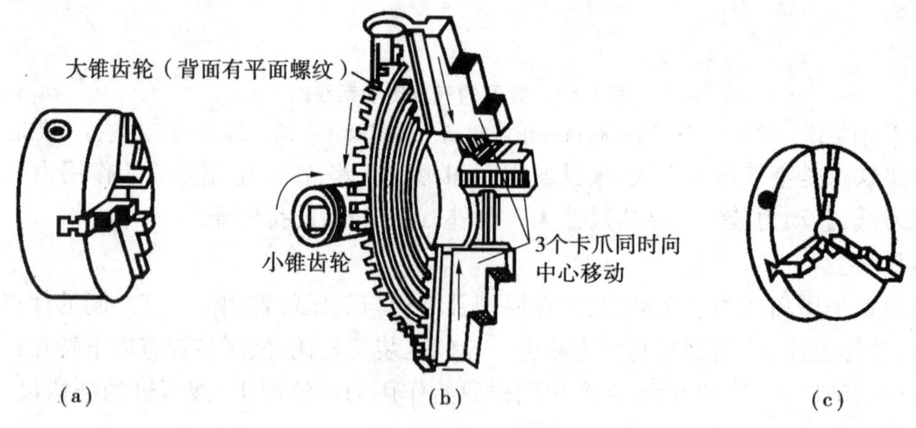

图1.70　三爪定心卡盘的结构

用三爪定心卡盘夹持工件时,夹持长度一般不小于10 mm。如果工件直径小于或等于30 mm,其悬伸长度应不大于直径的3倍。

用三爪卡盘安装工作时可按以下步骤进行。

①首先把工件在卡爪间放正,然后轻轻夹紧。

②开动机床,使主轴低速旋转,检查工件有无偏摆,若有偏摆应停车用小锤轻轻敲校正,然后紧固工件。注意必须即时取下扳手,以免开车时飞出击伤人或机床。

③移动车刀至车削行程的左端,用手旋转卡盘,检查刀架等是否与卡盘或工件碰撞。

(2)**四爪单动卡盘**

四爪单动卡盘也是车床常用的附件,它的结构如图1.71所示。四爪单动卡盘的4个爪分别通过转动螺杆而实现单动。根据加工的要求,利用划针盘校正后,安装精度比三爪定心卡盘高,四爪单动卡盘的夹紧力大,适用于夹持较大的圆柱形形工件。但找正比较费时,生产率低,常用于单件、小批量生产。当加工精度要求达到0.01 mm时,还可用百分表找正。

如图1.71所示,四爪单动卡盘安装按划线找正工件的方法如下:

①使百分表或划针靠近工件划出加工界线。

②校正端面。慢慢转动卡盘,在离百分表的测头或划针针尖最近的工作端面上用小锤轻

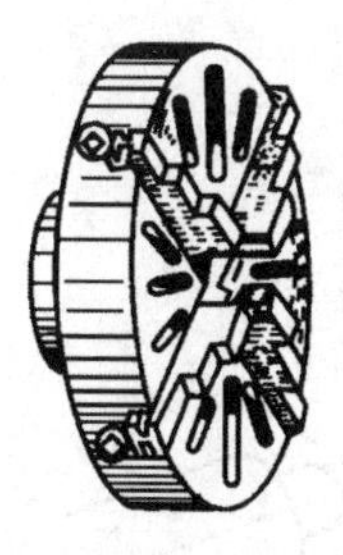

(a)四爪单动卡盘

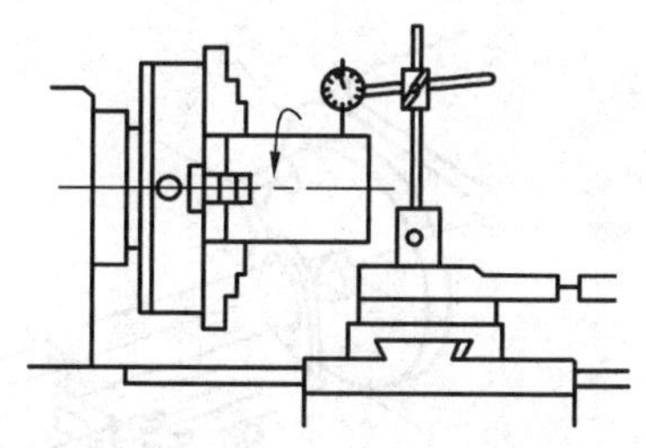

(b)用百分表找正

图1.71　用四爪单动卡盘安装工件

轻敲击,至各处与针尖距离相等。如果是精确校正,此时还需将百分表的测头轻轻触碰工件,然后慢慢转动卡盘,采用轻轻敲击的方法,使百分表的测值读数在允许的误差范围内。

③校正中心。转动卡盘,将离开百分表的测头或划针针尖最远处的一个卡爪松开,拧紧其对面的一个卡爪,反复调整几次,直至校正为止。

(3)顶尖

对于较长的或必须经过多次装夹才能加工好的工件,如细长轴、长丝杠等的车削,或工序较多、在车削还要铣削或磨削的工件,为了保证每次装夹时的安装精度(如同轴度要求),两顶尖安装工件方便,不需找正,安装精度高。

常用的顶尖有死顶尖和活顶尖两种,如图1.72所示。前顶尖采用死顶尖,后顶尖易磨损,在高速切削时采用活顶尖。死顶尖刚性好,定心准确,但与工件中心孔之间因产生滑动摩擦而发热过多,容易将中心孔或顶尖"烧坏"。因此死顶尖只适用于低速、加工精度要求较高的工件。活顶尖将顶尖与工件中心孔之间的动摩擦改成顶尖内部轴承的滚动摩擦,能在很高的转速下正常地工作;但活顶尖存在一定的装配累积误差。以及当滚动轴承磨损后,会使顶尖产生径向摆动,从而降低了加工精度,所以活顶尖一般用于轴的粗加工或半精加工。

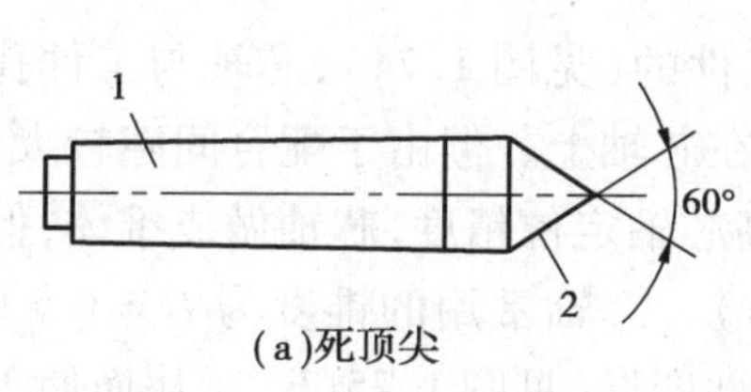

(a)死顶尖

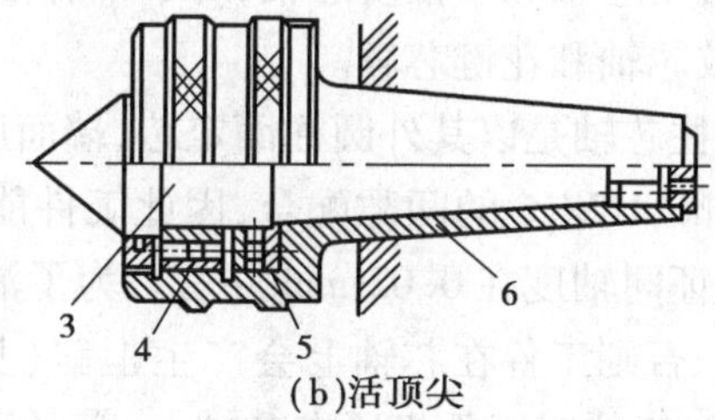

(b)活顶尖

图1.72　顶尖及其结构

1—安装部分(尾部);2—支持工件部分;3—顶尖;4—向心轴承;5—推力轴承;6—套筒

对同轴度要求比较高且需要调头加工的轴类工件,常用双顶尖装夹工件,如图1.73所示。其前顶尖为普通顶尖,装在主轴孔内,并随主轴一起转动;后顶尖为活顶尖,装在尾架套筒内。工件利用中心孔被顶在前后顶尖之间,并通过拨盘和卡箍随主轴一起转动。

用顶尖安装工件应注意以下事项。

①卡箍上的支承螺钉不能支承得太紧,以防工件变形。

②由于靠卡箍传递扭矩,所以车削工件的车削用量要小。

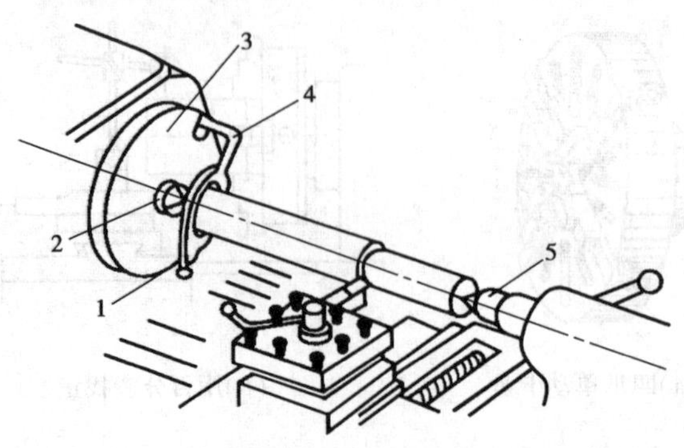

图 1.73 用双顶尖安装工件

1—卡箍螺钉;2—前顶尖;3—拨盘;4—卡箍螺;5—后顶尖

③钻两端中心孔时,要先用车刀把端面车平,再用中心钻钻中心孔。

④安装拨盘和工件时,首先要擦净拨盘的内螺纹和主轴端的外螺纹,把拨盘拧在主轴上,再把工件的一端装在卡箍上,最后安装在双顶尖中间。

⑤两顶尖工件中心孔的配合不宜太松或太紧。过松时,工件定心不准,容易引起振动,有时会发生工件飞出;过紧时,因锥面间摩擦增加会将顶尖和中心孔磨损,甚至烧坏。当切削用量较大时,工件因发热而伸长,在加工过程中还需将顶尖位置进行一次调整。

(4)**心轴**

盘套类零件其外圆、内孔往往有同轴度要求,与端面有垂直度要求,最好保证这些形位公差的加工方法就是采用一次装夹中全部加工完,但在实际生产中往往难以做到。此时,一般先加工出内孔,以内孔为定位基准,将零件安装在芯轴上,再把芯轴安装在前后顶尖之间来加工外圆和端面,一般也能保证外圆轴线和内孔轴线的同轴度要求。

根据工件的形状和尺寸精度的要求及加工数量的不同,应采用不同结构的芯轴。圆柱孔定位,常用芯轴和小锥度芯轴;对于带有锥孔、螺纹孔、花键孔的工件定位,常用相应的锥体芯轴、螺纹芯轴和花键芯轴。

圆柱芯轴是以其外圆柱面定芯、端面压紧来装夹工件的(见图 1.74),芯轴与工件孔一般用 H7/h6,H7/g6 的间隙配合,因此工件能很方便地套在芯轴上。但由于配合间隙较大,一般只能保证同轴度在 0.02 mm 左右。为了消除间隙,提高芯轴定位精度,芯轴做成锥体,但锥度要很小,否则工件在芯轴上会产生歪斜(见图 1.75(a))。芯轴常用的锥度为 $C=1/5\ 000 \sim 1/1\ 000$,定位时工件楔紧在芯轴上,楔紧后孔会产生弹性变形(见图 1.75(b)),从而使工件不致倾斜。

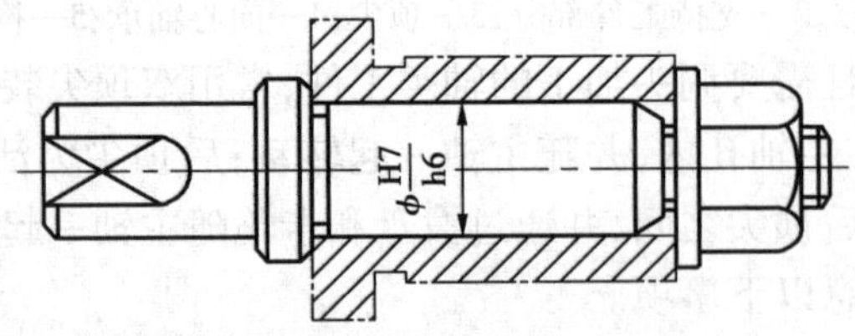

图 1.74 零件在圆柱芯轴定位

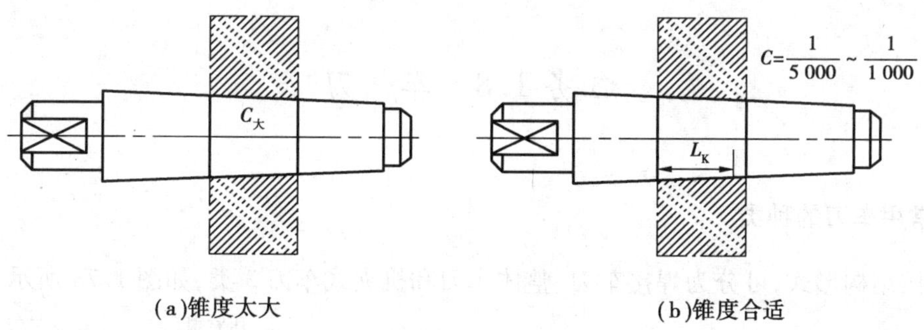

图1.75　用圆柱芯轴安装工件的接触情况

小锥度芯轴的优点是靠楔紧产生的摩擦力带动工件，不需要其他夹紧装置；定芯精度高，可达0.005～0.01 mm。其缺点是工件的轴向无法定位。

(5)花盘

在车削形状不规则或形状复杂的工件时，三爪、四爪卡盘或顶尖都无法装夹，必须用花盘进行装夹。

花盘是安装在车床主轴上的一个大圆盘，盘面上有许多长短不等的径向导槽，使用时配以角铁、压块、螺栓、螺母、垫块和平衡铁等，可将工件装夹在盘面上，如图1.76所示。也可以把辅助支撑角铁（弯板）用螺栓牢固夹持在花盘上，工件则安装在弯板上。如图1.77所示为加工一轴承座端面和内孔时在花盘上装夹的情况。用花盘和弯板安装工件时，找正比较费时，同时要用平衡铁平衡工件和弯板等，以防止旋转时产生振动。

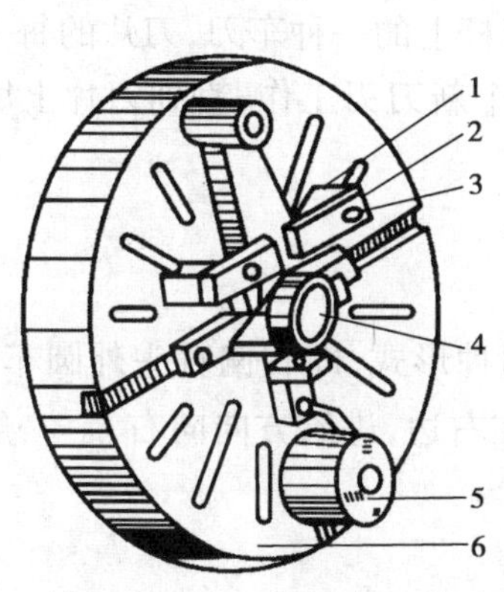

图1.76　在花盘上安装工件

1—垫铁；2—压板；3—螺栓；4—工件；5—平衡铁；6—花盘

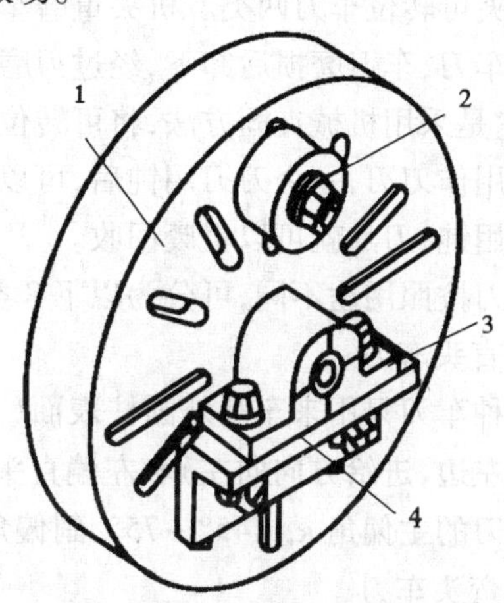

图1.77　在花盘上用弯板安装工件

1—花盘；2—平衡铁；3—工件；4—弯板

任务1.8 车 刀

(1)常用车刀的种类

车刀按结构形式,可分为焊接车刀、整体车刀和机夹式车刀3类,如图1.78所示。

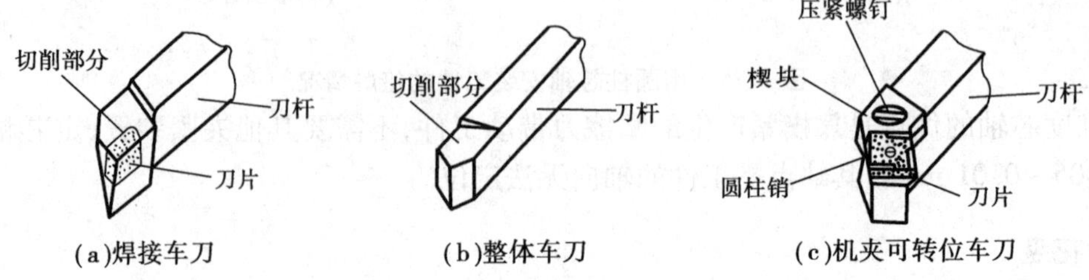

图1.78 车刀按结构形式分类

焊接式车刀是将一定形状的硬质合金刀片用黄铜、紫铜或其他特制的焊料焊接在刀杆的刀槽内制成的。该种车刀结构简单、紧凑、刚性好,而且非常灵活,可以根据加工条件和加工要求选择合适的硬质合金牌号和刀片的形状规格。

整体式结构仅用于高速钢车刀。

机械夹固式硬质合金车刀简称机夹式车刀。根据其使用情况不同,又可分为机夹重磨车刀和机夹可转位车刀两类。机夹重磨车刀是采用普通刀片,用机械夹固的方法夹持在刀杆上使用的车刀,车刀磨损后卸下,经过刃磨,装上可继续使用。机夹可转位车刀又称机夹不重磨车刀,它是采用机械夹固方法,将可转位刀片夹紧,固定在刀杆上的一种车刀,刀片的每一条边都可以用作刀刃,一个刀刃用钝后,可以转动刀片改用另一个新刀刃工作,直到刀片上所有刃口均已用钝,刀片就可以报废回收。

车刀按照用途不同,可分为以下8类(见图1.79):

1)直头车刀

这种车刀只用来车削外圆柱表面(外圆)。它通常有两种形式,即右偏直头外圆车刀(切削刃在左边,进给方向向左)和左偏直头外圆车刀(切削刃在右边,进给方向向右)。一般直头外圆车刀的主偏角 $\kappa_r=45°\sim75°$,副偏角 $\kappa_r'=10°\sim15°$。

2)弯头车刀

这是一种多用途的车刀,既可加工外圆柱面,也可加工端面,还能加工内、外倒角。用这种车刀完成上述工作时,不需要换刀,也不需要转动刀架,故可减少辅助时间,提高生产率。这种车刀按刀头的朝向可以分为左弯头刀和右弯头刀两种,其副偏角 κ_r'较大,一般为45°或30°,常用于粗车和半精车。

3)90°偏刀

这种车刀的主偏角为90°,主要用来车削外圆柱表面以及台阶轴的轴肩端面,也分左右偏刀两种(见图1.79)。

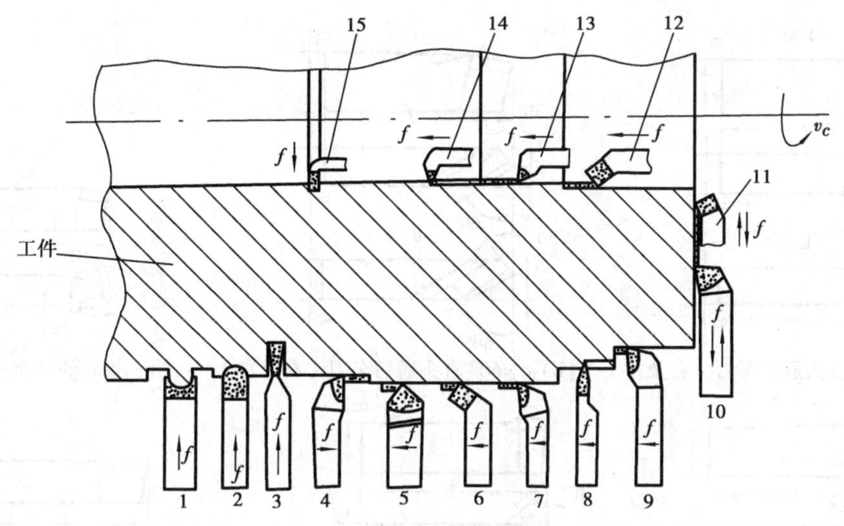

图 1.79　车刀按用途分类

1,2—成形车刀;3,15—车槽、切断刀;4—90°左切外圆车刀;5—直头车刀;
6,11—弯头车刀;7,9—90°偏刀;8,14—螺纹车刀;10—端面车刀;12,13—内孔车刀

4)螺纹车刀

螺纹车刀实质上是一种成形车刀,其切削刃与被加工螺纹的轮廓母线相符合。一般来说,刀具的刀尖角等于牙型角(如米制螺纹的牙型角为60°)。加工一般螺纹的车刀,其前角 γ_o = 5° ~ 15°,后角 α_o = 5° ~ 12°。精加工螺纹时,为了保证螺纹牙型的准确,取前角 γ_o = 0°。

5)端面车刀

这种车刀只用来加工端平面,两切削刃与端面、工件轴线的夹角分别为15° ~ 20°与5°,它也分为左右偏刀两种。

6)内孔车刀

这是一种在车床上加工内孔的刀具。它有3种形式,即通孔车刀、盲孔(不通孔)车刀、车内槽车刀。一般通孔车刀的主偏角 κ_r = 45° ~ 75°,副偏角 κ_r' = 20° ~ 45°;盲孔车刀的主偏角 κ_r ≥ 90°,加工同样直径的圆柱面时,车孔刀的后角比外圆车刀的后角大。

7)成形车刀

这是一种加工回转成形面的车刀,其主切削刃与回转成形面的轮廓母线完全一致。

8)车槽、切断刀

它主要用来切断工件或加工零件上的圆环形沟槽(退刀槽等)。这种车刀的刀头窄而长,有一个主切削刃和两个副切削刃,副偏角 κ_r = 1° ~ 2°。切削钢料时,前角 γ_o = 10° ~ 20°;切削铸铁时,前角 γ_o = 3° ~ 10°。

(2)常用车刀

常用焊接车刀用于外表面的车刀共有11种,分别用于车削外圆、端面、切断、车槽、外螺纹和V带轮。常用焊接车刀用于内表面的车刀共有6种,分别用于加工通孔、不通孔、内螺纹及车内槽等。常用焊接车刀的结构如图1.80所示,尺寸系列见表1.6。

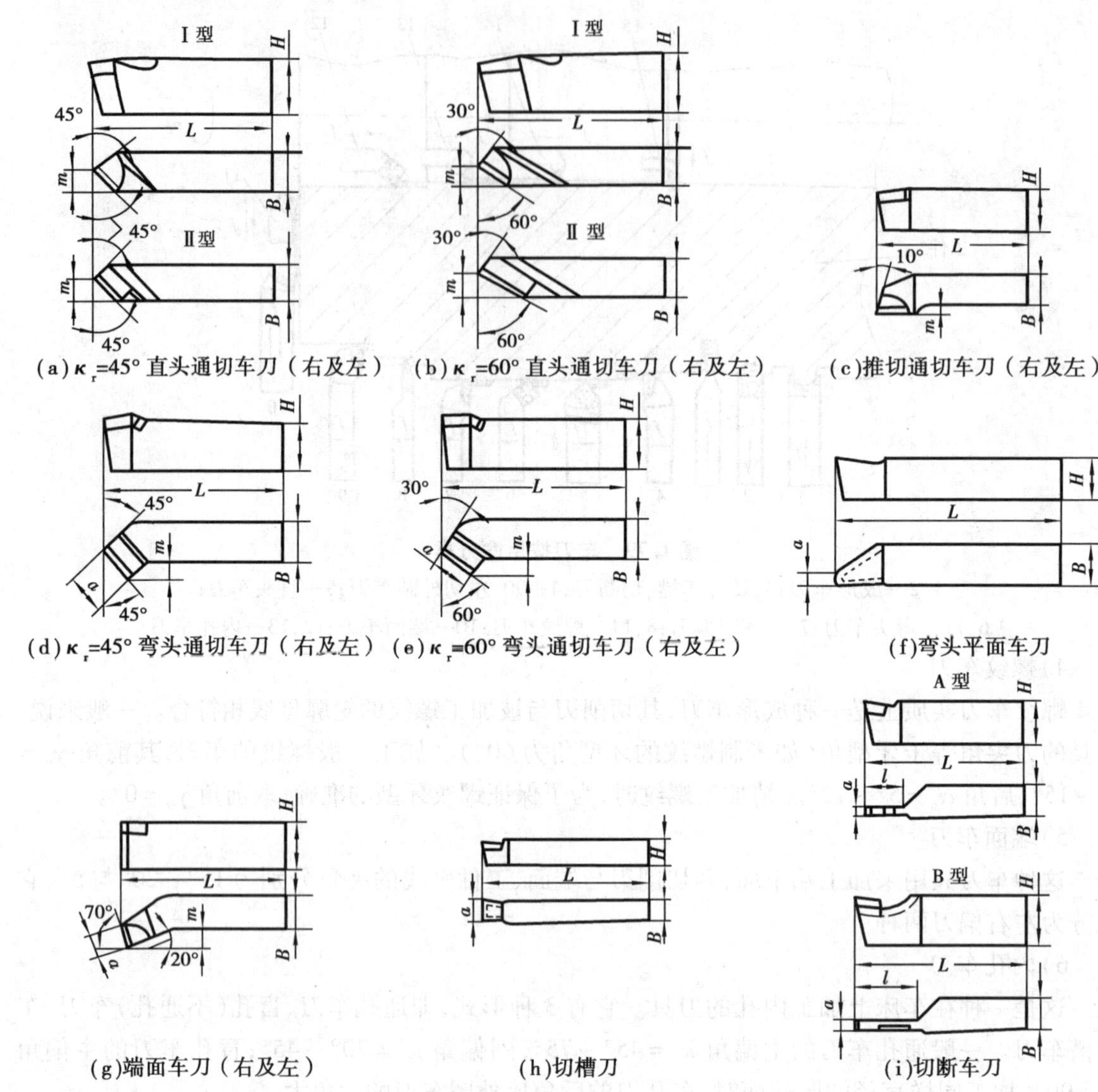

(a) κ_r=45° 直头通切车刀（右及左） (b) κ_r=60° 直头通切车刀（右及左） (c)推切通切车刀（右及左）

(d) κ_r=45° 弯头通切车刀（右及左） (e) κ_r=60° 弯头通切车刀（右及左） (f)弯头平面车刀

(g)端面车刀（右及左） (h)切槽刀 (i)切断车刀

图 1.80　常用焊接车刀结构

表 1.6　常用焊接车刀

车刀尺寸/mm													
刀杆截面	B	10	12	16		20		25		30		40	
	H	16	20	16	25	20	30	25	40	30	45	40	60
长	L	100 125	125 150	125 150	125 ~ 200	125 ~ 150	150 200	150 ~ 250	150 ~ 300	150 ~ 300	150 ~ 400	200 300	400 500

机械夹固式可转位车刀刀片形状见表 1.7。

表1.7　机械夹固式可转位车刀刀片形状

刀片形状	代号	形状说明	刀尖角	示意图	刀片形状	代号	形状说明	刀尖角	示意图
等边等角	H	正六边形	120°		等边不等角	C D E M V	菱形	80° 55° 75° 86° 35°	
	O	正八边形	125°						
	P	正五边形	108°			W	等边不等角六边形	80°	
	S	正方形	90°		不等角不等边	P	不等角不等边六边形	82°	
	T	正三角形	60°			A B K	平行四边形	85° 82° 55°	
等角不等边	L	矩形	90°		圆形	R	圆形	—	

机械夹固式可转位车刀夹紧机构。夹紧形式有杠杆式、楔块式、螺纹偏心式、压孔式、上压式及拉垫式等。

1）杠杆式夹紧机构

如图1.81所示，拧紧压紧螺钉5，杠杆1摆动，刀片压紧在两个定位面上，将刀片夹紧。刀垫2通过弹簧套8定位，调节螺钉7调整弹簧6的弹力。杠杆式夹紧机构定位精度高，夹紧可靠，使用方便，但结构复杂。

2）楔块式夹紧机构

如图1.82所示，拧紧螺钉4，楔块5推动刀片3紧靠在圆柱销2上，将刀片夹紧。楔块式夹紧机构结构简单，更换刀片方便，但定位精度不高，夹紧力与切削力的方向相反。

3）螺纹偏心式夹紧机构

如图1.83所示，利用螺纹偏心销1上部的偏心心轴将刀片夹紧。螺纹偏心式夹紧机构结构简单，但定位精度不高，要求刀片精度不高。

4）压孔式夹紧机构

如图1.84所示。拧紧沉头螺钉2，利用螺钉斜面将刀片夹紧。压孔式夹紧机构结构简单，刀头部分小，用于小型刀具。

5）上压式夹紧机构

如图1.85所示。拧紧螺钉5，压板6将刀片夹紧。上压式夹紧机构上压式夹紧机构，夹紧可靠，但切屑容易擦伤夹紧元件。

6）拉垫式夹紧机构

如图1.86所示。拧紧螺钉3，使拉垫1移动，拉垫1上的圆销将刀片夹紧。拉垫式夹紧机

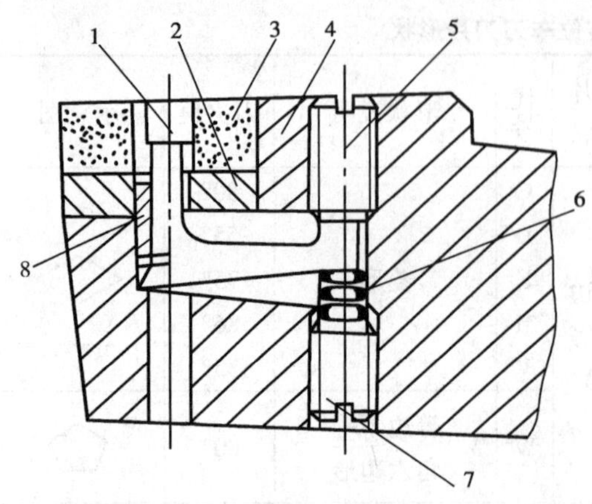

图1.81　杠杆式夹紧机构

1—杠杆;2—刀垫;3—刀片;4—刀柄 ;

5—压紧螺钉;6—弹簧;7—调节螺钉;8—弹簧套

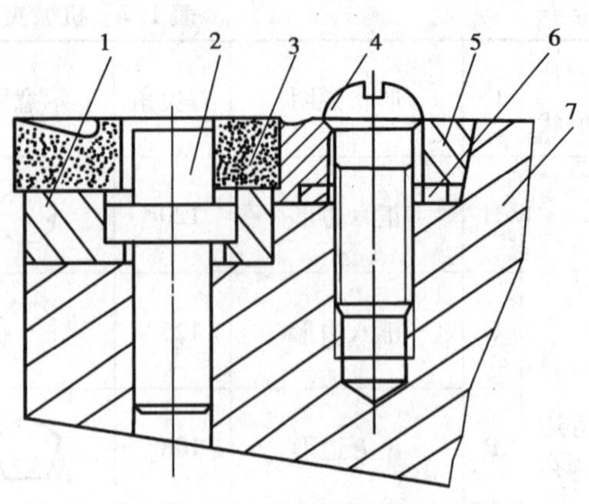

图1.82　楔块式夹紧机构

1—刀垫;2—圆柱销;3—刀片;4—螺钉;

5—楔块;6—弹簧垫圈;7—刀柄

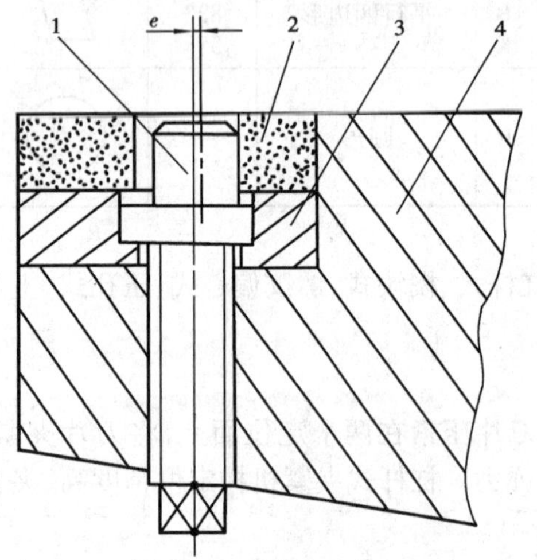

图1.83　螺纹偏心式夹紧机构

1—偏心销;2—刀片;3—刀垫;4—刀柄

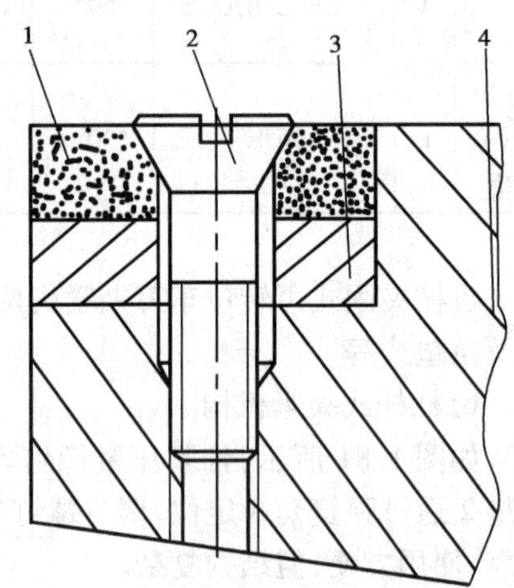

图1.84　压孔式夹紧机构

1—刀片;2—沉头螺钉;3—刀垫;4—刀柄

构,夹紧可靠,但刀头部分刚性较差。

刀杆材料用强度较高的钢材制造,经热处理硬度≤HRC50。刀杆与刀片之间最好加装刀垫,以提高刀杆寿命,刀杆尺寸因制造厂不同而略有差异,不重磨硬质合金刀片尺寸可参见《机械加工工艺装备设计》手册。

(3)**成形车刀**

1)成形车刀的种类与用途

成形车刀主要用于车床加工各类回转体零件的内、外成形面,在模具零件加工中应用很广。成形车刀是根据工件的廓形设计的。大多数成形车刀按径向进给设计,故又称为径向成形车刀。

成形车刀按刀体形状和结构不同分以下3种类型(见图1.87):

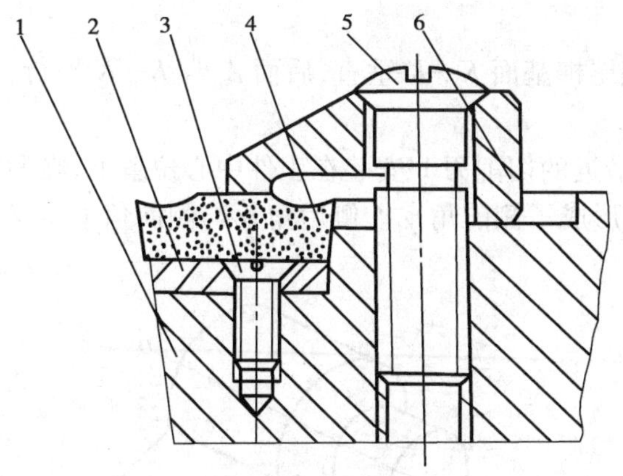

图1.85　上压式夹紧机构

1—刀柄;2—刀垫;3,5—螺钉;4—刀片;6—压板

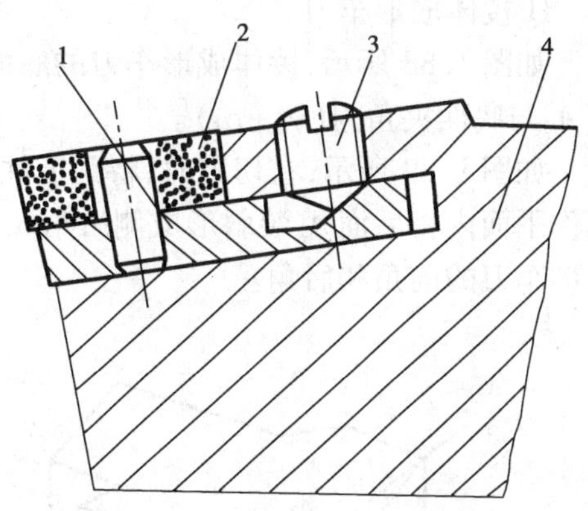

图1.86　拉垫式夹紧机构

1—拉垫;2—刀片;3—螺钉;4—刀柄

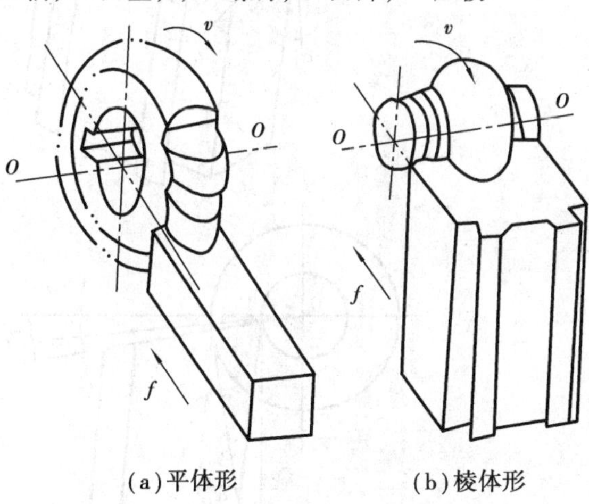

(a)平体形　(b)棱体形

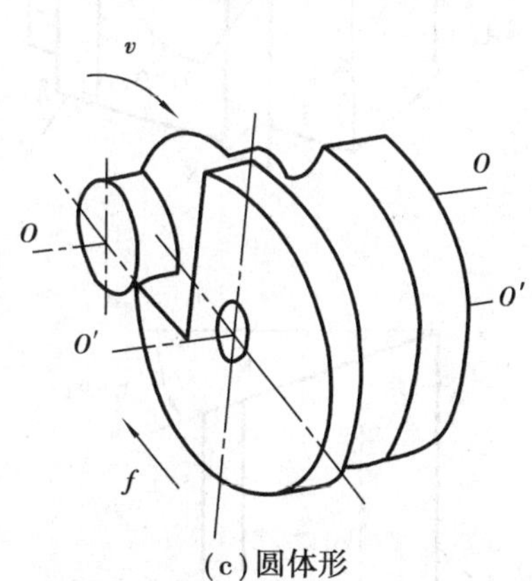

(c)圆体形

图1.87　成形车刀

①平体成形车刀

其外形类似普通车刀。该类成形车刀制造简单,允许重磨次数少,常用于简单成形表面的加工,如铲削齿背、车螺纹和车圆弧等。

②棱体成形车刀

其刀体呈棱柱形,利用燕尾装夹在刀杆上。该类成形车刀刀体强度高、散热好,但制造较困难,主要用于加工较大直径的零件和外成形表面。

③圆体成形车刀

其外形呈回转体,并磨出容屑缺口和前面。利用刀体上的内孔与刀杆联接。该类成形车刀制造容易,允许重磨次数最多,常用于加工尺寸较小,形状较复杂的内、外成形表面。

此外,还有切向进给成形车刀,它的装夹和进给均切于加工表面。其特点是切削力小,且切削终了位置不影响加工精度。常用于自动车床上对精度较高的小尺寸零件加工。

2)成形车刀的前角和后角形成

成形车刀的前角、后角形成、标注和变化规律均不同于普通车刀。为了便于测量、制造和重磨成形车刀的角度,规定前角和后角在假定工作平面中表示。

①棱体成形车刀

如图 1.88 所示,棱体成形车刀的底面与燕尾榫基面 $K—K$ 垂直,后面 A_α 与 $K—K$ 平行,前面 A_γ 与底面夹角为 $(\gamma_f+\alpha_f)$。

如图 1.89 所示,在切削时,将距工件中心最近的切削刃 1′安装在工件中心位置上,在假定工作平面内将后面 A_α 装斜形成侧后角 α_f,同时形成了侧前角 γ_f。侧后角 α_f 与侧前角 γ_f 定义为成形车刀的前角和后角。

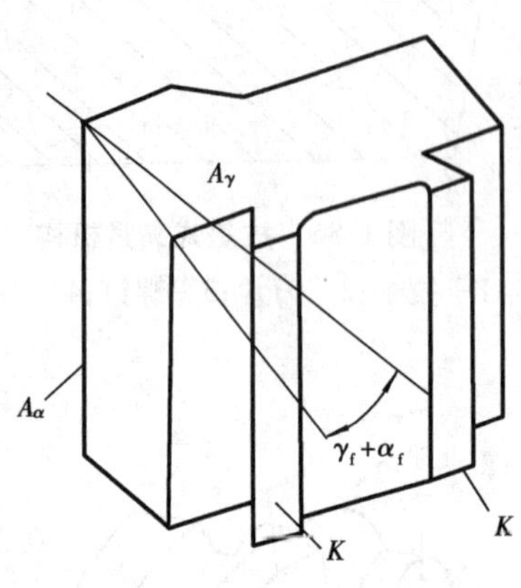

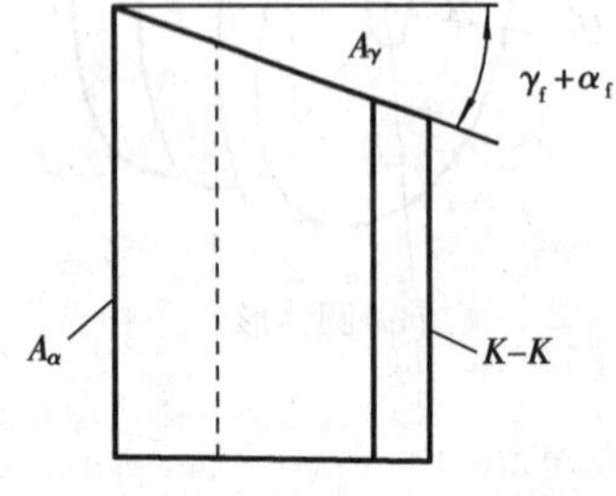

图 1.88 棱体成形车刀前角、后角的形成

图 1.89 工作时的棱体成形车刀前角后角

在图 1.89 中,除切削刃 1′外,其余各点 2′,3′,…均低于工件中心线,因此,各切削刃点的切削平面和基面的位置都在变化,由它们与后面 A_α、前面 A_γ 形成的后前与前角均不相同,距工件中心越远,后角越大、前角越小,即 $\alpha_f<\alpha_{f2}<\alpha_{f3}<\cdots;\gamma_f>\gamma_{f2}>\gamma_{f3}\cdots$。

②圆形成形车刀

如图 1.90 所示,制造时将圆形成形车刀磨出容屑缺口,并使前面低于刀具中心 h 距离,h 应为

$$h = R\sin(\gamma_f+\alpha_f)$$

式中 R——圆形成形车刀廓形的最大半径。

如图 1.91 所示,在切削时,将距工件中心最近的切削刃 1′安装在工件中心位置上,并将刀具中心 O' 装高于工件中心 H,装高量 H 为

$$H = R\sin\alpha_f$$

圆形成形车刀是通过上述制造和装刀后形成了侧前角 γ_f 和侧后角 α_f 的。切削刃上各点后角与前角仍符合上述 $\alpha_f<\alpha_{f2}<\alpha_{f3}<\cdots;\gamma_f>\gamma_{f2}>\gamma_{f3}\cdots$。的变化规律。

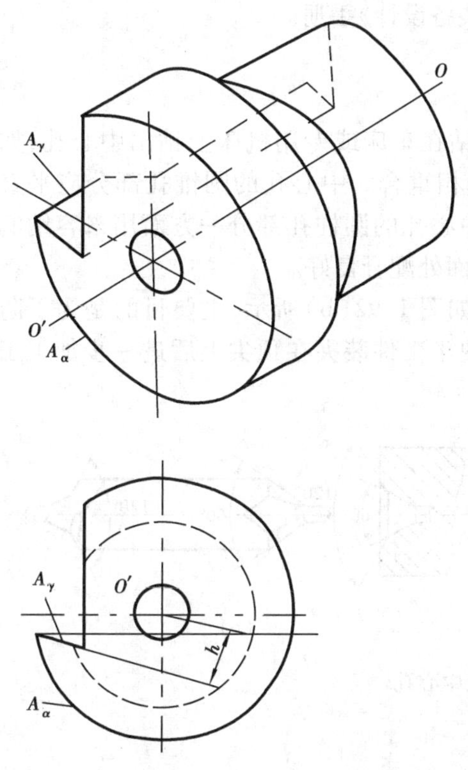

图 1.90　圆形成形车刀的前角和后角

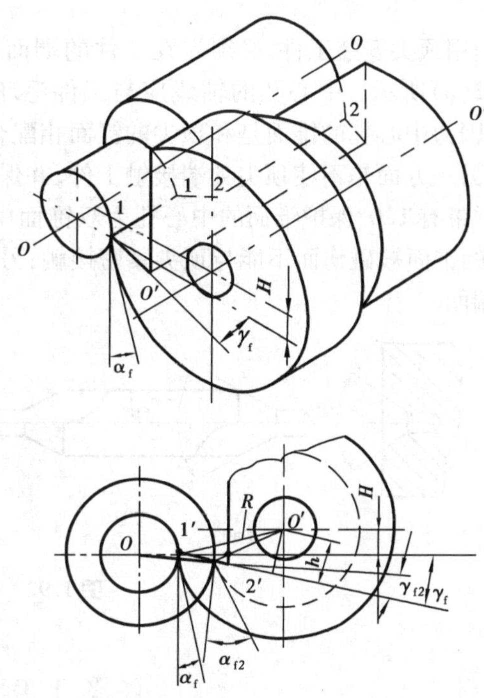

图 1.91　圆形成形车刀工作时的前角和后角

成形车刀的前角 γ_f 和后角 α_f 值不仅影响刀具的切削性能，而且影响加工零件的廓形精度，因此在制造、重磨和装刀使用时，均不允许任意变动。

成形车刀的前角 γ_f 和后角 α_f 可参考《机械加工工艺装备设计》手册中成形车刀角度选取。

(4)车淬硬工件车刀

在大型模具中，有不少尺寸大而形状复杂的零件。这种零件热处理后的变形量较大，磨削加工有困难，因此，可用硬质合金车刀在车床上对淬硬后的零件进行车削加工。

刀具角度必须根据工件材料和硬度、刀具材料和切削条件来正确选择，可参考《机械加工工艺装备设计》手册列出的连续切削时刀具角度。对于断续切削的情况，为了提高刀具强度，负前角及刃倾角还应适当增大。

加工淬硬金属工件时，应注意的切削条件如下：

1)切削深度

车削淬硬金属工件，由于工件硬切削抗力比较大，切削深度受到机床等的刚度限制，一般切削深度都小于 3 mm。但切削深度过小则会加快刀具的磨损，以大于 0.1 mm 为宜。

2)进给量

进给量的选择主要是以刀具和机床能承受的切削力为准。精加工时，考虑到加工表面粗糙度不宜太大。根据模具零件刚性较好的特点，一般采用进给量为 0.1 ~0.4 mm/r。

3)切削速度

加工淬硬件，一般切削速度不宜过高，只要切削速度稍微偏高，刀具耐用度即显著下降。

选择车削淬硬件切削速度时可参考《机械加工工艺装备设计》手册。

(5)**中心钻**

用顶尖安装工件,必须先在工件的端面用中心钻在车床或专用机床上钻出中心孔,如图1.92(a)所示。中心孔的轴线应与工件毛坯的轴线相重合。中心孔的圆锥孔部分应平直光滑,因为中心孔的锥面是和顶尖的锥面相配合的。中心孔的圆柱孔部分一方面用来容纳润滑油,另一方面是不使顶尖尖端接触工件,并保证在锥面处配合良好。

带有120°保护锥面的中心孔为双锥面中心孔,如图1.92(b)所示,主要目的是为了防止60°的锥面被碰伤而不能与顶尖紧密接触;另外,也便于工件装夹在顶尖上后进一步加工工件的端面。

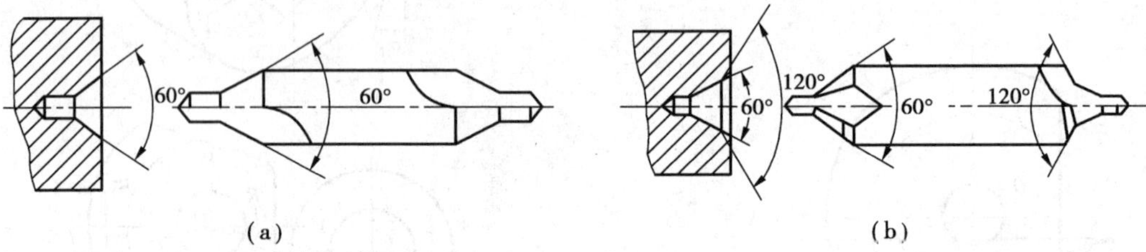

图1.92　**中心钻及中心孔**

任务1.9　车削用工具

车床主要加工零件的内外圆柱面、圆锥面、内孔和螺纹,对于形状较复杂的旋转体零件,通常采用成形车削。车削零件时,一般采用中心孔定位,符合基准重合原则,加工时能达到较高的相互位置精度。

车削用工具主要为刀杆与刀杆夹,车零件的内外圆柱面、圆锥面、螺纹及退刀工具、仿形车削的靠模装置。

(1)**刀杆与刀杆夹**

1)刀杆

①弹性刀杆

如图1.93所示结构。尺寸和规格可查阅有关资料。

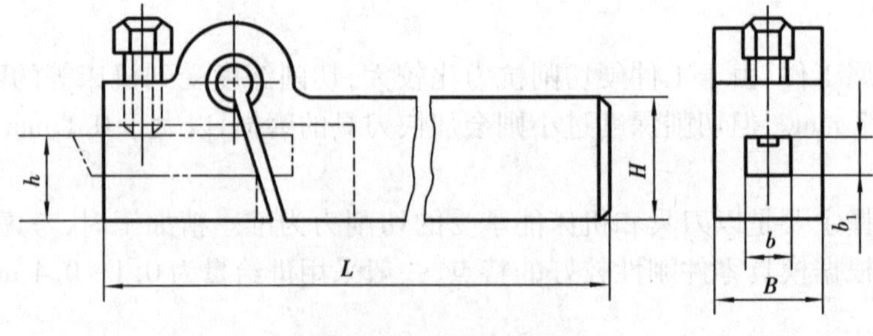

图1.93　**弹性刀杆**

标记示例:$h=25$ 的弹性刀杆标记为:$h=25$　JB 3411—83。

②多用刀杆

如图1.94所示为多用刀杆结构。其尺寸和规格可查阅有关资料。

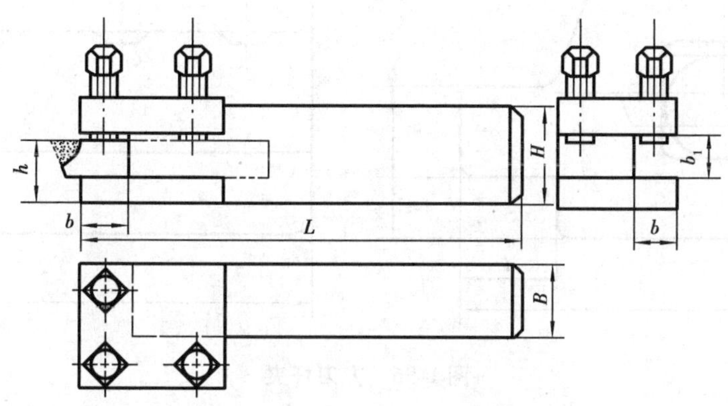

图1.94　多用刀杆

标记示例:$h=32$ 的多用刀杆标记为:$h=32$　JB 3412—83。

③弹性转动刀杆

如图1.95所示,其尺寸和规格可查阅有关资料。

标记示例:$h=20$ 的弹性转动刀杆标记为:$h=20$　JB 3413—83。

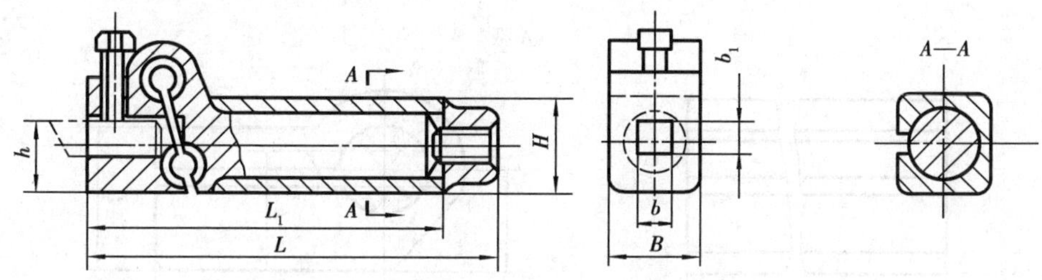

图1.95　弹性转动刀杆

2)刀杆夹

①方刀杆夹

如图1.96所示,其尺寸和规格可查阅有关资料。

标记示例:$h=20$ 的方刀杆夹标记为:$h=20$　JB 3420—83。

②圆刀杆夹

如图1.97所示,其尺寸和规格可查阅有关资料。

标记示例:$h=25$,$d=32$ 的A型圆刀杆夹标记为:圆刀杆夹 A25×32　JB 3421—83。

③莫氏锥柄工具用夹持器

如图1.98所示,其尺寸和规格可查阅有关资料。

标记示例:莫氏锥柄1号,$h=25$ 的莫氏锥柄工具用夹持器标记为:夹持器1-25　JB 3422—83。

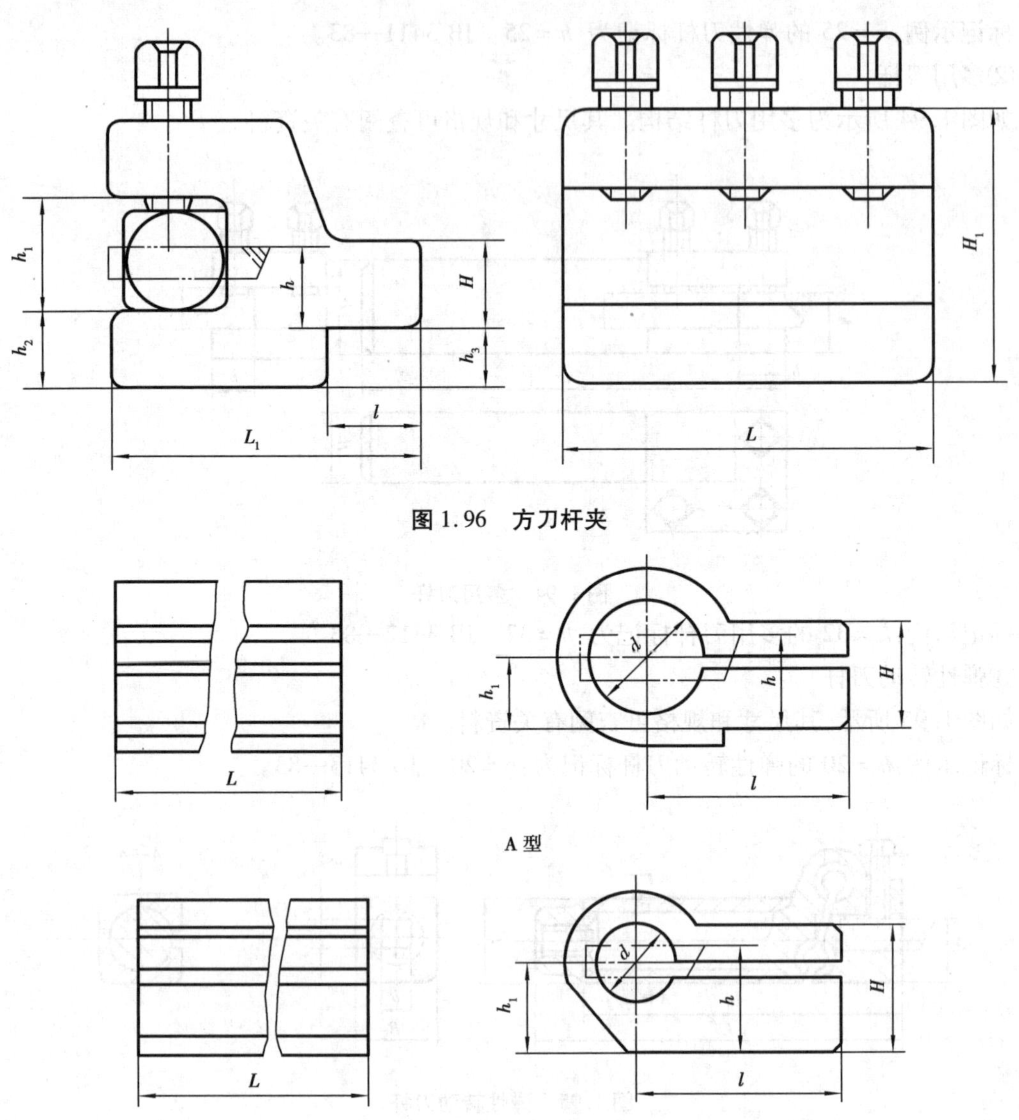

图 1.96　方刀杆夹

图 1.97　圆刀杆夹

(2)车锥度工具

产品中常有带锥度的孔或外圆的零件,如模具中可卸式导柱、导套、注塑模浇口及塑压模套筒等。为保证这类零件的锥度加工质量,特别是批量加工的效率,可利用车锥度工具。

如图 1.99 所示为导柱式靠模车锥度工具。靠模底座 1 固定在床身上,靠模 2 为导轨式并可绕轴销 3 转动,以调整 α 的大小,调整后用螺钉 7 紧固。滑块 4 由压板 5 与特殊的中滑板 6 联接,可沿导轨滑动。

使用导轨式靠模车锥度工具时,切削运动由以下 3 部分组成:

①床鞍作走刀运动。

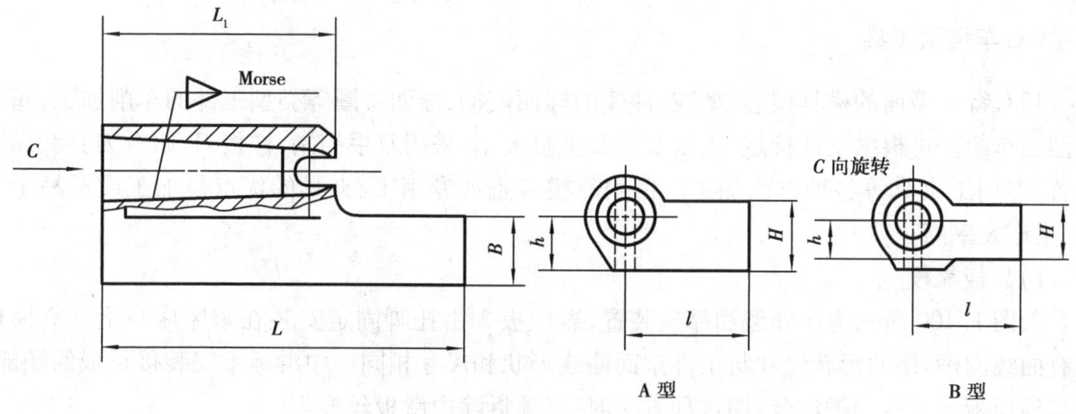

图1.98　莫氏锥柄工具用夹持器

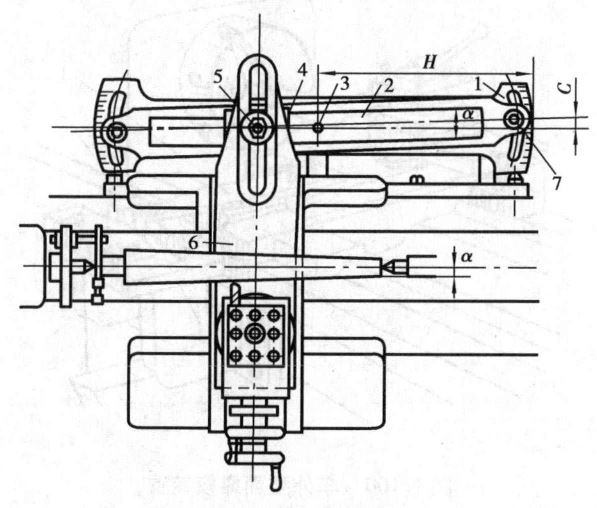

图1.99　导轨式靠模车锥度工具

1—靠模底座;2—靠模;3—轴销;4—滑块;5—压板;6—中滑板;7—螺钉

②拆除中滑板丝杠使中滑板6能自由地滑动,固定在中滑板上的滑块4嵌在导轨式靠模2的槽内作斜向运动。

③转直小滑板作进给运动,调节吃刀量。

采用此工具车圆锥时,转动靠模,使其与车床主轴线的交角等于工件要求的斜角,调整后用螺钉7紧固。靠模的转动值是用移动量 C 来表示的,可计算为

$$C = H\frac{D-d}{2l} \quad 或 \quad C = H\frac{K}{2}$$

式中　H——靠模转动中心至刻线的距离,mm;

D,d——圆锥体工件的大、小端直径,mm;

l——圆锥体工件的锥形部分长度,mm;

K——圆锥体工件的锥度。

(3)车型面工具

具有特殊型面的模具型芯、型腔、冲模的球面模柄、球面垫圈等类型工件的车削加工,属于特型面车削。可根据工件特点、质量要求及批量大小,采用双手控制、样板刀、组合刀具和靠模装置、专用工夹具等各种方法加工。使用靠模装置或专用工、夹具的优点是加工质量易于保证,生产效率高。

1)靠板靠模

如图1.100所示为车外型面靠模装置,靠模板2由托脚固定安装在车床床身上。靠模板上有曲线沟槽,槽的形状尺寸与工件型面曲线形状和尺寸相同。中滑板上安装接长板的端部,并与靠模板上曲线沟槽配合,用这种方法时,必须拆除中滑板丝杠。

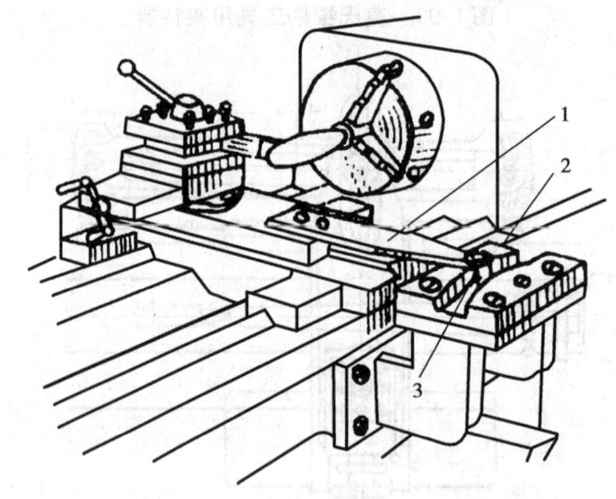

图1.100　车外型面靠模装置

1—接长板;2—靠模板;3—滚珠

车削时,利用小滑板进刀。当床鞍作纵向移动时,滚珠3在靠模板2的曲线槽里移动,使中滑板及车刀即随靠模作横向移动,车出成形曲面。

2)尾座靠模

如图1.101所示为一种摆动式车外型面尾座靠模装置。加工时,把一个与工件形状要求相反的靠模6装夹在尾座7的锥孔内,或安装在床面上专制的夹具上,使靠模中心和车床主轴回转中心一致。工具体11安装在车床刀架12上,由摆杆5、销轴4及弹簧10组成。车刀1固定在摆杆的方孔中。调整螺钉3,使紧固在摆杆另一端的滚珠8借弹簧10压力紧贴在靠模6表面。车削时,床鞍作纵向走刀,滚轮沿靠模曲线运动,车刀通过销轴、弹簧作相应摆动,车出成形曲面。需注意:摆杆上装支承轴9的孔与装销轴4的孔间距应等于装销轴4的孔与装车刀1的孔距。车刀的伸出长度应与滚轮的伸出长度相等,以免造成工件的形状误差。

(4)中心架和跟刀架

当车削长度为直径20倍以上的细长轴时,由于其刚性差,加工过程中容易产生振动、让刀

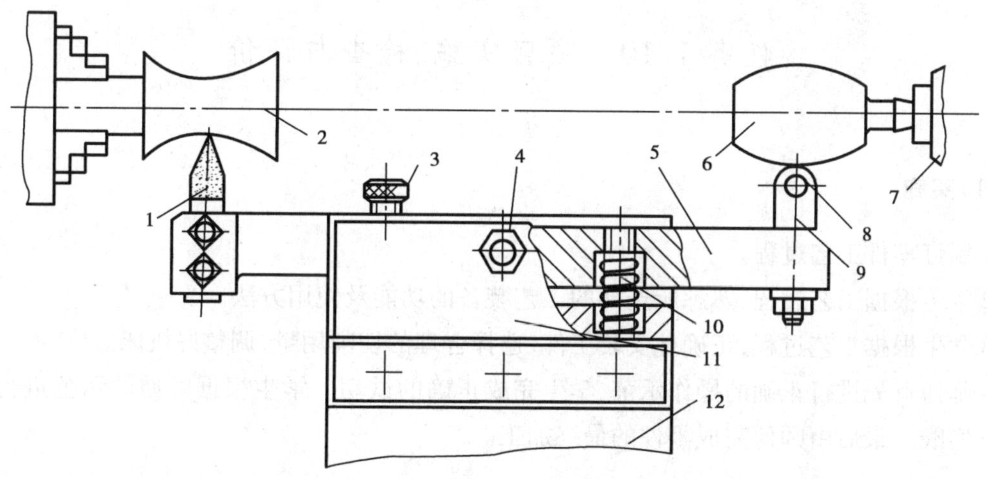

图 1.101　摆动式车外型面尾座靠模装置

1—车刀;2—工件;3—螺钉;4—销轴;5—摆杆;6—靠模;7—尾座;
8—滚珠;9—支承轴;10—弹簧;11—工具体;12—刀架

等现象,工件出现两头细中间粗的腰鼓形,因此,应采用跟刀架或中心架作为附加支承。

跟刀架主要用于车削细长的光轴,它装在车床刀架的大拖板上,与整个刀架一起移动。车削时,在工件右端头上先车出一段外圆,然后使支承与其接触,并调整至松紧适宜。工作时支承处要加油润滑,如图 1.102 所示。中心架主要用以车削有台阶或需调头车削的细长轴,中心架是固定在床身导轨上的,如图 1.103 所示。

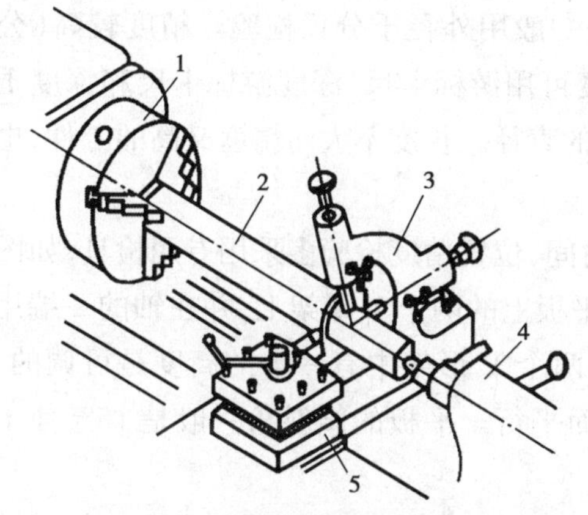

图 1.102　用跟刀架安装工件

1—三爪卡盘;2—工件;3—跟刀架;
4—尾架;5—刀架

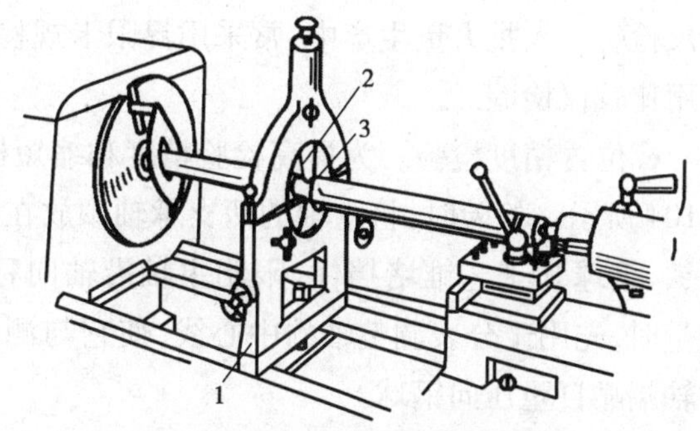

图 1.103　用中心架安装工件

1—可调节支承;2—预先车出的外圆面;
3—中心架

使用跟刀架和中心架时,工件被支承部分应是加工过的圆表面,并应加注润滑油,工件的转速不能过高,以免工件与支承之间摩擦过热而烧坏或磨损支承爪。

任务1.10　项目实施、检查与评价

(1)实施

①制订零件工艺过程。

②学生根据工艺过程,熟悉所选择的工艺装备的功能及使用方法。

③学生根据工艺过程,正确地安装工件,选择合理的切削用量,调整好机床。

④师傅首先进行正确的操作示范,学生完成正确的试切。学生根据师傅的示范进行逐一的练习实践。最后由师傅完成零件的最终加工。

(2)检查

①检查学生的练习情况,并对每个学生的练习情况作出记录。

②轴类零件的检验。精度检验应按一定顺序进行,先检验形状精度,然后检验尺寸精度,最后检验位置精度。这样可以判明和排除不同性质误差之间对测量精度的干扰。

a.形状精度检验。圆度为轴的同一横截面内最大直径与最小直径之差。一般用千分尺按照测量直径的方法即可测量。精度高的轴需要比较仪检验。圆柱度是指同一轴向剖面内最大直径与最小直径之差,同样可用千分尺检验。弯曲度可用千分表检验,把工件放在平板上工件转动1周,千分表读数的最大变化量就是弯曲误差值。

b.尺寸精度检验。在单件小批生产中,轴的直径一般用外径千分尺检验。精度较高(公差值小于0.01 mm)时,可用杠杆卡规测量。台肩长度可用游标卡尺、深度游标卡尺和深度千分尺检验。大批大量生产中,常采用界限卡规检验轴的直径。长度不大而精度又高的工件,也可用比较仪检验。

c.位置精度检验。为提高检验精度和缩短检验时间,位置精度检验多采用专用检具,如图1.104所示。检验时,将主轴的两支承轴颈放在同一平板上的两个V形架上,并在轴的一端用挡铁、钢球和工艺锥堵挡住,限制主轴沿轴向移动。两个V形架中有一个的高度是可调的。测量时,先用千分表调整轴的中心线,使它与测量平面平行。平板的倾斜角一般是15°,使工件轴端靠自重压向钢球。

在主轴前锥孔中插入检验心棒,按测量要求放置千分表,用手轻轻转动主轴,从千分表读数的变化即可测量各项误差,包括锥孔及有关表面相对支承轴颈的径向跳动和端面跳动。

锥孔的接触精度用专用锥度量规涂色检验,要求接触面积在70%以上,分布均匀而大端接触较硬,即锥度只允许偏小,这项检验应在检验锥孔跳动之前进行。

图1.104中各量表的功用如下:量表7检验锥孔对支承轴颈的同轴度误差;距轴端300 mm处的量表8检查锥孔轴心线对支承轴颈轴心线的同轴度误差;量表3,4,5,6检查各

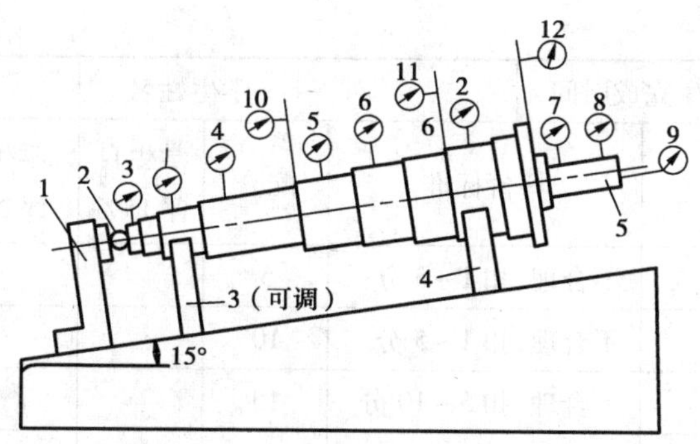

图1.104　位置精度检验专用检具

1—挡铁;2—钢球;3,4—V形架;5—检验心棒

轴颈相对支承轴颈的径向跳动;量表10,11,12检验端面跳动;量表9测量主轴的轴向窜动。

根据相关知识介绍,全面检查零件的加工精度和表面质量,并分析已加工的零件是否合格。

③砂轮主轴的检验。砂轮主轴可按照上述方式全面检验零件的加工精度和表面质量,并分析已加工的零件是否合格。

④对加工过程中出现的问题进行分析、总结,并提出合理的解决方案,重新加工工件。

⑤检查学生练习情况,并对每个同学的练习情况进行记录。

(3)项目评价(评价方式、评价表)

1)评价方式

①学生自评。

②小组内学生互评。

③教师评价。

④各小组组长总结、归纳本小组的零件加工情况。

⑤教师、师傅总体评价并总结。

2)评价表

砂轮架主轴工艺装备确定的考核评价标准见表1.8。

表1.8　砂轮架主轴工艺装备确定的考核评价标准

项目编号		学生完成时间		学生姓名		总分	
序号	评价内容	评价标准	配分	学生自评15%	学生互评25%	教师评价60%	得分
1	加工工艺过程的拟订	不合理,扣5~10分	15				
2	定位方案的确定	不合理,扣5~10分	10				
3	装夹方式及夹具的确定	不合理,扣5~10分	15				

续表

项目编号		学生完成时间		学生姓名			总分	
序号	评价内容	评价标准	配分	学生自评15%	学生互评25%	教师评价60%	得分	
4	切削用量的确定	不合理,扣1~5分	5					
5	各工序设备的确定	不合理,扣1~5分	10					
6	刀具的确定	不合理,扣5~10分	15					
7	量具的确定	不合理,扣5~10分	15					
8	工具的确定	不规范,扣1~5分	10					
9	完成时间	超1学时,扣2分	5					
10	合　计							

注:工艺装备设计确定思路创新、方案创新的酌情加分。

注意:检查评价时应注意对方案设计的依据、方法,特别是有关参数的确定过程进行全面考核,考核学生应用所学知识进行工艺装备设计确定的分析、应用等综合能力。

3)归纳整理

①对本项目所有的资料进行归纳、整理。

②对加工出的零件进行存放。

本项目小结

本项目以多品种小批量生产的工具磨床砂轮架主轴为例,重点分析了砂轮架主轴的使用性能、技术要求及结构特点,具体介绍了机床夹具的基本概念、作用与组成,砂轮架主轴零件加工中常用刀具、量具及工具的基本结构。着重介绍了六点定位原理、常用定位元件的选择方法、定位误差的分析与计算;机床夹具夹紧机构的基本类型及设计方法。机床夹具的设计方法,砂轮架主轴零件加工中常用的夹具、刀具、量具以及工具的选择原则和方法等。

思考题与习题

1.1　说明砂轮主轴的结构特点。

1.2　说明砂轮主轴加工时需用的工艺装备。

1.3　夹具由哪几部分组成?各部分有什么作用?

1.4　什么是六点定位原理、完全定位、不完全定位、欠定位及过定位?

1.5　试分析在车床上用前后顶尖同时定位工件时,相当于几个定位支承点。限制了哪几个自由度。

1.6　确定工件在夹具中应限制自由度数目的依据是什么?

1.7　说明主轴加工时常用通用夹具的类型、结构特点及应用。

1.8　说明车削常用工具的种类、特点及标记。

1.9　根据六点定位原理,分析图1.105的定位方案,并判断各定位元件分别限制了哪些自由度。

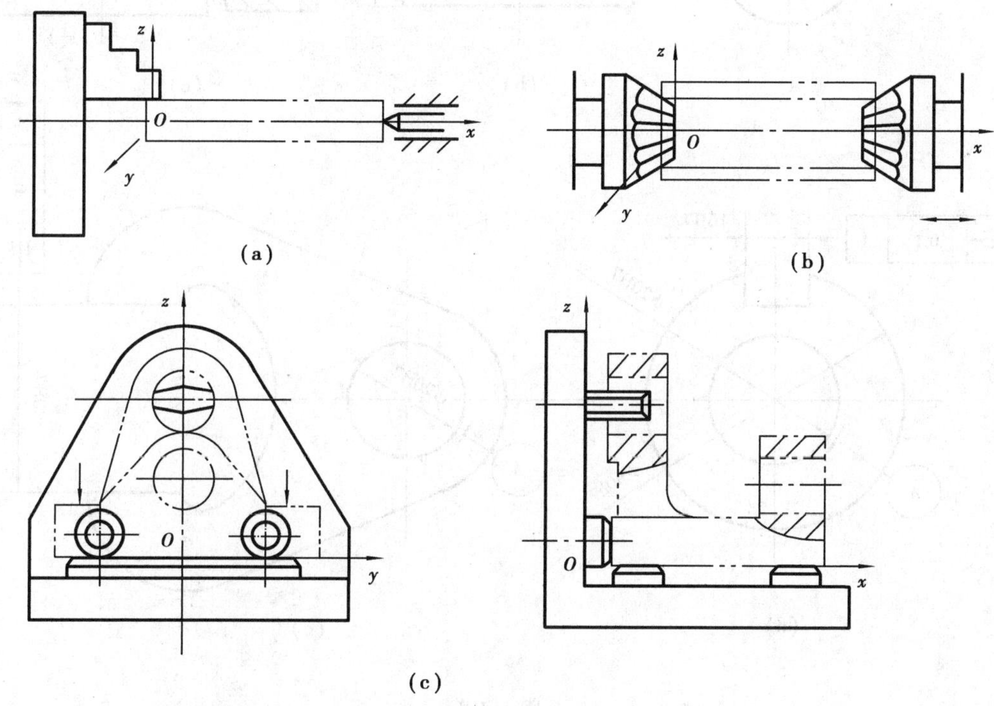

图1.105

1.10　试分析图1.106中各工件需要限制的自由度。

1.11　可调支承与辅助支承的区别是什么?各有何作用?

1.12　定位误差产生的原因是什么?

1.13　如图1.107所示为镗削ϕ30H7孔时的定位,试计算定位误差。

1.14　用如图1.108所示的定位方式铣削连杆的两个侧面,计算加工尺寸$(12^{+0.3}_{0})$ mm的定位误差。

1.15　“一面双孔”定位中为什么要选用菱形销?

1.16　选择夹紧力方向应注意哪些原则?

1.17　选择夹紧力作用点应注意哪些原则?

1.18　为何要在计算出的夹紧力上乘以安全系数?

1.19　比较斜楔、螺旋、圆偏心夹紧机构的优缺点及其应用范围。

1.20　何谓联动夹紧机构?联动夹紧机构设计时有什么要求?

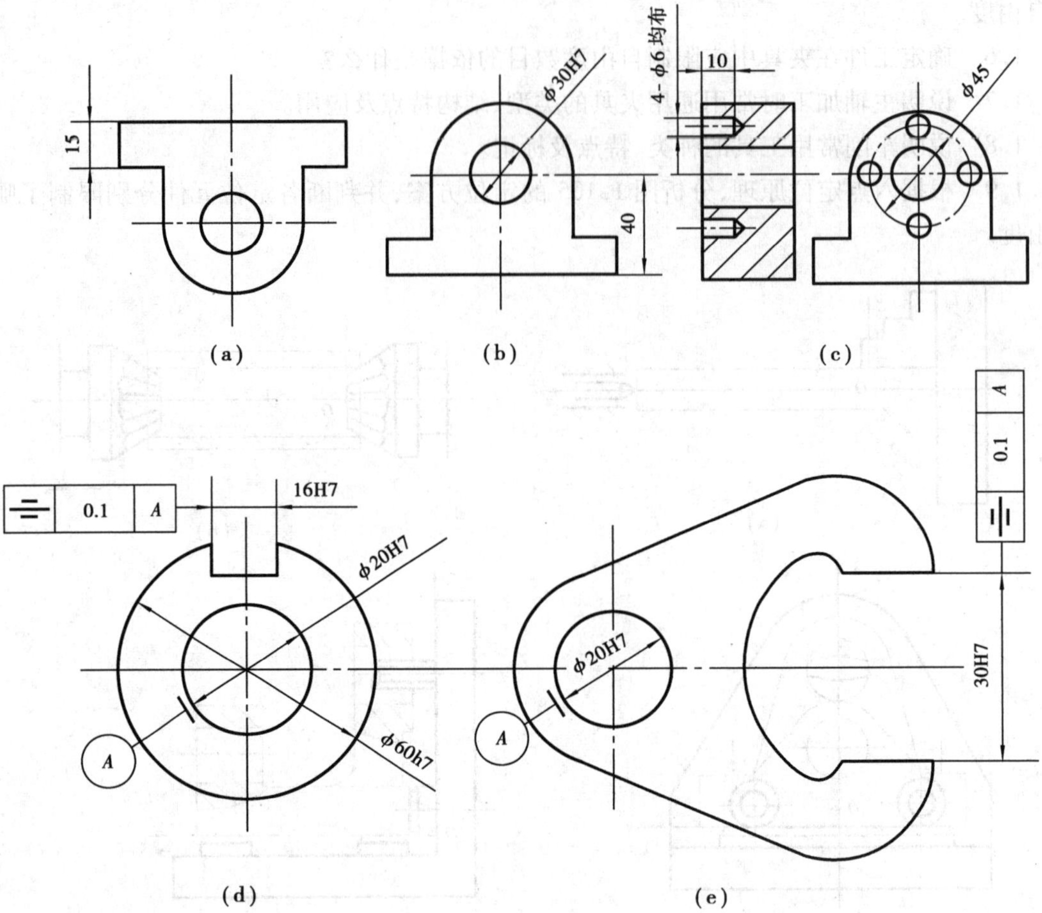

(a) (b) (c)

(d) (e)

图 1.106

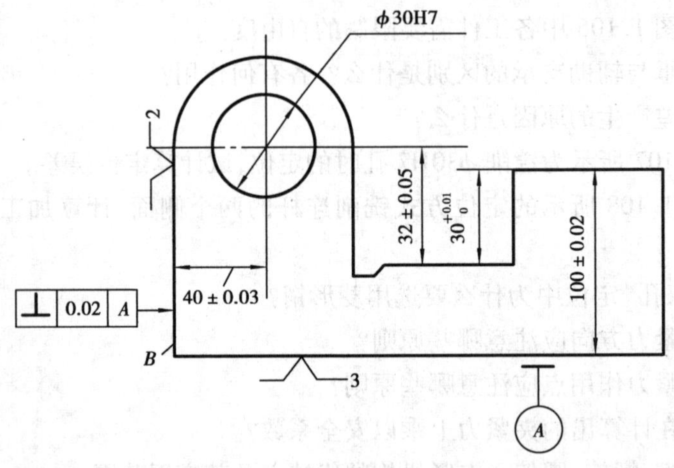

图 1.107

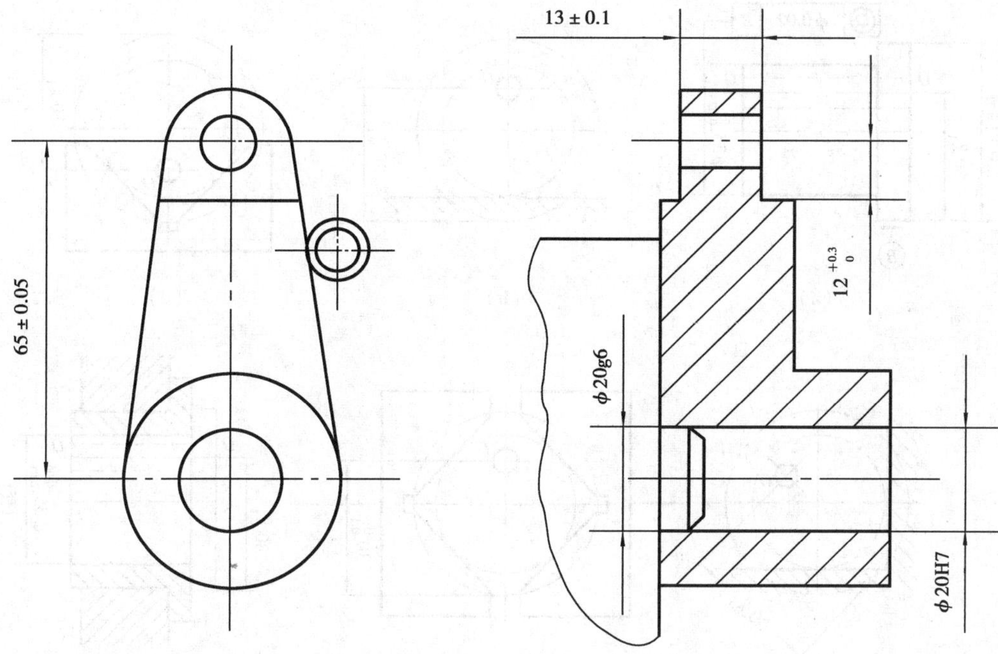

图 1.108

1.21　有一批套筒类零件，如图 1.109 所示。欲在其上铣一键槽，试分析计算各种定位方案中，H_1，H_2，H_3 的定位误差。

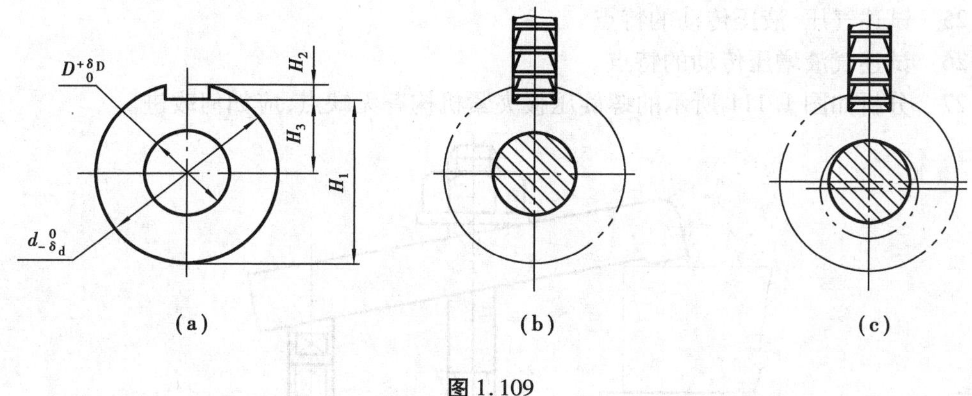

图 1.109

(1)在可胀心轴上定位(见图.109(b))。

(2)在处于水平位置的刚性心轴上具有间隙定位，定位心轴直径为 $d_{ei_d}^{es_d}$(见图 1.109(c))。

(3)在处于垂直位置的刚性心轴上具有间隙定位，定位心轴直径为 $d_{ei_d}^{es_d}$。

(4)如果考虑工件内外圆同轴度误差，在上述 3 种定位方案中，H_1，H_2，H_3 的定位误差各是多少？

1.22　工件尺寸如图 1.110(a)所示，欲钻 O 孔并保证尺寸$30_{-0.1}^{\ 0}$ mm，试分析计算图示各种定位方案中的定位误差(加工时轴线处于水平位置，α 为 90°)。

1.23　“一面双孔”定位中菱形销的削边方向如何确定？

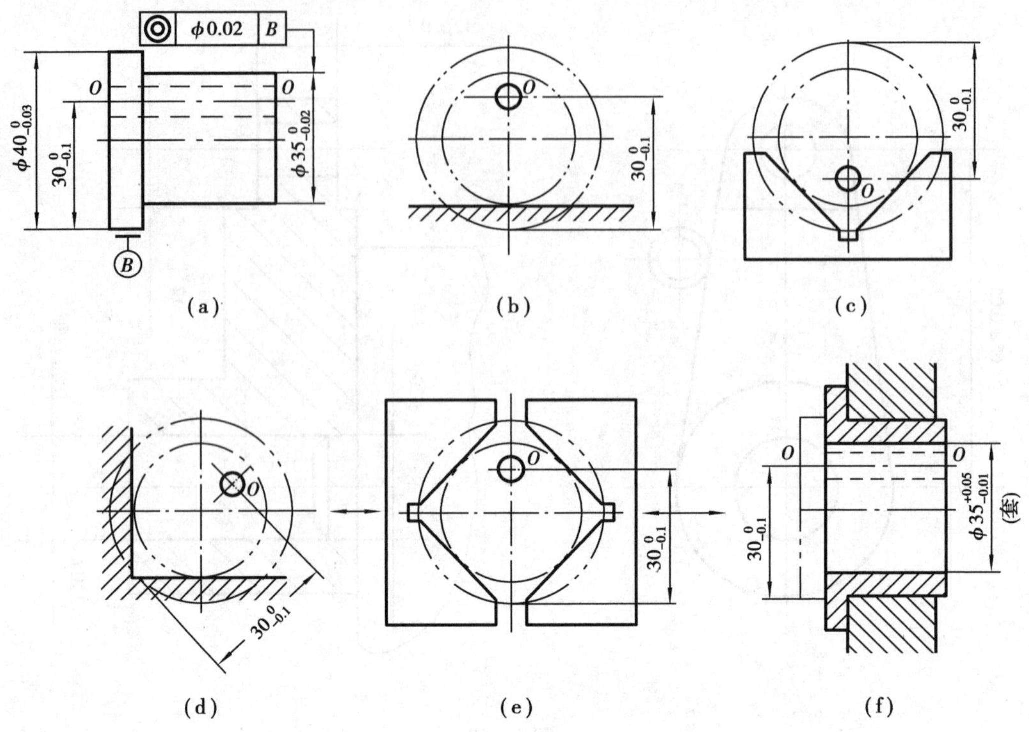

图 1.110

1.24　定心夹紧机构的实质是什么？适合于哪些场合？

1.25　试述气压、液压传动的特点。

1.26　试述气液增压传动的特点。

1.27　分析如图 1.111 所示的螺旋压板夹紧机构有无缺点，应如何改进。

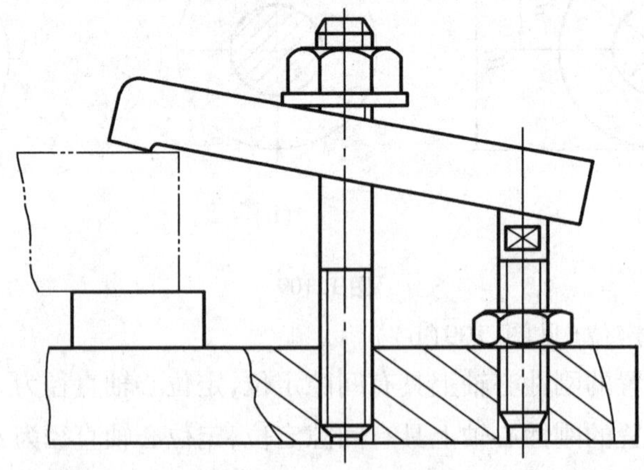

图 1.111

1.28　如图 1.112 所示的联动夹紧机构是否合理？为什么？若不合理，试绘出正确结构。

1.29　螺旋压板夹紧机构有什么特点？

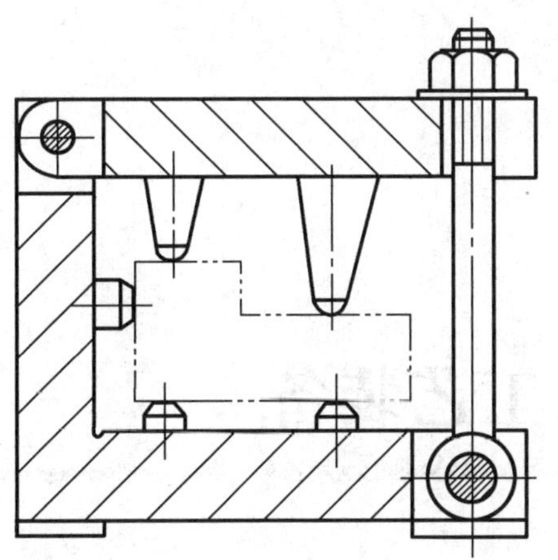

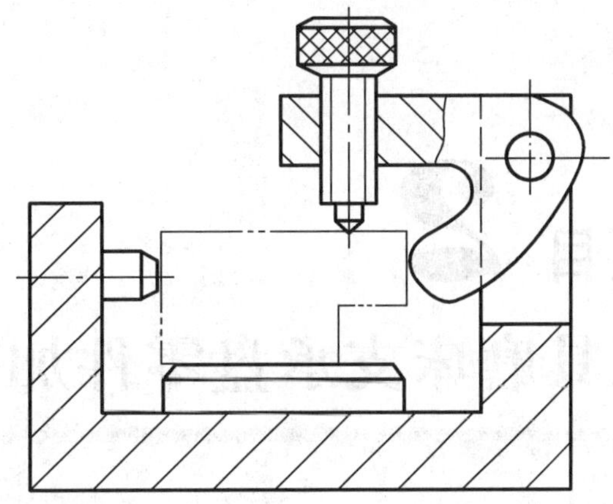

图 1.112

1.30　一手动斜楔夹紧机构(见图 1.113),已知参数见表 1.9,试求给工件的夹紧力 F_W 并分析其自锁性能。

表 1.9

斜楔升角 α	各面间摩擦系数 f	原始作用力	夹紧力 F_W	自锁性能
6°	0.1	100		
8°	0.1	100		
15°	0.1	100		

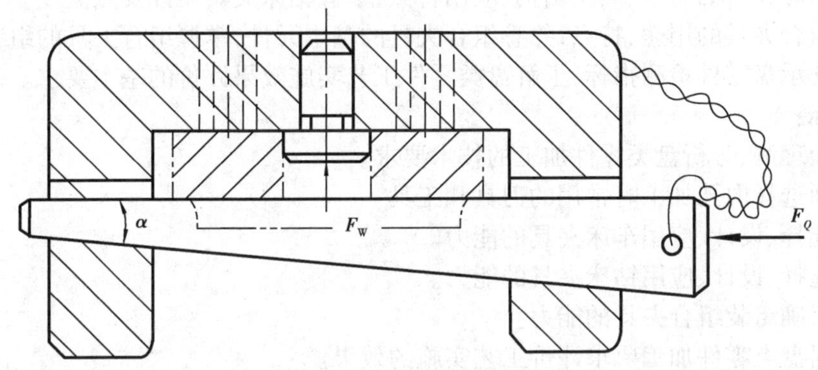

图 1.113

1.31　说明车刀按结构形式的种类、特点及适用场合。

1.32　说明机械夹固式可转位车刀夹紧机构夹紧形式的种类。

1.33　说明成形车刀的种类与用途。

1.34　说明成形车刀的前角和后角的形成。

项目 1 用两顶尖装车削轴类零件

项目 1 在中心架上装夹车削工件

项目 1 中心架的安装

项目 2 工具磨床支承盘零件加工工艺装备

知识目标：

1. 识读支承盘零件图纸，观察实物，熟悉典型盘类零件基本结构。

2. 熟悉内孔加工所用刀具、工具的类型、典型结构、应用特点，掌握内孔加工时刀具和工具的选择方法。

3. 熟悉车床夹具的类型、典型结构、应用特点，掌握车床夹具设计要点。

项目 2 圆偏心夹紧机构 3

项目 2 圆偏心夹紧机构 4

4. 熟悉钻床夹具的类型、典型结构、应用特点，掌握钻床夹具设计要点。

5. 了解组合夹具的用途、特点，熟悉组合夹具的基本元件，掌握组合夹具的组装方法。

6. 熟悉支承盘零件检测指标，了解盘类零件工艺实施效果评价的基本要求。

能力目标：

1. 能正确理解、分析盘类零件加工的技术要求。

2. 能正确选择内孔加工时常用的刀具和工具。

3. 具有选择、设计、应用车床夹具的能力。

4. 具有选择、设计、应用钻床夹具的能力。

5. 具有正确组装组合夹具的能力。

6. 能根据盘类零件加工要求评价工艺实施的效果。

任务 2.1 项目要求与分析

(1)项目要求

确定如图 2.1 所示工具磨床支承盘零件的加工工艺装备。

(2)项目分析

1)工具磨床支承盘零件的结构特点、使用性能、功能

如图 2.1 所示，磨床砂轮架部件中的盘类零件——支承盘以 $\phi140H7/g6$ 配合要求安装于

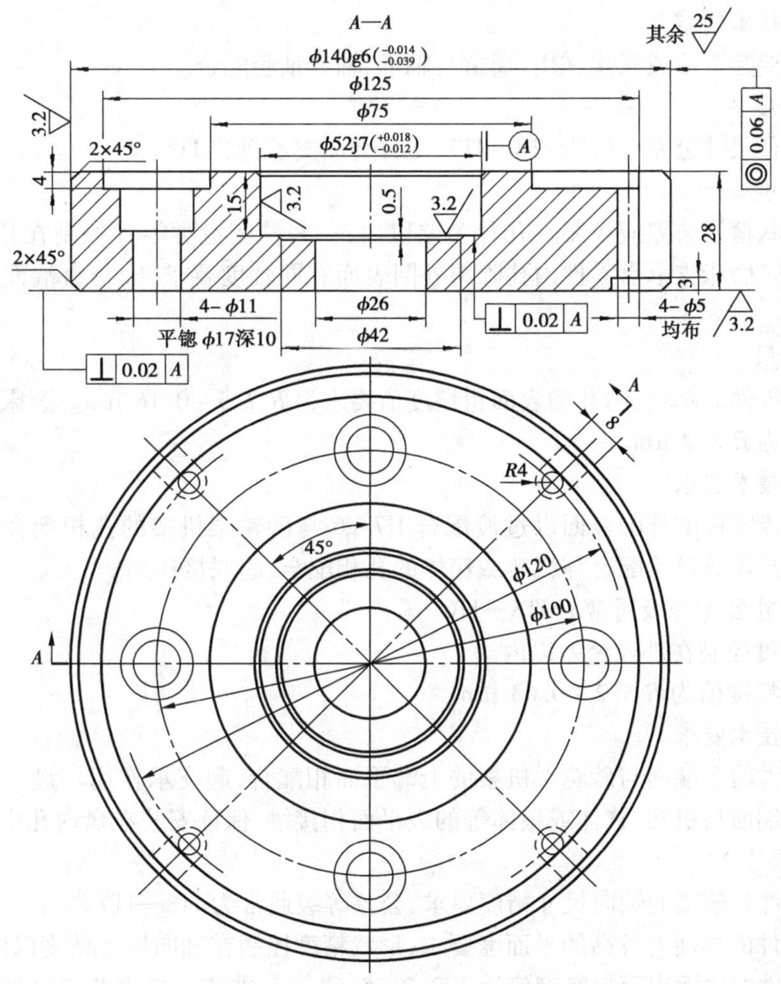

图 2.1　工具磨床支承盘

砂轮架部件的组件——主轴外套的端面圆孔内，通过 4 个 M10 内六角螺栓联接紧固。该件 φ52J7 内孔中安装一个 205 深沟球轴承，通过轴承内孔支承该部件的核心零件——主轴（利用主轴调节砂轮上下位置满足不同的磨削要求）。

砂轮架在工作状态要求主轴能灵活转动，作为支承和联接的关键零件，该件上表面接砂轮架组件，下表面衔接主轴组件，为保持润滑油路畅通，在结构上设计了 4 个油孔并附带油槽，以满足润滑要求。

盘类零件在机器中主要起支承和联接作用，应用非常广泛，支承回转轴的各种形式的支承盘、法兰盘、液压缸端盖及皮带轮等都属于盘类零件。其结构因用途不同而异，但一般都具有以下特点：

①零件结构简单，主要由端面、外圆、内孔等组成。

②一般零件直径大于零件的轴向尺寸。

③零件内、外圆表面同轴度及内、外圆表面与端面垂直度要求较高。

2）支承盘零件的技术要求

盘类零件由于所起作用不同，技术要求差别较大，具体归纳如下：

①内孔的技术要求

盘内孔主要起支承或联接作用，通常与轴承、轴或轴套配合。

A. 尺寸精度

内孔的直径尺寸公差一般为 IT8 ~ IT7，工具磨床支承盘为 IT6。

B. 形状精度

内孔的形状精度公差应控制在孔径公差以内，一些精密盘类零件控制在孔径公差 1/3—1/2，甚至更严。磨床支承盘零件内孔除与外圆表面有同轴度要求外，与盘端面还有垂直度的要求。

C. 表面质量

为了保证零件的功用，内孔的表面粗糙度值要求为 R_a2.5 ~ 0.16 μm。磨床支承盘零件内孔表面粗糙度为 R_a3.2 μm。

②外圆的技术要求

磨床支承盘零件的外圆表面以过渡配合 H7/g6 与砂轮架机架的孔相配合，起联接作用。盘类零件多以过盈或过渡配合与机架或箱体的孔相配合，起联接作用。

A. 外径尺寸公差等级通常为 IT8—IT6。

B. 形状精度控制在外径公差以内。

C. 表面粗糙度值为 R_a3.2 ~ 0.63 μm。

③端面的技术要求

支承盘零件的下端面与砂轮架机架的上端平面相配合，起支承作用。盘类零件起支承作用时一般通过端面与机架、缸体或箱体等的表平面相接触，保证安装在盘内孔中零件的轴向位置、垂直度要求等。

a. 盘类零件有较高的轴向尺寸精度要求，公差等级通常为 IT8—IT7。

b. 盘类零件的端面有较高的平面度要求，形状精度控制在轴向尺寸精度以内。

c. 盘类零件的端面表面粗糙度值为 R_a3.2 ~ 0.63 μm，非支承端面的表面粗糙度值一般为 R_a6.3 ~ 25 μm。

④各主要表面间的位置精度要求：

由于支承盘零件在磨床砂轮架组件中起支承作用，其各主要表面间的位置精度要求较高：

a. 两端面有较高的平行度要求。ϕ52j7 内孔下端面、支承盘下端面对内孔同时要求垂直度 0.02 mm。

b. 内孔作为定位基准和装配基准，内孔的轴线与端面有较高的垂直度要求，一般为0.02 ~ 0.05 mm，该支承盘零件要求 0.02 mm。

c. 内孔与外圆有较高的同轴度要求，同轴度的大小一般根据加工与装配要求确定，该支承盘零件要求 0.06 mm。

对一般盘类零件：

若盘的内孔是装配之后再进行最终加工，则对盘内、外圆间的同轴度要求较低。

若盘的内孔是在装配前进行最终加工，则同轴度要求较高，一般为 IT8—IT6。

图 2.1 的磨床支承盘零件，其主要技术要求如下：

a. 铸件组织应紧密，不得有砂眼、针孔及疏松，必要时用泵验漏。

b. 铸件应时效处理。

c. 轴承内孔光洁无纵向刻痕。

d. 零件下端面及轴承内孔下端面对轴承内孔轴线的垂直度公差 0.02 mm。

e. 外圆与轴承内孔的同轴度公差 0.06 mm。

f. 未标注倒角为 0.5 ×45°。

g. 表面发蓝处理。

3）支承盘零件的材料

图 2.1 的磨床支承盘零件属主导产品的定型零件，生产批量较大，结合其重要的支承联接作用和结构特点，选择 HT150 材料铸造成形提供毛坯。

4）磨床支承盘零件加工工艺过程

磨床支承盘零件的主要加工表面是外圆表面、内孔表面和端面，针对精度等级和表面粗糙度要求，按经济精度选择加工方法。磨床支承盘零件加工工艺过程见表 2.1。

表 2.1　磨床支承盘零件机械加工工艺卡

零件名称			支承盘		材　料		HT150	
件号			03-64A		件数		1	
产品名称			工具磨床		质量/t		2.420/4.200	
工序	装夹	工步	工序内容	车间	设备	夹具	刀具	量具
10			车	机加工	车床 C6140	三爪自定心卡盘		
	1		三爪装夹					
		1	粗车端面，见光					
		2	粗车外圆至 ϕ142 mm					
		3	钻孔 ϕ24 mm				钻头 ϕ24	
	2		软爪装夹（作夹持记录）：调头					
		1	粗、精车端面至长度尺寸 28.5 mm					
		2	粗、精车外圆 ϕ140g6（$-0.014/-0.039$）mm					
	3		软爪装夹：调头					
		1	精车端面至长度尺寸 28 mm					
		2	镗 ϕ26 mm 内孔					
		3	镗内孔 ϕ52j7 ×15 mm 深，孔口倒角 1 ×45°					ϕ52j7 塞规
		4	车 ϕ42 ×0.5 mm					
		5	车端面凹槽 ϕ125 ×ϕ75 ×4 mm 深					
		6	各部倒角					
			注意：形位公差					
			检验					

续表

零件名称			支承盘		材　料		HT150	
件号			03-64A		件数		1	
产品名称			工具磨床		重量/t		2.420/4.200	
工序	装夹	工步	工序内容	车间	设备	夹具	刀具	量具
20			钳	机加工				
	1	1	钻 4-$\phi11$ mm 孔，平锪 $\phi17 \times 10$ mm 深孔		钻床 Z525B	钻模 J2-105	钻头 $\phi11$ 平刮钻 17 mm × 11 mm	
	2	1	钻 4-$\phi5$ mm 油孔		钻床 Z4012	钻模 J2-105	钻头 $\phi5$ mm	
		2	孔口去毛刺					
			检验					
30			立铣	机加工				
	1	1	根据 $\phi5$ mm 油孔位置铣 8 mm × 3 mm油槽		立铣 X52	铣夹具 J6-36 用于转盘	8 mm 立铣刀	
			检验					

5）工具磨床支承盘零件加工常用的工具、夹具、量具

工具、夹具、量具的选择直接影响工件的加工精度、生产率和制造成本，应根据不同情况适当选择。

工具磨床支承盘零件加工常用的工具、夹具及量具见表2.2。

表2.2　工具磨床支承盘零件加工常用的工具、夹具及量具

夹　具	刀　具	量　具	工　具
三爪定心卡盘、四爪单动卡盘、花盘、心轴、V形架、组合夹具、专用车夹具等	车刀、砂轮、钻头、平刮钻、立铣刀等	游标卡尺、千分尺、百分表、光滑极限量规、比较仪等	对刀块、塞尺等

盘类零件的内、外圆表面的同轴度以及端面与内孔、外圆轴线的垂直度要求一般比较高。因此，盘类零件切削加工的关键就是围绕如何保证内孔轴线与端面的垂直度及与外圆表面的同轴度、相应的尺寸精度和形状精度的工艺特点来进行的。

保证表面相互位置精度的方法如下：

①在一次装夹中，完成内外表面及其端面的全部加工。这种安装方式可消除由于多次安装而带来的安装误差，获得较高的位置精度。

②主要表面的加工在几次装夹中完成,内孔与外圆互为基准,反复加工,每一工序都为下一工序准备了精度更高的定位基面,因而可得到较高的位置精度。

以精加工好的内孔作为定位基面时,先加工内孔至零件图尺寸,然后以内孔为精基准加工外圆,这时往往选用心轴作定位元件,心轴结构简单,且制造安装误差较小,可保证内外表面较高的同轴度要求,是盘类零件加工中常见的装夹方法。

若以外圆为精基准加工内孔,先加工外圆至零件图尺寸,然后以外圆为精基准完成内孔表面的全部加工。用该方法加工工件装夹迅速可靠,但一般卡盘安装误差较大,定心精度不高,使得加工后工件的相互位置精度较低。如果欲使同轴度误差较小,则须采用定心精度较高的夹具,故常采用经过修磨的三爪自定心卡盘和软爪、液性塑料夹头或弹性膜片卡盘等以获得较高的同轴度要求。

磨床支承盘零件的加工要求保证外圆与内孔表面的同轴度、与端面的垂直度,在工艺安排上就是通过内孔与外圆互为基准,反复加工实现的,如首先粗加工端面、外圆,然后以其为粗基准调头加工外圆、端面作为精基准,接着调头再加工内孔表面、端面,从而满足工件加工要求。

任务2.2　车削用夹具

车床类夹具包括用于各种车床、内外圆磨床等机床上安装工件的夹具。这类夹具都是安装在机床的主轴上,用以保证工件被加工表面对其定位基准的位置精度。在设计时,要考虑夹具在机床主轴上的安装方式以及旋转中的平衡问题,要注意安全,避免凸角外伸(可适当加一防护罩)。因车床夹具安装在主轴上成悬臂状态,所以应使夹具的质量尽可能地轻些,其悬臂也应尽量短些。

(1)车床夹具的分类及其结构形式

车床类夹具大致可分为心轴式、角铁式和花盘式等。

1)心轴式

心轴类车床夹具多用于盘类零件以内孔作为定位基准,加工外圆柱面、端面的情况,常见的车床心轴有圆柱心轴、弹簧心轴、顶尖式心轴等。

这种夹具一般利用车床或圆磨床的主轴锥孔或顶尖安装在机床主轴上。按照工件的定位面具体情况,夹具定位工作面可做成圆柱面、小锥度面、花键以及可胀圆柱面等形状。

如图2.2所示为几种常见弹簧心轴的结构形式。图2.2(a)为前推式弹簧心轴。转动螺母1,弹簧筒夹2前移,使工件定心夹紧。这种结构不能进行轴向定位。图2.2(b)为带强制退出的不动式弹簧心轴。转动螺母3,推动滑条4后移,使锥形拉杆5移动而将工件定心夹紧。反转螺母,滑条前移而使筒夹6松开。此处筒夹元件不动,依靠其台阶端面对工件实现轴向定位。该结构形式常用于以不通孔作为定位基准的工件。图2.2(c)为加工长薄壁工件用的分开式弹簧心轴。心轴体12和7分别置于车床主轴和尾座中,用尾座顶尖套顶紧时,锥套8撑开筒夹9,使工件右端定心夹紧。转动螺母11,使筒夹10移动,依靠心轴体12的30°锥角将工件另一端定心夹紧。

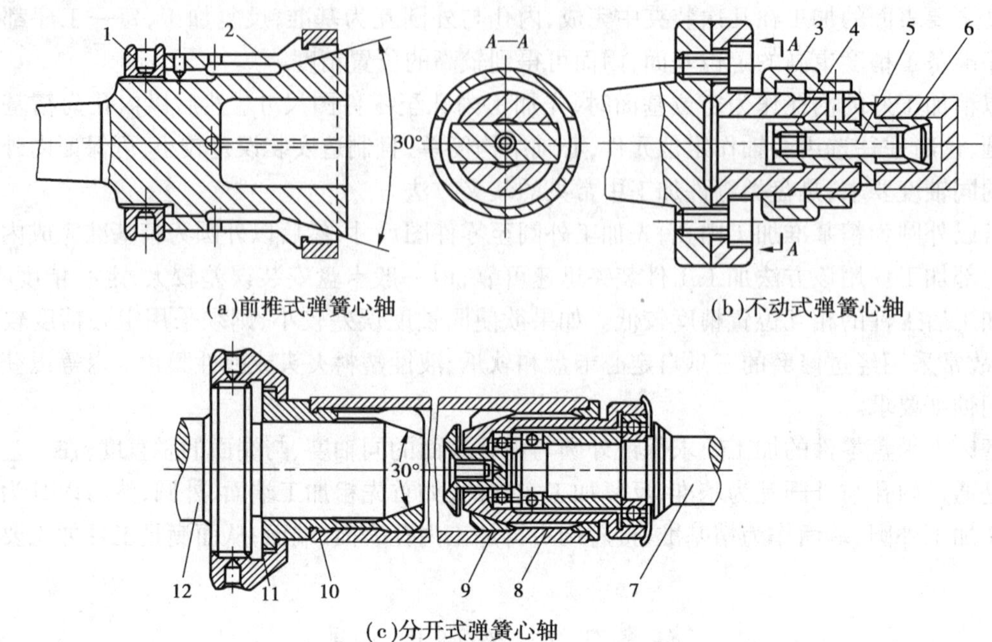

图 2.2　弹簧心轴

1,3,11—螺母;2,6,9,10—筒夹;4—滑条;5—拉杆;7,12—心轴体;8—锥套

如图 2.3 所示为顶尖式心轴,工件以孔口 60°角定位车削外圆表面。当旋转螺母 6,活动顶尖套 4 左移,从而使工件定心夹紧。顶尖式心轴的结构简单、夹紧可靠、操作方便,适用于加工内、外圆无同轴度要求,或只需加工外圆的套筒类零件。被加工工件的内径 d_s 一般为 32 ~ 110 mm,长度 L_s 为 120 ~ 780 mm。

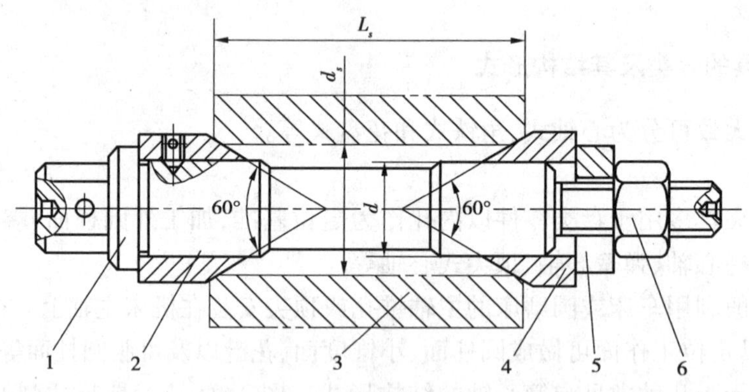

图 2.3　顶尖式心轴

1—心轴;2—固定顶尖套;3—工件;4—活动顶尖套;

5—快换垫圈;6—螺母

这种夹具一般利用车床或圆磨床的主轴锥孔或顶尖安装在机床主轴上。按照工件的定位面具体情况,夹具定位工作面可做成圆柱面、小锥度面、花键以及可胀圆柱面等形状。

2)角铁式车床夹具

如图 2.4 所示为一种典型的角铁式车床夹具。工件 7 以两孔在圆柱定位销 2 和削边定位销1上定位;底面直接在支承板4上定位。两螺旋压板分别在两定位销孔旁把工件夹紧。导向套8用来引导加工轴孔的刀杆。9是平衡块,以消除夹具在回转时的不平衡现象。夹具上还设置有轴向定程基面3,它与圆柱定位销保持确定的轴向距离,可以利用它来控制刀具的轴向行程。

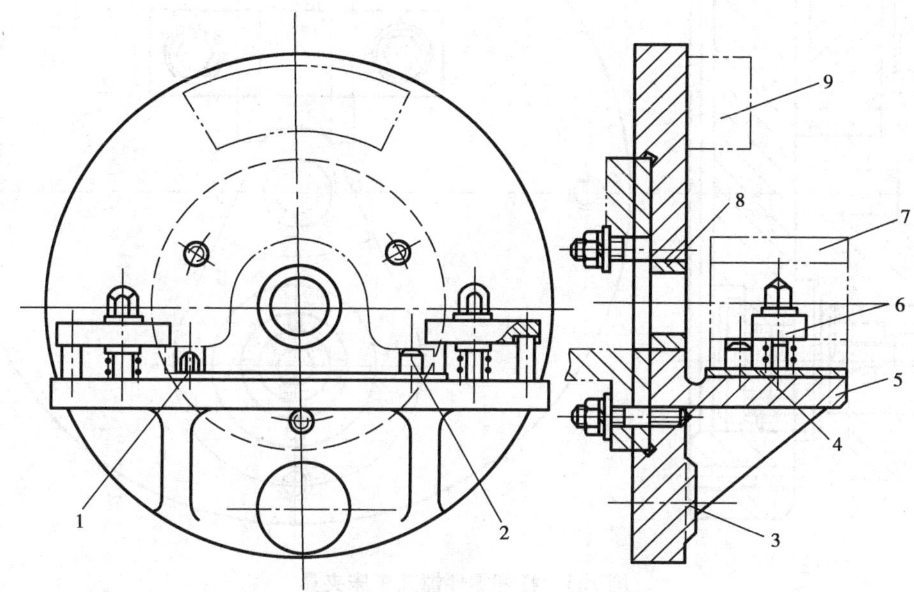

图2.4　角铁式车床夹具

1—削边定位销;2—圆柱定位销;3—定位基面;4—支承板;5—夹具体;6—压板;7—工件;8—导向套;9—平衡块

3)花盘类车床夹具

以上两类车床夹具一般用于加工外形较规则的零件,相当多的零件外形较复杂,或加工工序中加工表面与其他表面还有相互位置要求,常用花盘类夹具进行加工。对小批量生产,一般可在车床花盘附件上用螺钉压板装夹。而批量生产则采用专用花盘类车床夹具。

如图2.5所示杠杆零件镗孔车床夹具,工件以弹性筒夹和活动V形块定心夹紧。

4)车锥度专用夹具

如图2.6所示的车锥度专用夹具结构简单,制造方便,加工时能自动进给,调节范围较大。不仅能用来车削圆锥体及圆锥孔,还可进行圆锥螺纹的车削加工。

车锥度专用夹具的结构及工作原理是:夹具底座4通过紧固螺栓与床身导轨紧固,转盘座5的凸缘与底座4凹槽配合。转盘体1下部的凸圆与转盘座5上的孔滑动配合,能转动一定角度。夹具主轴2的一端由万向联轴器6与车床的三爪自定心卡盘7联接,使夹具主轴旋转。

工件夹持在夹具主轴另一端的三爪自定心卡盘9上,将转盘体转过所需角度(即工件圆锥斜角)后,通过螺栓与转盘座紧固。如果夹具主轴的尾端过斜,可移动转盘的径向位置,进行适量调整。

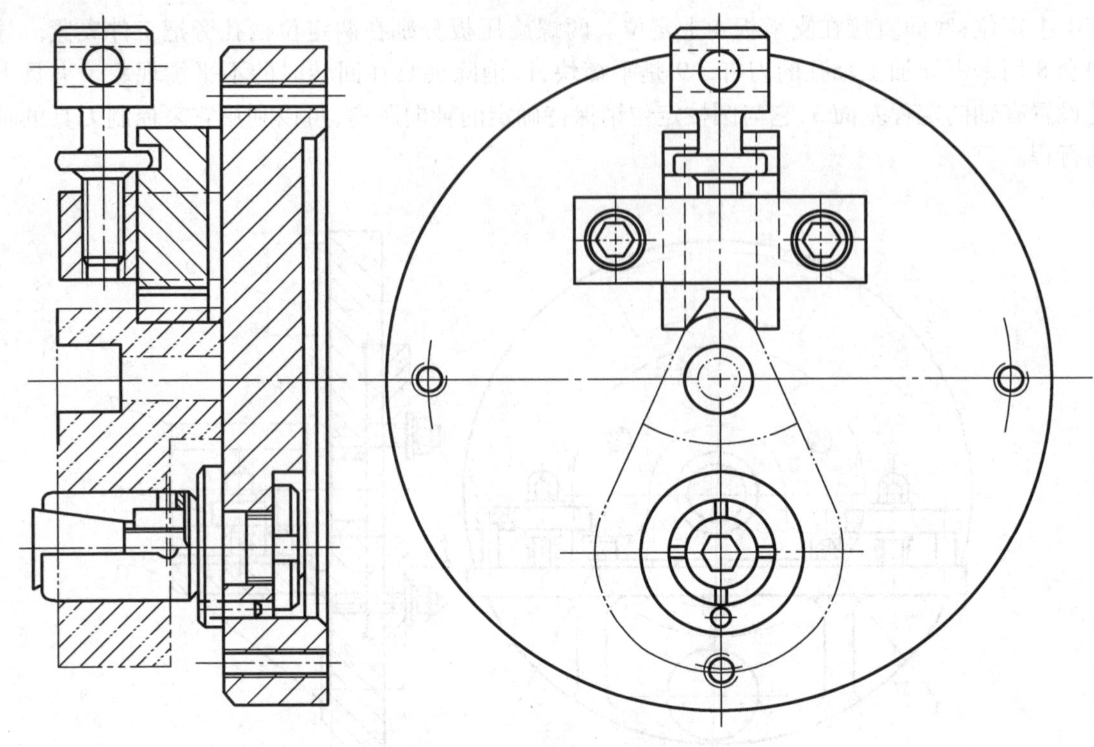

图 2.5　杠杆零件镗孔车床夹具

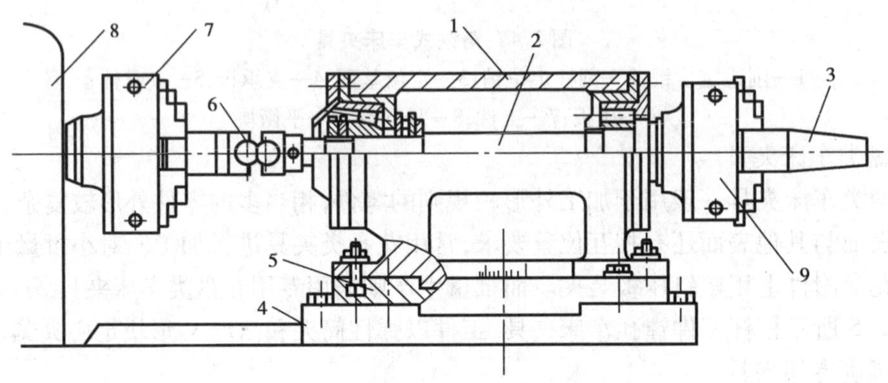

图 2.6　车锥度专用夹具

1—转盘体;2—夹具主轴;3—工件;4—底座;5—转盘座;
6—万向联轴器;7,9—三爪自定心卡盘;8—车床床头箱

(2)车床夹具设计要点

1)联接元件的设计

车床和圆磨床夹具的联接元件形式主要取决于所采用机床的主轴端部结构。由于这两种夹具与各自机床主轴的联接方式很相似,因此以车床夹具为代表来叙述其联接元件的形式。常见的有以下 4 种形式:

①夹具以前后顶尖孔与机床主轴前顶尖和尾架后顶尖相联接,由拨盘带动。较长的定位

心轴常采用这种联接方式。

②夹具以莫氏锥柄与机床主轴的莫氏锥孔相联接,需要时可用长螺杆从主轴尾部穿过主轴孔将夹具拉紧以增大联接面的摩擦力矩,这种联接方式定心精度好,而且装卸迅速方便,但刚性较差,适用于短定位心轴和小型夹具。

③夹具与车床主轴端部直接联接的形式如图2.7所示。图2.7(a)是夹具体以短锥孔K和端面T与车床主轴端的短锥体和端面相联接并用螺钉紧固。这种联接方式定心精度较高,刚性也较好,但制造时除要保证锥孔锥度和严格控制锥孔直径尺寸外,还要保证锥孔对端面的垂直度,以达到锥体与端面同时接触的良好效果。因而,夹具体加工较为复杂,要达到夹具能与各台同型号规格车床的主轴端互换联接,则就更为困难。但这种主轴端部结构是国家标准规定的形式,因而应用将日趋广泛。图2.7(b)是夹具体以端面T和圆柱孔D与机床主轴的轴颈和端面联接,用螺纹M紧固,并用两个保险块2防止夹具在反向旋转时螺纹联接发生松动。采用这种联接方式,零件制造简单,但用圆柱体配合存在间隙,定心精度较低。夹具与C620,C620-1,C630等车床主轴端部的联接就采用这种方式。图2.7(c)是夹具体以1∶4锥孔与主轴锥体联接,依靠主轴上的拉紧螺母三把夹具拉紧,并用键4来传递扭矩。由于没有端面联接,这种方式的刚性较差,用于轻型夹具。夹具与C616等车床主轴端部的联接就采用这种方式。

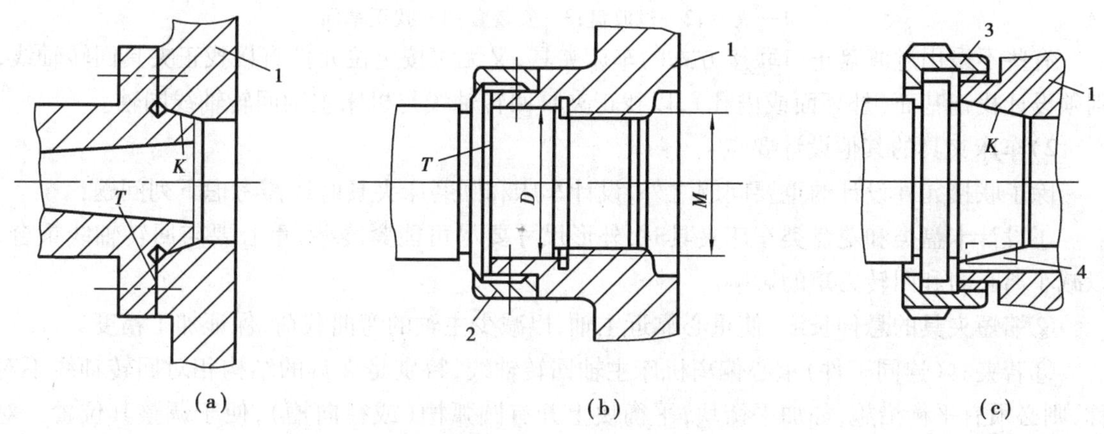

图2.7　夹具与车床主轴端部直接联接的形式

1—夹具体;2—保险块;3—拉紧螺母;4—键

④夹具通过过渡盘与车床主轴端部联接形式如图2.8所示。过渡盘2与机床主轴端部的联接形式视车床主轴端部结构的不同可以有图2.8所示的各种方式,图2.8(a)是过渡盘以短锥孔和端面与机床主轴端部短锥体和端面联接。过渡盘另一端则与夹具相连,采用过渡盘的联接方式使夹具能够适用于各种不同主轴端部结构的机床,又可使机床通过一个过渡盘安装各种不同夹具,增加了通用性。图2.8(a)中过渡盘与夹具的联接一般采用端面和圆柱面联接方式,其直径尺寸d,通常采用K7/h6,M7/h6等配合。但有了过渡盘的中间环节,就影响了夹具的定心精度。为了提高夹具的定心精度,可采用如图2.8(b)所示的找正基面联接方式。图2.8(b)中A是找正基面,找正时先将夹具安装在过渡盘2上预紧,用指示表按找正基面A找

正，并调整夹具回转轴线使之与机床主轴回转轴线同轴，然后用螺栓紧固。安装套3起预定心作用，便于找正，它与过渡盘之间应有较大的配合间隙，以保证找正时调整夹具的需要。安装套还可在找正夹具前起支承夹具的安全作用。为了保护找正基面不被碰伤，应将A面做成凹槽形。

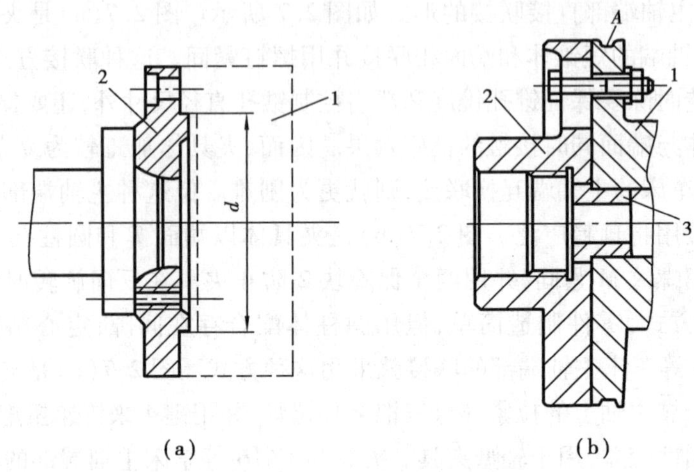

图2.8　采用过渡盘的联接方式

1—夹具；2—过渡盘；3—安装套；A—找正基面

有些不采用过渡盘止口联接方式的车床夹具，又无法按定位元件直接找正夹具回转轴线，则须设计找正基面（外环面或内孔），以找正夹具回转轴线与机床主轴回转轴线同轴。

2）车床夹具的其他设计要点

除了联接元件设计的重要问题之外，设计车床和圆磨床夹具时还需考虑下列问题：

①设计卡盘类和花盘类车床夹具时，外形尺寸要尽可能紧凑些，重心要与回转轴线重合，以减小离心力和回转力矩的影响。

②缩短夹具的悬伸长度，使重心靠近主轴，以减少主轴的弯曲载荷，保证加工精度。

③若夹具（连同工件）重心偏离机床主轴回转轴线，特别是夹具的结构相对回转轴线不对称，则必须有平衡措施，如加平衡块，平衡块上开有圆弧槽（或径向槽），便于调整其位置。对高速回转的重要夹具，则应专门进行动平衡试验，以确保运转安全和加工质量。

④夹具和工件的整体回转外径不应大于机床允许的回转尺寸。夹具的零部件和其上装夹的工件的外形一般不允许伸出夹具体以外。同时，回转部分应尽可能做得外形光整，避免尖角，并设置防护罩壳。

⑤高速回转的夹具，要特别注意装夹牢靠，以防止工件飞出的危险。

⑥圆磨床夹具与车床夹具结构上相似，但圆磨床加工的工艺精度要求较高，故对夹具的制造精度和回转平衡应有更高的要求。

任务2.3　钻孔专用夹具(钻模)

钻床夹具是用于各种钻床和组合机床上加工孔时的夹具,简称钻模。它的主要作用是控制刀具的位置和导引其送进方向,以保证工件被加工孔的位置精度。

(1)钻床夹具的分类及其结构形式

钻床夹具在结构上都有一个安装钻套的钻模板,由于使用上的要求不同,其结构形式可分为固定式、翻转式、回转式、盖板式及滑柱式。

1)固定式钻模

使用过程中钻模的位置固定不动,一般用于摇臂钻床、镗床、多轴钻床上。在立式钻床上使用时,一般只能加工一个孔。如果在立式钻床上加工孔系,则需要在主轴上增加一个多轴传动头。在立式钻床工作台上安装钻模时,首先用装在主轴上的钻头(精度要求高时用心轴)插入钻套以校正钻模位置,然后将其固定。这样既可减少钻套的磨损,又可保证被加工孔有较高的位置精度。

如图2.9所示的固定式钻模,工件以其端面和键槽与钻模上的定位法兰3及定位键4相接触而定位。转动螺母9使螺杆2向右移动时,通过钩形开口垫圈1将工件夹紧。松开螺母9,螺杆2在弹簧的作用下向左移,钩形开口垫圈1松开并绕螺钉摆下即可卸下工件。

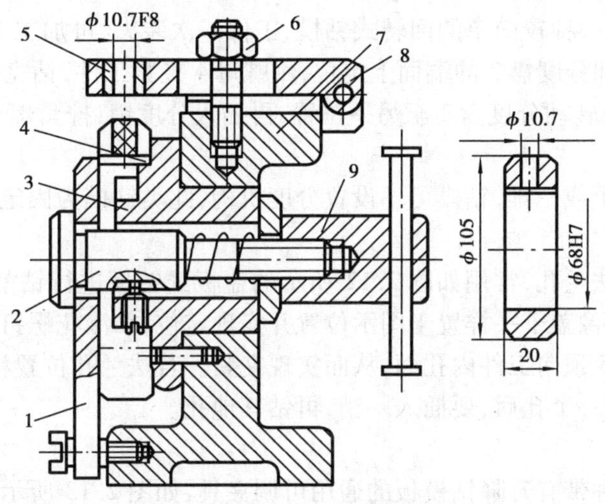

图2.9　固定式钻模

1—钩形开口垫圈;2—螺杆;3—定位法兰;4—定位键;5—钻套;
6—螺母;7—夹具体;8—钻模板;9—螺母

2)翻转式钻模

如图2.10所示为钻锁紧螺母上圆周孔的翻转式钻模。工件以内孔和端面定位,拧紧夹紧螺母5,向左拉动倒锥螺栓2,使可胀圈3胀开,将内孔胀紧,并使工件端面紧贴在支承板4上。根据加工孔的位置在夹具四侧装有钻套1以导引钻头。夹具整体在钻床工作台上翻转,顺序钻削4个圆周孔。放松夹紧螺母5,在弹簧作用下,倒锥螺栓2右移,松开胀圈以更换工件。夹具体四面作成凹槽状,形成每面4个钻脚,使夹具在钻床工作台上安放稳定,也能减少加工量。

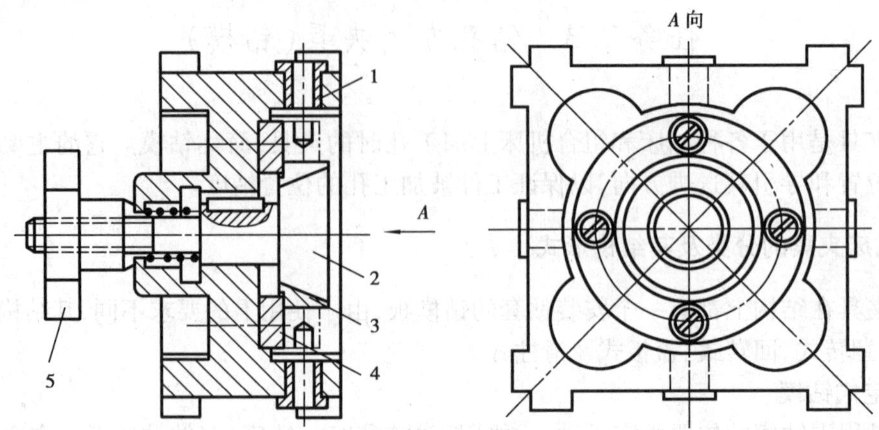

图2.10　翻转式钻模

1—钻套;2—倒锥螺栓;3—胀圈;4—支承板;5—夹紧螺母

此类夹具在加工 $\phi 6$ 以下孔时,由于切削力小,钻模在钻床工作台上不用压紧,直接用手扶持,甚为方便。用于钻 $\phi 6$ 以上孔时,则用螺钉压板将夹具加压固定。这种钻模适用于加工在多个表面上有小孔的小零件。由于在加工中要翻来翻去,因此钻模连同工件的总质量不能太重。

3)回转式钻模

如图2.11所示为一种较简单的回转式钻模,工件一次装夹,可加工工件上3排径向孔,工件以内孔在定位轴3和分度盘2的端面上定位,用螺母4夹紧工件,钻完一排孔后,将分度销5拉出,松开螺母1,即可转动分度盘2至另一位置,再插入分度销,拧紧螺母1和4后,即可进行另一排孔的加工。

若径向孔只有一个或一排,钻模可不设置分度机构,此类钻模为固定式钻模。

4)盖板式钻模

箱体零件的端面法兰孔,常用如图2.12所示的盖板式钻模进行钻削,以箱体的孔及端面为定位面,盖板式钻模像盖子一样置于图示位置并实现定位,靠滚花螺钉2旋进时压迫钢球使径向均布的3个滑柱5顶向工件内孔面,从而实现夹紧。若法兰孔位置精度要求不高时,可不设置夹紧结构,但先钻一个孔后,要插入一销,再钻其他孔。

5)滑柱式钻模

滑柱式钻模是一种带有升降钻模板的通用可调夹具,如图2.13所示为手动滑柱式钻模的通用结构,由夹具体1、3根滑柱2、钻模板4,以及传动、锁紧机构所组成。使用时,只要根据装在夹具体的平台和钻模板上的适当位置,就可用于加工。转动手柄6,经过齿轮齿条的传动和左右滑柱的导向,便能顺利地带动钻模板升降,将工件夹紧或松开。

钻模板在夹紧工件或升降至一定高度后,必须自锁。锁紧机构的种类很多,但用得最广泛的则是如图2.13所示的圆锥锁紧机构。其工作原理是:螺旋齿轮轴7的左端制成螺旋齿,与中间滑柱后侧的螺旋齿条相啮合,其螺旋角为45°。轴的右端制成双向锥体,锥度为1:5,与夹具体1及套环5的锥孔配合。钻模板下降接触到工件后继续施力,则钻模板通过夹紧元件将

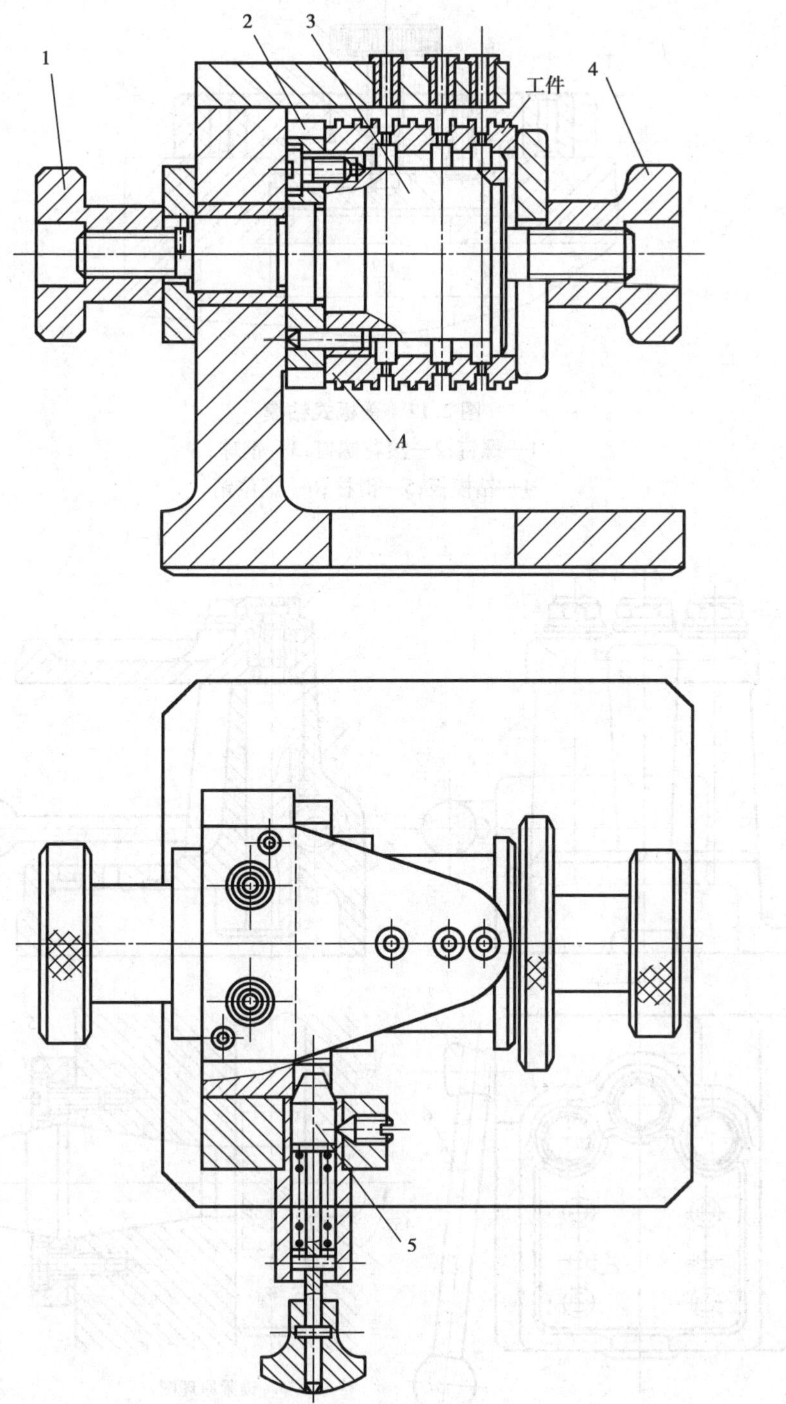

图2.11　回转式钻模

1,4—螺母;2—分度盘;3—定位轴;5—分度销

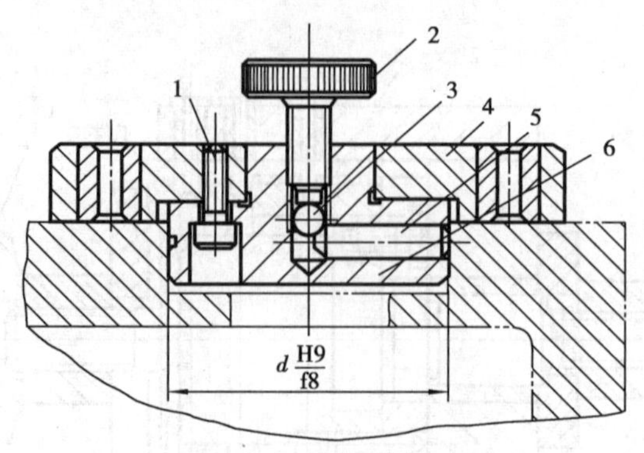

图 2.12　盖板式钻模

1—螺钉;2—滚花螺钉;3—钢球;
4—钻模板;5—滑柱;6—定位销

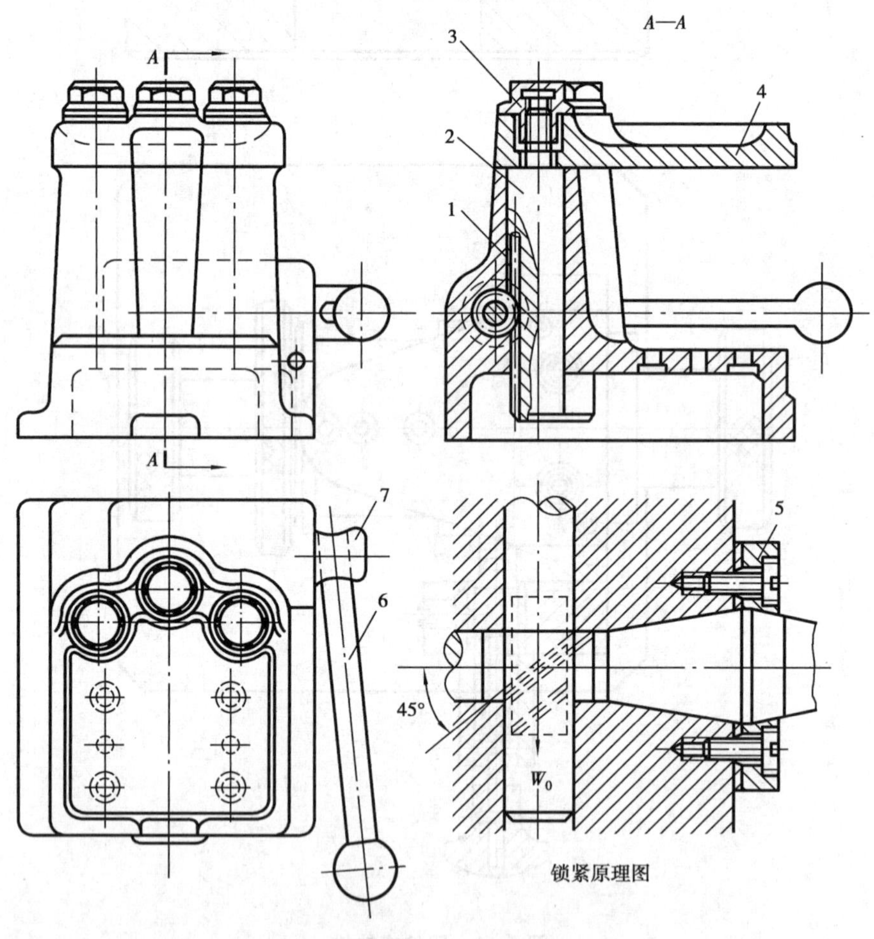

图 2.13　滑柱式钻模的通用结构

1—夹具体;2—滑柱;3—锁紧螺母;4—钻模板;5—套环;6—手柄;7—齿轮轴

工件夹紧，并在齿轮轴上产生轴向分力使锥体楔紧在夹具体的锥孔中。由于锥角小于两倍摩擦角(锥体与锥角的摩擦因数 $f=0.1,\phi=6°$)，故能自锁。当加工完毕，钻模板升到一定高度时，可使齿轮轴的另一段锥体楔紧在套环5的锥孔中，将钻模板锁紧。

这种手动滑柱式钻模的机械效率较低，夹紧力不大，并且由于滑柱和导孔为间隙配合(一般为H7/f7)，因此，被加工孔的垂直度和孔的位置尺寸难以达到较高的精度。但是，其自锁性能可靠，结构简单，操作方便，具有通用可调的优点，故不仅广泛用于大批量生产，而且也已推广到小批生产中。该钻模适用于中、小件的加工。

如图2.14所示为应用手动滑柱式钻模的实例。该滑柱式钻模用来钻、扩、铰拨叉上的 ϕ20H7孔。工件以圆柱端面、底面及后侧面在夹具上的定位锥套9、两个可调支承2及圆柱挡销3上定位。这些定位元件都装在底座1上。转动手柄，通过齿轮、齿条传动机构使滑柱带动钻模板下降，由两个压柱4通过液性塑料对工件实施夹紧。刀具依次由快换钻套7引导，进行钻、扩、铰加工。图2.14中件号1—9的零件是专门设计制造的，钻模板也须作相应的加工，而其他件则为滑柱式钻模的通用结构。

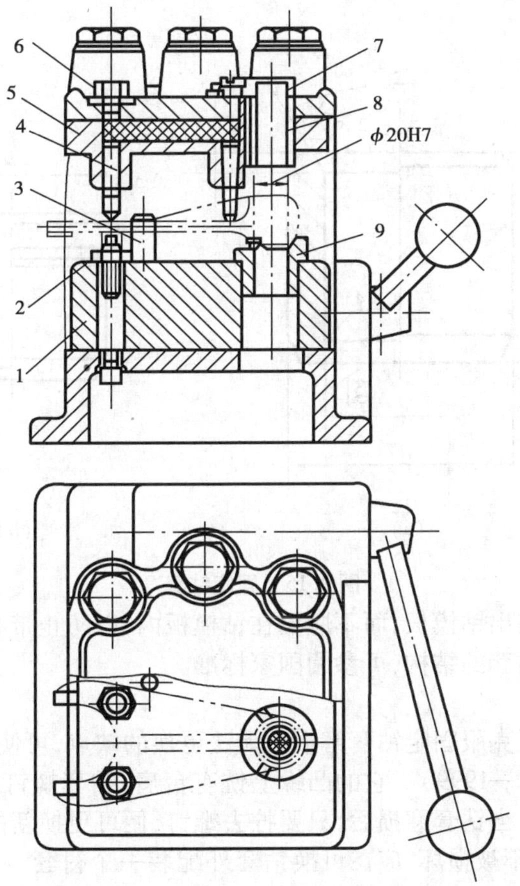

图2.14　滑柱式钻模应用实例

1—底座；2—可调支承；3—圆柱挡销；4—压柱；5—压柱体；6—螺塞；7—快换钻套；8—衬套；9—定位锥套

(2)**钻模结构设计要点**

钻模设计中,除了要解决一般夹具所共有的定位、夹紧等问题之外;它所特有的是专供导引刀具的钻套(引导元件)和安装钻套的钻模板。这里着重讨论这两个问题,并兼顾各种钻模的结构设计的特点。

1)钻套

钻套的主要作用是确定定尺寸孔加工刀具的加工位置,保证加工孔的轴线位置尺寸。当然,钻套也起引导刀具,增强刀具系统刚性的作用,它是钻模的重要元件。

①设计选用钻套结构

它主要用于小批生产条件下单纯用钻头钻孔的工序。

A. 固定钻套

固定钻套是直接装在钻模板的相应孔中,因此固定钻套磨损后不能更换。固定钻套有两种结构,如图 2.15 所示。图 2.15(a)为无肩的,图 2.15(b)为带肩的。带肩的主要用于钻模板较薄时,用以保持钻套必需的引导长度。有了肩部,还可防止钻模板上的切屑和冷却液落入钻套孔中。

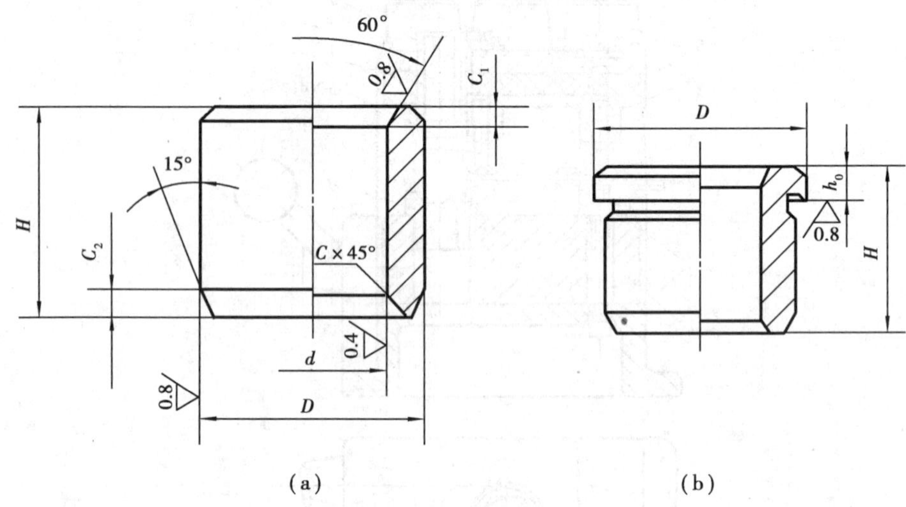

图 2.15　固定钻套

固定钻套的下端应超出钻模板,而不应缩在钻模板内,以防止带状切屑卷入钻套中而加快钻套的磨损。标准固定钻套的结构,可参阅国家标准。

B. 可换钻套

在大批量生产中为了克服固定钻套磨损后无法更换的缺点,可使用可换钻套。图 2.16 是其标准结构(JB/T 8045.2—1999)。它的凸缘上铣有台肩,钻套螺钉的圆柱头盖在此台肩上,可防止钻套转动和掉出。当钻套磨损后,只要拧去螺钉,便可更换新的可换钻套。对更换频繁的钻套,为了保护钻模板不被损坏,应在可换钻套外配装一个衬套。钻套用衬套也标准化了,可查阅标准 JB/T 8045.4—1999。可换钻套与固定钻套一样,只用于单工步孔加工。

C. 快换钻套

如图 2.17 所示为标准快换钻套的标准结构(JB/T 8045.3—1999)。当被加工孔要连续进行钻、扩、铰、锪面或攻丝时,由于刀具尺寸的变化,需要用不同引导孔直径尺寸的钻套分别引导刀具,或去掉钻套直接加工,因此要在一个工序中不断更换钻套,这时应使用快换钻套。快

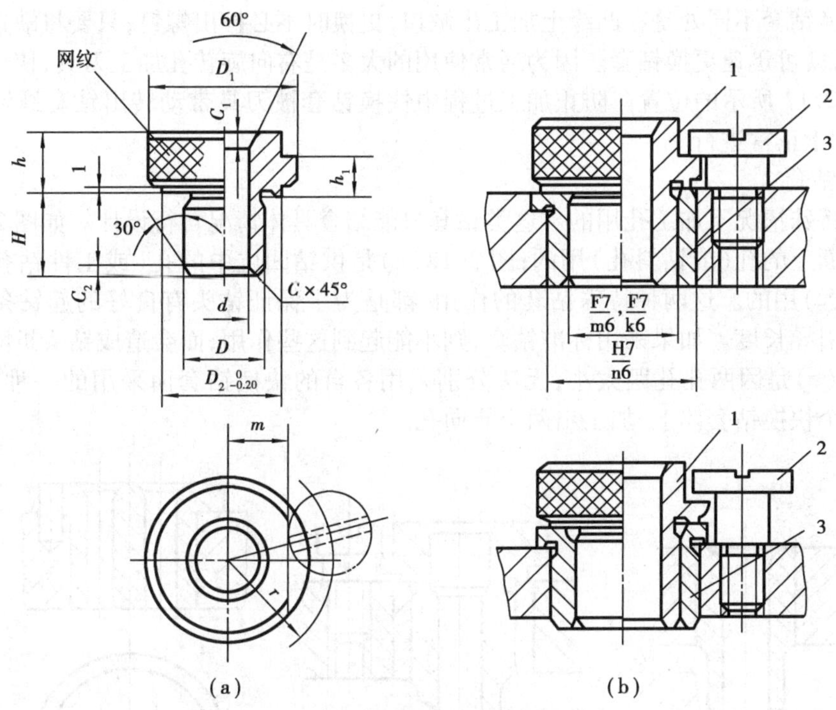

图2.16　可换钻套的结构

1—可换钻套;2—螺钉;3—衬套

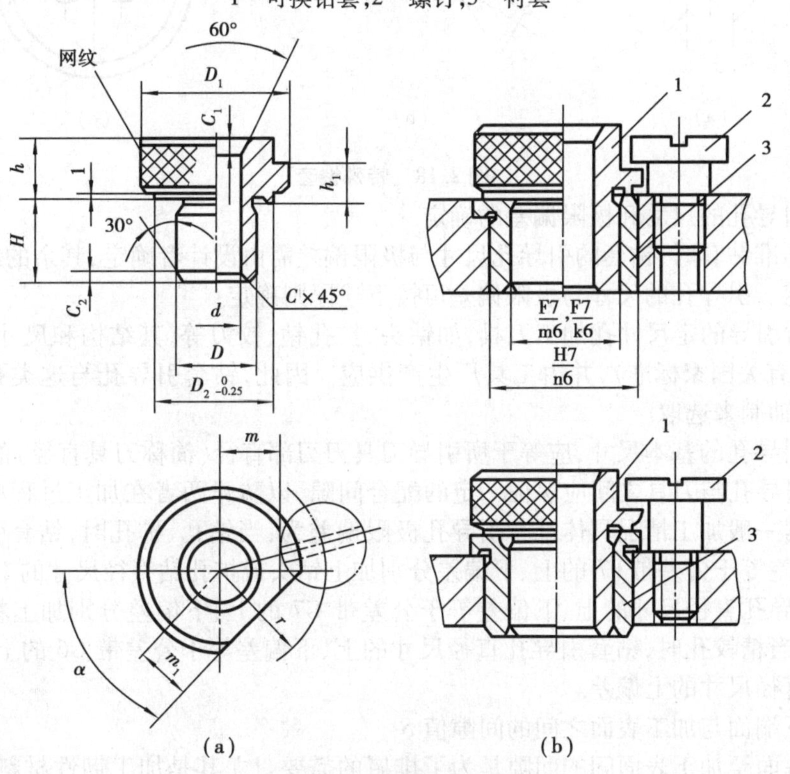

图2.17　快换钻套的结构

1—快换钻套;2—螺钉;3—衬套

换钻套与可换钻套不同处是在凸缘上加工出缺口,更换时不必拧出螺钉,只要将缺口转到对着螺钉的位置,就可迅速更换钻套。因为通常使用的大多是右向旋转孔加工刀具,快换钻套的台肩应为如图 2.17 所示的位置。防止加工过程中快换钻套被刀具带动转出钻套螺钉而脱离衬套,影响孔加工正常进行。

D. 特殊钻套

它是在特殊情况下加工孔用的。这类钻套只能结合具体情况自行设计。如图 2.18(b)所示为供钻斜面上的孔(或钻斜孔)用的;图 2.18(a)是供钻凹坑中的孔(或工件钻孔端面与钻模板相距较远)用的。这两种特殊钻套的作用,都是为了保证钻头有良好的起钻条件和钻套具有必要的引导长度。如果采用标准钻套,则不能起到这些作用,而会造成钻头折断或钻孔引偏。图 2.18(c)是因两孔孔距太小,无法分别采用各自的快换钻套而采用的一种特殊钻套。它是在同一个快换钻套体上,加工出两个导向孔。

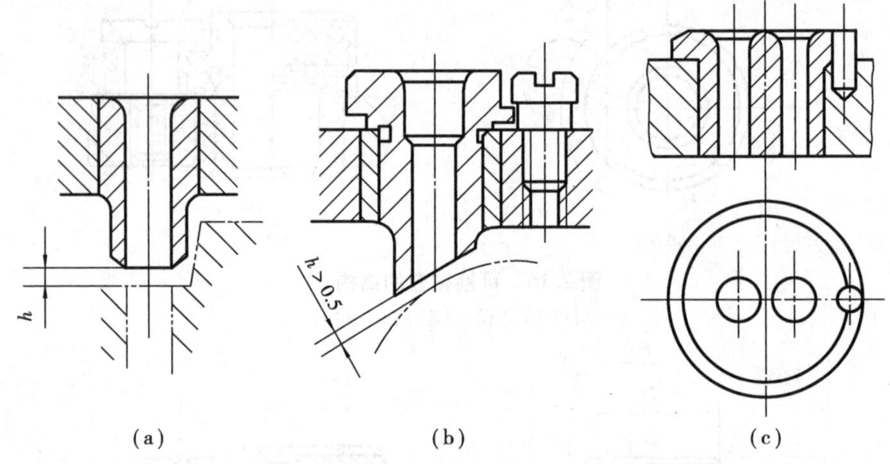

图 2.18 特殊钻套

②钻套引导孔的尺寸和极限偏差的确定

在选用标准钻套时,钻套的引导孔尺寸与极限偏差需由设计者确定,其余的结构尺寸在标准中都已规定。引导孔的尺寸与极限偏差可按下述原则确定:

a. 钻套所引导的定尺寸孔加工刀具,如钻头、扩孔钻、铰刀等,其结构和尺寸都已标准化、规格化了(见有关国家标准),并由工具厂生产供应。因此,钻套引导孔与这类孔加工刀具的配合,应按基轴制来选取。

b. 钻套引导孔的基本尺寸,应等于所引导刀具刀刃部直径(简称刀具直径)的基本尺寸。

c. 钻套引导孔与刀具之间应保证一定的配合间隙,以防止两者在加工过程中发生卡住咬死现象。根据一般加工情况具体推荐引导孔极限偏差为:当钻孔、扩孔时,钻套引导孔直径尺寸的上、下偏差等于公差带 F7 的上、下偏差分别加上钻头或扩孔钻直径尺寸的上偏差;当粗铰孔时,钻套引导孔直径尺寸的上、下偏差等于公差带 G7 的上、下偏差分别加上粗铰刀直径尺寸的上偏差;当精铰孔时,钻套引导孔直径尺寸的上、下偏差等于公差带 G6 的上、下偏差分别加上精铰刀直径尺寸的上偏差。

③钻套下端面与加工表面之间的间隙值 S

钻套下端面至加工表面间的间隙是为了排屑的需要。尤其是加工韧性材料时,切屑呈带状缠绕(见图 2.19(a)),若此间隙过小,就可能发生阻塞以致折断刀具的事故。因此,从排屑角度讲,希望 S 值要大些;但从良好引导来看,则希望 S 值要小一点。按几何关系分析,当刀具切削刃刚出钻套，刀尖正好碰着工件表面，则起钻时的引导情况为最好(见图2.19(b))，此时$S \approx 0.3d$。在这相互制约的情况下，一般按下述经验数据选取：

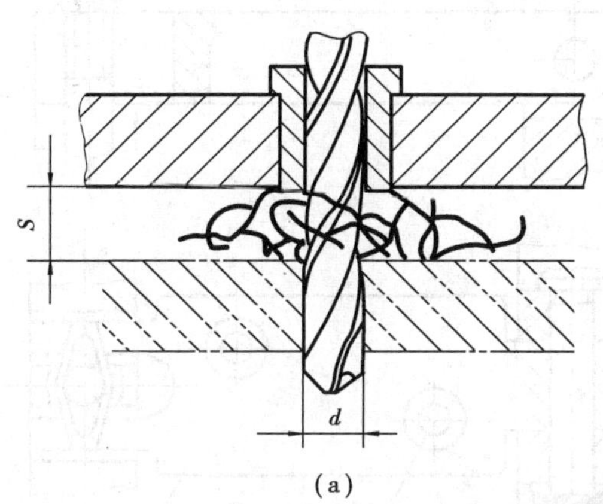

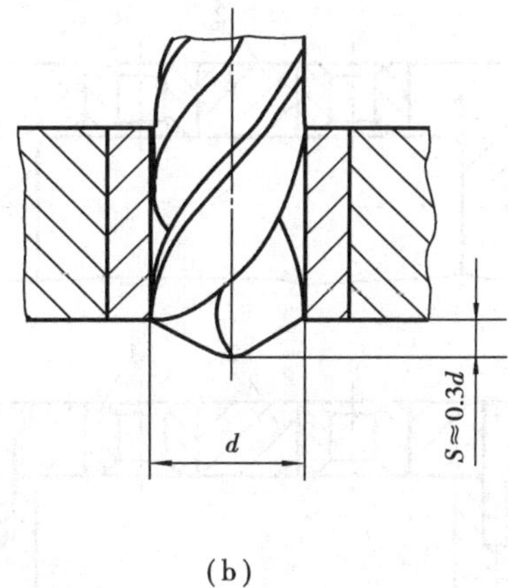

图2.19　钻套下端面距加工表面的空隙

加工铸铁时，$S=(0.3\sim0.6)d$。

加工钢等韧性材料时，$S=(0.5\sim1.0)d$。

材料越硬，系数应取小值；钻头直径越小(刚性差)，系数应取大值。

在斜面或圆弧面上钻孔时，为保证起钻良好，钻套下端面尽可能接近加工表面。

孔的精度要求高，要求引导良好，但为了排屑又不能取小的S值时；结构上允许时，干脆取$S=0$，使切屑由引导孔排出，此时钻套磨损将是严重的。

钻深孔时(即孔的长径比$L/d>5$)，可取$S=1.5d$。

2)钻模板

钻模板主要用来安装钻套，有的还兼有夹紧功能，故应有一定的强度和刚度。通常有以下四种：

①固定式钻模板

固定式钻模板如图2.20所示，钻模板直接固定在夹具体上。由于钻套的位置固定，因此其加工孔的位置精度较高，但有时装卸工件较不方便。

固定式钻模板与夹具体的联接可用销钉对定、螺钉紧固，对于简单的钻模也可采用整体铸造或焊接结构。

②铰链式钻模板

这种形式的钻模板是用铰链与夹具体相联接，因此，钻模板可绕铰链轴旋转翻起，使工件装卸很方便。

图2.21是铰链式钻模板结构。铰链轴8(JB/T 8033—1999)由钻模板4的孔中穿过，将钻模板4与夹具体3相联接。垫圈7和开口销6起限制铰链轴轴向位置作用。活节螺栓2穿过钻模板的槽口，并用菱形螺母将钻模板压紧。由于各运动环节不可避免地存在间隙，因而其工作精度较固定式钻模板低。

③可卸式钻模板

当装夹工件需要将钻模板卸掉时，则须采用可卸式钻模板。如图2.22所示为可卸式钻模板的结构。装上要加工的工件后，盖上钻模板时要对准圆柱销2和削边销6以确定钻模板的

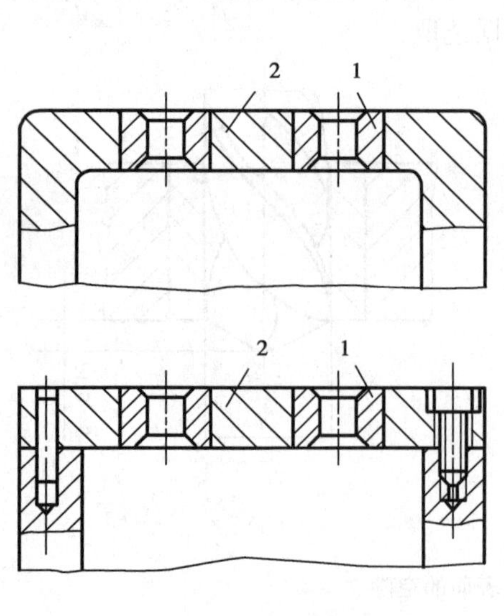

图 2.20　固定式钻模板

1—钻套;2—钻模板

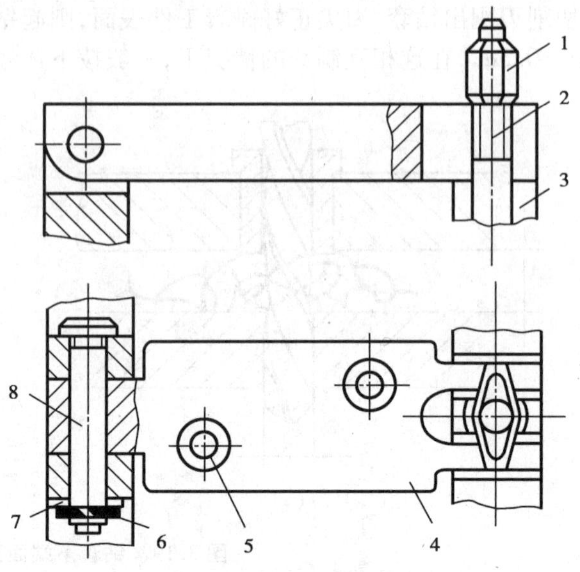

图 2.21　铰链式钻模板

1—菱形螺母;2—活节螺栓;3—夹具体;4—钻模板;
5—固定钻套;6—开口销;7—垫圈;8—铰链轴

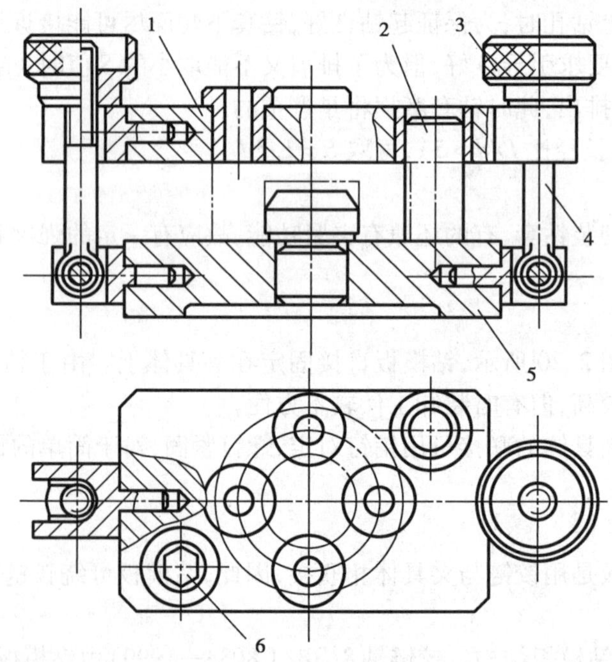

图 2.22　可卸式钻模板

1—可卸钻模板;2—圆柱销;3—螺母;4—活节螺栓;5—夹具体;6—削边销

位置,然后翻起活节螺栓 4,旋紧螺母 3,使钻模板连同工件一起夹紧。可卸式钻模板的钻孔精度也较高,但装卸工件时间长、效率较低。

④悬挂式钻模板

在大批量生产中,加工一般平行孔系,常采用组合机床或在钻床上加多轴传动头进行钻孔,使各孔加工工时重叠,显著地提高了生产效率。配合组合机床或钻床多轴头钻孔,常用悬挂式钻模板。

如图2.23所示为悬挂式钻模板的结构,图2.23中钻模板4由锥端紧定螺钉5固定在导柱3上,导柱上部装在多轴传动头的导孔中,因而钻模板就被悬挂起来。导柱下部伸入夹具体6的导套孔中,使钻模板准确定位。当多轴头向下运动时,压缩弹簧2,依靠这个压力使钻模板压紧工件,同时钻头由钻套引导孔中伸出进行钻孔加工。加工完毕后,多轴头带着钻模板向上退回,弹簧复位将工件松夹。钻头也随之缩进钻套内。由于钻模板随多轴头退出,敞开了空间,使装卸工件、清除切屑十分方便。

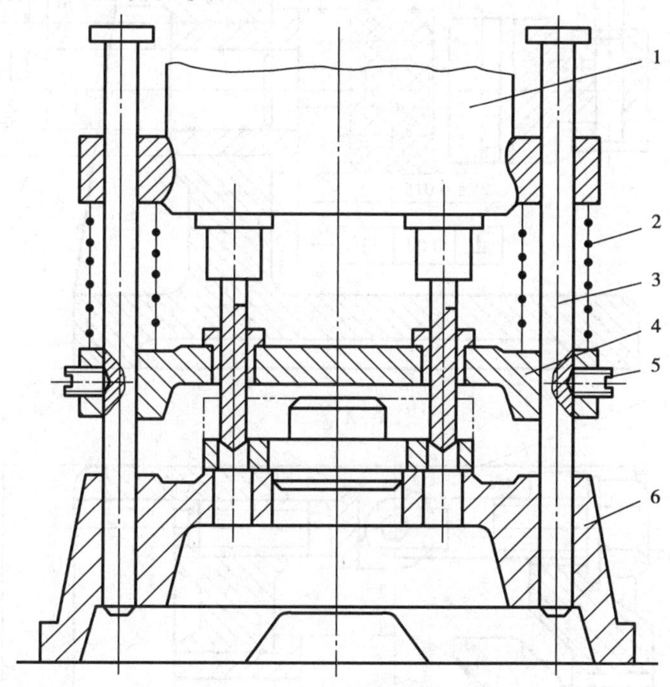

图2.23　悬挂式钻模板

1—多轴传动头;2—弹簧;3—导柱;4—钻模板;5—紧定螺钉;6—夹具体

(3)几种典型钻床夹具的结构分析点

1)钻铰支架孔钻模

如图2.24所示为支架工序图。ϕ20H9孔的下端面和$\phi 24_{-0.05}^{\ 0}$ mm短圆柱面均已加工,本工序要求钻铰ϕ20H9孔,并要求保证该孔轴线到下端面的距离为(25±0.05)mm。

如图2.25所示为在立式钻床上钻铰支架上ϕ20H9孔的钻模。工件以ϕ20H9孔的下端面、$\phi 24_{-0.05}^{\ 0}$mm短圆柱面和R24 mm外圆弧面为定位基准,通过夹具上定位套1的孔、定位套的端面和一个摆动V形块2实现六点定位。为了装卸工件方便,采用铰链式压板4和摆动

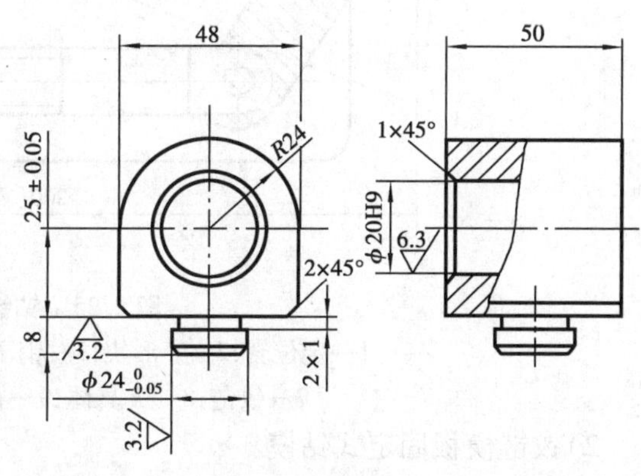

图2.24　支架

V形块2夹紧工件。该夹具定位结构简单，装卸工件方便，夹紧可靠。

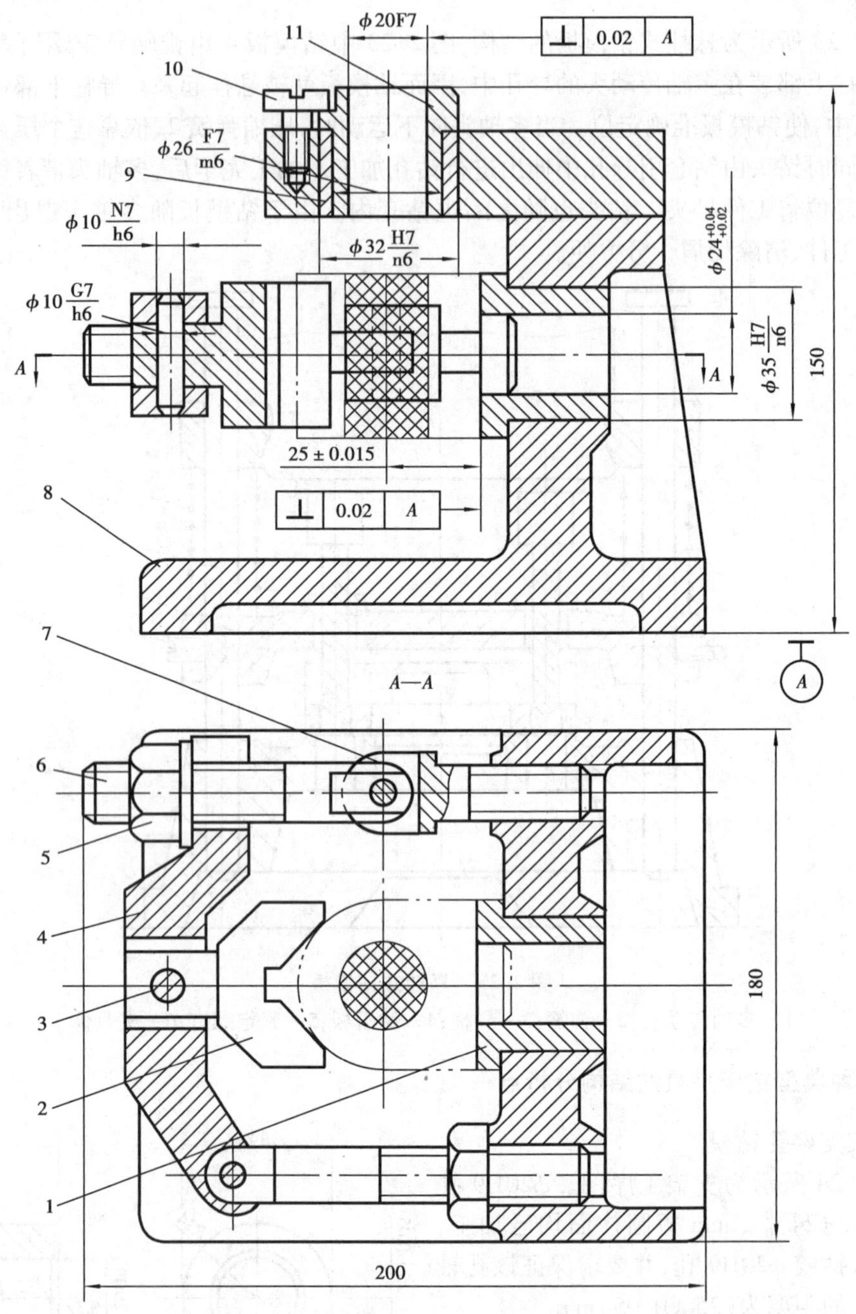

图2.25　钻铰支架孔钻模

1—定位套；2—V形块；3—销子；4—压板；5—螺母；6—螺栓；7—铰链；8—夹具体；9—衬套；10—螺钉；11—钻套

2）铰链模板固定式钻模

如图2.26所示为在拨叉上加工直径φ8.4 mm的M10底孔的工序图和在立式钻床上完成

以上工序的钻模总图。工件以圆孔 $\phi15.81F8$、叉口 $51^{+0.1}_{0}$ mm 及槽 $14.2^{+0.1}_{0}$ mm 作为定位基准，通过夹具上的定位轴6、扁销1及偏心轮8上的对称楔块等定位元件实现六点定位，且符合基准重合原则。由于钻孔后需要攻丝，并且考虑使工件装拆方便，故该钻模采用了可翻开的铰链式钻模板。夹紧时，通过手柄顺时针转动偏心轮8，偏心轮上的对称楔块插入工件槽内，在定位的同时将工件夹紧。由于钻削力不大，故工作时比较可靠。钻模板4用销轴3采用基轴制装在模板座7上，翻下时与支承钉5接触，以保证钻套的位置精度，并用紧定螺钉2锁紧。该夹具对工件的定位考虑合理，且采用偏心轮使工件既定位又夹紧，简化了夹具的结构。

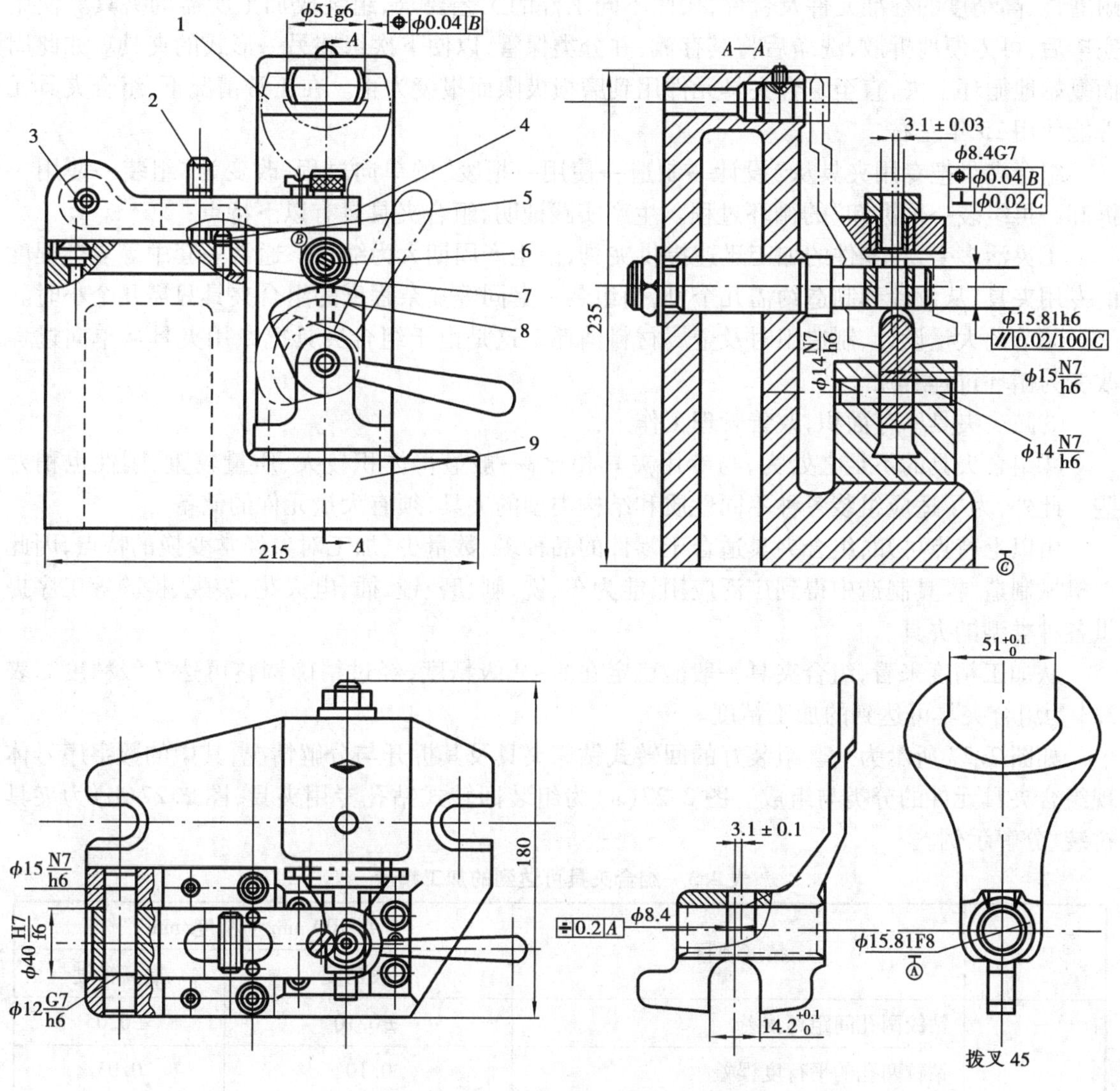

图2.26　铰链模板固定式钻模

1—扁销；2—紧定螺钉；3—销轴；4—钻模板；5—支承钉；
6—定位轴；7—模板座；8—偏心轮；9—夹具体

任务2.4 组合夹具

(1)组合夹具特点

组合夹具是由一套预先制好的各种不同形状、不同规格、不同尺寸、具有完全互换性和高耐磨性、高精度的标准元件及合件,按照不同工件的工艺要求,组装成加工所需的夹具。使用完毕后,可方便地拆散,洗净后将其存放,并分类保管,以便下次组装另一形式的夹具。如此周而复始地循环下去,直至组合夹具元件用到磨损极限而报废为止。在正常情况下,组合夹具元件能使用15年左右。

组合夹具把专用夹具从"设计→制造→使用→报废"的单向过程,改变为"组装→使用→拆卸→再组装→再拆卸"的循环过程。生产实践证明,组合夹具具有以下特点:

①灵活多变,为零件的加工迅速提供夹具,使生产周期大为缩短。通常一套中等复杂程度的专用夹具,从设计到制造约需几个月,而组装一套同等复杂程度的组合夹具只需几个小时。

②节约大量设计、制造工时及金属材料消耗。这是由于组合夹具把专用夹具从单向过程改变为循环过程所致。

③减少夹具库存面积,改善管理工作。

④组合夹具的不足之处为,与专用夹具相比,一般显得体积较大、质量较重、刚性也稍差些。此外,为了适应组装各种不同性质和结构类型的夹具,须有大量元件的储备。

由以上特点可知,组合夹具适合于零件的品种多、数量少、加工对象经常变换的特点,因此在机械制造、模具制造中得到广泛应用,能为车、铣、刨、磨、镗、插、电火花、装配、检验等工序提供各种类型的夹具。

从加工精度来看,组合夹具一般能稳定在8~9级精度,经过精确调整可达7级精度。表2.3为组合夹具可达到的加工精度。

如图2.27所示为一套组装好的回转式钻床夹具及其拆开与分解情况,其中的数字序号体现组合夹具元件的分类与组成。图2.27(a)为组装回转式钻孔专用夹具,图2.27(b)为夹具拼装、分解示例。

表2.3 组合夹具可达到的加工精度

类　别	精度项目	每100 mm上精度/mm	
		一般精度	提高精度
钻床夹具	钻铰两孔间距离误差	±0.10	±0.05
	钻铰两孔的平行度误差	0.10	0.03
	钻铰两孔的垂直度误差	0.10	0.03
	钻铰上、下两孔的同轴度误差	0.03	0.02
	钻铰圆周孔角度误差	±5′	±1′
	钻铰圆周孔圆角直径距离误差	±0.10	±0.03

续表

类　别	精度项目	每100 mm上精度/mm	
		一般精度	提高精度
钻床夹具	钻铰孔与底面垂直度误差	0.10	0.03
	钻铰斜孔的角度误差	±10′	±5′
镗床夹具	镗两孔的孔距误差	±0.10	±0.02
	镗两孔的平行度误差	0.04	0.01
	镗两孔的垂直度误差	0.05	0.02
	镗前后两孔的同轴度误差	0.03	0.01
铣刨夹具	加工斜面与斜孔的角度误差	8′	2′
	加工平面的平行度误差	0.05	0.03
磨床夹具	磨斜面的角度误差	5′	1′
	磨两面的平行度误差	0.03	0.015
	磨孔与平面的垂直度误差	0.03	0.015
	磨孔与基面的距离误差	±0.02	±0.01
车床夹具	加工孔与孔之间距离误差	±0.05	±0.02
	加工孔面与基准平面的平行度误差	0.05	0.02
	加工孔与基准平面的垂直度误差	0.03	0.02

(2)组合夹具系列

按照所依据的基面形状,组合夹具分槽系和孔系两大类。我国采用槽系组合夹具,它又分大型、中型、小型3种系列,形成了一套完整的组合夹具体系,以用于不同企业对不同零件的加工。

中型系列组合夹具元件用得最多,在我国已有比较成熟的使用经验。

(3)组合夹具的元件

组合夹具的元件按其使用性能可分成八大类:

1)基础件

它是组合夹具中最大的元件。它包括各种规格尺寸的方形、矩形、圆形基础板及基础角铁等。基础件图形及尺寸见表2.4。基础件通常作为组合夹具的基体,通过它将其他各种元件或合件组装成一套完整的夹具。

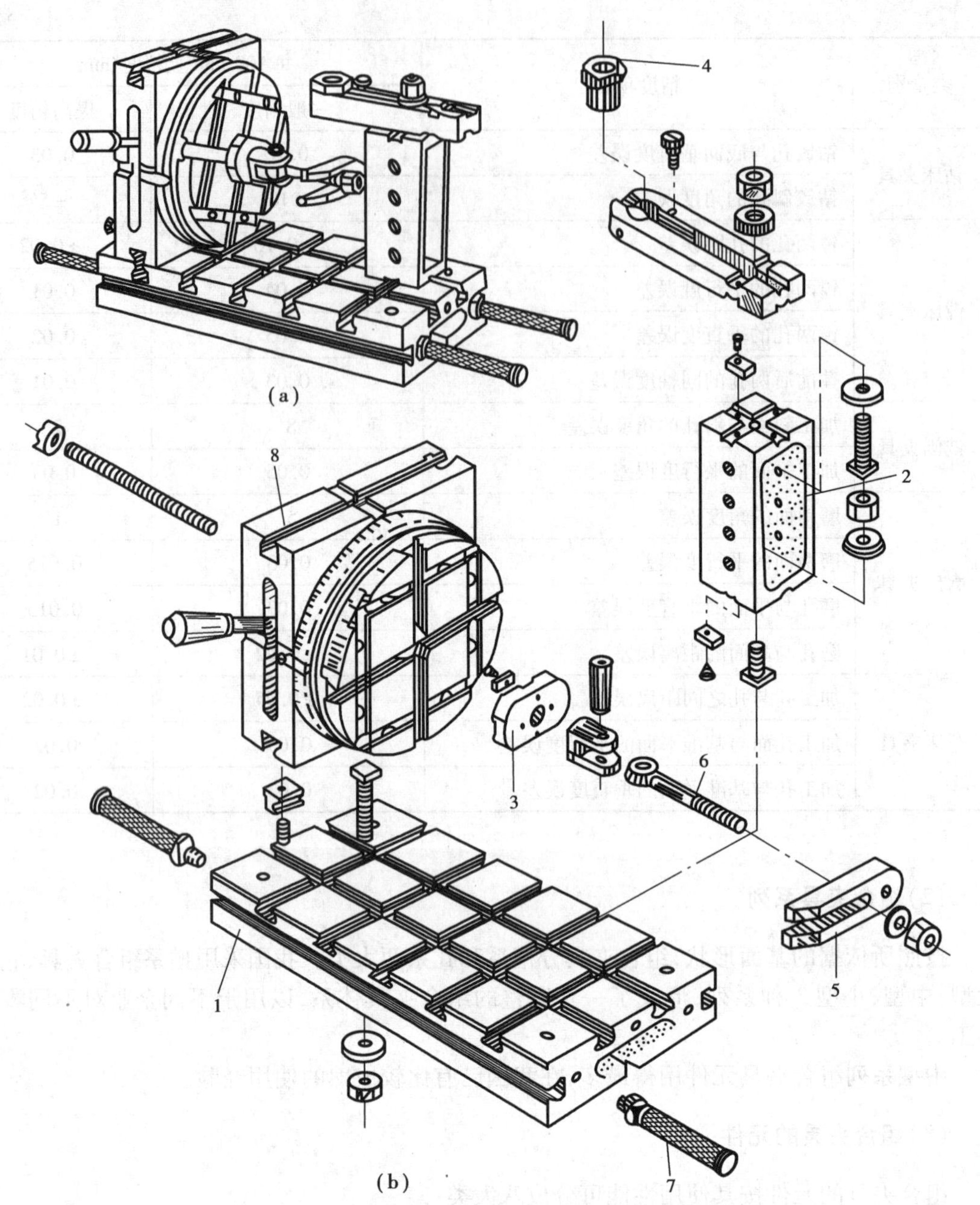

图 2.27　组合夹具组装与分解图

1—基础件;2—支承件;3—定位件;4—导向件;5—夹紧件;
6—紧固件;7—其他件;8—合件

表 2.4　基础件图形及尺寸/mm

<table>
<tr><th colspan="2">元件名称</th><th>结构图</th><th>规　格</th></tr>
<tr><td rowspan="3">圆形基础板</td><td>辐射形梯形槽</td><td>45°
D
H</td><td><table><tr><td>D</td><td>240</td><td>360</td></tr><tr><td>H</td><td>35</td><td>40</td></tr></table></td></tr>
<tr><td>方形梯形槽</td><td>90°
D
H</td><td><table><tr><td>D</td><td>240</td><td>300</td><td>360</td></tr><tr><td>H</td><td>35</td><td>40</td><td>40</td></tr></table></td></tr>
<tr><td>等边辐射梯形槽</td><td>60°
D
H</td><td><table><tr><td>D</td><td>240</td><td>360</td></tr><tr><td>H</td><td>35</td><td>40</td></tr></table></td></tr>
<tr><td colspan="2">方形</td><td>60
A
B</td><td><table><tr><td>A</td><td>180</td><td>240</td><td>300</td><td>360</td></tr><tr><td>B</td><td>180</td><td>240</td><td>300</td><td>360</td></tr></table></td></tr>
<tr><td colspan="2">矩形</td><td>60
A
B</td><td><table><tr><td>A</td><td>180</td><td>240</td><td>300</td><td>360</td><td>420</td></tr><tr><td>B</td><td>120</td><td>120</td><td>120</td><td>120</td><td>120</td></tr></table><table><tr><td>A</td><td>480</td><td>240</td><td>300</td><td>360</td><td>480</td><td>480</td></tr><tr><td>B</td><td>120</td><td>180</td><td>180</td><td>180</td><td>180</td><td>240</td></tr></table></td></tr>
</table>

续表

<table>
<tr><th>元件名称</th><th>结构图</th><th>规 格</th></tr>
<tr><td>直角形</td><td>A
B
C</td><td>

A	B	C
90	120	200
90	180	200

</td></tr>
</table>

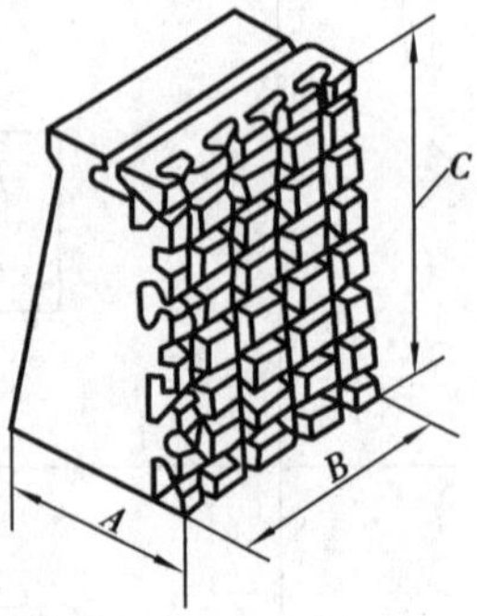

2）支承件

它是组合夹具中的骨架元件，各种夹具结构的组成都缺少不了支承件，它是组合夹具中起到上下联接的作用，即把上面的定位、导向、合件等元件通过支承件与其下面的基础板连成一体。各种支承件可作不同形状和高度的支承面或定位平面，也可直接和工件接触作为定位件使用。在组装小夹具时，有时可代替基础板为夹具的基础件。支承件图形及尺寸见表2.5。

表2.5 支承件图形及尺寸/mm

元件名称	结构图	规 格
方形支承板	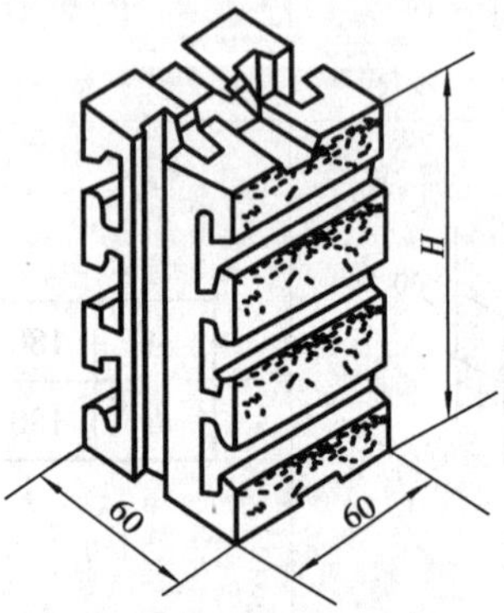 H 60 60	H：10，12.5，15，17.5，20，30，40，60，80，120
方形支承板	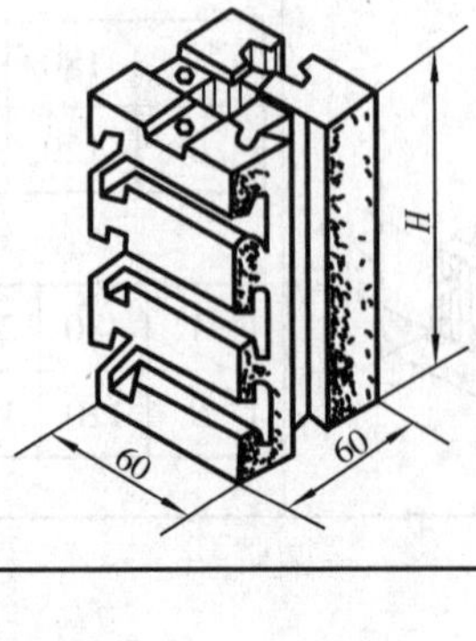 H 60 60	H：10，12.5，15，17.5，20，30，40，60，80，120

续表

元件名称	结构图	规　格
方形支承板	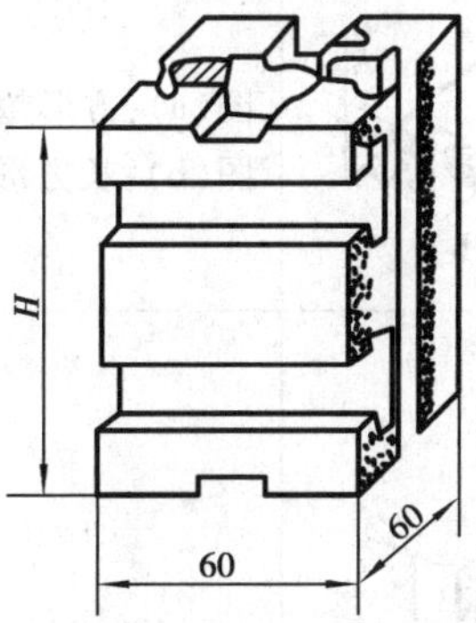 H 60 60	*H*: 10, 12. 5, 15, 17. 5, 20, 30, 40, 60, 80,120
长方形支承板	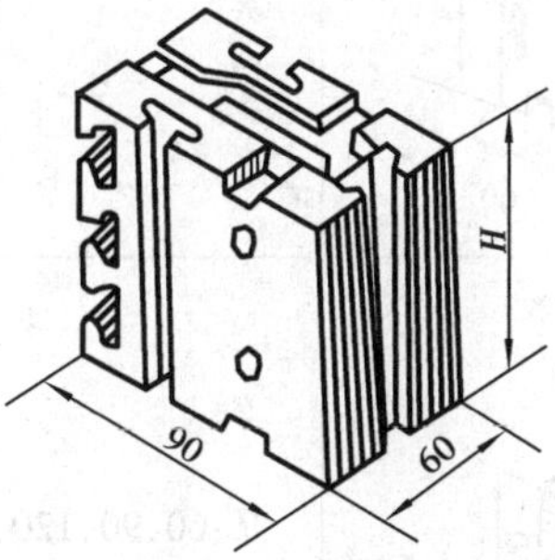 H 90 60	*H*: 10, 12. 5, 15, 17. 5, 20, 30, 40, 60, 80,120
	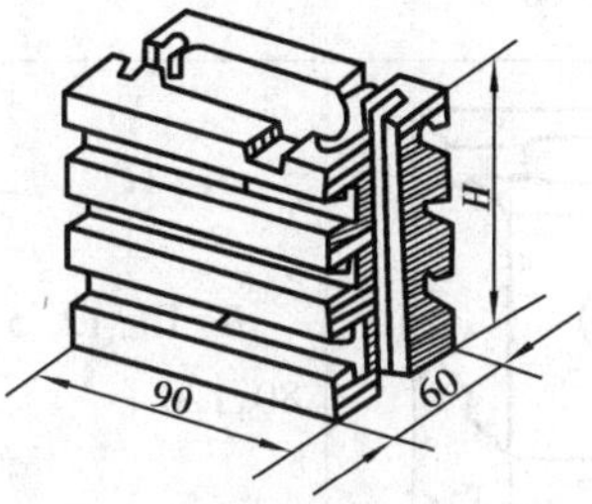 H 90 60	*H*:30,40,60,80,120
	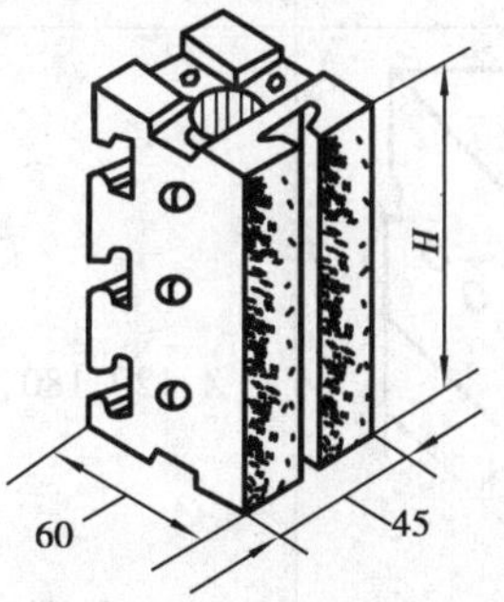 H 60 45	*H*:30,40,60,80,120,30

续表

元件名称		结构图	规　格
方形、长方形垫板			图(a):方形垫板 图(b):长方形垫板
直角形支承座	宽直角形支承座	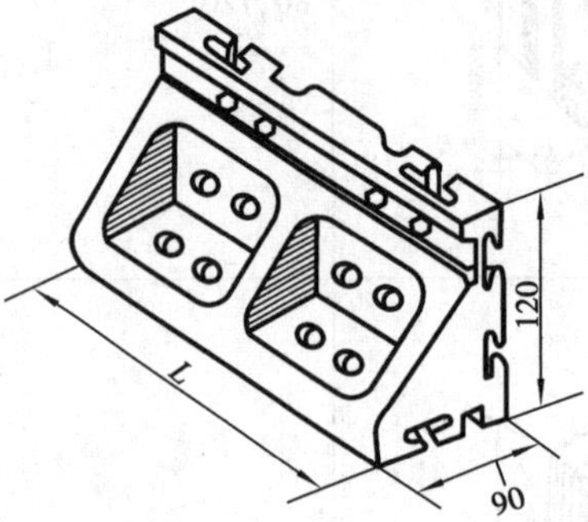	L:180,240
	加肋支承座		L:60,90,120,180,240
紧固支承			H: 10, 12. 5, 15, 17. 5, 20, 30, 40, 60, 80,120
长方形支承座			A:120,180,240,300

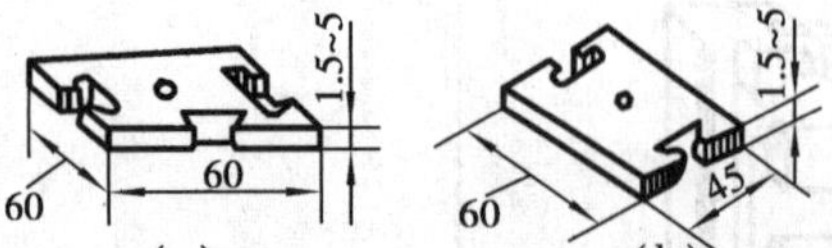

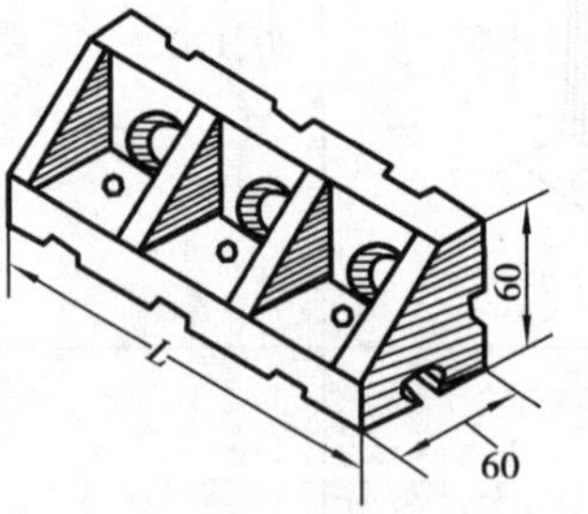

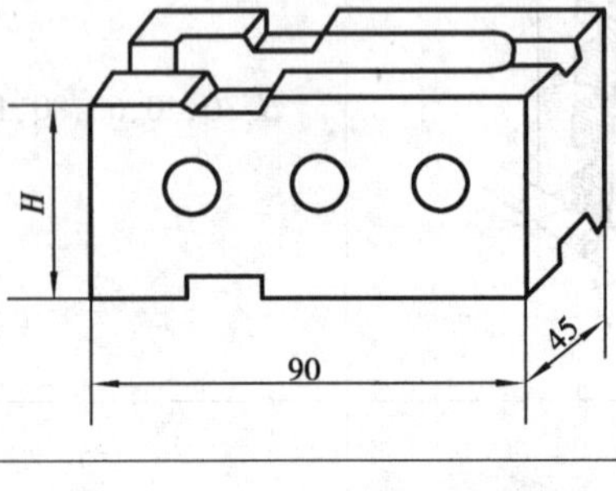

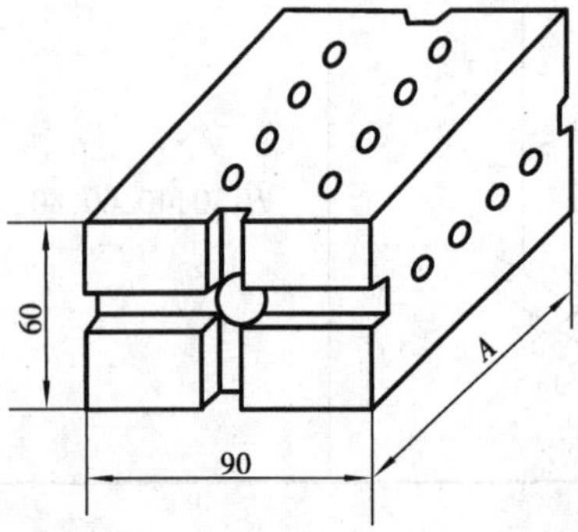

续表

<table>
<tr><th>元件名称</th><th>结构图</th><th>规 格</th></tr>
<tr><td>V形块支承座</td><td> 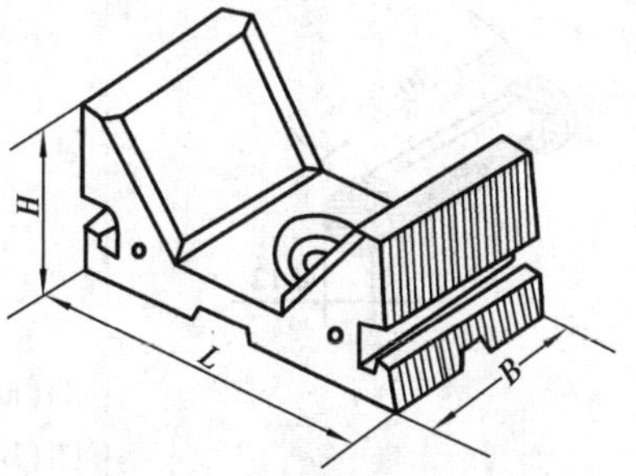H
L
B</td><td>
<table>
<tr><td>L</td><td>45</td><td>60</td><td>75</td><td>90</td><td>120</td></tr>
<tr><td>B</td><td>30</td><td>45</td><td>45</td><td>45</td><td>60</td></tr>
<tr><td>H</td><td>35</td><td>40</td><td>50</td><td>55</td><td>60</td></tr>
</table>
</td></tr>
</table>

3)定位件

它用于保证夹具中各元件的定位精度和联接强度及刚度,还主要用于被加工工件的正确定位。其中,轴类元件可作调整测量夹具时的心轴。直键虽然很小,但每套夹具中所需数量最多。定位件图形及尺寸见表2.6。

表2.6 定位件图形及尺寸/mm

<table>
<tr><th>元件名称</th><th>结构图</th><th>规 格</th></tr>
<tr><td>定位键</td><td> 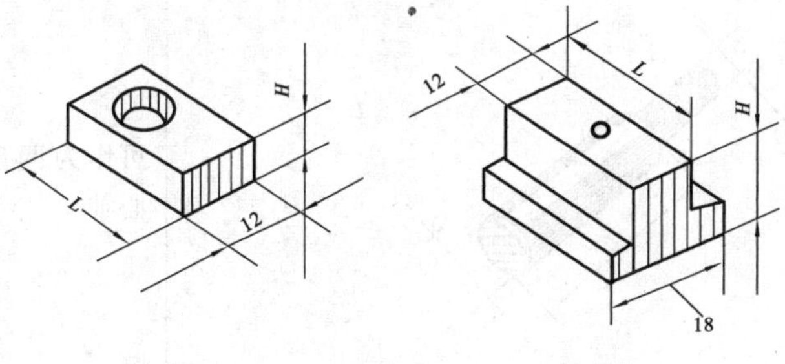H
L
12
(a)
12
L
H
18
(b)</td><td>图(a)为直键
图(b)为T形键</td></tr>
<tr><td>台阶板</td><td> 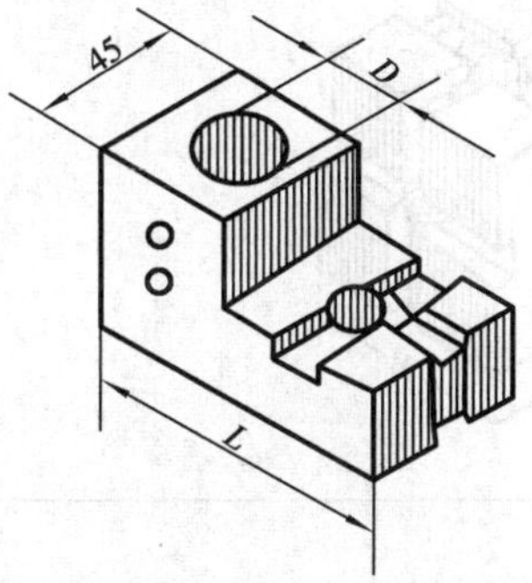45
D
L</td><td>
<table>
<tr><td>D</td><td>18</td><td>26</td></tr>
<tr><td>L</td><td>90</td><td>100</td></tr>
</table>
</td></tr>
</table>

续表

<table>
<tr><th>元件名称</th><th>结构图</th><th>规 格</th></tr>
<tr><td>定位销</td><td>6~18 10 φ18 (a)
40~45 φ12 (b)
20~25 6 φ18 (c)
6~18 10 φ18 (d)</td><td>图(a)为菱形定位销
图(b)为轴销
图(c)、图(d)均为圆形定位销</td></tr>
<tr><td>对位栓</td><td>d L D</td><td>可作为调整、测量夹具的心轴</td></tr>
<tr><td>方形支座</td><td>D 60 H</td><td><table><tr><td>H</td><td>45</td><td>45</td><td>60</td></tr><tr><td>D</td><td>18</td><td>26</td><td>35</td></tr></table></td></tr>
<tr><td>定位盘</td><td>φ18 50~75 (a)
φ18 50~75 (b)</td><td>图(a)为菱形定位盘
图(b)为圆形定位盘</td></tr>
</table>

4）导向件

它用于保证刀具相对于工件的正确位置，有的导向件也可起工件的定位作用，还可作为组合夹具中活动元件的导向。导向件主要用于钻、扩、铰、镗及攻螺纹等工序的夹具。导向件的图形及尺寸见表2.7。

表2.7　导向件的图形及尺寸/mm

<table>
<tr><th>元件名称</th><th>结构图</th><th>规　格</th></tr>
<tr><td>钻模板</td><td> 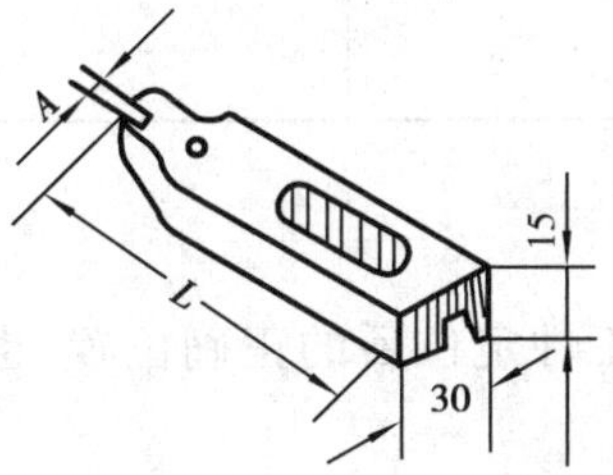A L 15 30</td><td><table><tr><td>A</td><td>12</td><td>12</td><td>12</td><td>18</td></tr><tr><td>L</td><td>90</td><td>125</td><td>155</td><td>180</td></tr></table></td></tr>
<tr><td>双面钻模板</td><td> 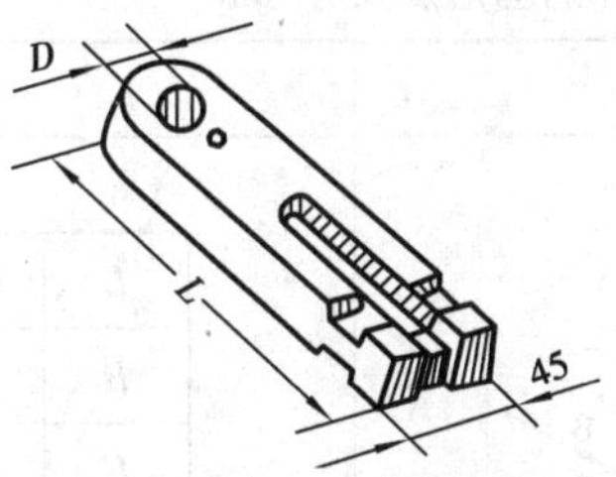D L 45</td><td><table><tr><td>L</td><td>142.5</td><td>172.5</td><td>202.5</td><td>142.5</td><td>172.5</td></tr><tr><td>B</td><td>26</td><td>26</td><td>26</td><td>35</td><td>35</td></tr></table></td></tr>
<tr><td>中心孔钻模板</td><td> 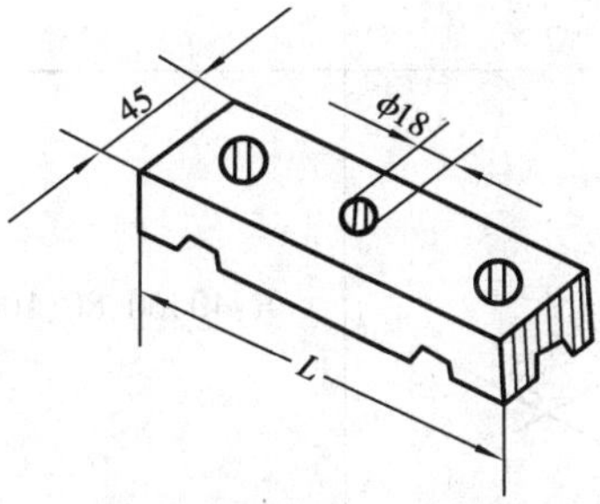45 φ18 L</td><td>L:60,90,120,150,180,240</td></tr>
<tr><td>立式钻模板</td><td> 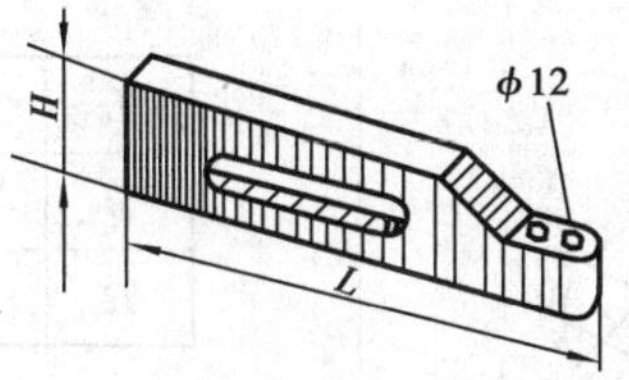H φ12 L</td><td><table><tr><td>L</td><td>85</td><td>100</td><td>130</td></tr><tr><td>H</td><td>30</td><td>30</td><td>30</td></tr></table></td></tr>
<tr><td>快换钻套</td><td> 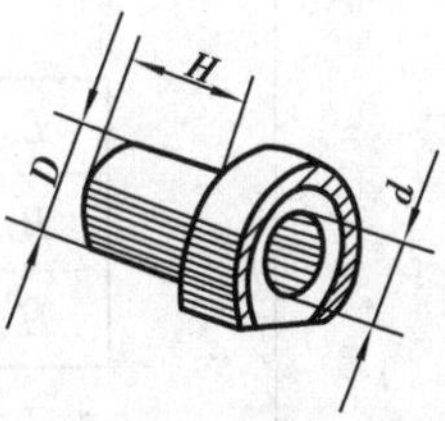H D d</td><td>d×D×H
6×12×15—48×58×60</td></tr>
</table>

续表

元件名称	结构图	规　格
导向支承	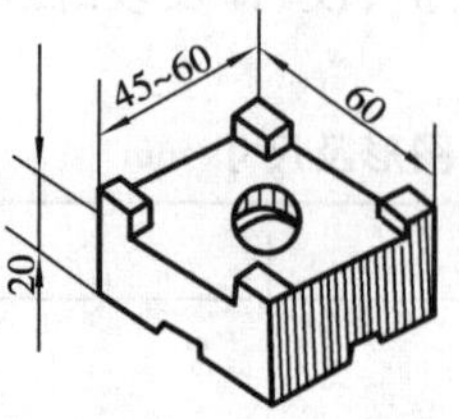 45~60　60　20	

5）夹紧件

它主要用来将工件夹紧在夹具上，保证工件定位后的正确位置，也可作为垫板和挡块用。夹紧件的图形及尺寸见表2.8。

表2.8　夹紧件的图形及尺寸/mm

元件名称	结构图	规　格
等边压板	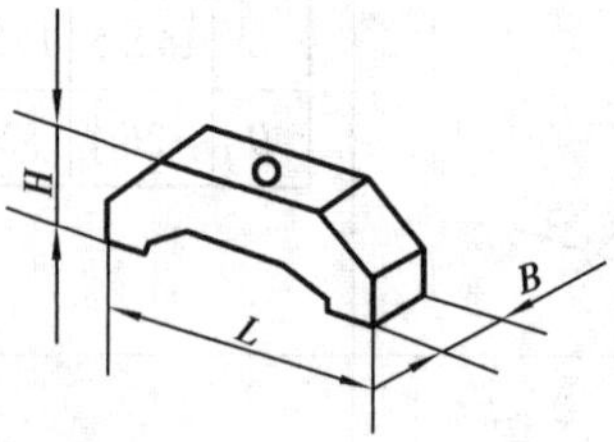 H　B　L	L: 110, 140, 200 B: 35, 35, 40 H: 35, 40, 45
回转压板	φ12　R　30	R:40,60,80,100
伸长压板	B　L　H	L: 95, 140, 175 B: 30, 35, 40 H: 15, 18, 22
叉形压板	B　L　H	L: 100, 115, 137.5 B: 30, 40, 60 H: 15, 18, 20

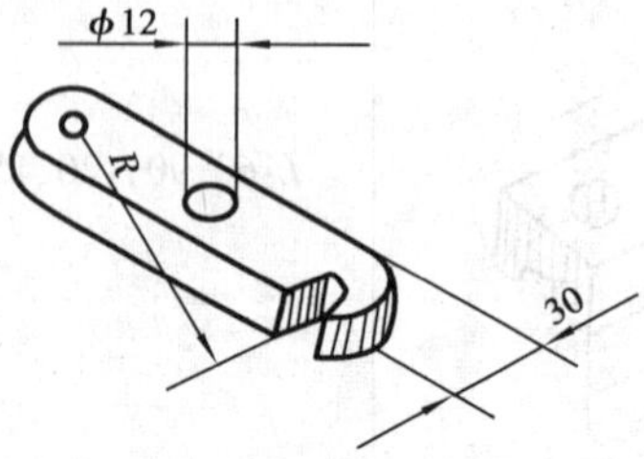

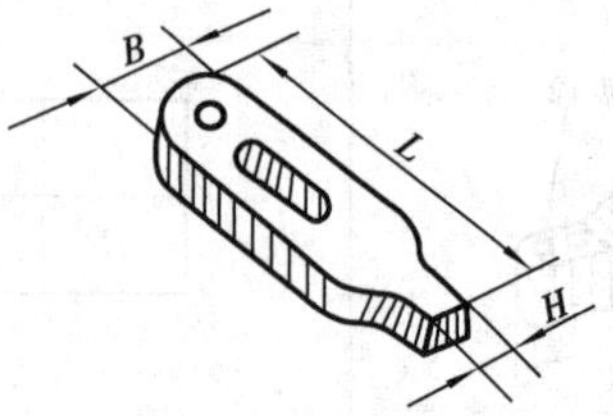

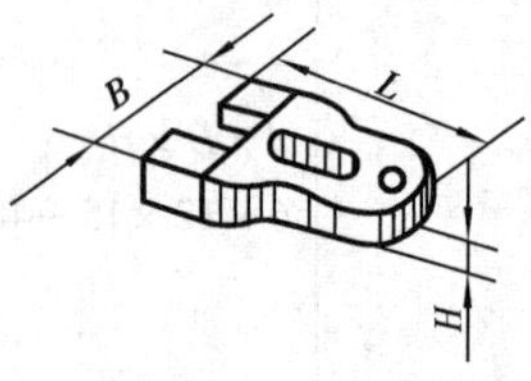

续表

<table>
<tr><th>元件名称</th><th>结构图</th><th>规　格</th></tr>
<tr><td>关节压板</td><td> 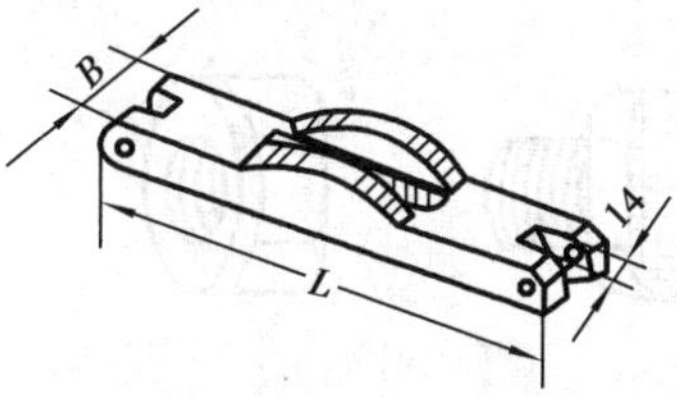</td><td><table><tr><td>L</td><td>115</td><td>145</td><td>205</td><td>265</td></tr><tr><td>B</td><td>35</td><td>35</td><td>40</td><td>40</td></tr></table></td></tr>
<tr><td>平压板</td><td></td><td><table><tr><td>L</td><td>65</td><td>80</td><td>95</td></tr><tr><td>B</td><td>30</td><td>35</td><td>40</td></tr><tr><td>H</td><td>15</td><td>18</td><td>18</td></tr></table></td></tr>
<tr><td>弯压板</td><td></td><td><table><tr><td>L</td><td>96</td><td>117</td></tr><tr><td>B</td><td>35</td><td>40</td></tr><tr><td>H</td><td>13</td><td>18</td></tr></table></td></tr>
</table>

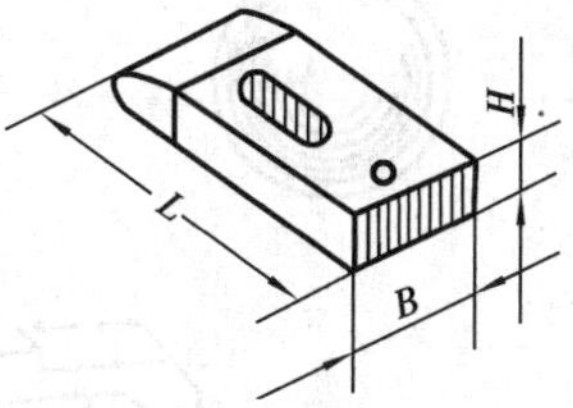

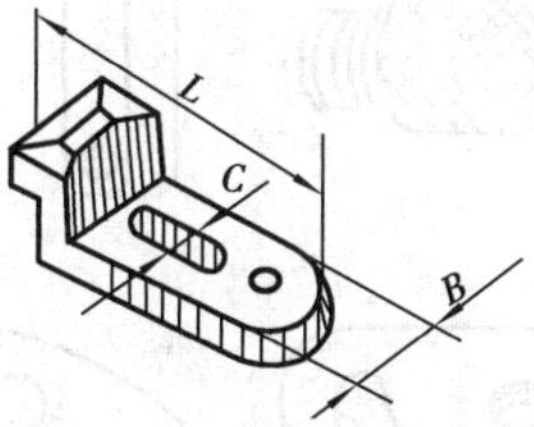

6）紧固件

它主要用于联接组合夹具中的各种元件及紧固被加工工件。由于紧固件在一定程度上影响整个夹具的刚度，因此多采用细牙螺纹，这样可使各元件的联接强度好，紧固可靠。同时所选用的材料、精度、表面粗糙度及热处理等均优于一般标准紧固件。紧固件主要有螺栓、螺母和垫圈等。其结构如图2.28所示。

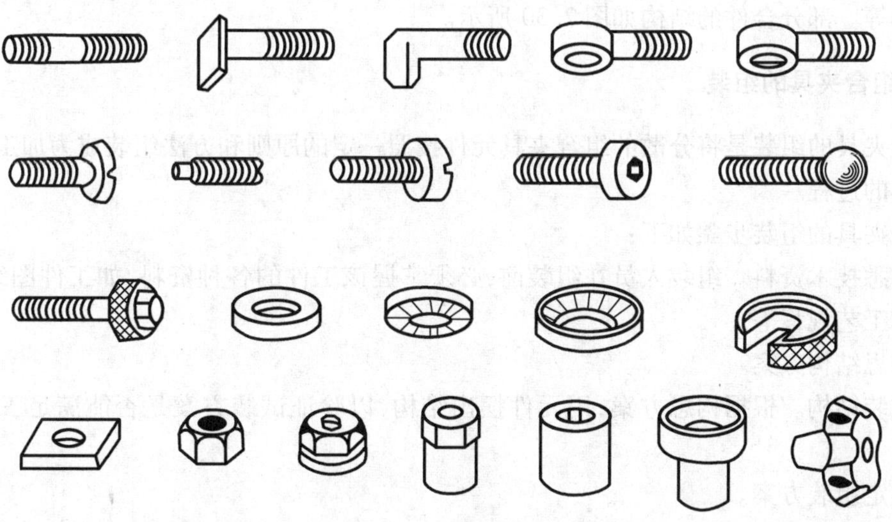

图2.28　紧固件

7)其他件

除上述6种元件以外的各种用途的单一元件称为其他件。其结构如图2.29所示。它们在夹具中通常起辅助作用。

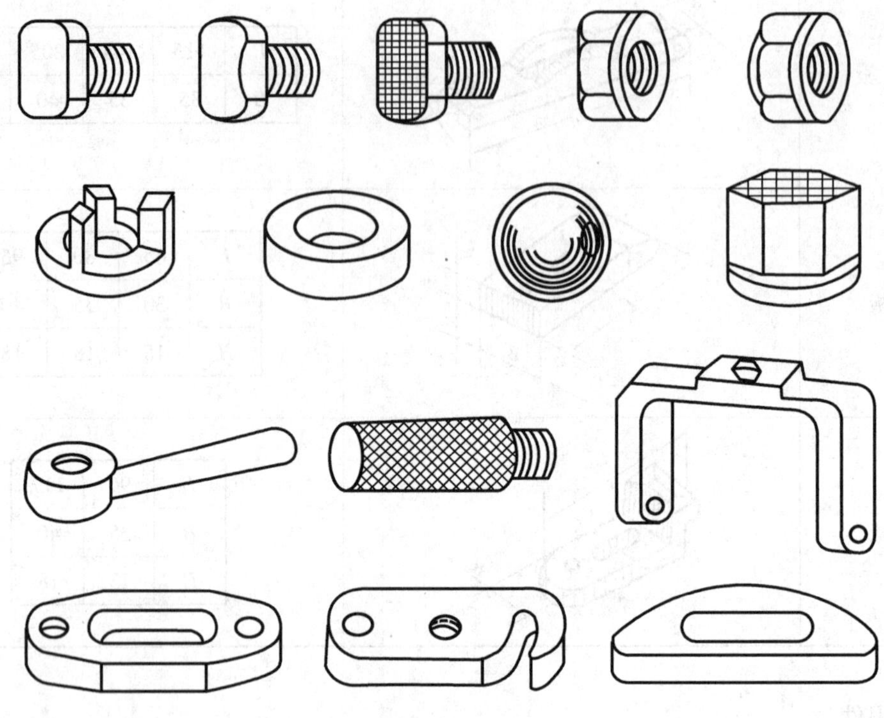

图2.29 其他件

8)合件

它由若干零件装配而成,一般不允许拆卸。它能提高组合夹具的通用性,扩大使用范围,加快组装速度,简化夹具结构等。按其用途可分为定位合件、导向合件、分度合件、支承合件及专用工具等。部分合件的结构如图2.30所示。

(4)组合夹具的组装

组合夹具的组装是将分散的组合夹具元件按照一定的原则和方法组装成为加工所需要的各种夹具的过程。

组合夹具的组装步骤如下:

①熟悉技术资料。组装人员在组装前,必须掌握该工件的各种资料,如工件图纸、工艺技术要求和工艺规程等。

②构思结构方案。

③试装结构。根据构思方案,用元件摆出结构,以验证试装方案是否能满足工件加工的要求。

④确定组装方案。

⑤选择元件,组装、调整与固定。

⑥检验。在夹具交付使用前进行全面检验,保证夹具满足使用要求。

图 2.30　合件的结构

⑦整理和积累组装技术资料。

现以加工双臂曲柄工件所使用的组合夹具来说明组合夹具的装配过程。

如图 2.31 所示为双臂曲柄工件钻孔工序的简图。这个工序的加工内容是钻、铰两个 $\phi10^{+0.03}_{0}$ mm 的孔。工件上 $\phi25^{+0.01}_{0}$ mm 孔及其他平面在本工序前都已加工完毕。如图 2.32 所示为双臂曲柄工件钻孔夹具的组装。

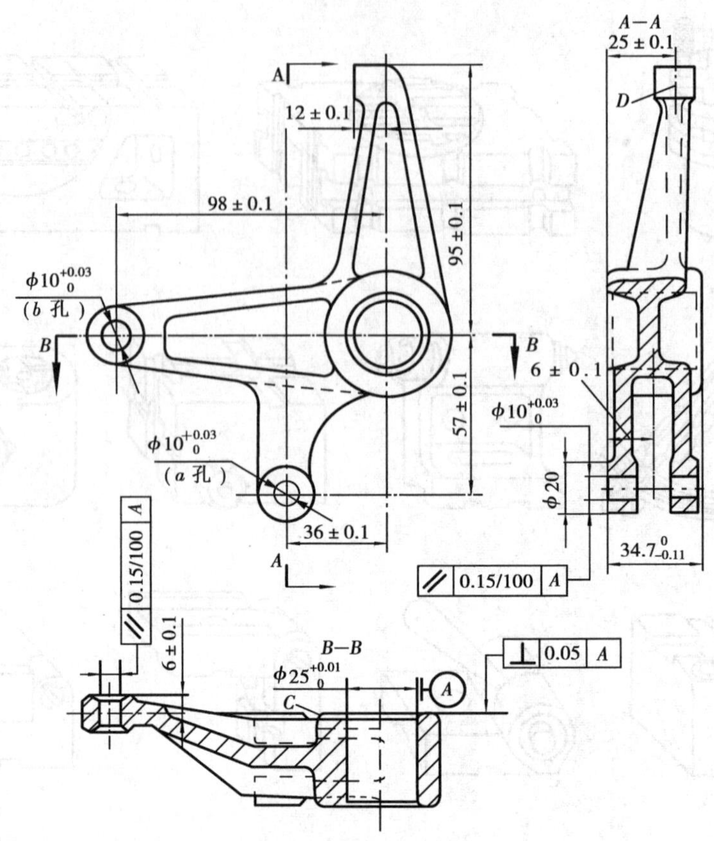

图 2.31 双臂曲柄工件钻孔工序简图

1)确定组装方案

①确定定位面

因 $\phi25^{+0.01}_{0}$ mm 孔中心线是两个 $\phi10^{+0.03}_{0}$ mm 孔中心线的设计基准，根据基准重合原则，确定工件的定位基面为 $\phi25^{+0.03}_{0}$ mm 孔、端面 C 及平面 D，工件可得到完全定位。

②选定基础件

根据工件尺寸和钻模板的安排位置(见图 2.32(a))，选用 240 mm × 60 mm 的长方形基础板，并在 T 形槽十字相交处装 $\phi25$ mm 的定位销和相配的定位盘。为使工件装得高些，便于在 a，b 孔的附近装可调辅助支承，定位盘和定位销可装在 60 mm × 60 × 20 mm 的方形支承块上。

③夹紧工件

用螺旋压板机构将工件夹紧。

④安装钻 b 孔钻模板及方形支承

将钻、铰 b 孔用的钻模板及方形支承装在 $\phi25$ mm 定位销右侧的纵向 T 形定位槽内，使之调整尺寸(98 ± 0.1)mm 能方便进行。

⑤组装钻 a 孔钻模板

在基础板后侧面 T 形槽中接出方形支承，组装钻 a 孔的钻模板，用方形支承垫起，使之达到所需高度，并控制坐标尺寸(57 ± 0.1)mm 和(36 ± 0.1)mm。

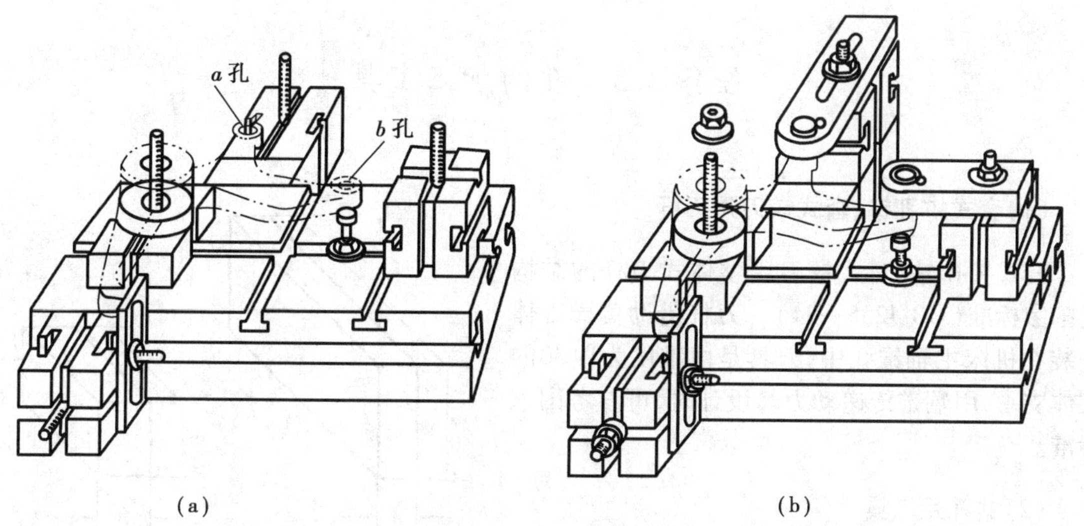

图2.32　双臂曲柄工件钻孔夹具的组装

调整钻套下端面与工件表面的距离保持为0.5～1倍钻孔直径的位置上。

⑥组装 D 面定位板

在基础板前侧面T形槽内装上方形支承和伸长板，保证 D 面定位。

2）联接、调整和紧固各元件

①擦洗已选定的各元件。

②组装 $\phi25^{+0.01}_{0}$ mm孔和 C 端面的定位元件　把方形支承、定位盘和 $\phi25^{+0.01}_{0}$ mm定位销组装在一起，并从基础板的下面将螺旋紧固，调整 $\phi25^{+0.01}_{0}$ mm销的轴心线与T形槽同轴。装入可调辅助支承。

③组装钻 b 孔的钻模板　在与 $\phi25^{+0.01}_{0}$ mm销同心的T形槽中放入定位键，装上适当高度的方形支承板，在其上放入长定位键，装上钻模板，调整与 $\phi25^{+0.01}_{0}$ mm销的轴心线距离(98±0.1)mm，然后用螺钉、垫圈、螺母紧固。

④组装钻 a 孔的钻模板　把方形支承装在基础板后侧面的T形槽中，在其上装上可调支承钉，再装上高度适当的方形支承和钻模板，它们都由键定位，用螺钉及垫圈、螺母紧固。调整时，先移动方形支承，控制与 $\phi25^{+0.01}_{0}$ mm销轴心线的坐标尺寸为(36±0.1)mm，固定方形支承。移动钻模板，控制尺寸(57±0.1)mm，由螺钉固定。

⑤组装 D 面的定位件　将方形支承装在基础板的前侧面T形槽中，在其右侧面装上伸长板，移动方形支承，调整伸长板与 $\phi25^{+0.01}_{0}$ mm定位销中心距离，由螺钉紧固。

3）检验

检验各元件的夹紧情况，a，b 孔与 $\phi25^{+0.01}_{0}$ mm定位销轴心线的坐标尺寸：(98±0.1)mm，(36±0.1)mm，(57±0.1)mm及两钻套中心线与 $\phi25^{+0.01}_{0}$ mm定位销轴心线的平行度0.15/100 mm。

任务2.5 孔的加工工具

(1)套式扩孔钻、套式铰刀用刀杆

套式扩孔钻、套式铰刀用整体式刀杆的结构见国家标准(GB 4255—84)。刀杆借助莫氏锥体安装在机床主轴锥孔中,刀具是由锥度为1:30的锥体支承,用端键传递动力。设计时,可参考国家标准。

(2)钻孔用工具

1)平行垫块

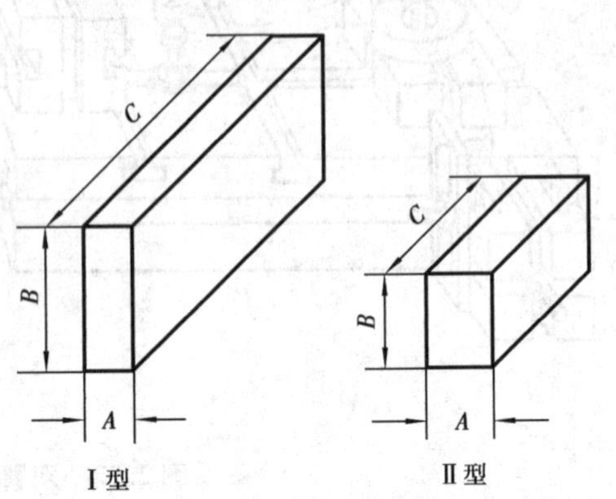

图2.33 平行垫块

平行垫块如图2.33所示,即为各棱边尺寸不等的六面体。材料为工具钢。一般淬硬至HRC52 ~ 57。按各棱边尺寸比例不同,平行垫块可分成两种型号Ⅰ型和Ⅱ型。Ⅰ型为2块一组,Ⅱ型为2 ~4块一组。它们都可构成一种定位平面,钻孔时垫块在工件下面,限定工件的3个自由度。垫块之间的空挡相当于加工通孔时,留出钻头的伸出量,且利于排屑。而Ⅱ型垫块还可作角尺等其他用途。Ⅰ,Ⅱ型垫块的尺寸规格见表2.9。

表2.9 平行垫块的尺寸规格

Ⅰ型			Ⅱ型		
A	*B*	*C*	*A*	*B*	*C*
10	30	60	15	20	30
15	35	80	20	25	35
20	45	100	25	35	45
25	55	130	30	40	50
30	70	150	35	55	65

2)反沉孔钻刀杆

如图2.34所示,反沉孔钻刀杆是借助莫氏锥体与机床主轴实现联接,以确定刀杆位置。由刀杆上长度为l_2、直径为d的圆柱部分确定刀具位置,并由扁方带动刀具旋转,刀杆前端的扁方以限定刀具的轴向位置。

3)片式沉孔钻刀杆

如图2.35所示,片式沉孔钻装入刀体1的方孔中,由导柱3、螺钉4、套2夹紧刀具。刀杆体通过莫氏锥体与机床主轴配合,以确定刀具的位置。片式沉孔钻刀杆的结构参数见机床辅具图册。

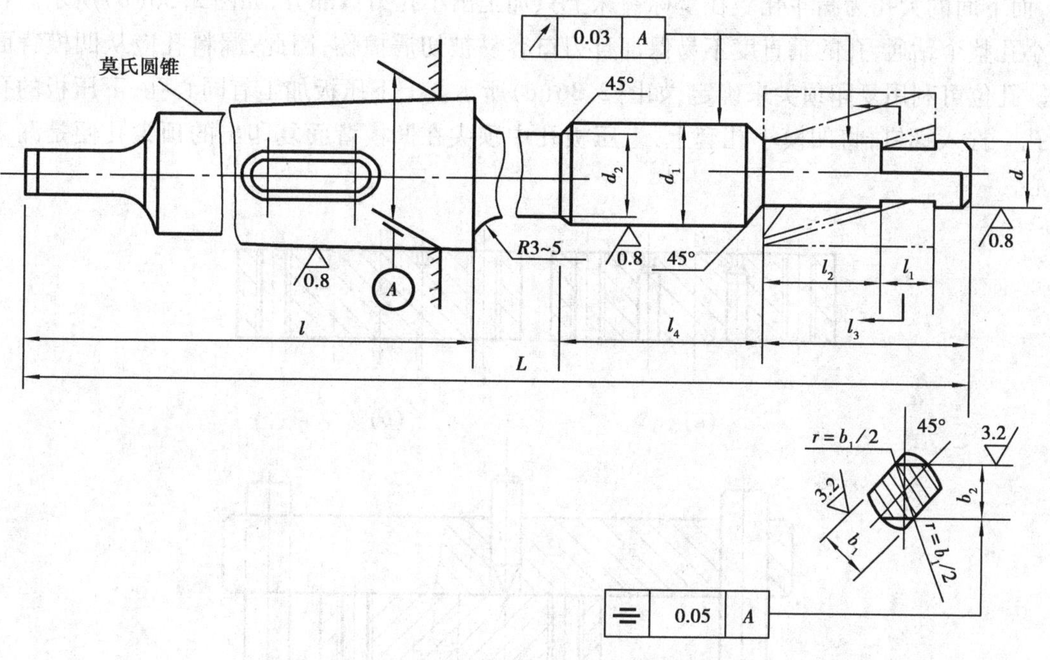

图2.34　反沉孔钻刀杆

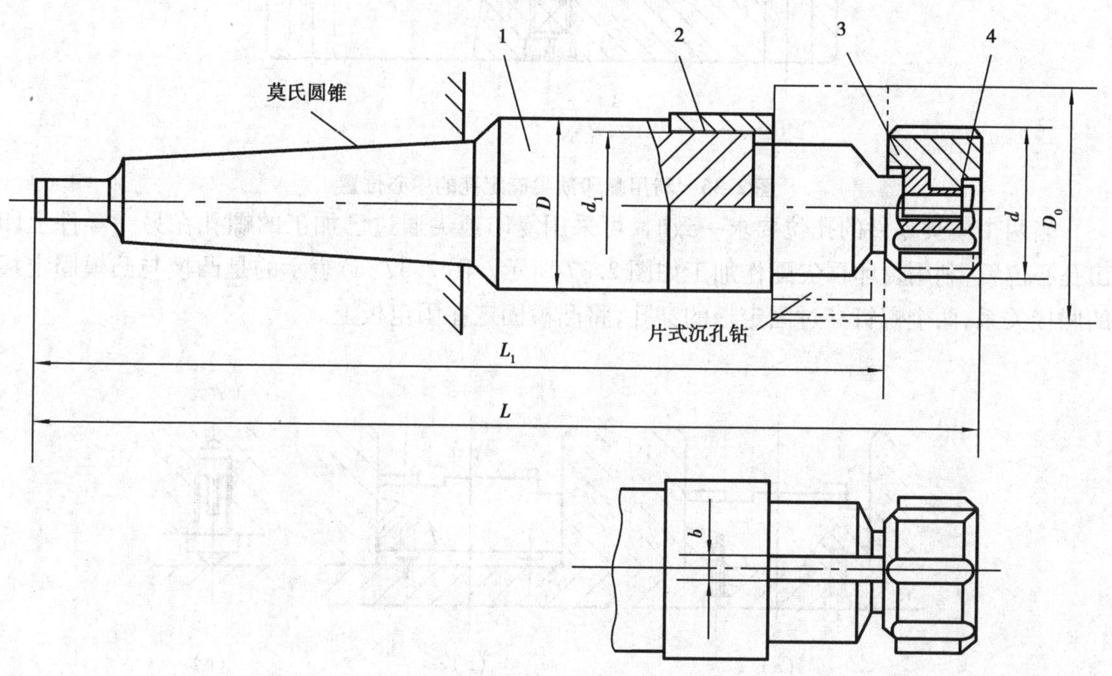

图2.35　片式沉孔钻刀杆

1—刀杆体;2—套;3—导柱;4—螺钉

4)复印顶尖

利用复印顶尖可以确定加工孔的位置,因此复印顶尖是配作加工孔的一种工具。如图2.36所示为利用复印顶尖确定孔的中心位置图。图2.36(a)为某凹模,其上两个小圆孔为刃口,而下面的大孔为漏斗孔。在坐标镗床上只加工出小孔刃口部分,如图2.36(b)所示。若将此小孔整个钻通,孔的垂直度不易保证且刃口容易被切屑擦伤,因此,漏料孔应从凹模背面加工。孔位可利用复印顶尖来确定,如图2.36(c)所示。上下压板加工有同心孔,下压板的孔为螺孔。拧入螺钉,将凹模小孔套上,上压板孔中顶尖在凹模背面复印出的顶尖孔便是漏斗孔中心。

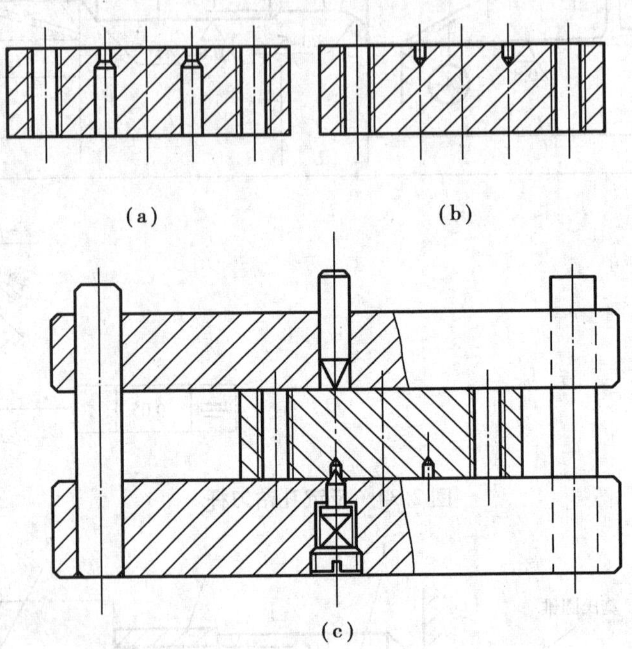

图2.36 利用复印顶尖确定孔的中心位置

当两个模具零件的孔位要求一致时,可采用复印顶尖通过已加工的螺孔在另一零件上印出孔心位置,利用复印顶尖配作加工如图2.37所示。图2.37(a)表示的是凸模与凸模固定板的联接关系,两个螺钉穿过固定板的穿孔,将凸模固定在固定板上。

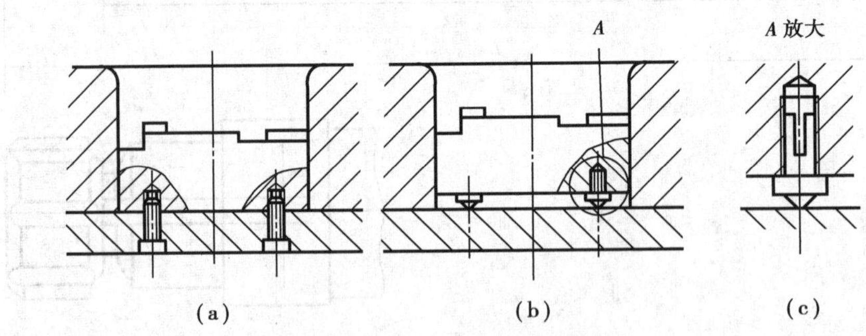

图2.37 利用复印顶尖配作加工

固定板上螺钉穿孔的位置需要根据凸模的螺孔来加工,而凸模的螺孔是盲孔,如图2.37(b)所示方法将复印顶尖拧在凸模螺孔中。以其顶尖在固定板上印出中心孔,再按此中心孔加工固定板上的螺钉穿孔即可,复印顶尖工具如图2.37(c)所示。

使用复印顶尖时，顶尖的尖端须与螺纹同心，复印顶尖拧入螺孔后要用高度规将几个复印顶尖找平。若高低不平，打印时低的顶尖将无法印出中心孔。

(3)**专用铰孔工具**

专用铰孔工具多用于在钻床上加工导柱孔、导套孔等。先在钻床上钻出孔来，再用专用铰孔工具铰出最终尺寸。

专用铰孔工具结构如图2.38所示。接柄1的上端与钻床主轴联接，下端经过上接座2、中接座4、下接座6等中间环节与转轴7相连。转轴7与轴承套8配合安装在支座9上，铰刀10装在转轴7孔内。要保证加工精度，首先要保证安装时支座底平面与转轴7孔的垂直度不能超过0.02 mm。工作前，应先将铰刀插进转轴，然后找正，使其对准导柱安装孔。定位之后用压板螺钉把支座压紧在模板平面上，即可保持定位精度，又可提高刀具的刚度，再将接柄接到钻床主轴上即可加工。

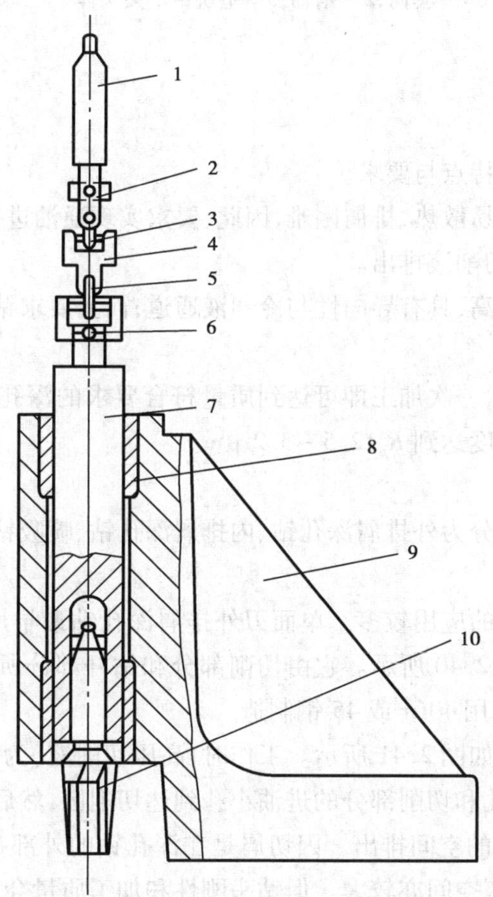

图2.38　专用铰孔工具结构

1—接柄；2—上接座；3—十字头；4—中接座；5—销钉；
6—下接座；7—转轴；8—轴承套；9—支座；10—铰刀

采用机动方式铰孔，若钻床主轴跳动较大，使用固定式铰刀不能满足铰孔的精度要求时，应采用浮动式铰刀铰孔，借以调整机床主轴与工件孔中心线的位置。如图 2.39 所示浮动式铰刀夹头的典型结构。

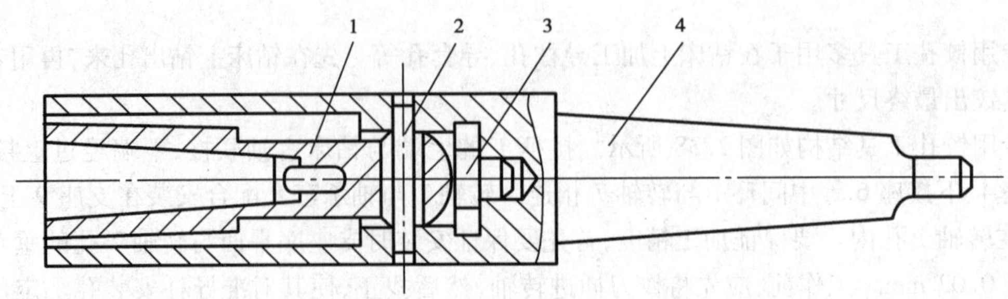

图 2.39　浮动铰刀夹头

1—套筒；2—销轴；3—垫块；4—夹头体

(4) **深孔加工装置**

1) 深孔加工的特点

深孔加工具有以下工艺特点与要求。

①深孔加工过程中不容易散热，排屑困难，因此，要求实现通油进行强制性冷却，并要求将切屑断切成碎片，使易于随切削液排出。

②要求钻刀强度与刚度高，具有导向性与冷却液通道；而且要求钻刀具有较高的切削性能与寿命。

③深孔钻削的生产率高，一次加工即可达到质量符合要求的深孔，即要求：其孔径加工精度达到 IT10—IT9，表面粗糙度达到 R_a12.5 ~ 3.2 μm。

2) 深孔钻

深孔钻按其结构特点可分为外排屑深孔钻、内排屑深孔钻、喷吸钻及套料钻。

①外排屑深孔钻

外排屑深孔钻以单面刃的应用较多。单面刃外排屑深孔钻最早用于加工枪管，故又名枪钻。枪钻的结构较简单如图 2.40 所示。它由切削部分和钻杆部分所组成。钻头常采用硬质合金(或高速钢)。钻杆则采用 40Cr 或 45 钢制造。

外排屑深孔钻工作原理如图 2.41 所示。工作时，高压切削液(为 3.5 ~ 10 MPa)由钻杆后端的中心孔注入，经月牙形孔和切削部分的进油小孔到达切削区，然后迫使切屑随同切削液由 120°的 V 形槽和工件孔壁间的空间排出。因切屑是在深孔钻的外部排出，故称外排屑。这种排屑方法无须专门辅具，排屑空间亦较大。但钻头刚性和加工质量会受到一定的影响，因此适合于加工孔径 2 ~ 20 mm、表面粗糙度 R_a3.2 ~ 0.8 μm、公差 IT10—IT8 级、长径比大于 100 的深孔。

②内排屑深孔钻

内排屑深孔钻一般由钻头和钻杆用螺纹联接组成。工作时，高压切削液(2 ~ 6 MPa)由钻

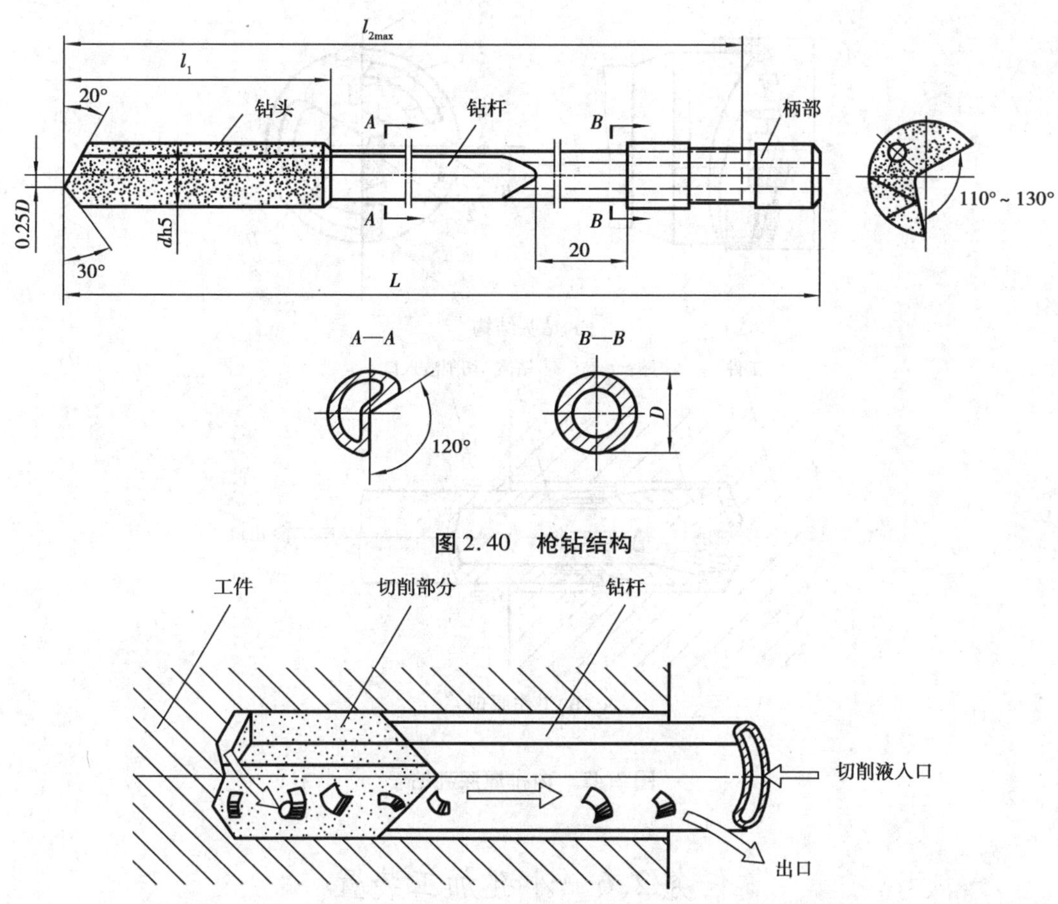

图2.40　枪钻结构

图2.41　外排屑深孔钻工作原理

杆外圆和工件孔壁间的空隙注入,切屑随同切削液由钻杆的中心孔排出,故名内排屑。工作原理如图2.42(b)所示。内排屑深孔钻一般用于加工直径 $d=5\sim120$ mm、长径比小于100、表面粗糙度 $R_a3.2$ μm,公差IT9—IT6级的深孔。由于钻杆为圆形,刚性较好,且切屑不与工件孔壁摩擦,故生产率和加工质量均较外排屑的有所提高。

内排屑深孔钻中以错齿的结构较为典型。图2.42(a)是硬质合金可转位式错齿内排屑深孔钻的结构简图,它目前已较好地用于加工孔径60 mm以上的深孔。这种深孔钻的刀齿分布特点是:它共有3个刀齿,排列在不同的圆周上,因而没有横刃,降低了轴向力。不平衡的圆周力和径向力有圆周上的导向块承受。由于刀齿交错排列,可是切屑分段,排屑方便。不同位置的刀齿可根据切削条件的不同,选用不同牌号的硬质合金,以适应对刀片强度和耐磨性等的要求:外刀齿可选用耐磨性较好的YW2或YT15,而中心齿可选用韧性较好的YG8。切削刃的切削角度可通过刀齿在刀体上的适当安装而获得。外圆上的导向块可用耐磨性较好的YW2制造。为了提高钻杆的强度和刚度,以及尽可能增大钻杆的内孔直径以便于排屑,钻杆和钻头的联接一般采用细牙矩形螺纹。钻杆材料选用强度较好的合金钢管或结构钢管,经热处理制造而成。

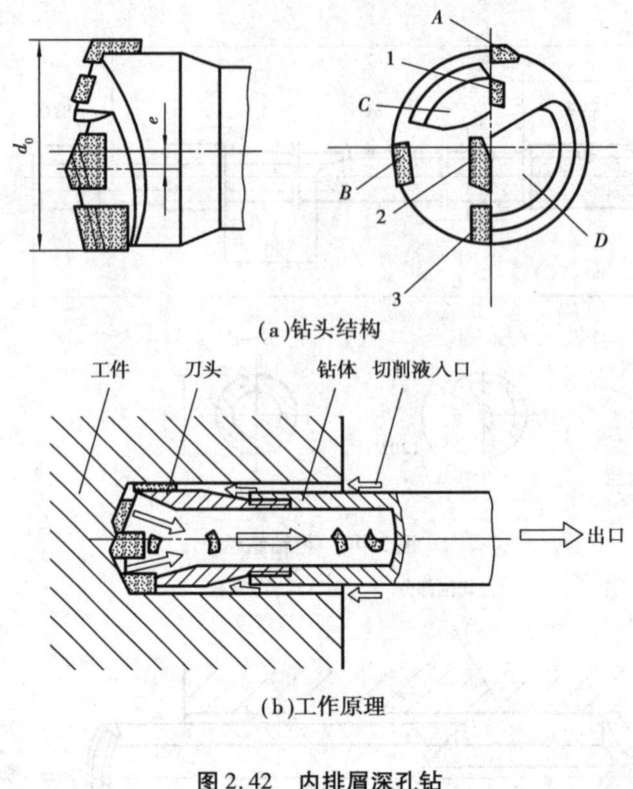

(a)钻头结构

(b)工作原理

图 2.42　内排屑深孔钻

任务2.6　小孔加工装置

(1)坐标镗床用小孔加工工具

在坐标镗床上可加工直径为 5 mm 以下的小孔。孔径小于 1 mm 时采用钻削;若孔径大于 1 mm,则先钻出孔再镗孔。

1)弹簧夹头

如图 2.43 所示为坐标镗床上用的钻孔弹簧卡头。图 3.44(a)是将钻头装在弹性卡头上之后,旋转螺母将弹性卡头体夹紧,卡头的孔径根据需要可在 2 ~ 14 mm 范围选择。图 2.43(b)是以钻杆与锥套滑动配合,通过弹簧调整钻削轴向力,适于钻削较小的孔。

2)小孔镗刀

镗直径 3 mm 以下的小孔,可采用整体镗刀和焊接式小孔镗刀。其结构简图如图 2.44 所示。

图 2.44(a)为弯头镗刀,其结构简单、制造容易、刃磨方便。

图 2.44(b)为铲背镗刀。将刀头的后面用铲背加工,做成阿基米德螺旋线,重磨时只需要刃磨前面。

图 2.44(c)为焊接镗刀,将用硬质合金制成的刀头刀杆与钢制刀柄焊接在一起,钢性好。

若加工的小孔直径大于 3 mm,可采用机夹式小孔镗刀,如图 2.45 所示。按刀片与刀杆固定的方式不同,可分为楔夹式、弹夹式和顶杆等。

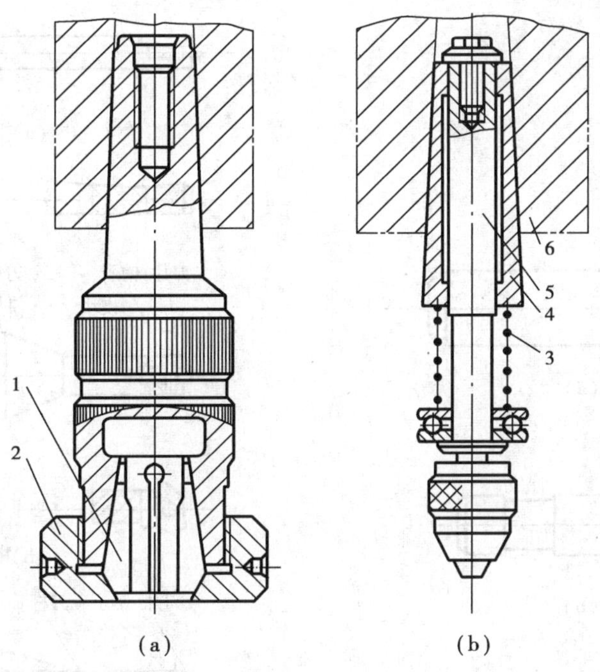

图2.43　弹簧夹头

1—卡头体;2—螺母;3—弹簧;4—锥套;5—钻杆;6—主轴

图2.45(a)、(b)为楔夹式。图2.45(a)为刀杆小端加工出带有斜度的方孔,刀片上也有相应斜面,将刀片压入方孔后可自行夹紧。图2.45(b)是在刀杆小端开有1 mm的槽,与槽垂直方向钻有直径1 mm的销孔,将刀片放入槽内插入销子,然后用楔块压紧。

图2.45(c)为弹夹式。刀杆从前端开有1 mm的长槽至后面螺纹处,并在前端钻出直径1 mm的销孔。杆中段作成30°锥度,后端加工出螺纹,而杆套做出相应的内锥和内螺纹。刀片放入槽中插上销子,而后旋进刀杆使刀片夹紧。

图2.45(d)为顶杆式。刀杆前面开槽放入刀片并加工出销孔,插入销子。刀杆内孔中放入一个顶杆,后面用螺钉旋进,在顶杆作用下由销子压紧刀片。

(2)铰削小孔工具

钻好的孔经过铰削,尺寸精度可提高一级,表面粗糙度R_a可达0.4~0.2 μm。小孔铰刀因为直径细小,制造困难,不可能采用齿形复杂的铰刀,常见的各种小孔铰刀截面形状如图2.46所示。

如图2.46(a)所示为半圆形截面铰刀。这种截面的铰刀制造容易,可做出直径小于0.35 mm的铰刀。容屑空间大,能铰削余量较大的孔。为了增强导向作用,其切面应高出刀具中心s距离(见图2.46(a)),通常取$s=0.1D$。因为切削面高出中心s距离,所以切削时为负前角。只因角度不大,接近于零,所以切削条件还好。因为是单刃切削,加工精度较低,表面粗糙度较差,而且导向作用差、强度低。

如图2.46(b)所示为三角形截面铰刀,这种铰刀容易制造。前角$\gamma_o=-30°$,强度不高导向性也不好,常作出$f=0.7D$的导棱改善其导向作用,但目前已很少用。

如图2.46(c)所示为近来出现的一种单齿三角形截面铰刀,用高速钢制造的铰刀直径为

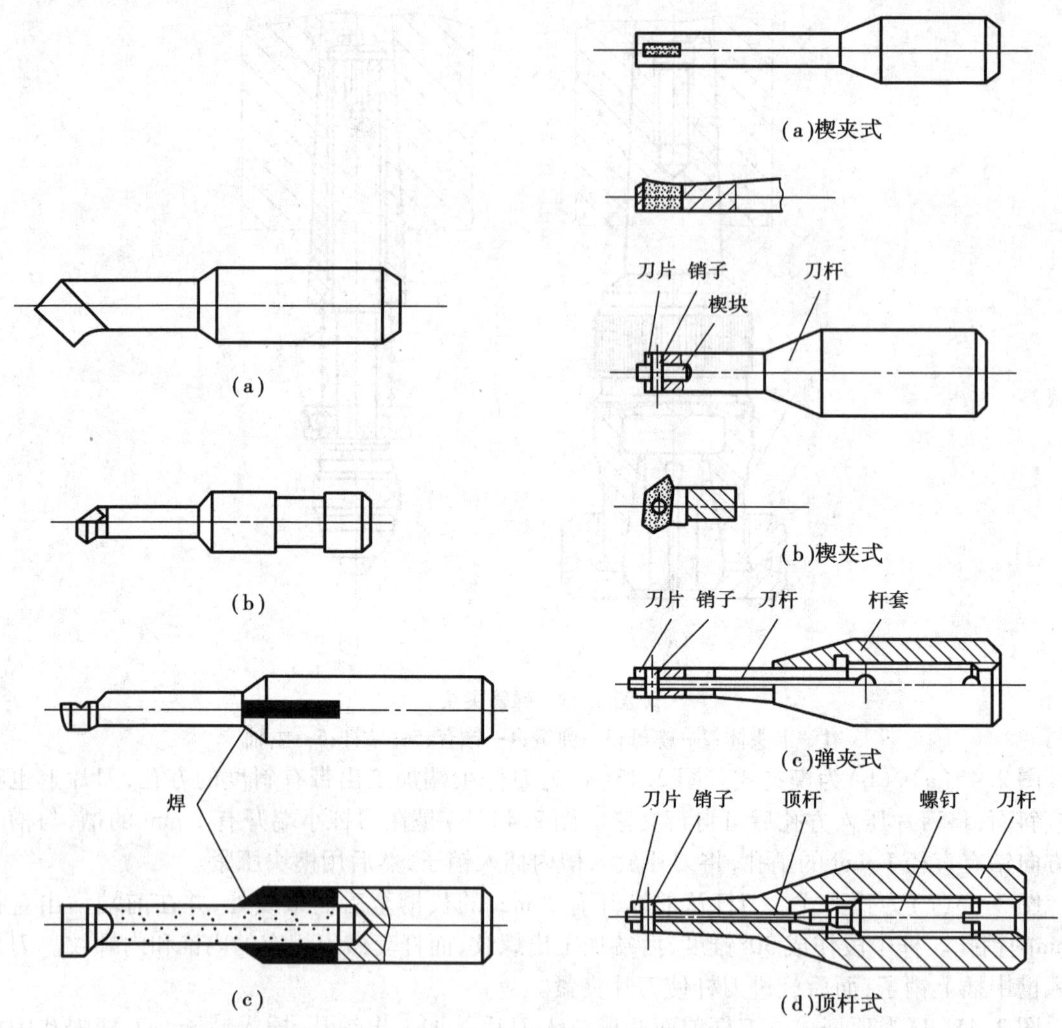

图 2.44 整体和焊接式小孔镗刀结构简图

图 2.45 机夹式小孔镗刀

0.34 mm。铰出孔的直径公差可达 ±0.002 5 mm,重复精度可达 0.002 mm。

如图 2.46(d)所示为四边形截面铰刀,这种铰刀是生产中常用的一种。因为形状简单、制造容易、强度高、导向可靠,有效工作面积达 70% 以上。前角在 −45°以下,铰孔效果好。其上还做出导棱 $f=(0.03\sim0.1)D$,以增加导向作用。

如图 2.46(e)所示为五角形截面铰刀。这种铰刀强度较高,有效工作面积可达 76%,导向作用更可靠。铰孔精度高、表面质量也很好、应用比较广泛。但是前角近 −60°,不利于加工薄壁零件,而且制造困难,一般用于浅孔和小余量孔的铰削。

如图 2.46(f)所示为五角形截面铰刀。这种铰刀适于加工薄壁孔、余量大的孔、深孔和精度要求高的小孔。因为它的前角为零,切削扭矩小,加工效果好,但制造困难。为了使制造容易,铰刀的截面可改成如图 2.46(g)所示的形状。刀槽可一次加工成形。这种铰刀的前角为 −10°。

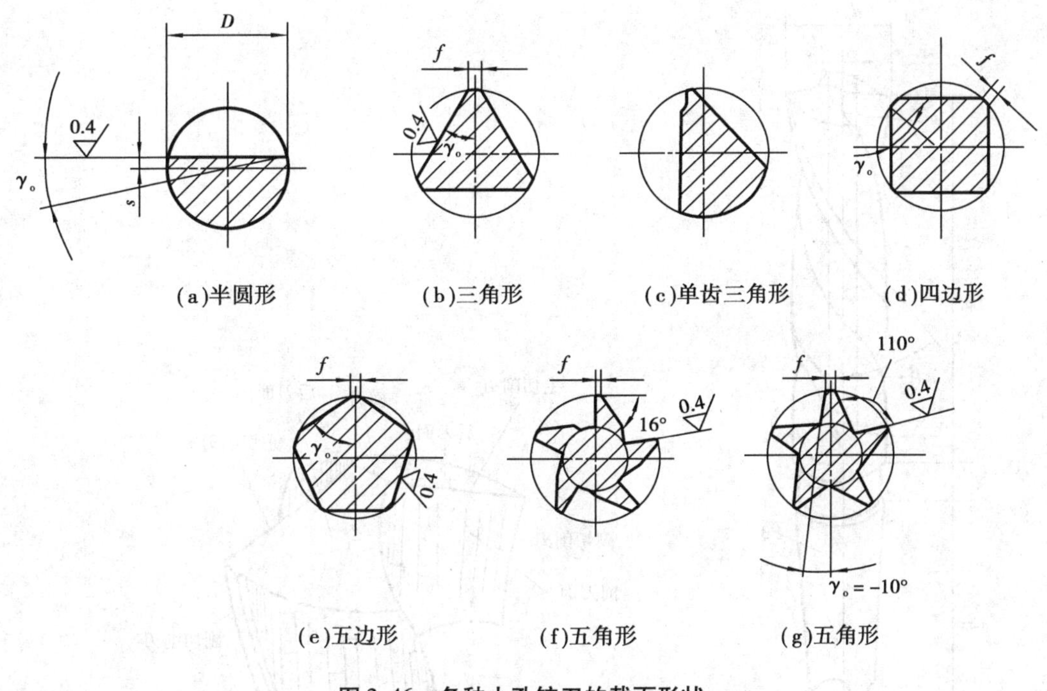

(a)半圆形　(b)三角形　(c)单齿三角形　(d)四边形

(e)五边形　(f)五角形　(g)五角形

图 2.46　各种小孔铰刀的截面形状

任务2.7　钻孔刀具与铰刀

(1)钻孔用刀具

1)麻花钻

钻削在孔加工中占有相当大的比重。麻花钻是钻孔的主要刀具。它可在实心材料上钻孔,也可用来扩孔。尤其是加工 630 mm 以下的孔,麻花钻是主要的加工刀具。

①麻花钻的结构

标准高速钢麻花钻由工作部分、颈部及柄部 3 部分组成,如图 2.47(a)所示。工作部分又分为切削部分和导向部分,分别担负切削和引导的工作。为增加钻头的刚度和强度,工作部分的钻芯直径朝柄部方向递增。刀柄是钻头的夹持部分,有直柄和锥柄两种。前者用于小直径钻头,后者用于大直径钻头。颈部用于磨锥柄时砂轮的退刀。麻花钻钻头切削部分可看成是由两把镗刀组成的。它有两个前面、两个后面、两个副后面、两个主切削刃、两个副切削刃和一个横刃,如图 2.47(b)所示。

②麻花钻的几何角度

其主要几何角度如图 2.48 所示。

A. 螺旋角 β

麻花钻螺旋槽上最外缘的螺旋线展开成直线后与麻花钻轴线之间的夹角。

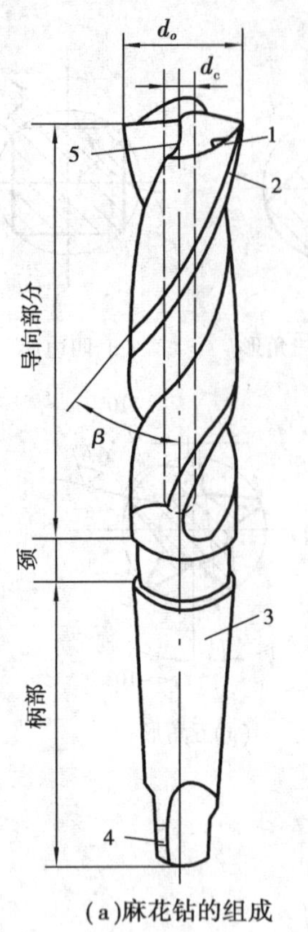

(a)麻花钻的组成

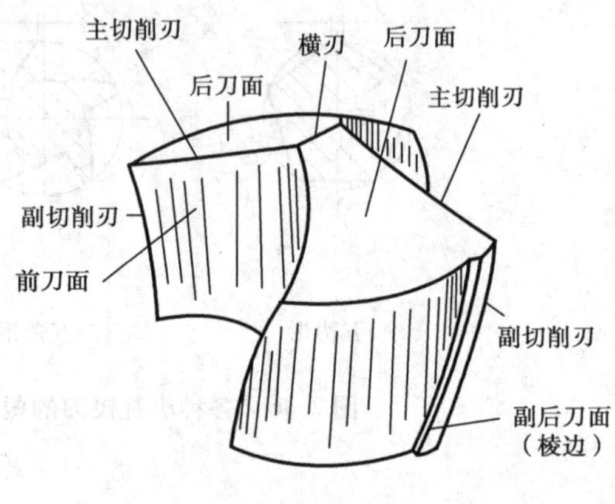

(b)切削部分

图 2.47　麻花钻的组成

1—刃瓣;2—棱边;3—莫氏锥柄;4—扁尾;5—螺旋槽

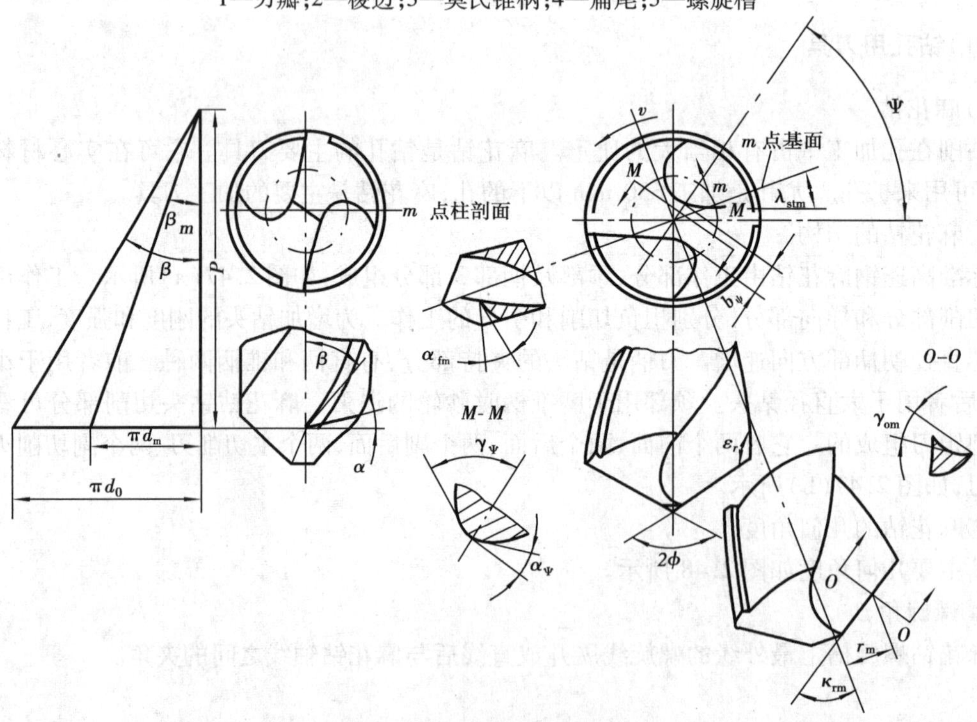

图 2.48　麻花钻的几何角度

麻花钻不同直径处的螺旋角不同,外径处螺旋角最大,越近中心螺旋角越小。螺旋角不仅影响排屑,而且影响切削刃强度,标准麻花钻的螺旋角 $\beta = 18° \sim 30°$,大直径取大值。螺旋角 β 的方向一般为右旋。

B. 顶角(锋角)2ϕ

麻花钻两主切削刃在与它们平行的面上的投影的夹角称为顶角。顶角越小,主切削刃越长,单位切削刃上负荷越小,轴向力小,定心作用较好,刀尖角 ε_r 增加,有利于散热和提高刀具耐用度;顶角越小,麻花钻强度减小,变形增大,扭矩增大,容易折断麻花钻,因此,应根据工件材料的强度和硬度来刃磨合理的顶角。加工钢和铸铁的标准麻花钻取 $2\phi = 118°$。

C. 主偏角 κ_{rm}

主切削刃选定点 m 的切线在基面上的投影与进给方向的夹角称为主偏角。麻花钻的基面是过主切削刃选定点包含麻花钻轴线的平面。由于麻花钻主切削刃不通过轴线,主切削刃上各点基面不同,各点主偏角也不相同。当顶角磨出后,各点主偏角也就确定了。

D. 前角 γ_{om}

它是主剖面 $O—O$ 内前刀面和基面间的夹角。麻花钻主切削刃上各点前角是变化的,麻花钻外圆处,前角最大,约为 30°,接近麻花钻中心,靠近横刃处约为 -30°。

E. 后角 α_{fm}

麻花钻主切削刃上选定点的后角,是通过该点柱剖面中的进给后角 α_{fm} 来表示的。柱剖面是通过主切削刃上选定点 m,作与麻花钻轴线平行的直线,该直线绕麻花钻轴线旋转所形成的圆柱面。α_{fm} 沿主切削刃也是变化的。名义后角是指麻花钻外圆处后角 α,通常取 $8° \sim 10°$,横刃处后角取 $20° \sim 25°$。

F. 横刃角度

横刃角度 Ψ 是在端面投影中和主切削刃间的夹角。当麻花钻后刀面磨成后,Ψ 自然形成。一般 $\Psi = 50° \sim 55°$。

G. 横刃前角 γ_Ψ

是在横刃剖面中前刀面与基面间夹角,标准顶角时,$\gamma_\Psi = -(54° \sim 60°)$。

H. 横刃后角 α_Ψ

是在横刃剖面中后刀面与切削平面间夹角,$\alpha_\Psi \approx 90° - |R_\Psi|$。

③麻花钻的修磨

由于麻花钻的结构所限,使它存在着许多缺点。如前角变化太大,外缘处为 +30°,靠近钻芯处为 -30°,横刃前角在 -55°左右,副后角为零,加剧了钻头和孔壁的摩擦;主切削刃太长,切屑太宽,排屑困难;横刃太长,定心困难,轴向力大等。为改善其切削性能,需对麻花钻进行修磨。主要修磨方法如下:

A. 修磨横刃

麻花钻上横刃的切削情况最差。为了改善钻削条件,修磨横刃极为重要。常用的横刃修磨方法有横刃磨短法、前角修磨法和综合修磨法。由于麻花钻横刃是影响钻削条件的主要因素,横刃太长,增大钻削轴向力,故减小其参与切削的工作长度,可显著地降低钻削时的轴向力,尤其对大直径钻头和加大钻芯直径大钻头更为有效。由于这种修磨方法简便,效果较好,因此直径在 12 mm 以上的钻头都采用这种横刃磨短法。由于麻花钻的特殊结构,将钻芯处的前刀面磨去一些后,其横刃前角可以增加一些,从而可使切削条件改善一些。横刃磨短法和前角修磨法同时使用称为综合修磨法。

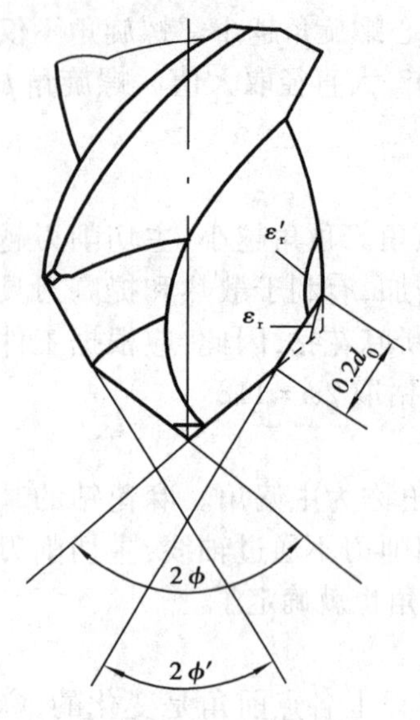

图 2.49 修磨双重刃

B. 修磨双重顶角

钻头外圆处的切削速度最大，而该处又是主、副切削刃的交点，刀尖角较小，散热差，容易磨损。为了提高钻头的耐用度，将该转角处修磨出 $2\phi=70°\sim75°$ 双重顶角（见图 2.49）。经修磨后的钻头，在接近钻头外圆处的切削厚度减小，切削刃长度增加，单位切削刃长度的负荷减轻；顶角减小，轴向力下降；刀尖角加大，散热条件改善，因而可提高钻头的耐用度和加工表面质量。但钻削很软的材料时，为避免切屑太薄和扭矩增大，一般不宜采用这种方法。

C. 修磨前刀面

修磨前刀面的目的主要是改变前角的大小和前刀面的形式，以适应加工材料的要求。在加工脆性材料（如青铜、黄铜、铸铁，夹布胶木等）时，由于这些材料的抗拉强度较低，呈崩碎切屑，为了增加切削刃强度，避免崩刃现象，可将靠近外圆处的前刀面磨平一些以减小前角。

D. 开分屑槽

当钻削韧性材料或尺寸较大时，切屑宽而长，排屑困难，为便于排屑和减轻钻头负荷，可在两个主切削刃的后刀面上交错磨出分屑槽（见图 2.50），将宽的切屑分割成窄的切屑。

E. 修磨刃带

因钻头的副侧后角为零度，在钻削孔径超过 12 mm 无硬皮的韧性材料时，可在刃带上磨出 6°～8°的副后角，如图 2.51 所示。钻头经修磨刃带后，可减少磨损和提高耐用度。

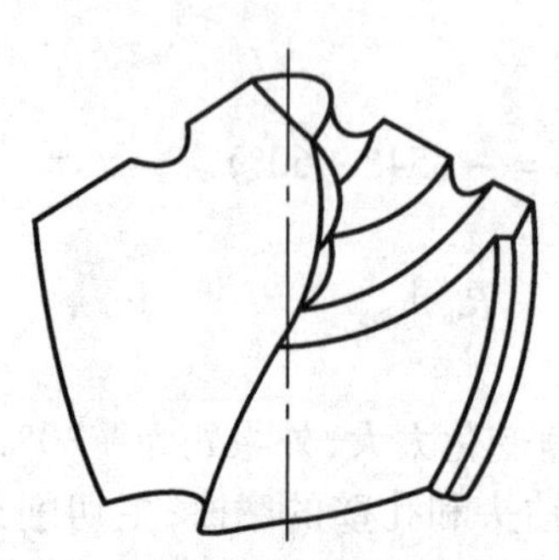
图 2.50 磨出分屑槽

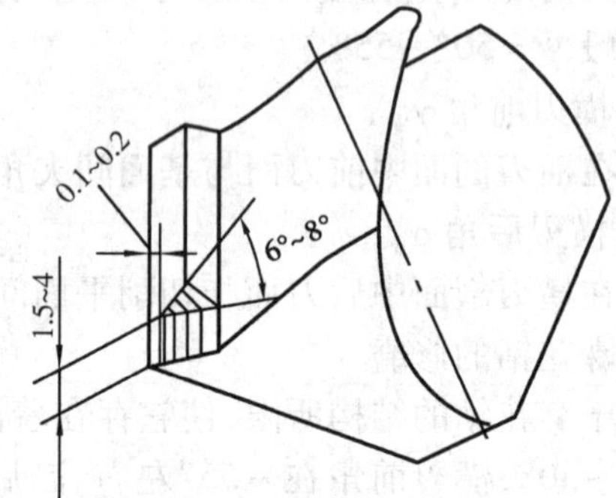

图 2.51 修磨刃带

从上面修磨方法可知，改善麻花钻的结构，既可根据具体工作条件对麻花钻进的修磨，也可在设计和制造钻头时考虑如何改进钻头的切削部分形状，以提高其切削性能。群钻就是在长期的钻孔实践中，经过不断总结经验综合运用了麻花钻的各种修磨方法而制成的一种效果较好的钻头，其形式可根据工件材料和工艺要求不同而变化。

2）扩孔钻

扩孔钻的形式如图 2.52 所示。扩孔钻的结构与麻花钻相比有以下特点：

①刚性较好。由于扩孔的切深小，切屑少，扩孔钻的容屑槽浅而窄，钻芯比较粗壮，增加了工作部分的刚性。

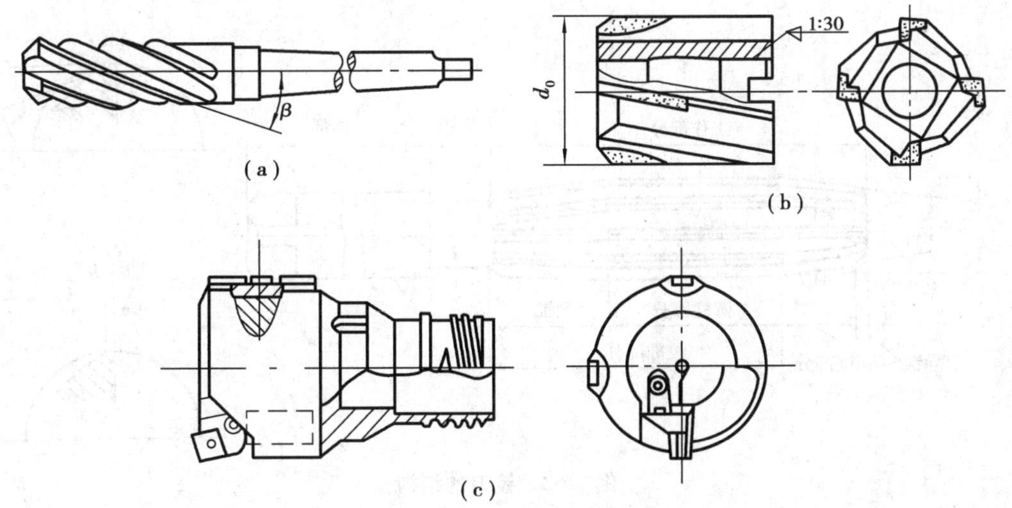

图 2.52　扩孔钻

②导向性较好。扩孔钻有 3 ~ 4 个刀齿,刀齿周边的棱边数增多,导向作用相应增强。

③切削条件较好。扩孔钻无横刃,只有切削刃的外缘部分参加切削,切削轻快,可用较大的进给量,生产率较高;又因切屑少,排屑顺利,不易刮伤已加工表面。

扩孔钻的结构形式分带柄和套式两类,带柄的又分直柄与锥柄两种。直柄扩孔钻应用于具有钻头及弹性夹头的机床上,直径范围 d = 3 ~ 20 mm。锥柄扩孔钻应用于具有莫氏锥孔的机床上,直径范围 d = 7.5 ~ 50 mm。套式扩孔钻使用前先装在具有 1∶30 锥度的专用心杆上,心杆的尾部具有莫氏自锁圆锥,然后再装入具有莫氏内锥孔的机床上,其直径范围为 d = 25 ~ 100 mm。

因此,扩孔与钻孔相比,精度较高,表面粗糙度较低,且可在一定程度上校正钻孔的轴线偏斜,适用于扩孔的机床与钻孔相同。

(2)**铰刀**

铰刀是一精度较高的多刃刀具,有 6 ~ 12 条刀齿(见图 2.53)。其工作部分由引导锥、切部分、校准部分组成。引导锥是铰刀开始进入孔内时的导向部分。切削部分担任主要的切削工作,其切削锥角 2ϕ 较小,一般为 3° ~ 15°。因此,铰削时定心好、切屑薄。校准部分对孔壁起修光作用,校准部分的棱边 b_{a1} 起定向、修光孔壁和便于测量铰刀直径的作用。工作部分的后半段有倒锥,以减小铰刀与孔壁的摩擦。铰刀的前角一般为零度,粗铰钢料时可取 5° ~ 10°。常用铰刀如图 2.54 所示。

与钻孔、扩孔一样,只要工件与刀具之间有相对的旋转运动和轴向进给运动,就可进行铰削加工。因此,车床、钻床、镗床及铣床都可完成铰孔作业。

铰削适合于加工钢、铸铁和有色金属材料,但不能加工硬度过高的材料(如淬火钢、冷硬铸铁等)。

对淬硬后的模具零件进行铰孔,可使用标准硬质合金铰刀或采用如图 2.55 所示的硬质合金无刃铰刀。当淬硬件与非淬硬件装配在一起同时铰销孔时,铰刀应从淬硬件一面的孔铰孔,如图 2.56 所示。否则,非淬硬件一面的孔易扩大。

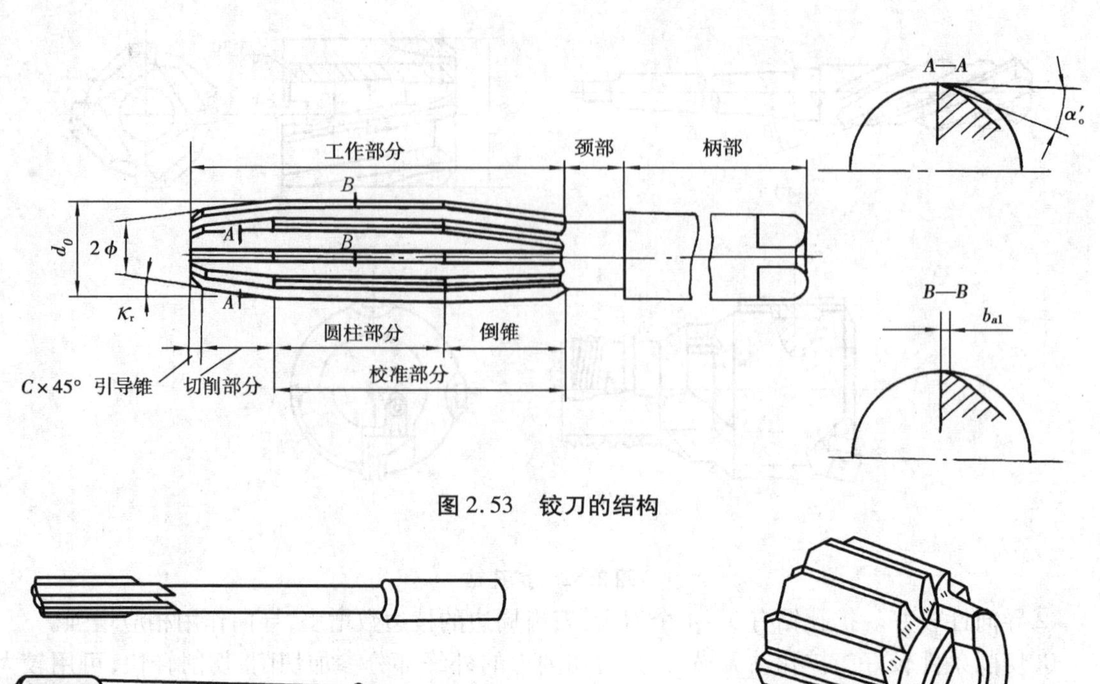

图 2.53 铰刀的结构

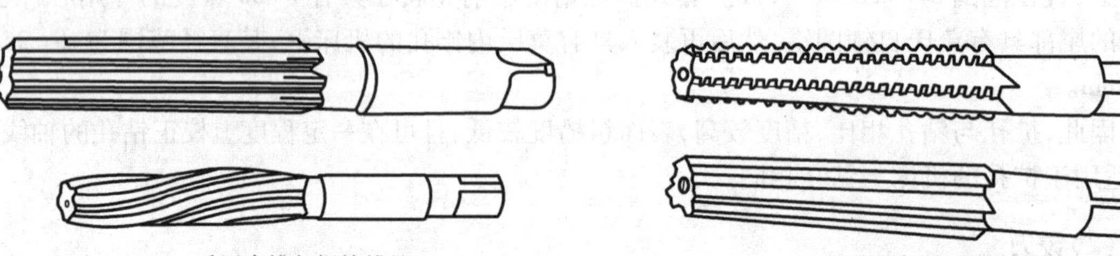

(a) 机用直柄和锥柄铰刀

(b) 机用套式铰刀

(c) 手用直槽与螺旋槽铰刀

(d) 锥孔用粗铰刀与精铰刀

图 2.54 铰刀

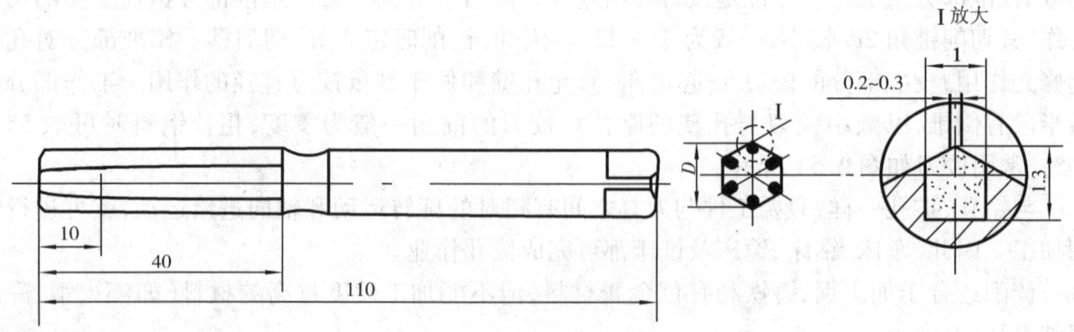

图 2.55 硬质合金无刃铰刀

(3)**常用钻头、扩孔钻、铰刀的类型及尺寸**

常用钻头的类型及用途参见《机械加工工艺装备设计》手册，常用钻头的规格及尺寸可参见有关设计手册。

常用扩孔钻的类型及尺寸和常用铰刀的类型及尺寸参见《机械加工工艺装备设计》手册。

模具中的销钉孔及固定板上圆形凸模孔等，一般都为7级精度或8级精度的配合孔。钻、扩、铰加工时的刀具选择可参见《机械加工工艺装备设计》手册。

对冲裁模圆孔小直径的凹模刃口锥度进行铰孔，可选用《机械加工工艺装备设计》手册中的无刃锥度铰刀。因为凹模刃口锥度一般较小(30′~2°)。在无标准铰刀时，只能根据各种锥度要求特制专用的锥度铰刀。

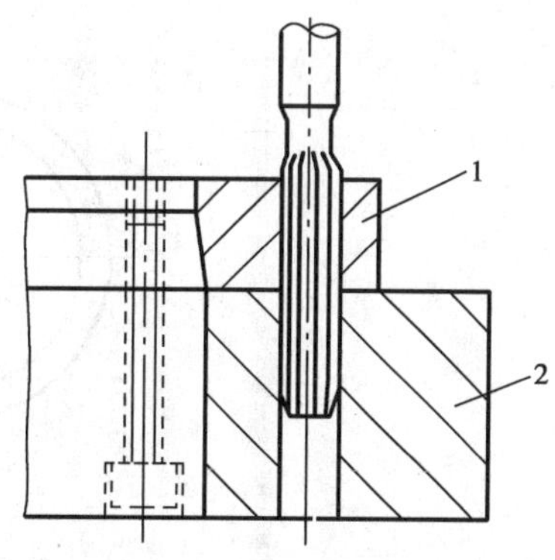

图2.56　通过淬硬件一面的孔铰孔
1—凹模(淬硬)；2—底板(铸铁)

任务2.8　分度装置与夹具体的设计

(1)**分度装置设计**

采用夹具装夹加工中，一次装夹工件后需要加工在圆周上(或直线上)均布的一组表面时，每当加工完一个表面后，夹具的可动部分连同工件一起转过某等分角度(或移动某等分距离)，进入下一工位加工第二个表面，如此旋转一周(或移动全长)即可加工出沿圆周(或直线)均布的等分表面来。这种动作称为分度，实现分度运动的装置称为分度装置。若分度运动是沿圆周回转称为圆分度，相应的分度装置便是圆分度装置；若分度运动是直线位移，称为直线分度，相应的装置便是直线分度装置。由于圆分度在机械加工中应用广泛，而且直线分度装置的工作原理与设计方法又和圆分度装置相似，因而本节只讨论圆分度装置的设计问题。

1)圆分度装置结构形式的选择

如图2.57所示的钻沿圆周均布的等分孔的钻床夹具就是采用了分度装置实现等分表面的加工。由图2.57可知，分度装置的主要组成部分是分度板和对定器(图2.57中的3和9)。分度板作等角回转运动，对定器插入分度板齿槽中对定，以保证确定的等角位置，这就实现了分度运动。分度板和对定器是分度装置中必不可少的组成部分，它们决定了分度装置的结构形式。因此，设计分度装置时首先要解决选择分度板和对定机构的结构形式问题。

图2.58是常用的分度装置的结构形式。根据对定销对定运动的方向相对分度板轴线位置的不同又分为轴向分度和径向分度。

①轴向分度

对定销的对定运动与分度板回转轴线平行称为轴向分度。图2.58中的a,b,c。轴向分度装置的径向尺寸较小，分度板上分度孔轴线水平布置较为隐蔽，切屑等污物不易垂直落入。图2.58(a)是圆柱对定销和圆柱分度孔对定的分度形式。由于结构简单，制造较为容易，大于配合间隙的切屑等污物被圆柱对定销插入时推移出去而不能落入其间，不会影响分度精度，因而应用较为广泛。但由于存在配合间隙，影响分度精度。图2.58(b)是圆锥对定销和圆锥分度

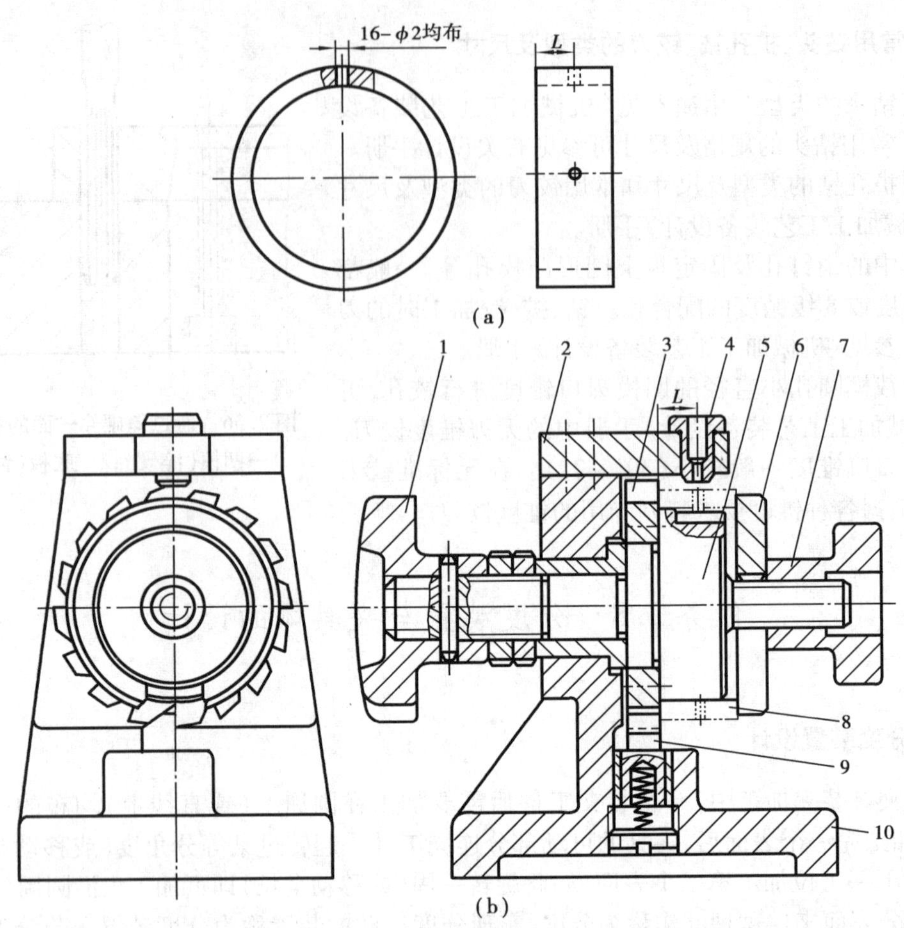

图 2.57 分度钻床夹具

1—分度操纵手柄;2—钻模板;3—分度板(棘轮);4—钻套;5—定位心轴;
6—开口垫圈;7—夹紧螺母;8—工件;9—对定机构(棘爪);10—夹具体

孔对定的分度形式。采用分度板圆柱孔镶配圆锥孔套的结构,不但便于磨损后更换,而且也便于分度板上分度孔的精确加工。由于圆锥面配合没有间隙,因而分度精度较高,但制造较为困难,而且一旦有切屑或污物落入圆锥配合面间,便会影响分度精度。图 2.58(c)的钢球与锥孔对定形式,结构简单,且可借推动分度板使锥面自动顶出钢球,操作方便。但锥孔制造精度不高,对定位置又不易准确,只适用于分度精度要求不高的场合。

②径向分度

对定销沿分度板半径方向进行对定称为径向分度。在分度板外径相等,分度圆周误差相同的条件下,采用径向分度由于作用半径较大,因而转角误差比轴向分度相对小一些,但径向分度装置的径向尺寸较大,切屑等污物易垂直落入分度槽内,对防护要求较高。图 2.58(d)是双斜面楔形对定销与锥形分度槽对定形式。由于没有配合间隙,分度精度较高,而且分度板可正反转双向分度。有切屑等污物落入锥形槽间就会影响分度精度。图 2.58(e)是单斜面楔形对定销与单斜面分度槽对定形式。它利用直面对定,斜面只起消除配合间隙作用,因而分度精度高;直面边沾有切屑等污物会被对定销插入时推移开,落在斜面上的切屑等污物也不影响分度精度。图 2.58(f)是利用斜楔对定多面体分度板的对定形式,它的结构简单,但一般分度精

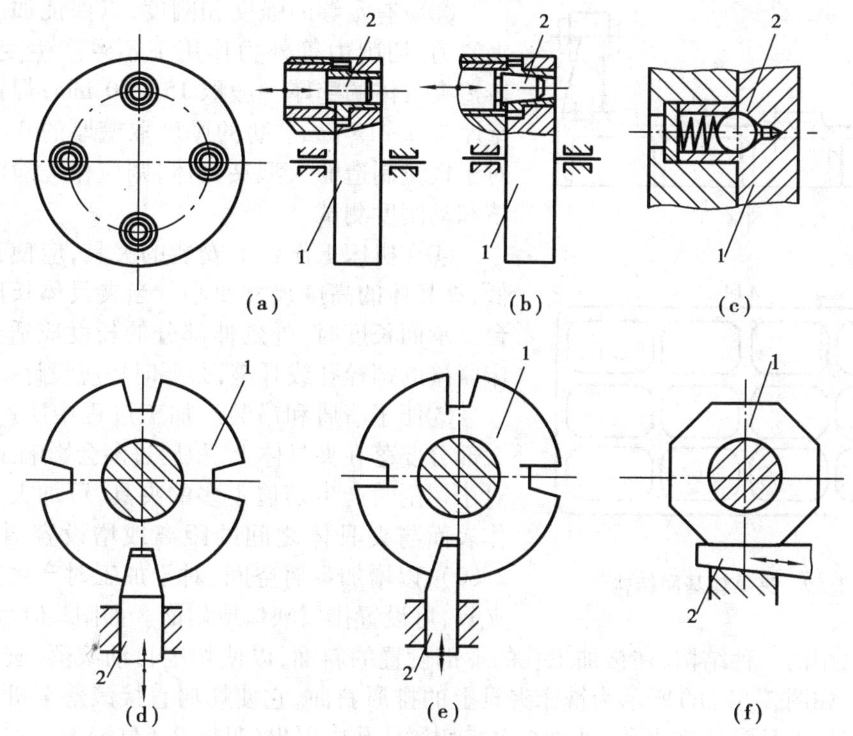

图2.58　分度装置的结构形式

1—分度板;2—对定销

度不高,而且受分度板结构尺寸的限制,分度数不能多。

2)分度装置的锁紧机构

在加工中有切削力等外力作用于分度工作台上,若依靠分度板和对定销来承受外力,则不但使其磨损加剧,而且由于受力变形也影响分度精度,只有在外力较小或加工要求较低的情况下才允许这样做,大部分分度装置都设有锁紧机构以承受外力的作用。常用的锁紧机构的结构可见有关资料。

应根据分度装置的结构形式、尺寸大小、加工时承受切削力的情况和操作方便等方面来决定选取哪一种锁紧机构。在采用手动锁紧时,通常把对定运动和锁紧动作组合起来由单手柄操作。

(2)夹具体的设计

夹具总体设计中最后完成的主要元件是夹具体。夹具体是夹具的骨架和基础。组成夹具的各种元件、机构、装置都要安装在夹具体上。在加工过程中,它还要承受切削力、夹紧力、惯性力及由此产生的振动和冲击。因此,夹具体是夹具中1个设计、制造劳动量大,耗费材料多,加工要求高的零部件。在夹具成本中所占比重较大,制造周期也长,设计时要给予足够的重视。

1)夹具体设计的基本要求

对夹具体的设计提出以下基本要求:

①根据机床工作台或主轴的结构,确定夹具与机床的联接方式。

②要有良好的结构工艺性和使用性,便于制造,装配和使用。夹具体上与定位件,支承件等相接触的表面要铸出3~5 mm高的凸面,夹具体与机床工作台面相接触的底同中部应挖空(见图2.59),以减少加工面积,使各接触面联接可靠,夹具在机床上安装稳定。

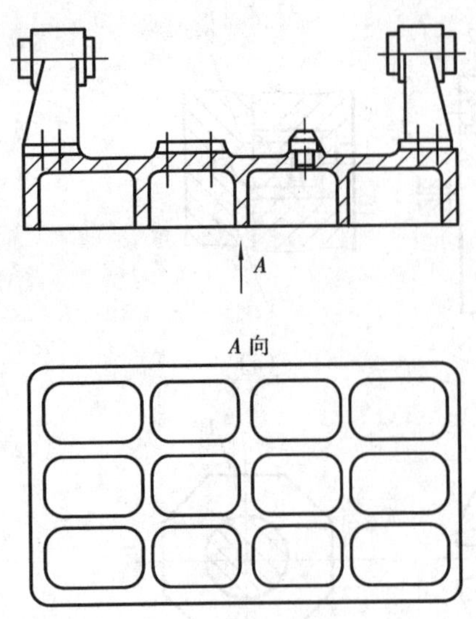

图 2.59　夹具体基面结构

③应有足够的强度和刚度，以保证加工过程中在夹紧力，切削力等外力作用下不致产生变形和振动。铸造夹具体的壁厚一般取 15 ~ 30 mm；焊接夹具体的壁厚为 8 ~ 15 mm。肋的厚度取壁厚的 0.7 ~ 0.9 倍。对于批量制造的大型夹具体，则应作危险断面强度校核和动刚度测试。

④在机床工作台上安装的夹具，应使其重心尽量低，夹具体的高度尺寸要小。当夹具体长度大于工作台支承面长度时，外延伸部分的长度应适当。有与机床联接的螺栓孔或耳座，必要时还应设计找正面。

⑤便于清屑和吊装。加工过程中所产生的切屑，大部分要落在夹具体上，积屑过多会影响工件的安装。对于切削时产生切屑不多的夹具，可加大定位元件工作表面与夹具体之间的距离或增设容屑沟槽（见图 2.60），以增加容屑空间；对于加工时产生大量切屑的夹具，可设置排屑缺口或斜面。如图2.61（a）所示为钻床夹具所采用的一种结构，在被加工孔的下部设置的斜面，以使切削自动滚落，避免切屑在夹具上积聚。如图 2.61（b）所示为铣床夹具上的排屑斜面，它使切屑直接滚落至机床工作台的沟槽里。车床夹具常用排屑孔，借离心力将切屑从孔中甩出（见图 2.61（c））。

另外，对大型夹具，为便于吊运，在夹具体上应设置吊环螺栓或起重孔。

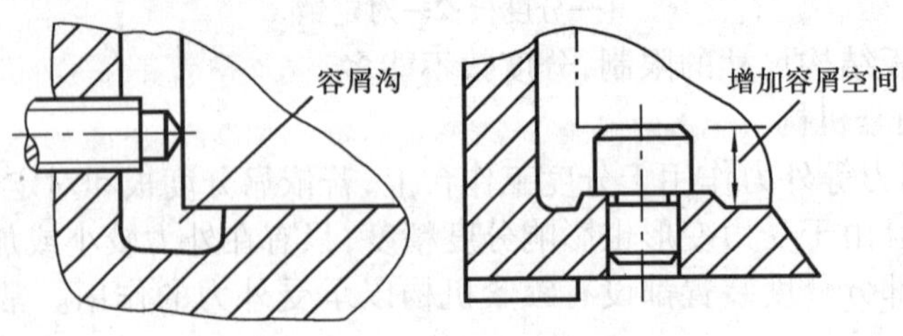

图 2.60　容屑空间

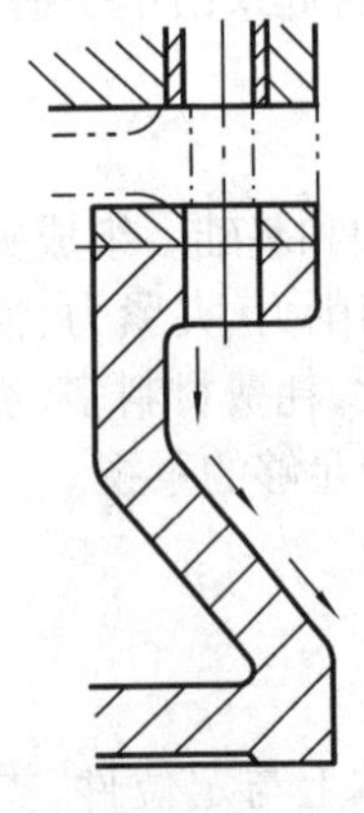

(a) 钻床夹具排屑斜面

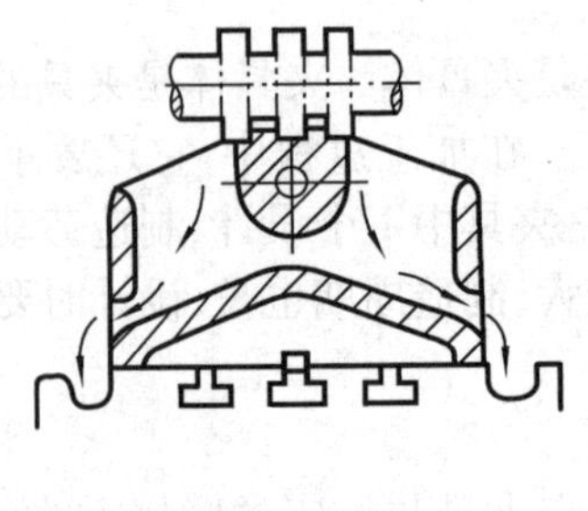

(b) 铣床夹具排屑斜面

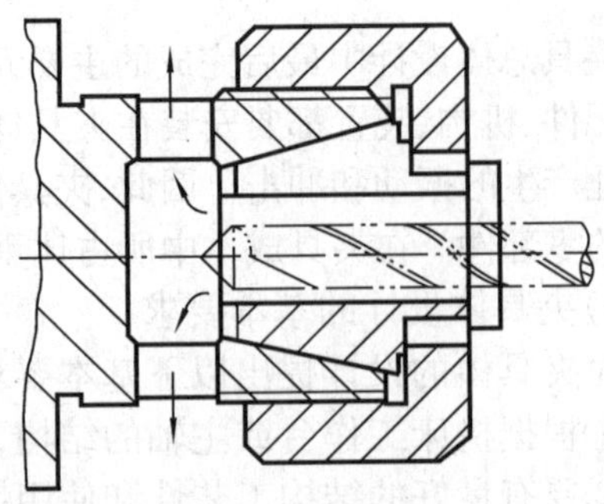

(c) 车床夹具排屑孔

图 2.61　各种排屑方法

⑥结构应简单,操作要方便,安全,在保证强度和刚度的前提下,尽可能体积小,质量轻,特别对手动移动或翻转夹具。

2)夹具体毛坯的制造方法

①铸造结构

铸造结构的优点是工艺性好,容易获得形状复杂的内、外轮廓,且有较好的强度、刚度和抗振性。其缺点是生产周期长,单件制造成本高。

铸件材料一般用灰铸铁 HT150 或 HT200。高精度夹具可用合金铸铁或磷铸铁。用铸钢件有利于减轻质量。轻型夹具可用铸铝件。铸件均需时效处理,精密夹具体在粗加工后需作第二次时效处理。

②锻造结构

对于尺寸较大且形状简单的夹具体,可采用锻造结构,以使其有较高的强度和刚度。这类夹具体常用于优质碳素结构钢 40 钢,合金结构钢 40Cr、38CrMoAl 等经锻造后酌情采用调质、正火或回火制成。

③焊接结构

焊接结构是国际上一些工业国家常用的方法。这类结构容易制造,生产周期短,成本低,使用也较灵活。当发现夹具体刚度不足时,可补焊肋和隔板。焊接件材料的可焊性要好,适用材料有碳素结构钢 Q195,Q215,Q235,优质碳素结构钢 20 钢、15Mn 等。焊接后需经退火处理,局部热处理后进行低温回火。焊接变形较大时,可采用以下措施减少变形:

a. 合理布置焊缝位置。

b. 缩小焊缝尺寸。

c. 合理安排焊接工艺。

④装配结构

装配结构是近年来发展的一种新型结构。这种结构选用标准零部件装配成夹具体,可以缩短生产准备周期,降低生产成本。

任务2.9　项目实施、检查与评价

(1)**实施**

①制订零件工艺过程。

②学生根据工艺过程,熟悉所选择的工艺装备的功能及使用方法。

③学生根据工艺规程,正确的安装工件,选择合理的切削用量,调整好机床。

④师傅首先进行正确的操作示范,学生完成正确的试切。学生根据师傅的示范进行逐一的练习实践。最后由师傅完成零件的最终加工。

(2)**检查**

①检查学生的练习情况,并对每个学生的练习情况作出记录。

②工具磨床支承盘零件的检验。

精度检验应按一定顺序进行，先检验形状精度，然后检验尺寸精度，最后检验位置精度。这样可以判明和排除不同性质误差之间对测量精度的干扰。

根据相关知识介绍，全面检查零件的加工精度和表面质量，并分析已加工的零件是否合格。

工具磨床支承盘零件可按照上述方式全面检验零件的加工精度和表面质量，并分析已加工的零件是否合格。

③对加工过程中出现的问题进行分析、总结，并提出合理的解决方案，重新加工工件。

④检查学生练习情况，并对每个同学的练习情况进行记录。

(3)项目评价(评价方式、评价表)

1)评价方式

①学生自评。

②小组内学生互评。

③教师评价。

④各小组组长总结、归纳本小组的零件加工情况。

⑤教师、师傅总体评价并总结。

2)评价表

砂轮架支承盘零件工艺装备确定的考核评价标准见表2.10。

注意：检查评价时应注意对方案设计的依据、方法，特别是有关参数的确定过程进行全面考核，考核学生应用所学知识进行盘类零件加工工艺装备设计确定的分析、应用等综合能力。

3)归纳整理

①对本项目所有的资料进行归纳、整理。

②对加工出的零件进行存放。

表2.10 砂轮架支承盘零件工艺装备确定的考核评价标准

项目编号		学生完成时间		学生姓名		总分	
序号	评价内容	评价标准	配分	学生自评15%	学生互评25%	教师评价60%	得分
1	加工工艺过程的拟订	不合理，扣5~10分	15				
2	定位方案的确定	不合理，扣5~10分	10				
3	装夹方式及夹具的确定	不合理，扣5~10分	15				
4	切削用量的确定	不合理，扣1~5分	5				
5	各工序设备的确定	不合理，扣1~5分	10				
6	刀具的确定	不合理，扣5~10分	15				
7	量具的确定	不合理，扣5~10分	15				
8	工具的确定	不规范，扣1~5分	10				
9	完成时间	超1学时，扣2分	5				
10	合计						

注：工艺装备设计确定思路创新、方案创新的酌情加分。

本项目小结

本项目以多品种小批量生产的工具磨床支承盘零件为例,分析了支承盘零件的使用性能、技术要求、结构特点,具体介绍了车床夹具、钻床夹具、组合夹具、孔加工常用的刀具和工具的基本知识。着重介绍了车床夹具、钻床夹具的典型结构、设计要点,组合夹具的组装方法,孔加工常用的刀具和工具的典型结构与适用场合等。

思考题与习题

2.1　说明工具磨床支承盘零件的结构特点。

2.2　说明工具磨床支承盘零件加工时需用的工艺装备有哪些?

2.3　常见车床夹具有哪些种类?其特点如何?

2.4　说明车床夹具的联接元件的形式及特点。

2.5　一般孔的加工工具有哪些种类?其特点如何?

2.6　说明专用铰孔工具结构、工作过程。

2.7　说明浮动铰刀夹头的工作原理。

2.8　说明常见钻模的结构特点及适用范围。

2.9　钻套有哪些种类?其特点如何?各适用什么场合?

2.10　说明组合夹具的特点。

2.11　组合夹具元件按其使用性能可分成哪八大类?

2.12　说明组合夹具的组装步骤。

2.13　说明麻花钻的结构及组成。

2.14　说明麻花钻的几何角度。

2.15　说明扩孔钻和铰刀的结构。

2.16　常用铰刀有哪些种类?其特点如何?各适用什么场合?

2.17　说明钻孔用工具的基本类型及适用场合。

2.18　说明小孔加工装置的基本类型及适用场合。

2.19　说明内排屑深孔钻的工作原理。

2.20　说明常用分度装置的结构形式与选择方法。

2.21　说明夹具体设计的基本要求。

项目 2 等分工件铣削

项目 2 万能分度头

项目 2 旋转快换 1

项目 2 用专门托架的翻转钻模 2

项目 2 有联动压板的车床夹具 1

项目 2 有联动压板的车床夹具 2

项目 2 圆盘式车床夹具

项目 2 圆偏心夹紧机构 1

项目 2 圆偏心夹紧机构 2

项目 3

砂轮架箱体加工工艺装备

知识目标：

1. 掌握箱体零件的使用性能、技术要求、基本特点及加工工艺过程。

2. 掌握箱体零件专用夹具的结构特点及专用夹具设计的基本理论知识。

3. 熟悉专用夹具安装调试的基本知识和方法。

4. 熟悉常用铣刀、刨刀、镗刀的种类、结构及使用方法。

5. 熟悉铣削加工常用的工具类型及使用方法。

6. 熟悉铣床常用附件的类型和使用。

7. 熟悉箱体零件检测指标，了解箱体类零件工艺实施效果评价的基本要求。

项目 3 支柱式钻模 1

项目 3 支柱式钻模 2

能力目标：

1. 具备箱体零件工艺设计的能力。

2. 具备箱体零件专用夹具设计、安装和调试的能力。

3. 具备选择箱体零件主要表面加工刀具种类的能力。

4. 能正确使用铣削加工时所使用的工具和铣床常用附件。

5. 具备箱体零件质量检测与质量问题处理的能力。

任务 3.1　项目要求与分析

(1) 项目要求

确定如图 3.1 所示磨床砂轮架箱体加工的工艺装备。

(2) 项目分析

1) 箱体类零件的功用及结构特点

箱体是机器或部件的基础零件，它将机器或部件中的轴、套、齿轮等有关零件组装成一个整体，使它们之间保持正确的相互位置，并按照一定的传动关系协调地传递运动或动力。因此，箱体的加工质量将直接影响机器或部件的精度、性能和寿命。

常见的箱体类零件有机床主轴箱、机床进给箱、变速箱体、减速箱体、发动机缸体及机座等。根据箱体零件的结构形式不同，可分为整体式箱体（见图3.2(a)、(b)、(d)）和分离式箱体（见图3.2(c)）两大类。前者是整体铸造、整体加工，加工较困难，但装配精度高；后者可分别制造，便于加工和装配，但增加了装配工作量。

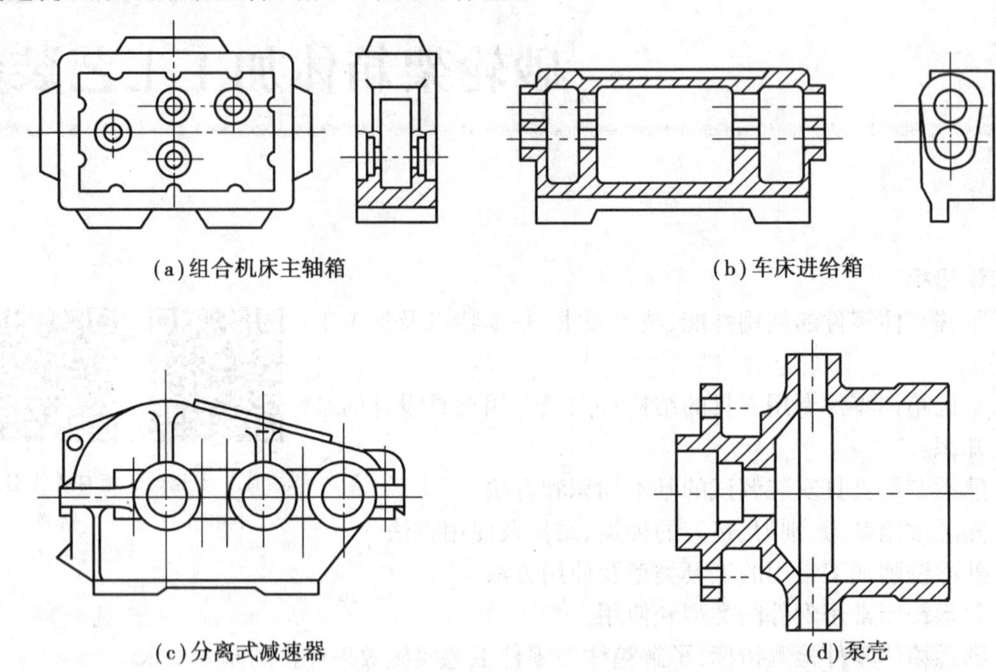

图3.2 几种常见的箱体零件简图

由图3.2可知，尽管各种箱体零件形状各异、尺寸不一，但其结构均有以下的主要特点：

①形状复杂

箱体通常作为装配的基础件，在它上面安装的零件或部件越多，箱体的形状越复杂，因为安装时要有定位面、定位孔，还要有固定用的螺钉孔等；为了支撑零部件，需要有足够的刚度，采用较复杂的截面形状和加强筋等；为了储存润滑油，需要具有一定形状的空腔，还要有观察孔、放油孔等；考虑吊装搬运，还必须做出吊钩、凸耳等。

②体积较大

箱体内要安装和容纳有关的零部件，因此，必然要求箱体有足够大的体积。例如，大型减速器箱体长达4～6 m，宽为3～4 m。

③壁薄容易变形

箱体体积大，形状复杂，又要求减少质量，所以大都设计成腔形薄壁结构。但是在铸造、焊接和切削加工过程中，往往会产生较大内应力，引起箱体变形。即使在搬运过程中，由于方法不当也容易引起箱体变形。

④有精度要求较高的孔和平面

这些孔大都是轴承的支承孔，平面大都是装配的基准面，它们在尺寸精度、表面粗糙度、形状和位置精度等方面都有较高要求。其加工精度将直接影响箱体的装配精度及使用性能。

因此,一般来说,箱体不仅需要加工部位较多,而且加工难度也较大。据统计资料表明,一般中型机床厂用在箱体类零件的机械加工工时占整个产品的15% ~20%。

砂轮架箱体属于箱体类零件,它是磨床的基础件之一。在磨床砂轮架中,由它将一些轴、套、轮、轴承等零件组装在一起,使其保持正确的相互位置关系,并且能按照一定的传动要求传递动力和运动,构成磨床的一个重要部件。因此,砂轮架箱体的加工质量对磨床的精度、性能和寿命都有一定的影响。

2)砂轮架箱体使用性能与设计要求

各种砂轮架箱体的尺寸和结构形式虽有所不同,但其使用性能却基本一致,即保证砂轮主轴的高运动精度与位置精度,并能保持精度的高度稳定,抗振、吸振,高刚性、足够的强度,箱体受力、受热变形小,有足够的耐磨性,热处理变形小,机械加工性好等。因此,应在满足装配空间及操作空间要求的前提下,要求其结构尺寸小而紧凑、结构刚性高,主轴支承孔精度高并应严格同轴,中心孔轴线与定位端面应保持严格垂直,箱体的壁厚要足够且变化较小,材料的热处理性能应稳定等。

3)砂轮架箱体结构与技术要求

①砂轮架箱体的结构分析

从图3.1中可知,该磨床砂轮架箱体结构具有以下6个特点:

a.箱体的装配基准选择平导轨与V形导轨的组合方式,其定位准确,承载能力强,与磨床砂轮架的使用性能相适应。

b.箱体尺寸在满足装配关系与操作空间的要求下,尽量选取小值,因此整个箱体结构紧凑,体积较小。

c.箱体采用上开口封闭状结构形式,在壁厚较小的情况下,零件结构刚度较高。

d.箱体导轨长度有所加长,以利于箱体导向精度与承载强度。

e.箱体壁厚比较均匀,有利于消除或减少零件的内应力对加工精度的影响。

f.砂轮架箱体上的主轴支承孔、箱体的装配基准——平导轨与V形导轨面、轴向推力轴承的定位端面为箱体的重要表面;比较重要的表面有其他组件与部件的安装基准面。

②砂轮架箱体的技术要求及其分析

通过对砂轮架箱体的机构进行认真分析可知,要使砂轮架箱体满足使用要求,其技术要求必须满足以下4点:

a.砂轮主轴支承孔尺寸精度为IT7,属于一般精度等级;两主轴孔的同轴度要求为0.03 mm,为较高精度等级;主轴孔的形状精度包括在尺寸精度中,没有单独提出要求。这些指标的确定是由主轴的支承方式以及所选用的具体轴承结构所决定的。由于三片瓦轴承主要通过定心调整达到高精度的装配要求,因此,轴承孔的高精度对提高砂轮架的装配精度意义不大。

b.箱体主轴轴向定位端面对靠近砂轮端轴孔中心的跳动为0.015 mm,而对远离砂轮端(即皮带轮端)轴孔中心的跳动没有提出要求。该项要求主要考虑跳动对主轴轴向窜动的影响程度来确定。根据误差的传递规律,靠近砂轮端的跳动误差对主轴轴向窜动影响明显,因此只对该位置的跳动提出了较高的要求,而没有选择远离砂轮端的后轴承孔端面作为主轴轴向定位面,更没有对其端面提出较高跳动要求。

c.砂轮架箱体的装配基准——导轨面相对设计基准的位置精度、它们之间的相互位置精度以及各自的形状精度都有较高的要求,其误差值为0.01~0.04 mm,以满足砂轮架在磨床上的位置精度和运动精度要求。

d. 其他组件、部件的装配基准面,其尺寸精度、位置精度和形状精度也有一定的要求。

③砂轮架箱体零件的材料、毛坯及热处理

箱体零件有复杂的内腔,应选用易于成型的材料和制造方法。铸铁容易成形、切削性能好、价格低廉,并且具有良好的耐磨性和减振性。因此,箱体零件的材料大都选用 HT200—HT400 的各种牌号的灰铸铁。最常用的材料是 HT200,而对于较精密的箱体零件(如坐标镗床主轴箱),则选用耐磨铸铁。

某些简易机床的箱体零件或小批量、单件生产的箱体零件,为了缩短毛坯制造周期和降低成本,可采用钢板焊接结构。某些大负荷的箱体零件有时也根据设计需要,采用铸钢件毛坯。在特定条件下,为了减轻质量,可采用铝镁合金或其他铝合金制作箱体毛坯,如航空发动机箱体等。

铸件毛坯的精度和加工余量是根据生产批量而定的。对于单件小批量生产,一般采用木模手工造型。这种毛坯的精度低,加工余量大,其平面余量一般为7~12 mm,孔在半径上的余量为8~14 mm。在大批大量生产时,通常采用金属模机器造型。此时,毛坯的精度较高,加工余量可适当减低,则平面余量为5~10 mm,孔(半径上)的余量为7~12 mm。为了减少加工余量,对于单件小批生产直径大于50 mm 的孔和成批生产大于30 mm 的孔,一般都要在毛坯上铸出预孔。另外,在毛坯铸造时,应防止砂眼和气孔的产生;应使箱体零件的壁厚尽量均匀,以减少毛坯制造时产生的残余应力。

热处理是箱体零件加工过程中的一个十分重要的工序,需要合理安排。由于箱体零件的结构复杂,壁厚也不均匀,因此,在铸造时会产生较大的残余应力。为了消除残余应力,减少加工后的变形和保证精度的稳定,故在铸造之后必须安排人工时效处理。人工时效的工艺规范为:加热到500~550 ℃,保温4~6 h,冷却速度小于或等于30 ℃/h,出炉温度小于或等于200 ℃。

普通精度的箱体零件,一般在铸造之后安排一次人工时效处理。对一些高精度或形状特别复杂的箱体零件,在粗加工之后还要安排一次人工时效处理,以消除粗加工所造成的残余应力。有些精度要求不高的箱体零件毛坯,有时不安排时效处理,而是利用粗、精加工工序间的停放和运输时间,使之得到自然时效。箱体零件人工时效的方法,除了加热保温法外,也可采用振动时效来达到消除残余应力的目的。

4)砂轮架箱体类零件加工工艺过程

根据零件的生产类型,零件的工艺过程按照集中原则进行安排,在同一工序中能完成的内容尽量同时完成。据现场的生产条件和设备情况,零件平面加工采用铣或刨的方法进行。对于比较窄长而小的平面采用刨削,同时又能于一次装夹中尽量多的加工平行表面,而对于尺寸较大或较均匀的表面则采用铣削的方法进行加工,以提高效率。这种集中属于技术集中而非设备集中。生产中均采用通用设备,加工中比较多地对零件进行了找正、校正、校对等技术手段来保证零件的加工精度,因此,本例更适合于掌握技术的训练。从零件表面的加工顺序上分析,首先对定位表面以及工艺表面进行加工,以利零件的准确定位。例如,顶面的刨削、工艺凸台的加工、导轨背面的加工先于其后重要表面的加工,为重要表面的加工准备了较好的定位基准面。其工艺过程详见表3.1。

表3.1　磨床砂轮架箱体加工工艺过程

工序	工序内容	设　备	夹　具	刀　具	量　具
1	铸造 毛坯清理 人工时效	时效炉			
2	划线 以下各加工线均划通一周 A. 工件倒立,找正 1. 划两端 ϕ50H7 水平中心线,连通 2. 划右边尺寸 58 上面加工线 3. 划顶面加工线至尺寸 83,照顾尺寸 268 B. 工件转 90°,校正 4. 划两端 ϕ50H7 垂直中心线,连通 5. 划平导轨外侧面加工线至尺寸 89 6. 划 V 导轨外侧面加工线至尺寸 236.5 7. 划 V 导轨中心线至尺寸 130 8. 划箱体右边尺寸 110 的两侧均高 3 的搭子面加工线 C. 以导轨背部平面定位,校正 9. 划尺寸 $30^{+0.15}_{+0.10}$右侧等高平面加工线 10. 划平导轨面加工线 11. 划右边端面加工线至尺寸 148.5 12. 划尺寸 220 右侧面加工线,注意内 ϕ80 端面的加工余量留够 13. 划尺寸 151.5 左侧搭子面加工线 14. 划左端面加工线至尺寸 381 15. 在两 ϕ50H7 端面上分别打中心孔均 A5 16. 检验	平台、划针、高度尺等		中心钻:A5/12.5	
3	刨削 A. 组合夹具装夹,按线找正,压紧 1. 刨顶面,尺寸 83 至 85;平面度 0.1 mm 2. 刨右边尺寸 58 的上平面至尺寸 60 3. 刨槽 3×1,照顾尺寸 220,槽深 1 至尺寸 3 B. 组合夹具装夹,校正,压紧 4. 刨平导轨外侧面至尺寸 34 5. 刨尺寸 110 左边 R_a12.5 搭子面高 3,30 宽的矩形搭子面高 4.5 6. 刨槽 3×1 与相邻的 3×1 槽相接通 7. 粗刨尺寸 $30^{+0.15}_{+0.10}$的右侧面,留余量 2 8. 刀具校正尺寸 160 一侧面,照顾尺寸 34 和 55 9. 粗刨平导轨面,留余量 2	B650	组合夹具		

续表

工序	工序内容	设备	夹具	刀具	量具
3	C. 工件翻个,校正,另组合夹具 10. 刨 V 导轨外侧面至尺寸 $236.5_{-0.05}^{0}$ 11. 粗刨 V 导轨背部平面,对平导轨背部平面等高允差 0.1 12. 刨尺寸 110 右边搭子面高 3 13. 按图示倒角修毛刺 14. 检验	B650	组合夹具		
4	铣削 以顶面校正,压紧 1. 铣右端面至尺寸 146.5(参考尺寸 220 + 73.5 = 293.5) 2. 掉头铣左端面总长至尺寸 381 3. 铣尺寸 151.5 左边搭子面 4. 修去锐棱飞边 5. 检验	X63W	顶面		
5	刨削 刨削夹具装夹,导轨背部平面定位,校正,压紧 1. 粗刨 V 导轨面 2. 刨 V 导轨顶面至尺寸 3. 切槽及刀具修正尺寸 160 上面 4. 精刨 V 导轨面 5. 精刨平导轨面,与 V 导轨面允差 0.1,只允许 V 导轨面高 6. 切槽 5 × 1 7. 按图倒角 8. 检验	龙门刨床	导轨背部平面	5 mm 及 7 mm 专用刨槽刀	校规:Z1-Z
6	钳工 刮平 V 导轨面,接触精度 12 点/(25 × 25)				
7	刨削 刨削夹具装夹,导轨面定位,校正,压紧 1. 精刨导轨背部两平面,等高允差 0.1,对基准“D”的平行度允差 0.05 2. 切槽两处均 5 × 1 3. 刀具修正 160 两侧面 4. 检验	龙门刨床	导轨面		

续表

工序	工序内容	设　备	夹　具	刀　具	量　具
8	铣削 铣削夹具装夹,校正,压紧 1. 精铣顶面至尺寸 83,对基准“*C*”的垂直度不大于 0.1 2. 精铣右边尺寸 58 ±0.1 的上平面 3. 精铣尺寸 110 左边的 30 宽矩形搭子面高 3 4. 检验	X63W	导轨面	盘铣刀 锥柄立铣刀 ϕ45	
9	镗削 镗模装夹,校正,夹紧:尺寸 58 ±0.1 校至 $58^{+0.3}_{0}$ 1. 先钻右端孔 ϕ50H7 至 ϕ38 2. 扩孔至 ϕ40 3. 用 ϕ40 立铣刀 + 接长套铣中部的 *R*20 4. 用 ϕ38 接长钻 + 接长套钻左端 ϕ50H7 底孔透 5. 再用 ϕ40 接长钻 + 接长套扩左端孔至 ϕ40 6. 镗、铰两端孔 ϕ50H7 至尺寸,保证尺寸 58 ±0.1 至尺寸 $58^{+0.3}_{0}$ 7. 刮右端面 ϕ82 深 1 8. 刮内端面 ϕ80 至尺寸 295.5 9. 刮左端面 ϕ82 深 1 10. 各孔口如图倒角 1 ×45° 11. 检验	T611A	导轨面、顶面	接长钻: ϕ14.5 ×300 ϕ38 ×450 ϕ40 ×450 锥柄立铣刀:ϕ40 镗杆:F3-2 固定镗刀块: 49.85/R3-8 浮动镗刀块: 45 ~50 端面刮刀: 85/R3 ~26 82/R3 ~3	塞规: 50H7
10	镗削 A. 镗模装夹,校正,压紧 1. 钻、攻右边 3-M16 ×1.5-7H (1)先加工与顶面垂直的孔 ①钻底孔至 ϕ14.5 ②沉孔 ϕ22 深保证尺寸 $46.5^{0.1}_{0}$ ③攻丝 M16 ×1.5 -7H (2)工件转位 120°,同上步骤加工 (3)工件再转位 120°,同上步骤加工 B. 工件翻个,校正 2. 钻、攻左边 3-M16 ×1.5-7H,步骤同工步 1,方位勿错!!! 3. 修去孔内毛刺	T611A	导轨面、顶面	丝锥:R4-2 平锪钻:R5-2	

续表

工序	工序内容	设　备	夹　具	刀　具	量　具
11	钳工 A. 顶面 1. 钻孔 $\phi30$ 透 2. 钻、攻 5-M8-7H 深 10，底孔勿钻透!! 3. 划、钻、攻左边 M8-7H 深 14 4. 钻模夹紧，钻、攻右边 4-M8-7H 深 20 5. 划、钻导轨端面上 2-$\phi4$ 油孔深至 26 6. 扩孔 2-Z1/8″底孔至 $\phi8.7$ 深 13 7. 攻丝 2-Z1/8″ B. 右面，钻磨装夹 8. 钻、攻 3-M6-7H 深 12 9. 钻孔 3-$\phi7$ 10. 沉孔 3-$\phi11$ 深 42 11. 划、钻 2-M6 底孔至 $\phi5.1$ 12. 锪平 2-$\phi10$ 13. 攻丝 2-M6-7H 深 12 14. 划、钻平导轨 $\phi4$ 油孔透 15. 划、钻 V 导轨上 2－$\phi4$ 油孔透 C. 左面，钻磨装夹 16. 钻 Z1/4″底孔 $\phi11.3$ 透，攻丝 Z1/4″ 17. 钻、攻 3-M6-7H 深 12 18. 钻、扩、铰孔 $\phi12$H8 透 19. 划、钻、攻 M8-7H 深 16，底孔勿钻透!! 20. 划、钻、攻 Z1/4″ D. 导轨两外侧方向 21. 划、钻 V 导轨外侧 $\phi4$ 油孔深至 35 22. 划、钻、攻 M6-7H 透一壁(在 *N* 向) 23. 钻模装夹，*M* 向 (1)钻、攻 2-M5-7H 深 7 (2)钻、攻 2-M8-7H 深 16(*K* 向)，底孔勿钻透!! 24. 划、钻、攻另一 Z1/4″(在 *C*—*C* 上) E. 两处斜面上 25. 划、钻 M27×1.5 底孔至 $\phi25.6$ 26. 平锪孔 $\phi38$ 深 5 27. 攻丝 M27×1.5-7H 28. 划、钻 M16×1.5 底孔至 $\phi14.5$ 29. 平锪孔 $\phi22$ 深 6 30. 攻丝 M16×1.5-7H F. 导轨面及背部平面上(在“*L*—*L*”和“*G*—*G*”上) 31. 錾平 V 导轨面上油槽宽 3 深 1 32. 錾导轨背部平面上油槽宽 3 深 1 33. 检验	Z35		钻头：$\phi4$，$\phi4.2$，$\phi5.1$，$\phi6.7$，$\phi7$，$\phi8.7$，$\phi10$，$\phi11.3$，$\phi14.5$，$\phi25.6$，$\phi30$ 直柄长钻头： $\phi6.7$ 接长钻头： $\phi4\times250$ 平锪钻： 11×7 R5-2/M9116A R5-9/2M9120A 扩孔钻：11.75 铰刀：12H8 丝锥： M5-H2 M6-H2 M8-H2 Z1/8″ M16×1.5-H2 M27×1.5-H2 接长丝锥： M8-H2×150 Z1/4″/R4-1	

续表

工序	工序内容	设 备	夹 具	刀 具	量 具
12	立铣 专用夹具装夹,校正 1. 铣去V导轨背部沉槽内侧凸出的多余金属,与厚14的毛面平即可,无则免加工 2. 修毛刺 3. 检验	X53	导轨面	35锥柄立铣刀长280	

在安排时应考虑下列9个方面的问题:

①箱体加工采取先加工平面,后加工轴孔的顺序。加工顺序通常是先加工精基准平面,然后加工孔。在同一加工阶段中,应先加工平面后加工平面上的孔。此外,由于箱体上孔大多分布在箱体外壁和中间隔壁的平面上,先加工平面,切除了铸件表面的凹凸不平及夹砂等缺陷,可减少钻头引偏,防止扩、铰孔刀具崩刃,对刀、调整也比较方便,为保证孔的加工精度创造了条件。

②工序3是零件机械加工的第一道工序。按照工序排列的基本原则,该工序应首先加工定位基准面。零件按照划线找正进行安装*A*后,第一个工步对顶面进行刨削加工,同时对与其平行的尺寸58 mm上平面和水平方向的3×1 mm退刀槽也进行了加工,最大限度地保证了在同一安装中尽量多的加工表面,相对提高了加工效率。在安装*B*中,对已加工顶面进行校正,然后按线加工,保证了以下工步所加工表面与安装*A*中加工表面垂直。该安装中所加工表面基本上都是后续工序或工步加工的定位表面,如工艺凸台、平导轨面及其背部平面等。工序中平导轨面的加工先于V导轨面加工,是因为在砂轮架装配结构及运动关系中,V形导轨面起主要导向与定位作用,其加工必须有较好加工条件与定位面,故V向导轨面的加工不能在此安装中进行,安装*B*中的加工内容都是为后续主要表面——V形表面的加工进行准备。有了*B*安装中的表面加工,就可较好地进行安装*C*中的表面加工。

③有了工序3的准备工作,零件的加工就能较好的定位并保持较高的加工效率,故工序4采用铣削的方法对左右两端面以及工艺凸台进行较快的加工。此工序定位较快、稳定、容易,其校正面也比较精确。

④工序5是对零件的装配基准面进行加工,因此保证导轨面的尺寸精度、位置精度是本工序的主要任务。在进行了上述准备以后,零件的外形尺寸都比较规矩、精确,为保证导轨面的加工精度提供了很好的加工基础与条件;由于平导轨面与V形导轨面在零件装配中联合起定位导向作用,它们之间是相互配合和相互依赖的关系,相互间有较高的位置精度要求,因此,两导轨面的加工安排在一起进行加工,能更好地保证这些位置要求,如两导轨面的平行度0.02 mm的要求等。

⑤工序6是对导轨面的精加工,其主要目的是提高导轨面的接触精度,加强导轨副的接触强度。工序7是对导轨背面进行精加工,因为导轨装配及其使用时,其背面利用压板、螺钉对导轨与磨床立柱导轨进行联接形成导轨副,并保持在受力以及使用中有正确的运动精度和导向精度,配合间隙较小,因此,砂轮架的导轨面与其背面必须平行。加工中以导轨面定位对其背面进行精加工,更好地保证了这项精度要求。同样,工序8中的加工表面也与主要表面有较

高位置要求,如顶面对基准 C 的垂直度要求 0.04 mm,应对其进行精加工。这样安排符合“与重要表面有高位置要求的表面,在重要表面加工后,必须对该面进行修正加工”的原则要求。

⑥工序 9 对砂轮架最重要的面——轴承孔进行加工。由于零件为小批量生产,零件组织生产以集中原则进行,因此主轴孔的加工必须要有精确的定位基准和较高的加工条件。该工序中对主轴孔以及主轴的轴向定位面同时进行加工,容易保证尺寸精度和它们之间的位置精度。零件采用加工好的导轨面进行定位,其定位精度高,并且符合基准重合原则,减少了基准不重合误差,与小批量的生产类型相适应。

⑦工序 10,11,12 均属于次要表面的加工。这些表面的加工更集中。它们的尺寸精度要求相对较低,但它们与主要表面间有相互位置要求,若工序安排过前,这些位置精度就会得不到保证。虽然有些表面与主要表面没有单独提出位置要求,但在使用中这些位置误差会影响零件的联接精度、强度等,并且其数量大、方位复杂,劳动量大,所以将其加工安排在靠后位置进行,有利于保证这些位置精度要求,同时又不会浪费劳动,只是操作时应注意保护主要表面的精度。

⑧箱体毛坯及加工中安排合适的热处理。箱体毛坯比较复杂,壁厚不均,铸造应力较大。为了消除内应力,减少变形,保证箱体的尺寸稳定性,对于普通精度的箱体,毛坯铸造完后要安排一次人工时效。对于高精度的箱体或形状特别复杂的箱体,在粗加工后再安排一次人工时效处理,以消除粗加工中产生的残余应力。对于特别精密的箱体零件,在机械加工阶段尚需安排较长时间的自然时效处理。对于大批量生产时,由于以高效率、较大的切削用量组织生产,产生了较大的内应力,粗加工之后需安排一次时间较长的自然时效(这个自然时效由于是多件堆积,按生产节拍顺次进行下道工序加工,故不会影响生产效率)。中小批生产中生产的节拍性要求不强,切削用量较小,故产生的内应力相对较小,利用粗、精加工间的停歇和运输时间,就可使工件得到自然时效。本例铸件毛坯就只安排了一次时效处理。

⑨关于辅助工序。主要是指检验工序的安排。零件由于批量较小,没有安排专门的检验工序。与主轴加工时相同,零件的检验安排在每个工序之后由操作人员进行,这样既省时省力又保证了工件加工精度,如果零件的批量较大如大批大量生产,这样安排就不合理。

5)砂轮架砂轮架架箱常用的工具、夹具、量具

夹具、刀具、量具、工具的选择直接影响工件的加工精度、生产率和制造成本,应根据不同情况适当选择。

通过工艺过程的分析,结合现有生产条件和工序要求,砂轮架箱体加工常用的工艺装备见表 3.2。

表 3.2　砂轮架箱体加工常用的工艺装备

夹　具	刀　具	量　具	工　具
镗模、钻模、专用铣床夹具等	镗刀、砂轮、铣刀等	游标卡尺、千分尺、百分表、光滑极限量规、比较仪等	检验心轴、V 形架、对刀块、塞尺、镗杆等

①夹具的选择

在加工主轴孔、顶面及左端面孔加工时,均采用专用夹具。其中,加工主轴孔的夹具如图 3.3 所示,其他采用组合夹具。

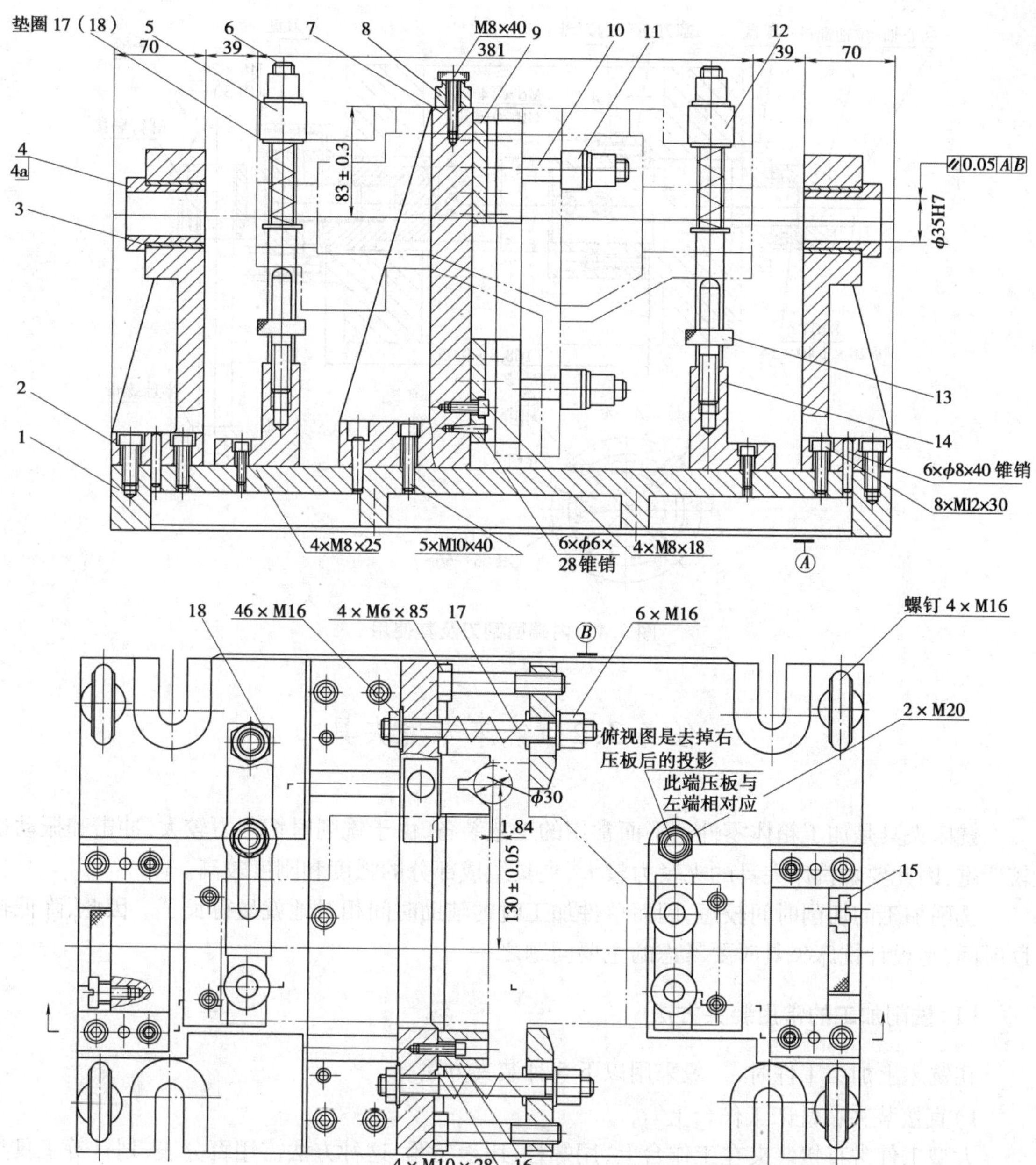

图 3.3　工序 9 主轴孔加工镗模

1—夹具体；2—支架；3—衬套；4—镗套；4a—快换钻套；5—长压板；6，10—双头螺柱；7—弯板；8—挡板；9—V 形垫板；11—短压板；12—短弹簧；13—可调支承；14—支承架；15—镗套螺钉；16—平行垫块；17—长弹簧；18—螺柱

②其他工装的选择

刀具（中心钻、刨刀、研具、端面刮刀、麻花钻、浮动镗刀、平锪钻、铰刀及专用刀具刨槽刀）、划线工具、通用量具在零件加工中随处可见。例如，内端面加工在用镗刀进行镗加工后，必须采用如图 3.4 所示的专用刮刀进行精加工。

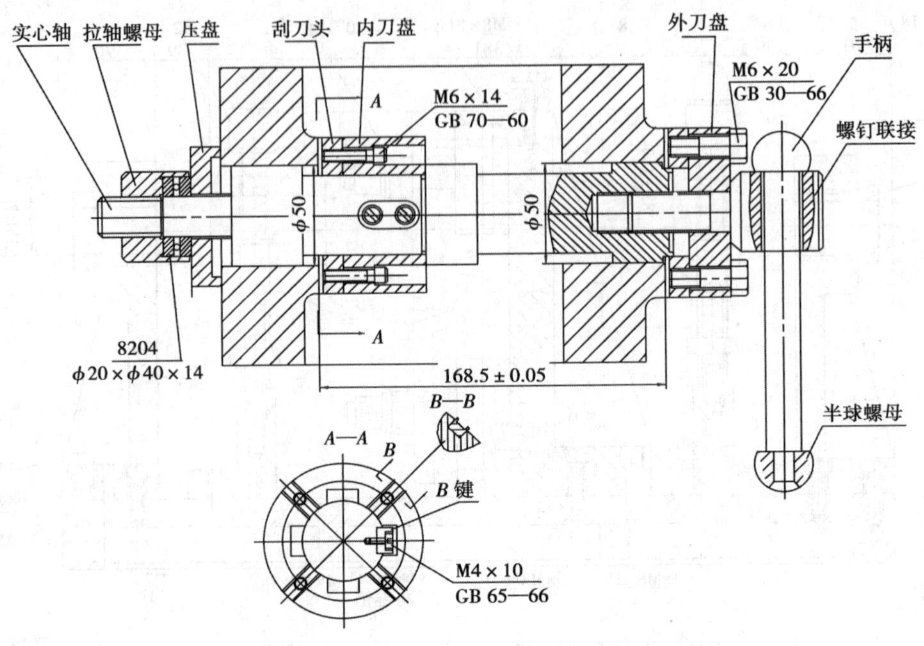

图 3.4　内端面刮刀及其使用

任务 3.2　铣床专用夹具

铣床夹具是加工箱体零件上平面常用的工艺装备，由于铣削时切削力较大，冲击和振动也较严重，因此要求铣床夹具的夹紧力较大，夹具组成部分的强度和刚度较高。

铣削加工的切削时间较短，因而单件加工时的辅助时间相对地就显得长了。因此，降低辅助时间，是设计铣床夹具时要考虑的主要问题之一。

(1) 铣削加工的常用装夹方法

在铣床上加工工件时，一般采用以下 5 种装夹方法。

1) 直接装夹在铣床工作台上

大型工件常直接装夹在工作台上，用螺柱、压板压紧，这种方法需用百分表、划针等工具找正加工面和铣刀的相对位置，如图 3.5(a) 所示。

2) 用机床用平口虎钳装夹工件

对于形状简单的中、小型工件，一般可装夹在机床用平口虎钳中，如图 3.5(b) 所示。使用时，需保证虎钳在机床中的正确位置。

3) 用分度头装夹工件

如图 3.5(c) 所示，对于需要分度的工件，一般可直接装夹在分度头上。另外，不需分度的工件用分度头装夹加工也很方便。

4) 用 V 形架装夹工件

这种方法一般适用于轴类零件，除了具有较好的对中性以外，还可承受较大的切削力，如

图3.5(d)所示。

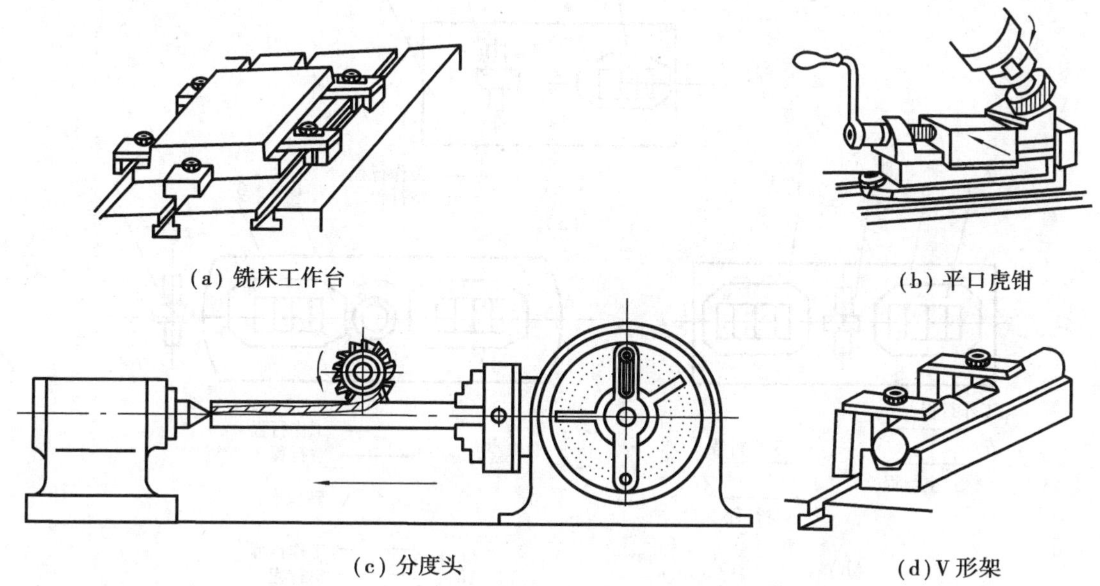

(a) 铣床工作台　(b) 平口虎钳　(c) 分度头　(d) V形架

图3.5 工件的装夹

5)用专用夹具装夹工件

专用夹具定位准确、夹紧方便,效率高,一般适用于成批、大量生产。

(2)铣床夹具的类型

1)直线进给铣床夹具(见图3.6)

这类夹具安装在铣床工作台上,加工中工作台是按直线进给方式运动的。为了降低辅助时间,提高铣削工序的生产率,对于直线进给式的铣床夹具来说,可以采取下面两种措施:

①采用多件或多工位加工,比单件分别装夹加工可以节省每次进刀的引进和越程时间。所以能提高铣削效率。

②使装卸工件等的辅助时间与机动时间重合。如图3.7所示为铣削斜面专用夹具。图3.7(a)、(b)均为规定角度的斜垫铁,以铣削工件上的斜面用的专用夹具。

2)圆周进给式铣床夹具

圆周进给式铣床夹具的结构形式也很多,此处着重介绍转盘铣床上的圆周进给式铣床夹具的工作原理,转盘铣床通常有一个很大的转台或转鼓(前者为立轴,后者为卧轴)。在转台上可沿圆周依次布置若干工作夹具,依靠转台旋转而将其上的工作夹具依次送入转盘铣床的切削区域,从而进行连续铣削。

如图3.8所示为圆周进给式铣床夹具的工作原理示意图。夹具2依次装在圆台铣床工作台1的圆周上,工件直接装在工作夹具中。工作时工作台按箭头方向旋转,将夹具依次送入双轴铣头的切削区域。双轴铣头中一个是粗铣,一个是精铣,工件经粗、精铣削后便离开切削区域,于是操作者便可取下铣好的工件,另装待铣。

设计这类夹具时,必须注意使两相邻工位的铣刀间的空行程距离尽量缩短,以便缩短空行

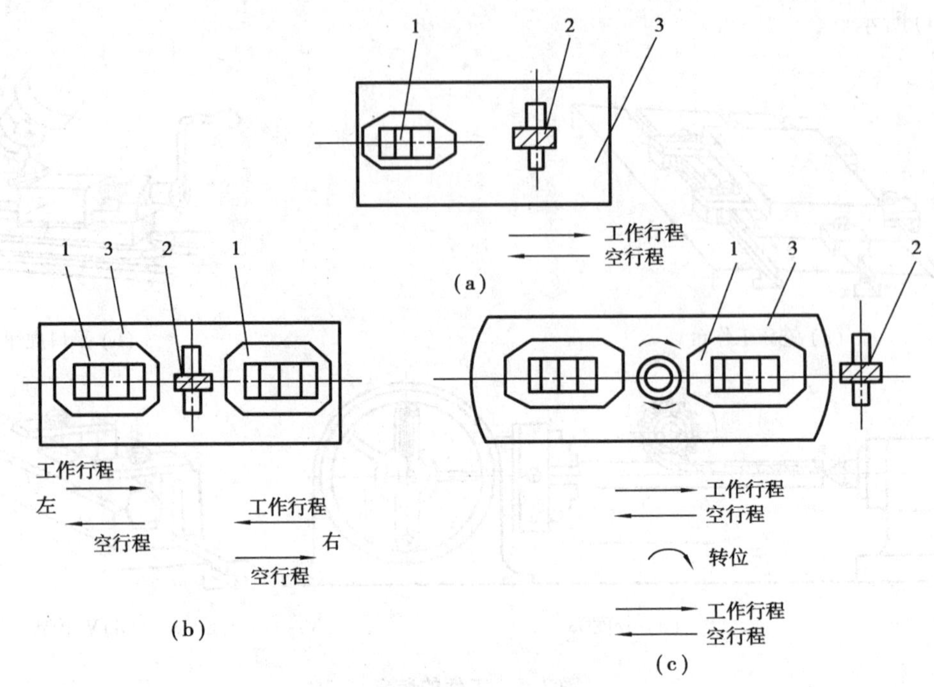

图 3.6　直线进给式铣床夹具应用

1—工位;2—铣刀;3—夹具体

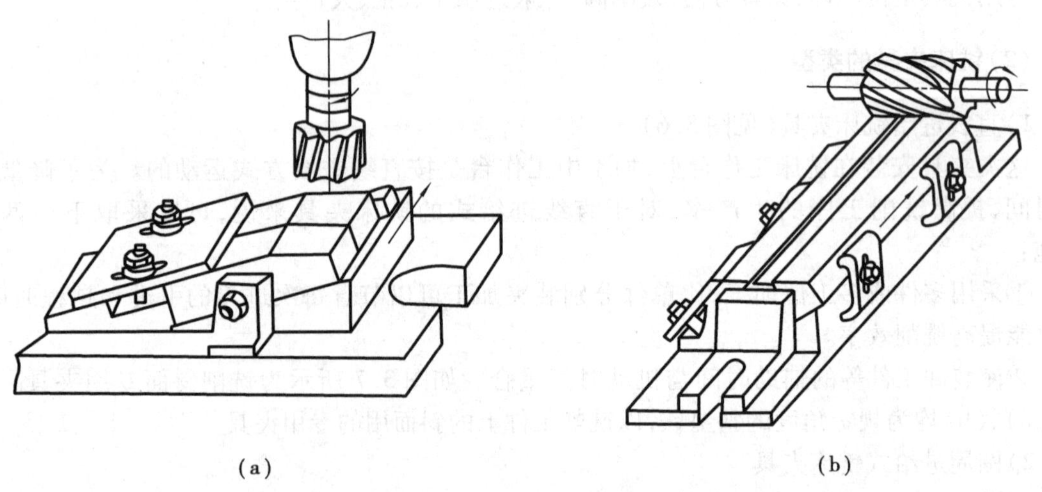

图 3.7　铣削斜面专用夹具

程时间损失,提高机床生产效率。在使用手动夹紧方式时,夹紧用的手把、螺母等应布置在易于操作而安全可靠的位置,最好布置在回转工作台的外圆位置上。

3)靠模铣床夹具

靠模铣床夹具也称仿形铣床夹具,是一种安装在普通铣床上用以加工各种成形表面的夹具。它不仅扩大了普通铣床的工艺范围,还解决了缺少专用仿形铣床而无法解决的问题,尤其适合于模具生产。

如图 3.9 所示为靠模铣床夹具的结构原理图。图 3.9(a)为直线进给式,用以加工发生线为直线的开式曲面。靠模3及工件1分别装在机床工作台上的夹具中,滚子滑座5和铣刀滑座6两者连为一体,且保持两者轴线间距 L 不变。该滑座组在重锤或弹簧拉力 F 作用下,使滚子4压紧在靠模上,而铣刀2则保持与工件1接触。当工作台作纵向进给时,靠模上的轮廓就通过铣刀在工件上加工出所需的曲面。图3.9(b)为圆周进给式靠模铣床夹具原理图。该夹具装在回转工作台7上,回转工作台则装在滑座8上。滑座受重锤或弹簧力作用而使靠模3与滚子4保持紧密接触。此处铣刀2与滚子4为同轴安装,一般按整体设计且直径相等。布局时,应将靠模3置于工件1的上方,当铣刀因钝化而刃磨时,滚子4也必须按刃磨后的铣刀直径修磨其直径,以保持工件轮廓的原来形状。如图3.9(c)所示方式,传动情况与图3.9(b)相同,但滚子4与铣刀2不同轴,两轴距为 R。这样靠模3的尺寸可作得大些,从而使靠模的轮廓曲线变得更平滑;滚子4的尺寸也可作得大些,使靠模3与滚子4的接触更平稳,因而加工精度更高。

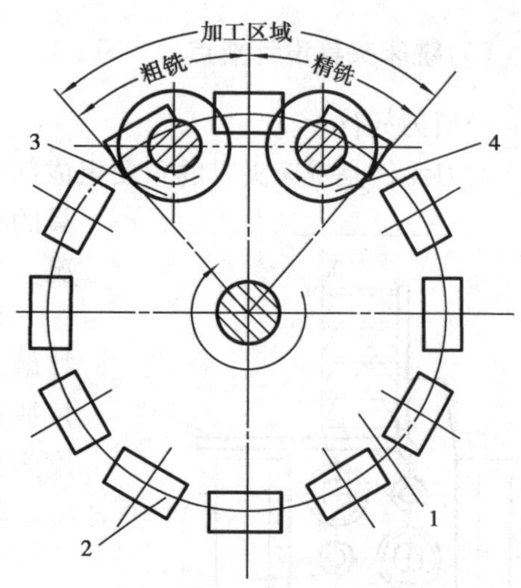

图3.8　圆周进给式铣床夹具应用

1—工作台;2—夹具

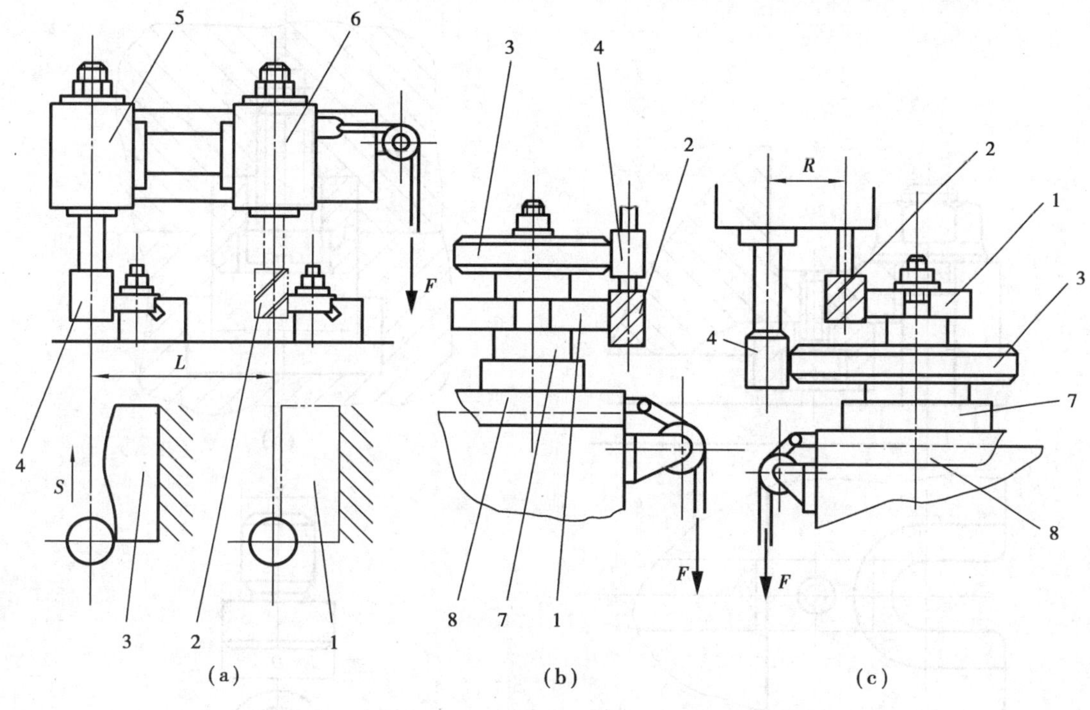

图3.9　靠模铣床夹具结构原理

1—工件;2—铣刀;3—靠模;4—滚子;5—滚子滑座;

6—铣刀滑座;7—工作台;8—滑座

(3)铣床夹具设计要点

1)对刀元件

对刀元件是铣床夹具的重要组成部分。有了对刀元件,可准确而迅速地调整好夹具与刀具的相对位置。如图3.10所示为是标准的对刀块使用情况。标准对刀块的结构尺寸,可参阅国标。

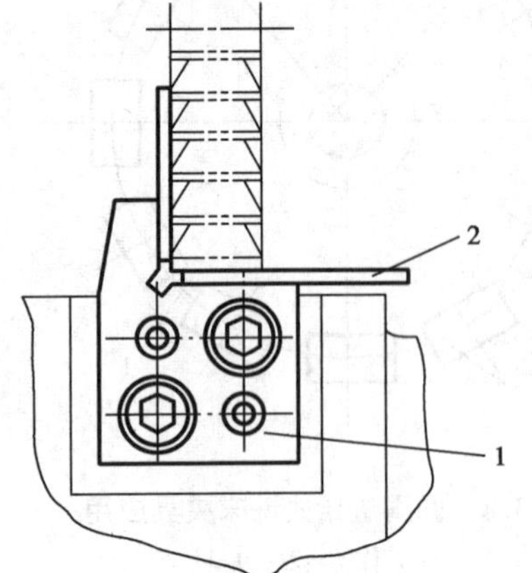

图3.10　对刀块

1—对刀块;2—塞尺

采用对刀塞尺的目的,是为了不使刀具与对刀块直接接触,以免损坏刀刃或造成对刀块过早磨损。使用时,将塞尺放在刀具与对刀块之间,凭抽动的松紧感觉来判断,以适度为宜。

2)铣床夹具的定位键

定位键安装在夹具底面的纵向槽中(见图3.11),一般采用两个,其距离越远,定向精度就越高。定位键不仅可确定夹具在机床上的位置,还可承受切削扭矩,减轻螺栓负荷,增加夹具的稳定性,因此,铣平面夹具有时也装定向键。除了铣床夹具使用定向键外,钻床、镗床等夹具也常使用。

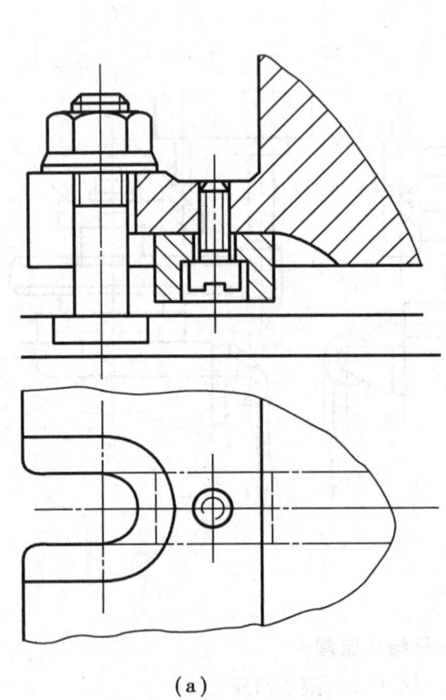

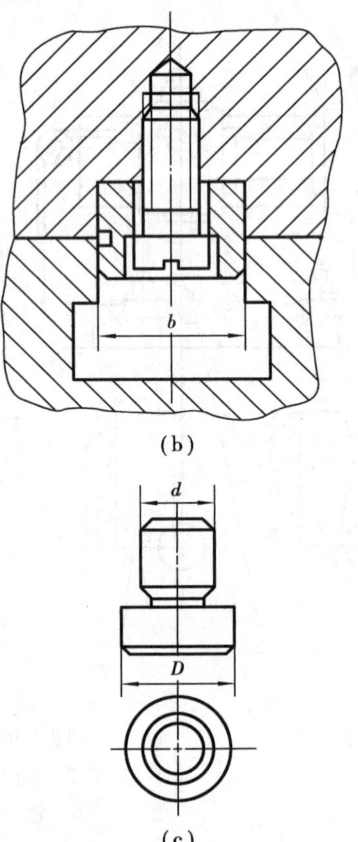

图3.11　定位键

定位键有矩形和圆形两种,圆形定位键(见图3.11(c))容易加工,但较易磨损,故使用不多。矩形定位键有两种结构形式:一种在键的侧面开有沟槽或台阶(见图3.11(b)),把键分为上下两部分,其上部按H7/h6与夹具体底面上的槽配合,下部与铣床工作台上的T形槽配合。因工作台的T形槽公差为H8或H7,故尺寸b按h8或h6制造,以减小配合间隙,提高定向精度。另一种键为矩形(见图3.11(a)),上下两部分尺寸相同,它适用于定向精度要求不高的夹具。

任务3.3　镗床夹具(镗模)

在机械加工中,许多产品的关键零件——机座、箱体等,往往需要进行精密孔系的加工。这些孔系不但要求孔的尺寸和形状精度高,而且各孔间及孔与其他基准面之间的相互位置精度也较高,用一般的办法加工很难保证。为此,工程技术人员设计了各种专用镗孔夹具(镗模),从而解决了孔系的加工问题。采用镗模后,镗孔精度基本上可不受机床精度的影响,对于缺乏高精度镗孔机床的中、小工厂,就可以用普通机床、动力头以至其他经改装的旧机床来批量加工精密孔系。在大批量生产中,还可采用多轴联动镗床同时镗孔,大大提高了生产效率。

(1)镗模的组成

如图3.12所示为加工车床尾架孔用的镗模。镗模的两个支承分别设置在刀具的前方和后方,镗刀杆9和主轴浮动联接。工件以底面槽及侧面在定位板3,4及可调支承钉7上定位,采用联动夹紧机构,拧紧夹紧螺钉6,压板5,8同时将工件夹紧。镗模支架1上用回转镗套2来支承和引导镗杆。镗模以底面A安装在机床工作台上,其位置用B面找正。可见,一般镗模是由定位元件、夹紧装置、引导元件(镗套)及夹具体(镗模支架和镗模底座)4部分组成。

(2)镗套

镗套的结构和精度直接影响到加工孔的尺寸精度、几何形状和表面粗糙度。设计镗套时,可按加工要求和情况选用标准镗套,特殊情况则可自行设计。

1)镗套的分类及结构

一般镗孔用的镗套,主要有固定式和回转式两类,都已标准化。

①固定式镗套

固定式镗套的结构,和前面介绍的一般钻套的结构基本相似。它是固定在镗模支架上面不能随镗杆一起转动,因此镗杆与镗套之间有相对运动,存在摩擦。

固定式镗套具有下列优点:外形尺寸小,结构紧凑,制造简单,容易保证镗套中心位置的准确。

但是固定式镗套只适用于低速加工,否则镗杆与镗套间容易因相对运动发热过高而咬死,或者造成镗杆迅速磨损。

如图3.13所示为标准式固定镗套。其中,A型无润滑装置,依靠在镗杆上滴润滑;B型则自带润滑油杯,只需定时在油杯中注油,就可保持润滑,因而使用方便,润滑性能好。固定式镗套结构已标准化,设计时可参阅国标GB 2266—1991。

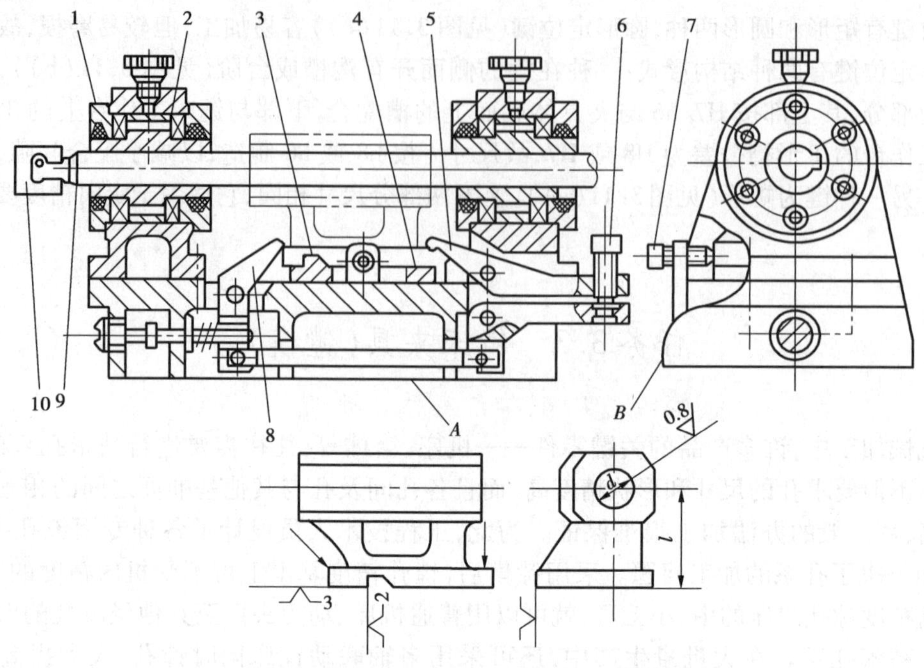

图 3.12　镗车床尾架孔镗模

1—支架;2—镗套;3,4—定位板;5,8—压板;6—夹紧螺钉;
7—可调支承钉;9—镗刀杆 10—浮动接头

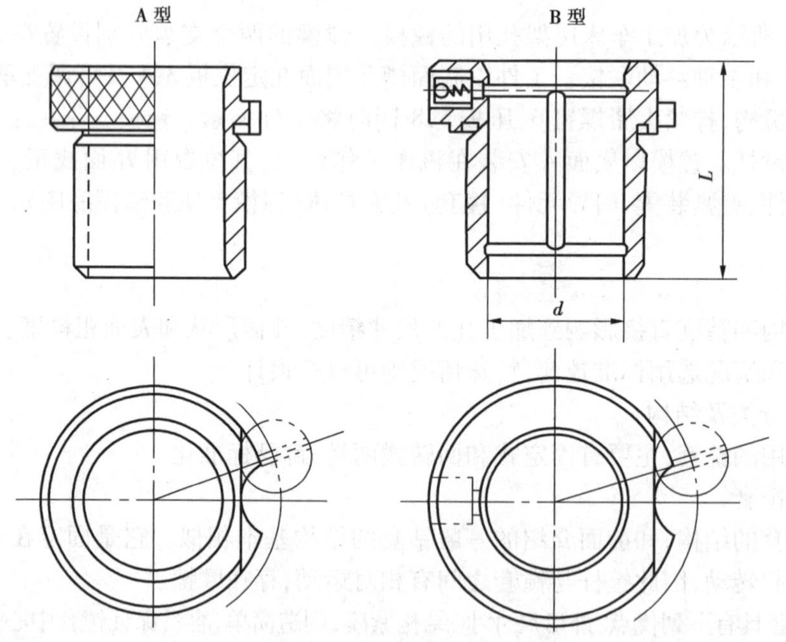

图 3.13　固定镗套

②回转式镗套

回转式镗套在镗孔过程中是随镗杆一起转动的,所以镗杆与镗套之间无相对转动,只有相对移动。当在高速镗孔时,这样便能避免镗杆与镗套发热咬死,而且也改善了镗杆磨损情况。特别是在立式镗模中,若采用上下镗套双面导向,为了避免因切屑落入下镗套内而使镗杆卡住，故下镗套应该采用回转式镗套。

由于回转式镗套要随镗杆一起转动，因此镗套必须另用轴承支承。按所用轴承形式的不同，回转式镗套可分为下列两种：

A. 滑动镗套

回转式镗套由滑动轴承来支承，称为滑动镗套。其结构如图3.14(a)所示。镗套2支承在滑动轴承套1上，其支承的结构和一船滑动轴承相似。支承上有油杯(图3.14中未画出)，经油孔而将润滑油送到回转部分的支承面间。镗套中开有键槽，镗杆上的键通过键槽带动镗套回转。它有时也可让镗杆上的固定刀头通过(若尺寸允许的话，否则要另行开专用引刀槽)。

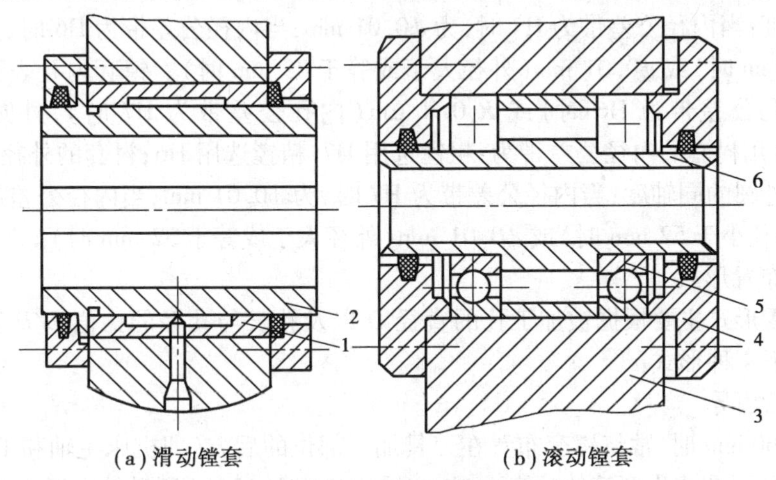

图3.14　回转式镗套

1—轴承套；2，6—镗套；3—支架；4—轴承端盖；5—滚动轴承

滑动镗套的特点是：与下面即将介绍的滚动镗套相比，它的径向尺寸较小，因而适用于孔心距较小而孔径却很大的孔系加工；减振性较好，有利于降低被镗孔的表面粗糙度；承载能力比滚动镗套大；若润滑不够充分，或镗杆的径向切削负荷不均衡，则易使镗套和轴承咬死；工作速度不能过高。

B. 滚动镗套

随着高速镗孔工艺的发展，镗杆的转速越来越高。因此，滑动镗套已不能满足需要，于是便出现用滚动轴承作为支承的滚动镗套，其典型结构如图3.14(b)所示。镗套6是由两个向心推力球轴承5所支承。向心推力球轴承是安装在镗模支架3的轴承孔中。镗模支承孔的两端分别用轴承端盖4封住。根据需要，镗套内孔上也可相应地开出键槽或引刀槽。

滚动镗套的特点：采用滚动轴承(标准件)，使设计、制造、维修都简化方便；采用滚动轴承结构，润滑要求比滑动镗套低，可在润滑不充分时，取代滑动镗套；采用向心推力球轴承的结构，可按需要调整径向和轴向间隙，还可用使轴承预加载荷的方法来提高轴承刚度，因而可以在镗杆径向切削负荷不平衡情况下使用；结构尺寸较大，不适用于孔心距很小的镗模；镗杆转速可以很高，但其回转精度，受滚动轴承本身精度的限制，一般比滑动模套要略低一些。

2)镗套的材料与主要技术条件

标准镗套的材料与主要技术条件可参阅有关设计资料。若需要设计非标准固定式镗套时，可参考下列内容：

①镗套的材料

镗套的材料用渗碳钢(20 钢、20Cr 钢),渗碳深度 0.8 ~ 1.2 mm,淬火硬度 HRC55 ~ 60。一般情况下,镗套的硬度应比镗杆低。用磷青铜做固定式镗套,因为减摩性好不易与镗杆咬住,可用于高速镗孔,但成本较高;对大直径镗套,或单件小批生产时用的镗套,也可采用铸铁镗套,目前也有用粉末冶金制造的耐磨镗套。镗套的衬套也用 20 钢做成。渗碳深度 0.8 ~ 1.2 mm,淬火硬度 HRC58 ~ 64。

②镗套的主要技术条件

镗套内径的公差带为 H6 或 H7;镗套外径的公差带:对粗镗用 g6;对精镗用 g5;镗套内孔与外圆的同轴度:当内径公差带为 H7 时,为 ϕ0.01 mm;当内径公差带为 H6 时,为 ϕ0.005 mm(外径小于 85 mm 时)或 ϕ0.01 mm(外径大于或等于 85 mm 时)。镗套内孔表面的粗糙度为 R_a0.2 μm(内孔公差带为 H6 时)或 R_a0.4 μm(内孔公差带为 H7 时),外圆表面粗糙度 R_a0.4 μm;镗套用衬套的内径公差带为:粗镗选用 H7,精镗选用 H6;衬套的外径公差带为 n6;衬套的内孔与外圆的同轴度:当内径公差带为 H7 时,为 ϕ0.01 mm;当内径公差带为 H6 时,为 ϕ0.005 mm(外径小于 52 mm 时)或 ϕ0.01 mm(外径大于或等于 52 mm 时)。

3)镗套的布置形式

镗套的布置形式主要根据被加工孔的直径 D 以及孔长与孔径的比值 L/D 和精度要求而定。一般有以下 4 种形式:

①单支承后引导

当 D 小于 60 mm 时,常将镗套布置在刀具加工部位的后方(即机床主轴和工件之间)。当加工 L 小于 D 的通孔或小型箱体的盲孔时,应采用如图 3.15(b)所示的布置方式(d 大于 D),这种方式刀杆刚性很大,加工精度高,且用于立镗时无切屑落入镗套;当加工 $L>(1\sim1.25)D$ 的通孔和盲孔时,应采用如图 3.15(c)所示的布置方式($d<D$),这种方式使刀具与镗套的垂直距离 h 大大减少,提高了刀具的刚度。镗套的长度(相当于钻套高度)H 宜根据镗杆导向部分的直径 d 来选取,一般取 $H=(2\sim3)d$。镗套距工件孔的距离 h 要根据更换刀具及排屑要求等而定。如果在立式镗床上则与钻模相似,h 值可参考钻模的情况确定。在卧式镗床、组合机床上使用时,常取 $h=60\sim100$ mm。

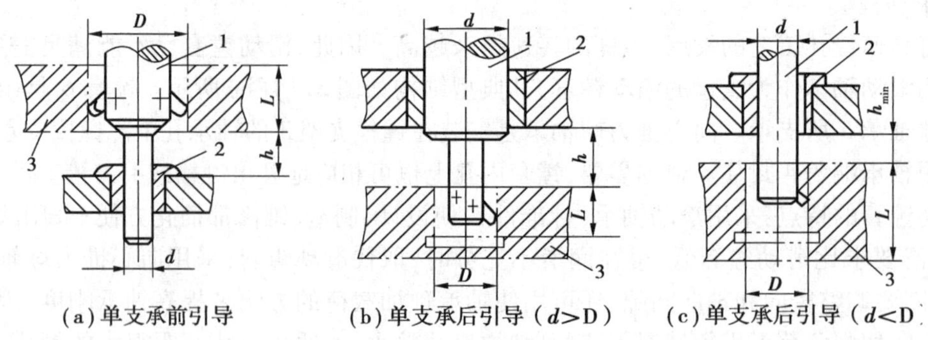

图 3.15 单支承引导

1—镗杆;2—镗套;3—工件

②单支承前引导

当镗削直径 $D>60$ mm,且 $L/D<1$ 的通孔或小型箱体上单向排列的同轴线通孔时,常将

镗套(及其支架)布置在刀具加工部位的前方,如图3.15(a)所示。

这种方式便于在加工中进行观察和测量,特别适合锪平面或攻螺纹的工序,其缺点是切屑易带入镗套中。为了便于排屑,一般取 $h=(0.5\sim1)D$,但 h 不应小于20 mm。镗套长度H的选取与单支承后引导相同。

③双支承前后引导

如图3.16(a)所示,导向支架分别装在工件两侧。当镗长度 $L>1.5D$ 的通孔,且加工孔径较大,或排列在同一轴线上的几个孔,并且其位置精度也要求较高时,宜采用双支承前后引导。这种方式的缺点是镗杆较长、刚性差、更换刀具不方便。图3.16(a)中的后引导采用的是内滚式镗套,前引导采用的是外滚式镗套。这两种滚动轴承所构成的回转式镗套的长度,可按 $H=0.75d$的关系和结构情况选取。若采用固定式镗套时,可按 $H=(1.5\sim2)d$ 来选取。

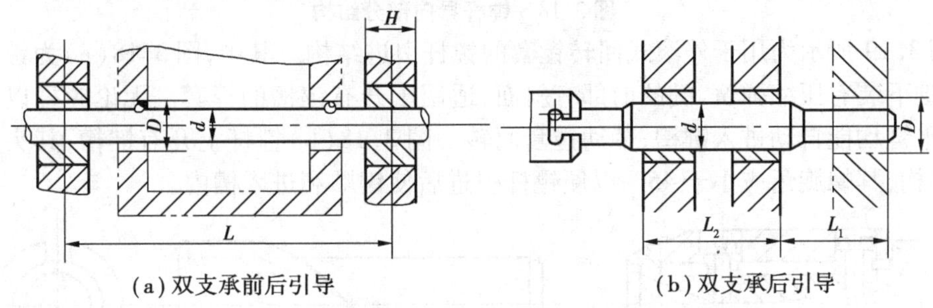

(a)双支承前后引导　　(b)双支承后引导

图3.16　双支承引导

④双支承后引导

当在某些情况下,因条件限制不能使用前后双引导时,可在刀具后方布置两个镗套,如图3.16(b)所示。这种布置方式装卸工件方便,更换镗杆容易,便于观察和测量,较多应用于大批生产中。由于镗杆在受切削力时呈悬臂状,为了提高刀具的刚度,一般镗杆外伸端应满足 $L_1<5d$。

不论单面双支承还是双面单支承,布置的两镗套一定要同轴,且镗杆与机床主轴之间应采用浮动联接。

镗模与机床浮动联接的类型很多,如图3.17所示为常用的一种类型。浮动联接应能自动调节以补偿角度偏差和位移量,否则失去浮动的效果,影响加工精度。轴向切削力由镗杆端部和镗套内部的支承钉来支承,圆周力由镗杆联接销和镗套横槽来传递。

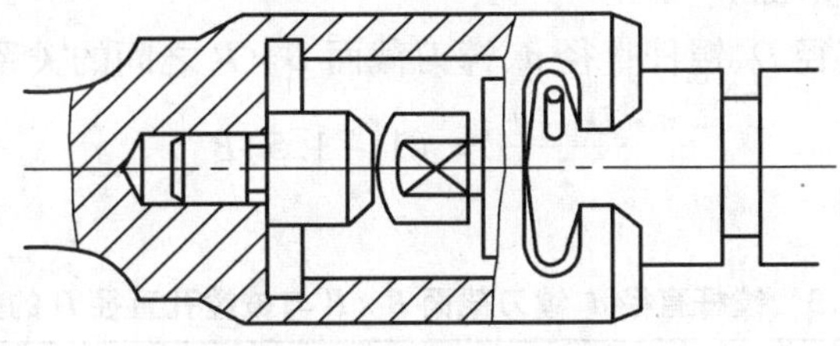

图3.17　镗杆浮动联接

(3)镗杆

如图3.18所示为用于固定式镗套的镗杆导向部分的结构。当镗杆导向部分直径 $d<50$ mm时,镗杆常采用整体式。当直径 $d>50$ mm时,常采用如图3.18(d)所示的镶条式结构,镶条应采用摩擦因数小而耐磨的材料,如铜或钢。镶条磨损后,可在底部加垫片,重新修磨使用。

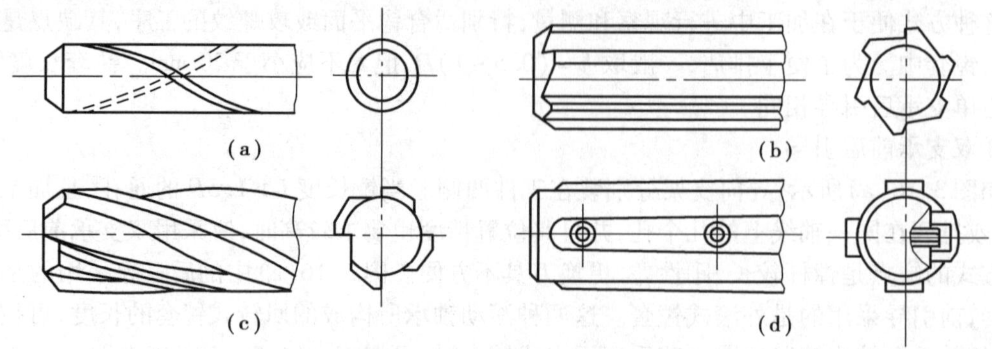

图 3.18 镗杆导向部分结构

如图 3.19 所示为用于外滚式回转镗套的镗杆引进结构。其中,图 3.18(a)为镗杆前端设置平键,键下装有压缩弹簧,键的前部有斜面,适用于开有键槽的镗套。无论镗杆以何位置进入导套,平键均能自动进入键槽,带动镗套回转。图 3.18(b)镗杆上开有键槽,其头部做成螺旋引导结构,其螺旋角应小于45°,以便镗杆引进后使键顺利进入槽内。

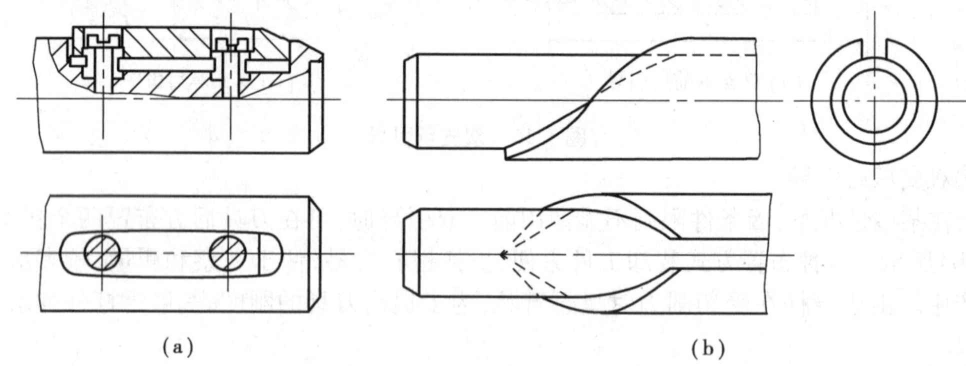

图 3.19 镗杆引进结构

确定镗杆直径时,应考虑镗杆的刚度和镗孔时应有的容屑空间。一般可取

$$d = (0.6 \sim 0.8)D$$

式中 d——镗杆直径, mm;

D——被镗孔直径, mm。

设计镗杆时,镗孔直径 D、镗杆直径 d、镗刀截面 $B \times B$ 之间的关系一般为

$$\frac{D-d}{2} = (1 - 1.5)B$$

或参照表 3.3 选取。

表 3.3 镗杆直径 d、镗刀截面 $B \times B$ 与被镗孔直径 D 的关系

D/mm	110 ~ 40	40 ~ 50	50 ~ 70	70 ~ 90	90 ~ 110
d/mm	20 ~ 30	30 ~ 40	40 ~ 50	50 ~ 65	65 ~ 90
$B \times B$/mm × mm	10 × 10	10 × 10	12 ~ 12	16 × 16	16 × 16 20 × 20

注:表中所列镗杆直径的范围,在加工小孔时取大值;在加工大孔时,若导向好,切削负荷小则可取小值;一般取中间值;若导向不良,切削负荷大时可取大值。

镗杆的轴向尺寸，应按镗孔系统图上的有关尺寸确定。

镗杆要求表面硬度高而心部有较好的韧性，因此，材料采用20钢、20Cr钢，渗碳淬火硬度为HRC61～63；也可用氮化钢38CrMoAlA；大直径的镗杆，还可采用45钢、40Cr钢或65Mn钢。

镗杆的主要技术条件一般规定如下：

①镗杆导向部分的圆度与锥度允差控制在直径公差的1/2以内。

②镗杆导向部分公差带粗镗为g6，精镗为g5。表面粗糙度R_a值0.8～0.4 μm。

③镗杆在500 mm长度内的直线度允差为0.01～0.1 mm。刀孔表面粗糙度R_a值一般为1.6 μm，装刀孔不淬火。

(4)镗模支架和镗模底座的设计

镗模支架是组成镗模的重要零件，它的作用是安装镗套并承受切削力，因此，它必须有足够的刚度和稳定性，有较大的安装基面和必要的加强筋，以防止加工中受力时产生振动和变形。为了保持支架上镗套的位置精度，设计中不允许在支架上设置夹紧机构或承受夹紧反力。

镗模支架与底座的联接，一般采用螺钉紧固的结构。在镗模装配中，调整好支架正确位置后，用两个对定销对定。支架一般用HT200灰铸铁铸造，铸造和粗加工后，须经退火和时效处理。

镗模支架的典型结构和尺寸见表3.4。

表3.4　镗模支架的典型结构和尺寸

形式	B	L	H	S_1,S_2	l	a	b	c	d	e	h	k
Ⅰ	$\left(\frac{1}{2}\sim\frac{3}{5}\right)H$	$\left(\frac{1}{3}\sim\frac{1}{2}\right)H$	按工件相应尺寸取		按镗套相应尺寸取	10～20	15～25	30～40	3～5	20～30	3～5	
Ⅱ	$\left(\frac{2}{3}\sim1\right)H$	$\left(\frac{1}{2}\sim\frac{2}{3}\right)H$										

镗模底座是安装镗模其他所有零件的基础件，并承受加工中的切削力和夹紧的反作用力，因此，底座要有足够的强度和刚度。底座一般用HT200灰铸铁铸造，铸造和粗加工后须经退火和时效处理。表3.5是镗模底座的结构尺寸参数表。

表 3.5　镗模底座的结构尺寸参数表

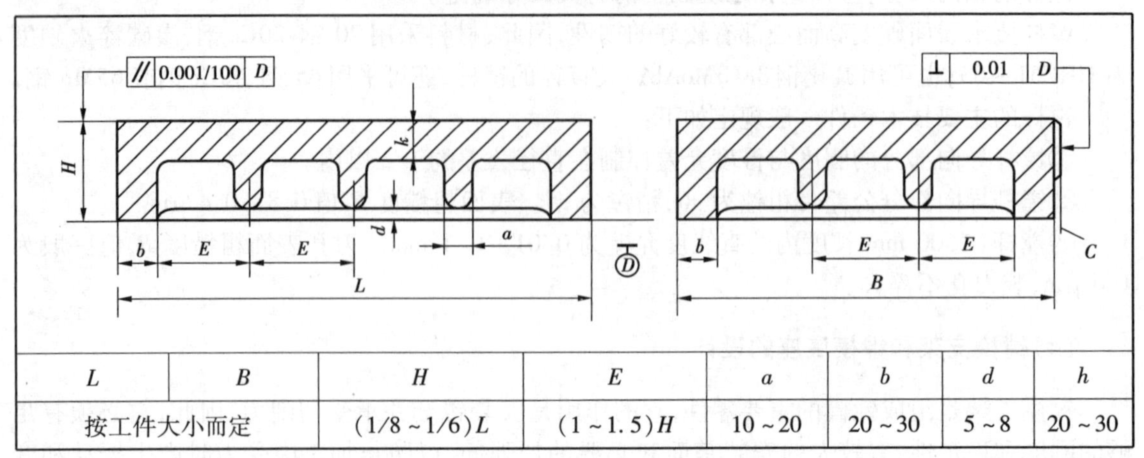

L	B	H	E	a	b	d	h
按工件大小而定		(1/8～1/6)L	(1～1.5)H	10～20	20～30	5～8	20～30

镗模底座上应设置找正基面 C(见表 3.5 中的图)。根据它以找正镗模在机床上的正确工作位置。找正基面与镗套轴线的平行度为 0.01/300 mm。为减少加工面积和刮研劳动量,镗模底座上安装各零、部件的结合面应做成高为 5 mm 的凸台面。考虑镗模在装配和使用中搬运的方便,应在镗模底座上设置供装配吊环螺钉或起重螺栓的凸台面和螺孔。

任务 3.4　可调夹具与数控机床夹具

(1)可调夹具

可调夹具包括通用可调夹具和成组夹具。采用这类夹具可大大减少夹具数量,节省设计与制造夹具的费用,减少金属消耗,降低生产成本,缩短生产周期,是实现机床夹具标准化、系列化、通用化的有效途径。

这类夹具只要更换或调整个别定位、夹紧、导向元件,就可用于多种零件的加工,因此,它不仅适合多品种、小批量生产的需要,而且也适合在少品种、较大批量生产中应用。

这类夹具按照可更换调整部分的工作方式不同,有更换式、调整式和更换调整式 3 种方式。其中,更换式应用范围较大,不同零件的适应性也较强,工作可靠,操作方便。调整式夹具组成元件少,制造成本低,但调整需要花费时间,夹具精度也因调整而受到影响。更换调整式则具有以上两种的优点,所以在生产中应用较多。

通用可调夹具是通过调整或更换个别定位元件或夹紧元件,便可加工相似形状的一组零件或加工某一零件的一道工序,从而变成加工该组零件和某一零件工序用的专用夹具。

通用可调夹具由两部分组成:一部分是夹具体、夹紧用的动力传动装置和操纵机构等,它们做成万能的部件,对所有加工对象是不变的。另一部分是夹具的可调部分,当加工不同零件时,其定位元件和某些夹紧元件则需要调整和更换,使这些定位元件与零件的外形相适应。如图 3.20 所示为钻轴类零件径向孔的通用可调钻床夹具。其中,图 3.20(a)是夹具结构图,图 3.20(b)是所加工的工件示例。轴类零件在 V 形块 6 中定位,V 形块也起着夹具体的作用。

装在V形块右侧端面槽内的轴向挡板5上的轴向定程螺钉8起轴向定位作用,以保证所钻孔轴线的轴向位置尺寸。压板支座4安装在V形块的侧面T形槽内,转动夹紧手柄2带动杠杆压板3夹紧工件。根据不同位置的需要,整个夹紧装置可沿T形槽轴向移动调节。装在V形块另一侧向T形槽内的移动钻模板1,按加工孔轴线的轴向位置尺寸进行调节,并由螺母紧固。若轴上径向孔不止一个,还可装上另外的附加移动钻模板7(见图3.20中细线)以满足加工需要。

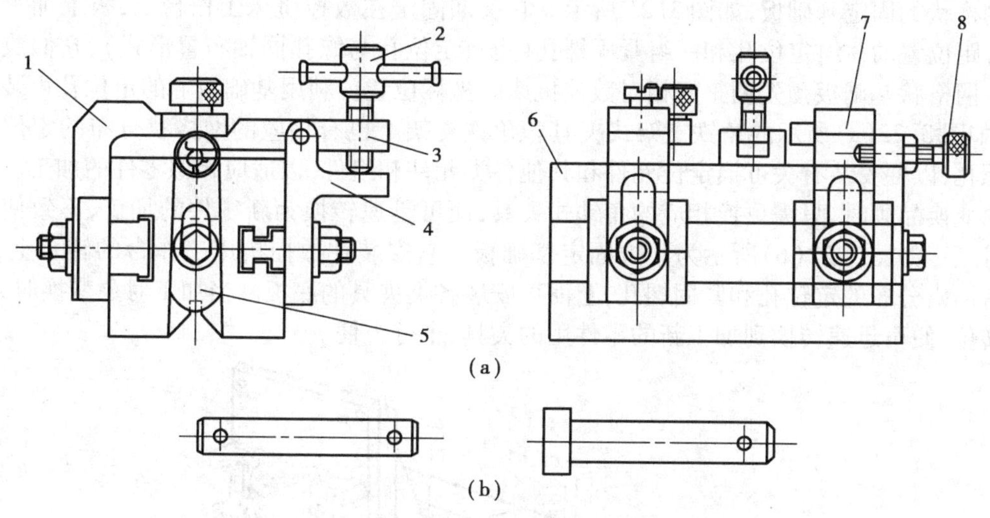

图3.20　钻轴类零件径向孔的通用可调夹具

1—移动钻模板;2—夹紧手柄;3—杠杆压板;4—压板支座;5;轴向挡板;
6—V形块;7—附加移动钻模板;8—轴向定程螺钉

通用可调夹具有卡盘、花盘、台虎钳、钻模等结构形式。此类夹具中的可调件适用的零件或工序越多,即重复利用的机会越多,该夹具就越经济。

(2)**成组夹具**

成组夹具的结构特点和用途与万能可调夹具相类似,都可用作零件的成组加工。所不同的是,成组夹具的设计有一定的针对性,它是为加工某一组几何形状、工艺过程、定位及夹紧相似的零件而设计的,因此与专用夹具很接近。例如,如图3.21所示为4种柄形零件的钻孔加工,考虑其形状与工艺基本相似,所选定的基准也相同,就归为同一组。

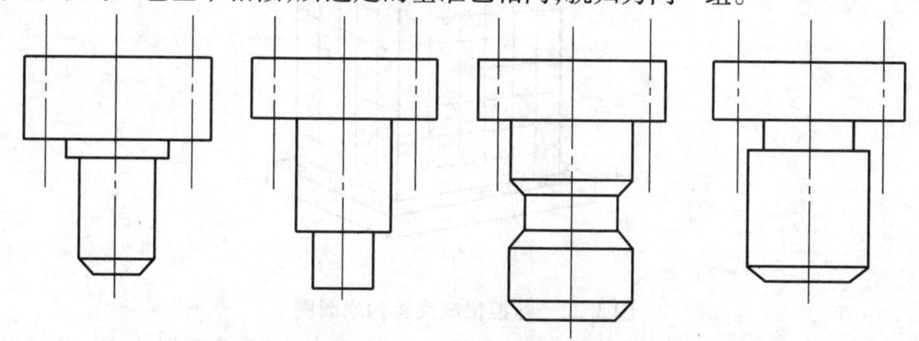

图3.21　按零件相似性分组

高效自动化机床——数控机床的出现是加工设备适应多品种、小批量生产的重大进展。由于数控机床在工件一次装夹中能加工工件上4,5个方向的表面,可实现工序高度集中,并常采用基准统一的装夹方式,加工对象又要经常变换,专用夹具无法适应这种要求。数控机床夹具因此得到了发展。数控机床按编制的程序完成工件的加工。加工中,机床、刀具、夹具和工件之间应有严格的相对坐标位置。因此,数控机床夹具在机床上应相对数控机床的坐标原点具有严格的坐标位置,以保证所装夹的工件处于所规定的坐标位置上。为此,数控机床夹具常采用网格状的固定基础板,如图3.22所示。它长期固定在数控机床工作台上,板上加工出准确孔心距位置的一组定位孔和一组紧固螺孔(也有定位孔与螺孔同轴布置形式),它们成网格分布。网格状基础板预先调整好相对数控机床的坐标位置。利用基础板上的定位孔可装各种夹具,如图3.22(a)所示的角铁支架式夹具。角铁支架上也有相应的网格状分布的定位孔和紧固螺孔,以便安装有关可换定位元件和其他各类元件和组件,以适应相似零件的加工。当加工对象变换品种时,只需更换相应的角铁式夹具,便可迅速转换为新零件的加工,不致使机床长期等工。如图3.22(b)所示为立方固定基础板。它安装在数控机床工作台的转台上,其4面都有网格分布的定位孔和紧固螺孔,上面可安装各类夹具的底板。当加工对象变换时,只需转台转位,便可迅速转换到加工新的零件用的夹具,十分方便。

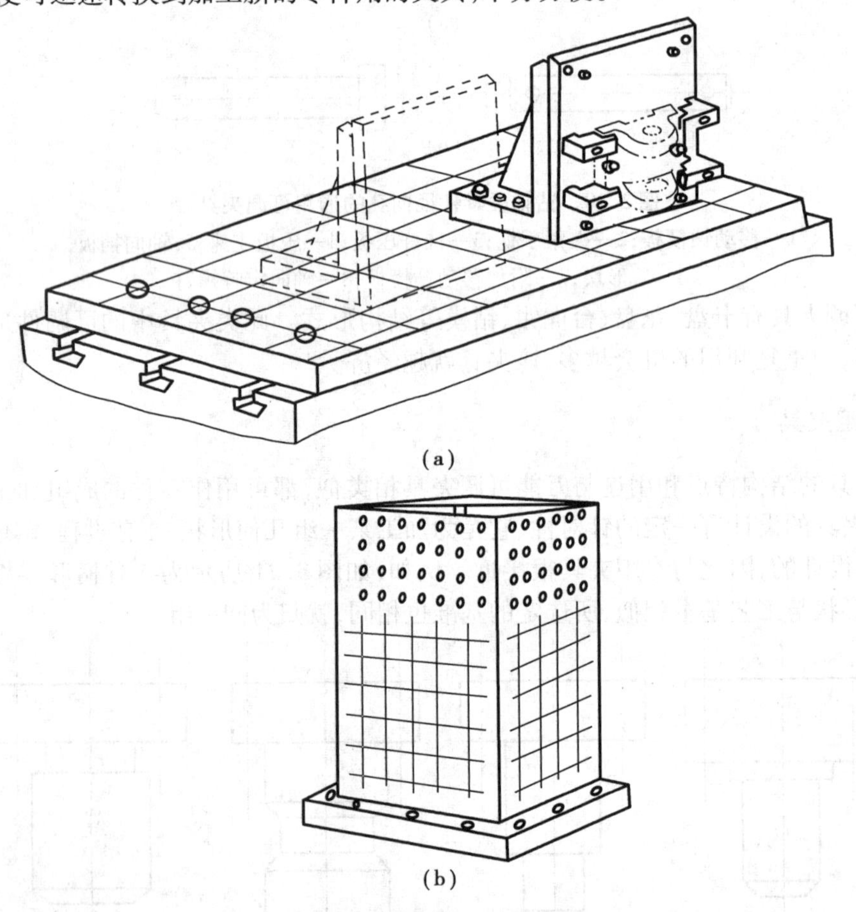

图3.22 数控机床夹具构成简图

如图3.23所示为镗箱体孔的数控机床夹具。工件6在本工序镗削A,B,C3个孔。数控机床工作台4上设置坐标原点1,刀具或者工作台的运动以原点1为起点。夹具上也设有坐标原点2。夹具在机床上安装之后,夹具坐标原点2相对工作台坐标原点1的坐标为(x_0,y_0)。工件6在夹具上的定位是通过限位表面和3个定位支承钉3来完成的。工件的夹紧是通过两个液压缸8推动活塞9,带动拉杆10和压板11夹紧工件。定位基准平面与夹具坐标原点2的坐标位置为a,b。加工孔到定位基准平面的坐标尺寸分别为c,d,e,f。而3个加工孔相对数控机床工作台的坐标原点1的坐标尺寸如下:

A孔:　$x_A = x_0 + a + c; Z_A = f$

B孔:　$x_B = x_0 + a + c - d; y_B = y_0 + b + e$

C孔:　$x_C = x_0 + a + c + d; y_C = y_0 + b + e$

这种以机床工作台设置坐标原点,然后计算出加工位置坐标的编程方法,称为固定零点编程法。编程人员也可根据实际情况,选定其他坐标原点。

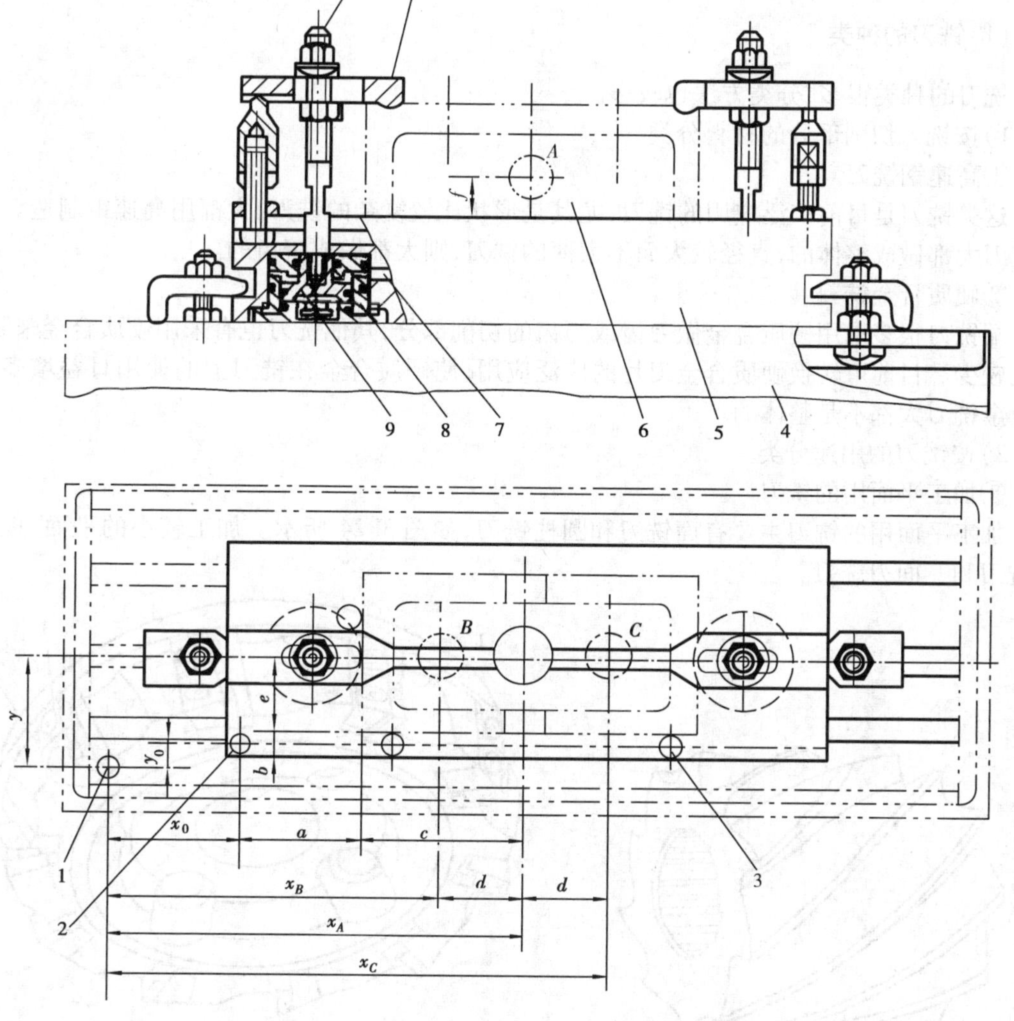

图3.23　数控机床夹具

1,2—坐标原点;3—定位支承钉;4—数控机床工作台;5—夹具体;6—工件;7—通油孔;8—液压缸;9—活塞;10—拉杆;11—压板

因为刀具相对工件的运动精度是由数控机床精度决定的，所以数控机床夹具上不需要设置对刀装置。此外，数控加工过程中，可能是几把刀具同时进行的，所以夹具是敞开的，所需夹紧力也较大，常采用气动、液压等高效夹紧装置。

从上面所述的夹具构成原理可知，数控机床夹具实质上是通用可调夹具和组合夹具的结合与发展。它的固定基础板部分加可换部分的组合是通用可调夹具组成原理的应用。而它的元件和组件高度标准化与组合化，又是组合夹具标准元件的演变与发展。国内外许多数控机床夹具采用孔系列组合夹具的结构系统，就是很好的例证。

任务3.5 铣 刀

(1)铣刀的种类

铣刀的种类很多，分类方法也较多。

1)按铣刀切削部分的材料分类

①高速钢铣刀

这类铣刀是目前广泛应用的铣刀，尤其是形状比较复杂的铣刀，大都用高速钢制造。高速钢铣刀大都做成整体的，直径较大而不太薄的铣刀，则大都做成镶齿的。

②硬质合金铣刀

端铣刀很多采用硬质合金做刀齿或刀齿的切削部分，其他铣刀也有采用硬质合金来制造，但比较少。目前可转换硬质合金刀片的广泛应用，使硬质合金在铣刀上的使用日益增多。硬质合金铣刀大都不是整体的。

2)按铣刀的用途分类

①加工平面用的铣刀

加工平面用的铣刀主要有面铣刀和圆柱铣刀，如图3.24所示。加工较小的平面，也可用立铣刀和三面刃铣刀。

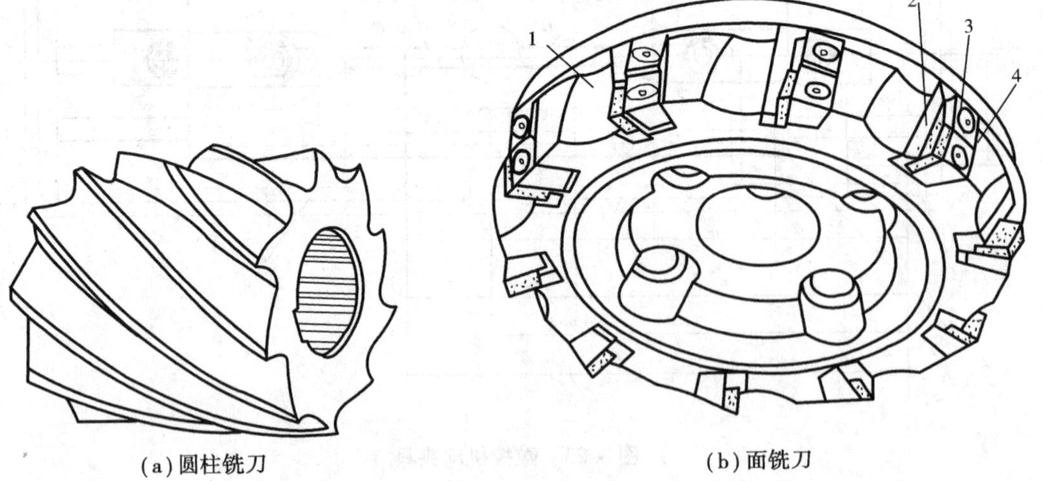

(a)圆柱铣刀 (b)面铣刀

图3.24 加工平面用铣刀

1—不重磨可转位夹具；2—定位座；3—定位座夹具；4—刀片夹具

②加工沟槽用铣刀

常见的有立铣刀、三面刃铣刀、盘形槽铣刀及锯片铣刀等。加工特形槽的有T形槽铣刀和角度铣刀等，如图3.25所示。

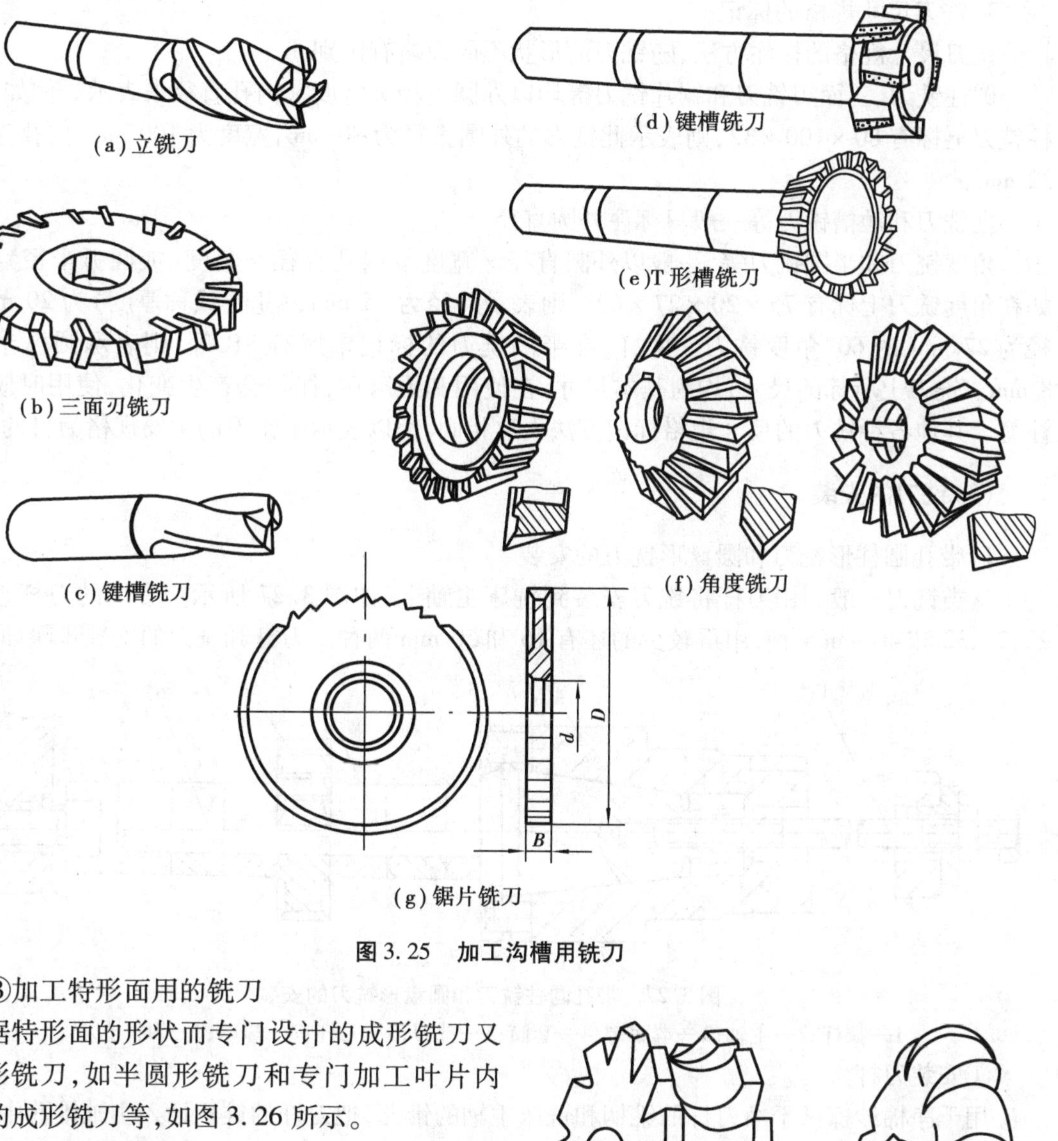

(a)立铣刀

(b)三面刃铣刀

(c)键槽铣刀

(d)键槽铣刀

(e)T形槽铣刀

(f)角度铣刀

(g)锯片铣刀

图3.25　加工沟槽用铣刀

③加工特形面用的铣刀

据特形面的形状而专门设计的成形铣刀又称特形铣刀，如半圆形铣刀和专门加工叶片内弧用的成形铣刀等，如图3.26所示。

(2)铣刀的标记

为了便于辨别铣刀的规格、材料和制造单位等，在铣刀上都刻有标记。铣刀标记的内容主要包括下列3个方面：

1)制造厂的商标

我国制造铣刀的工具厂很多，主要有上海工具厂、哈尔滨量具刃具厂、成都量具刃具厂

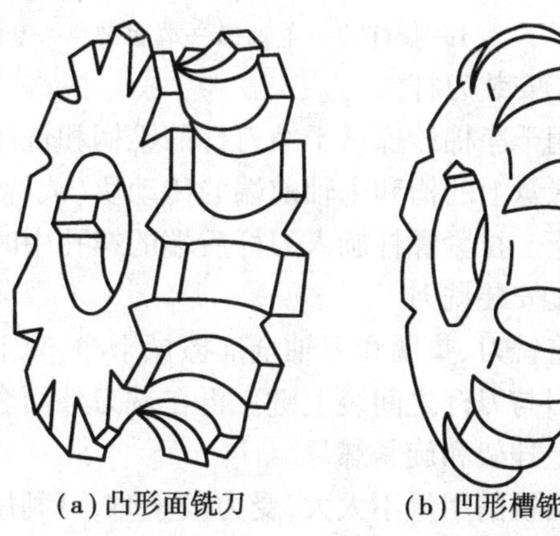

(a)凸形面铣刀　(b)凹形槽铣刀

图3.26　加工特形面铣刀

等，各厂都有自己的标记。

2）制造铣刀的材料

一般均用材料的牌号表示，如 W18Cr4V。

3）铣刀尺寸规格的标记

铣刀尺寸规格的标注方法，随铣刀的形状不同而略有区别。

圆柱铣刀、三面刃铣刀和锯片铣刀等均以外圆直径×宽度×内孔直径来表示。例如，在圆柱铣刀上标有 80×100×32，则表示此铣刀的外圆直径为 80 mm，宽度为 100 mm，内孔直径为 32 mm。

立铣刀和键槽铣刀等一般只标注外圆直径。

角度铣刀和半圆铣刀等，一般以外圆直径×宽度×内孔直径×角度（或圆弧半径）表示。如在角度铣刀上标有 75×20×27×60°，则表示外径为 75 mm、宽度（或称厚度）为 20 mm、孔径为 27 mm 的 60°角度铣刀。同样，在半圆铣刀的标记末尾有 8R 等，则表示圆弧半径为 8 mm。铣刀上所标的尺寸，均为基本尺寸，在使用和刃磨后，往往会产生变化，使用时应加以注意。其他各种铣刀的尺寸规格标记方法大致相同，都以表示出铣刀的主要规格为目的。

（3）铣刀的安装

1）带孔圆柱形铣刀和圆盘形铣刀的安装

这类铣刀一般利用刀杆将铣刀安装到铣床主轴上，如图 3.27 所示。常用的刀杆直径有 22，27，32 和 40 mm 4 种，用得较少的还有 16 和 50 mm 两种。刀杆和铣刀的安装步骤如下：

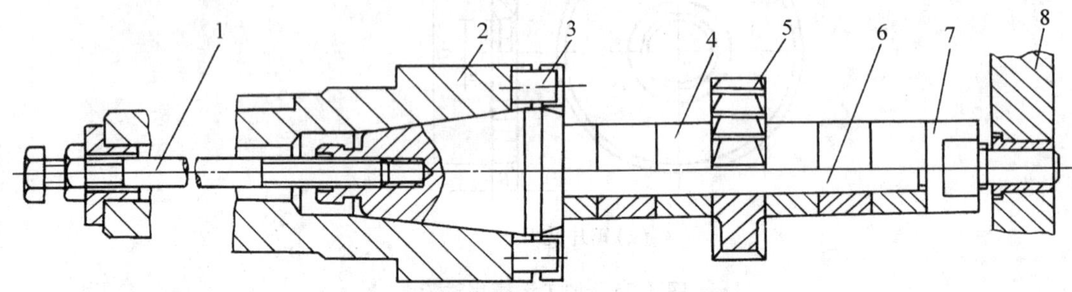

图 3.27　带孔圆柱铣刀和圆盘形铣刀的安装

1—拉杆；2—主轴；3—端面键；4—套筒；5—铣刀；6—刀杆；7—螺母；8—刀杆支承

①安装刀杆

用干净棉纱擦拭干净刀杆的锥柄和铣床主轴的锥孔，把刀杆的锥柄插入主轴锥孔中，使刀杆凸缘盘上的槽和主轴前端的传动块（或称键）配合，并用拉紧螺杆把刀轴拉紧和紧固在铣床主轴上。拉紧螺杆旋入刀杆后端的螺孔中时，最好旋入四圈以上，若太少，则会使螺纹损坏。

②安装铣刀

将铣刀、垫圈和刀轴全部擦拭干净，套上几个垫圈，使铣刀处在适当位置，再装上铣刀，并在铣刀与刀杆之间装上键。再在铣刀外面套上适当数量的垫圈和与挂架轴承相配的轴套。最后装上挂架和旋紧螺母。

当铣削用量不太大，受力较小时，可利用轻便刀杆来安装铣刀。这种刀杆安装时不需用横梁和挂架来支承，所以在卧式和立式铣床均可使用。

2）端铣刀的安装

端铣刀的安装是通过短刀杆安装到铣床主轴上的。如图3.28(a)所示为圆柱面上带有键槽的刀杆，用来安装内孔具有键槽的铣刀或刀体。安装时，先把端铣刀套在刀杆上，再旋紧螺钉，把铣刀紧固。图3.28(b)的刀杆由3部分组成。刀杆体主要起对铣刀定中心用，并通过拉紧螺杆固定在铣床主轴上；凸缘盘的两个键槽(缺口)与铣床主轴端上的键配合，端面上的两个凸块与主轴的端面键槽相配，是传递扭矩的主要零件，损坏后只要更换此零件即可；压紧螺钉是用来压紧铣刀的。目前生产的端铣刀大都是端面上有键槽，因此安装端铣刀的刀杆，也大都做成如图3.28(b)所示的形式。套装式铣刀盘的直径较大，故也应把孔径做得大一些。安装时，可不需通过刀轴，直接套在铣床主轴的端部，再用4个螺钉紧固。

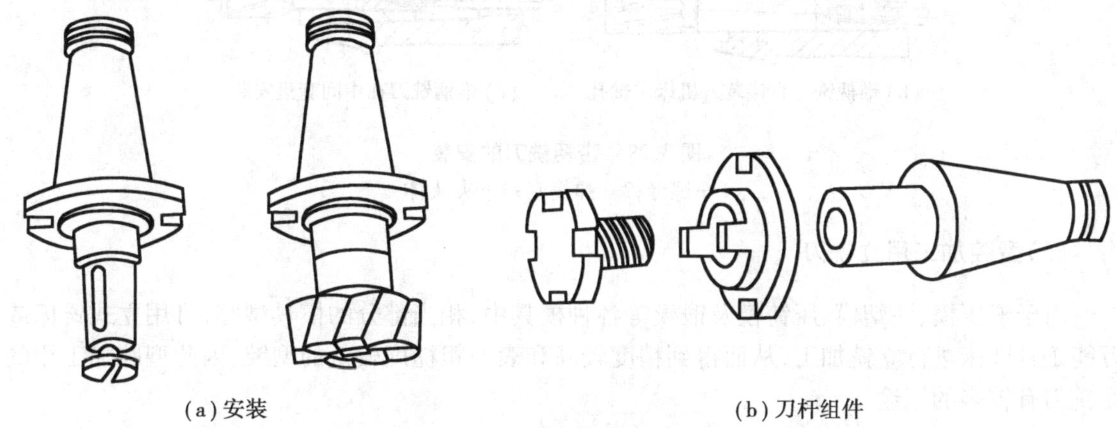

(a)安装　　(b)刀杆组件

图3.28　端铣刀的安装及刀杆

3）直柄铣刀的安装

如图3.29(a)所示，将铣刀刀柄部插入弹簧套中，接着用螺母压弹簧套端面，并使之被挤紧在夹头体锥孔中，达到夹紧刀柄的目的。更换相应规格的弹簧套，可安装 ϕ20 mm以内的直柄铣刀。夹头体在主轴锥孔中用螺杆拉紧。

4）锥柄铣刀的安装

铣刀和键槽铣刀的柄部锥度，大部分是采用“莫氏”锥度的。目前也有一部分采用“公制”锥度。安装方法根据机床主轴锥孔的锥度不同可分以下两种：

①若铣床主轴锥孔的锥度与铣刀柄部的锥度相同，则可把铣刀直接安装在铣床主轴孔，并用螺杆拉紧即可。在拆卸铣刀时，最好利用主轴尾部带有台阶孔的螺母(在立铣上有)，旋松拉紧螺杆，把铣刀推出卸下(见图3.29(b))。

②当铣刀柄部的锥度与铣床主轴锥孔的锥度不相同时，则要利用中间套筒来进行安装。安装时，先把铣刀放入套筒内，再连同套筒一起安装到铣床上。若中间套筒的内孔锥度与立铣刀的锥柄锥度不同时，中间可再放一只小的中间套筒(图3.29(c))。

(4)常用铣刀

常用标准铣刀的类型及尺寸和模具铣刀的形式和尺寸参见《机械加工工艺装备设计手册》。

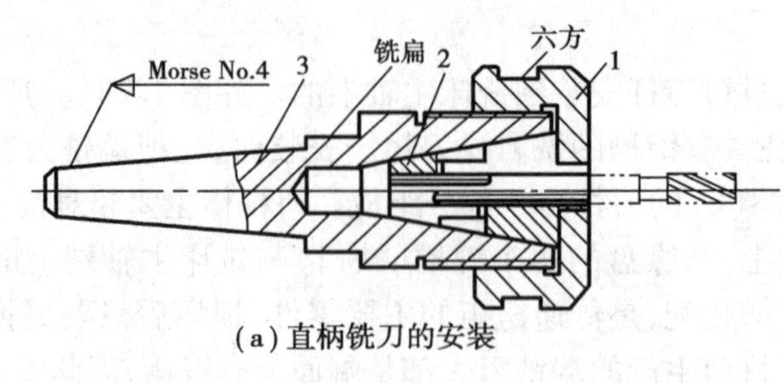

(a)直柄铣刀的安装

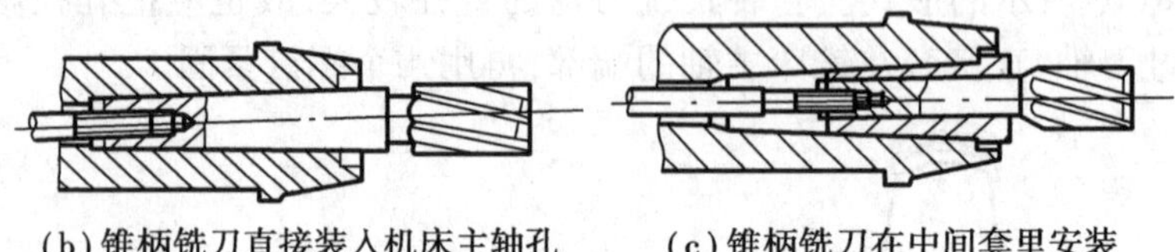
(b)锥柄铣刀直接装入机床主轴孔　(c)锥柄铣刀在中间套里安装

图 3.29　带柄铣刀的安装

1—螺母;2—弹簧套;3—夹头体

(5)**型腔加工用立铣刀**

由于塑压模、注塑模、压铸模及锻模等各种模具中,相当部分的模具型腔,可用立式铣床或万能工具铣床进行立铣加工,从而得到精度较高和表面粗糙度较低的型腔,因此型腔加工用的立铣刀有较多的用途。

在型腔的立铣加工中,由于型腔有各种各样的特殊形状和尺寸,因此,必须配备各种不同形状和尺寸的立铣刀。而单刃立铣刀是制造最为方便的一种,可及时地配合加工中的需要。

双刃立铣刀由于切削时受力平衡,因此能承受较大的切削量。刀刃的排屑槽比多刃立铣刀大,铣削的精度也较高,对铣削直线和凸凹型面较为适宜。

平底刃的双刃立铣刀,适合于深切槽子,且铣削精度较高,但由于磨损激烈而设较小的45°斜面或圆角。

(6)**仿形铣刀**

仿形铣刀的尺寸和形状是根据型腔的形状,尤其是型面圆角半径的大小而选用。粗仿形加工时,宜用刚度和直径大的仿形铣刀。精仿形加工时,宜用切削刃圆角半径小于工件内凹圆角半径的球头铣刀或小型锥指铣刀。

常见仿形铣刀的类型参见《机械加工工艺装备设计》手册。

任务3.6　刨　刀

刨削加工应用于单件小批生产及修配工作中。其加工的经济精度为IT9—IT7,最高可达IT6,表面粗糙度植 R_a 一般为6.3~1.6 μm,最低可达0.8 μm。

(1)刨刀

刨刀是刨削加工所使用的工具。刨刀的种类很多,常用的有平面刨刀、偏刀、角度刀及成形刀等。刨刀的几何参数与车刀很相似。但它切入工件时,冲击很大,因此刨刀杆截面比车刀大。刨刀有直头和弯头两种结构形式。当刨削有硬皮的工件时,直头刨刀容易发生"崩刀"或"扎刀"(见图3.30(b)),而弯头刨刀工作时不易产生这类问题。这是因为弯头刨刀刀刃碰到工件上的硬点时,比较容易弯曲,形成让刀如图3.30(a))所示。

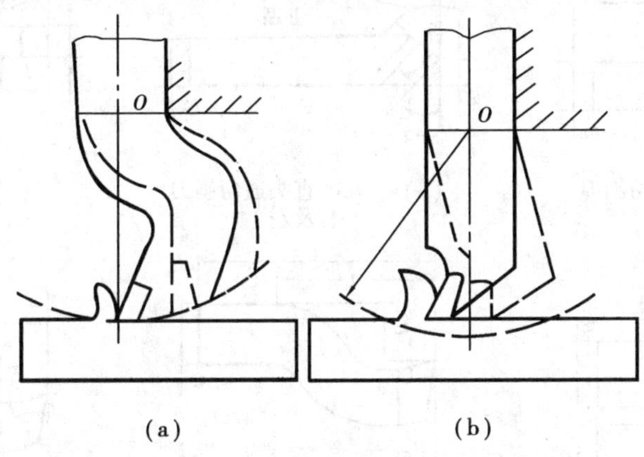

图3.30　刨刀弯曲状况

如图3.31所示为一种宽刃精刨刀结构。这种刨刀刃宽小于50 mm时,刀片材料采用硬质合金(YG6,YG8);刃宽大于50 mm时,采用高速钢。刀片安装的前角一般为-10°~-15°,后角3°~15°。刨刀刃磨后要对前、后刀面进行研磨,使其表面粗糙度值 R_a 小于0.1 μm。

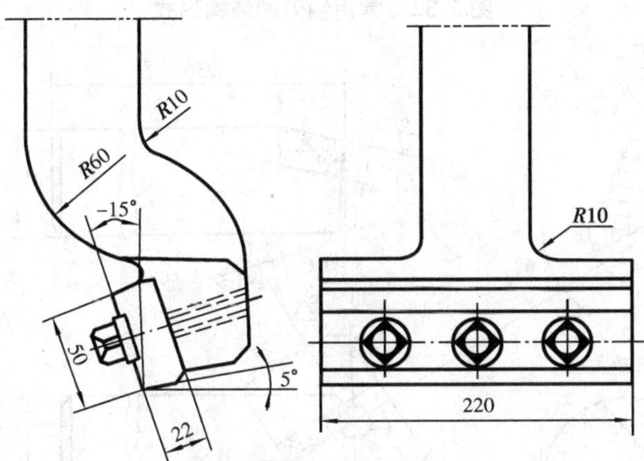

图3.31　宽刃精刨刀

(2)常用刨刀

常用刨刀的结构形式如图3.32所示,尺寸系列参见《机械加工工艺装备设计》手册。

强力刨刀和夹固式强力刨刀的形式、刀具角度如图3.33、图3.34所示。

仿形刨用的刨刀形式如图3.35所示。其中,图3.35(a)为整体式,图3.35(b)为刀排式,后者为常用的仿形刨刀形式。

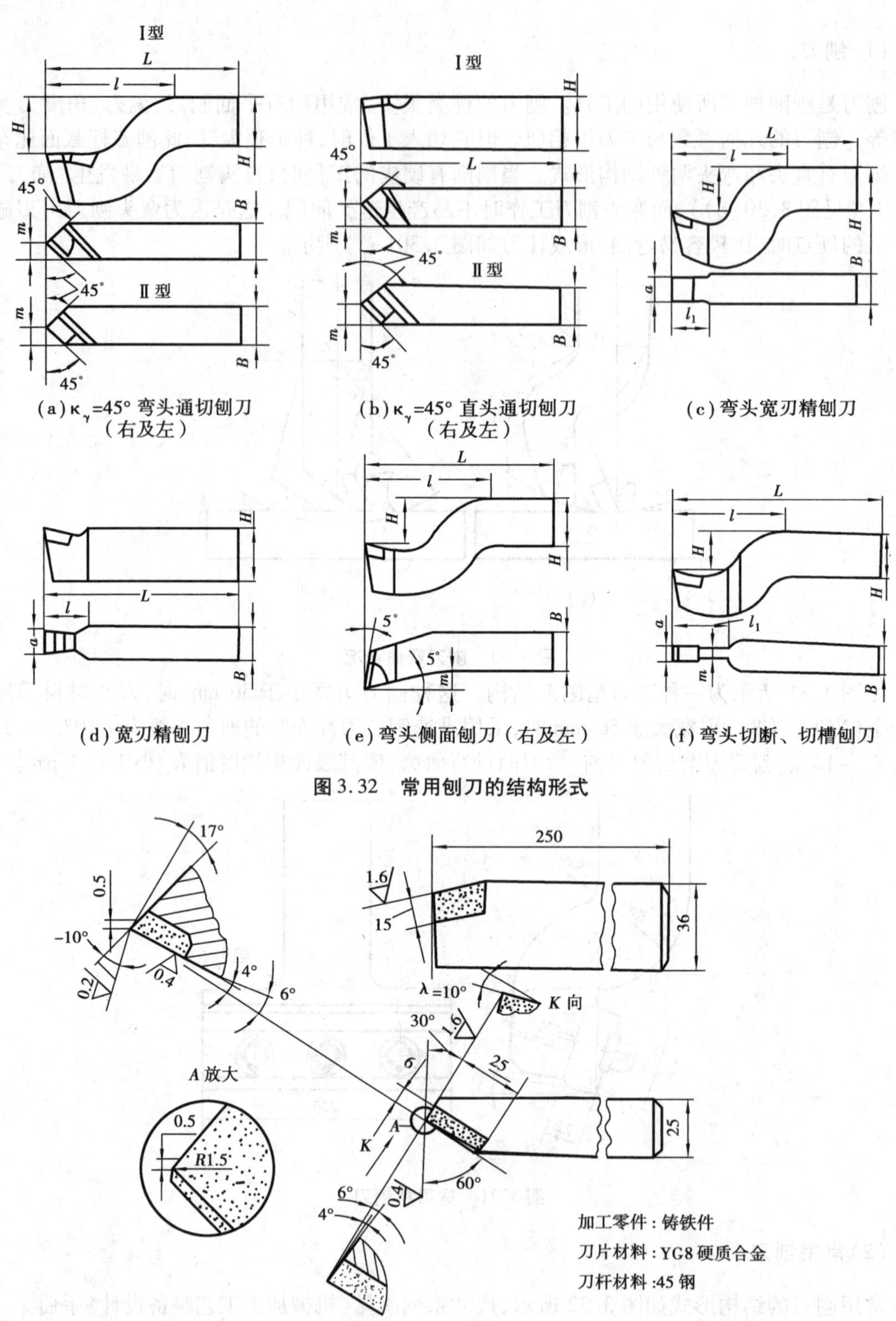

图 3.32　常用刨刀的结构形式

图 3.33　强力刨刀

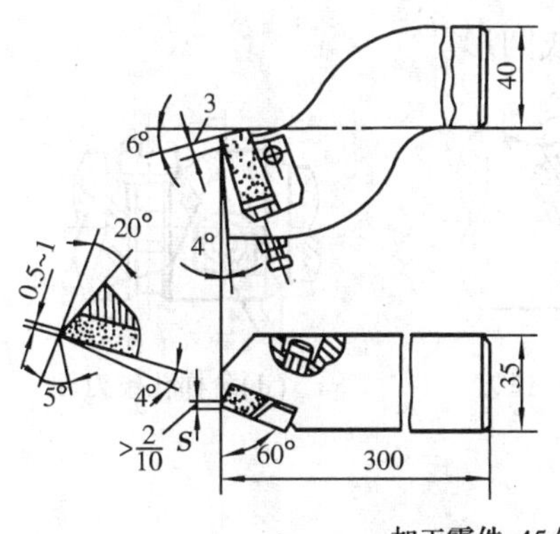

加工零件:45 钢或铸铁件
刀片材料:YT15 或 YG6 硬质合金
刀杆材料:45 钢

图 3.34　夹固式强力刨刀

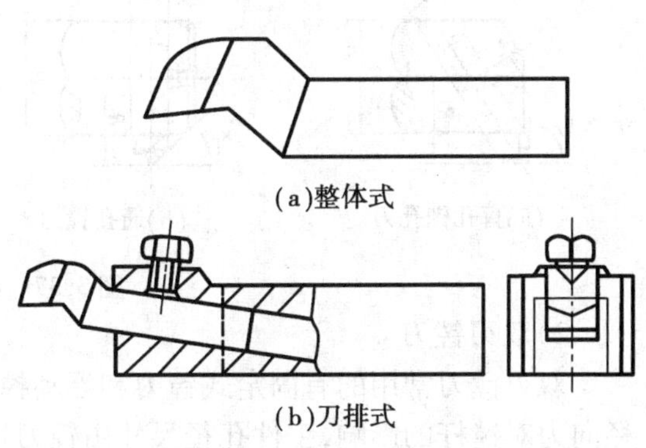

图 3.35　仿形刨用刨刀

任务3.7　镗　刀

镗刀是由镗刀头和镗刀杆及相应的夹紧装置组成,镗刀头是镗刀的切削部分其结构和几何参数与车刀相似。在镗床上镗孔时,工件固定在工作台上作进给运动,镗刀夹固在镗刀杆上与机床主轴一起作回转运动。在车床上镗孔时,镗刀固定在机床刀架上作进给运动,工件作回转运动。由于镗刀的尺寸以及镗刀杆的粗细和长短在很大程度上取决于被加工孔的直径、深度和该孔所处的位置,因此不论镗刀用于何种机床上,一般来说,其刚度和工作条件都比外圆车刀差。

(1)镗刀种类

镗刀种类很多,一般可分为单刃镗刀、双刃镗刀和镗刀头。

1)单刃镗刀

这种镗刀只有一个切削刃,结构简单,制造方便,通用性好,一般都有调节装置。

如图 3.36 所示为微调镗刀的结构,在镗刀杆 2 中装有刀块 6,刀块上装有刀片 1,在刀块的外螺纹上装有锥形精调螺母 5,紧固螺钉 4 将带有精调螺母的刀块拉紧在镗杆的锥孔内,导向键 3 防止刀头转动,旋转有刻度的精调螺母,可将镗刀片调到所需直径。

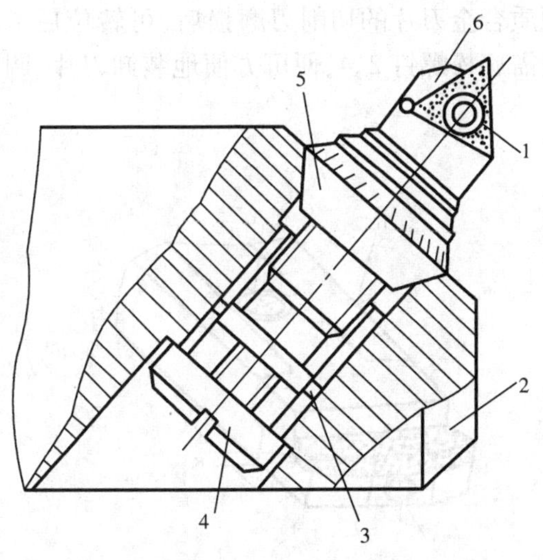

图 3.36　微调镗刀

1—刀片;2—镗刀杆;3—导向键;4—紧固螺钉;5—精调螺钉;6—刀块

加工小直径孔的镗刀通常作成整体式,加工大直径孔的镗刀通常作成机夹式。如图 3.37 所示为机夹式单刃镗刀。它的镗杆可长期使用,可节省制造镗杆的工时和材料。镗刀头通常作成正方形或圆形。

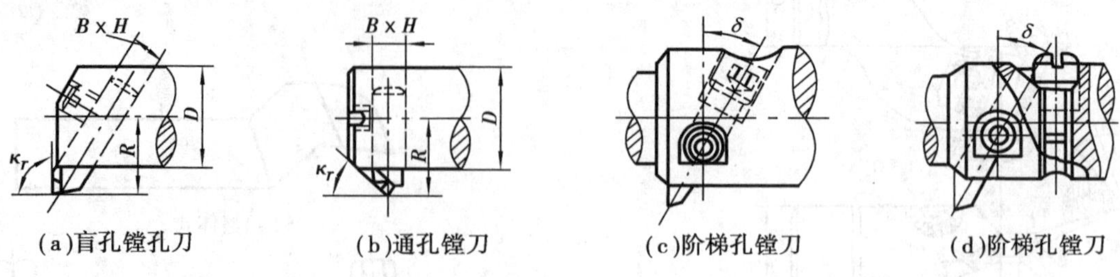

图 3.37 机夹式单刃镗刀

2)双刃镗刀

双刃镗刀常用的有固定式镗刀和浮动镗刀。它的两端具有对称的切削刃,工作时可消除径向力对镗杆的影响,工件孔径尺寸由镗刀尺寸保证。

浮动镗刀又可分为整体式、可调焊接式和可转位式。

①整体式

通常用高速钢制作或在45钢刀体上焊两块硬质合金刀片。制造时直接磨到尺寸,不能调节,适用于零件品种规格多,批量小,生产周期短的加工。

②可调焊接式

如图3.38所示,它由刀体1、紧固螺钉2、调节螺钉3组成。调节尺寸时,稍微松开紧固螺钉2,旋转调节螺钉3推动刀体,就可增大尺寸,一般调节量为3~10 mm。它已列入国家标准,并由专用工具厂生产。

③可转位式

如图3.39所示为可转位式浮动镗刀。它由刀体1、压紧螺钉4、调节螺钉2、压块3、销子5和刀片6等组成。将刀片6套在销子5上,旋转压紧螺钉4,压块3向下移动,压块3的3°斜面将刀片6楔紧在销子5上。压块靠专用调节螺钉2顶紧定位,刀片承受切削力时不会松动。硬质合金刀片的切削刃磨损后,可转位后继续使用。当刀片上的两刃都磨损后可进行重磨。只需旋松螺钉2,4,便可方便地装卸刀片、调节直径尺寸,一般调节范围为1~6 mm。

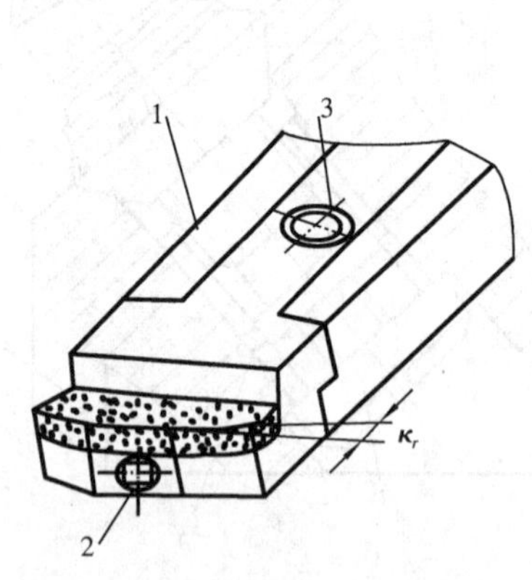

图 3.38 可调焊接式浮动镗刀

1—刀体;2—紧固螺钉;3—调节螺钉

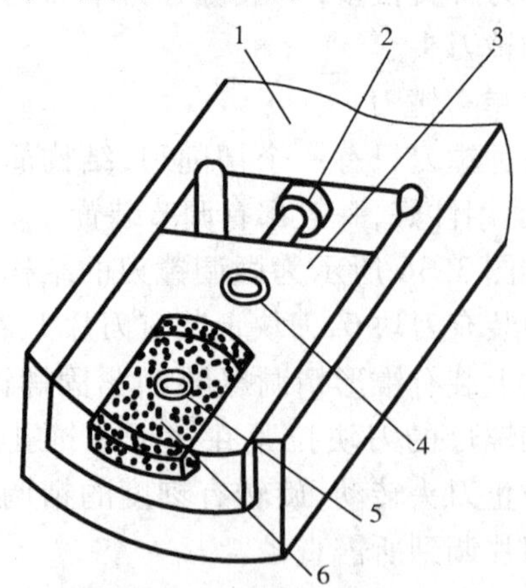

图 3.39 可转位式浮动镗刀

1—刀体;2—调节螺钉;3—压块;
4—压紧螺钉;5—销子;6—刀片

(2)常用镗刀

整体镗刀的结构如图3.40所示。

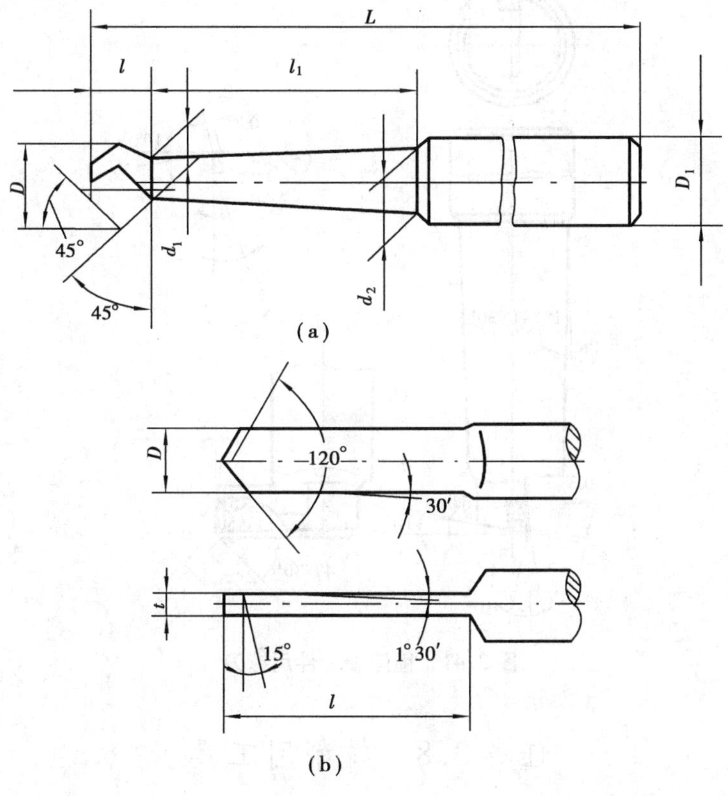

图3.40　整体镗刀

(3)镗淬硬工件的镗刀

对于孔距精度要求较高的凹模等零件,在没有坐标磨床的情况下,为了解决热处理后的变形,必要时可用硬质合金刀具镗淬硬的工件。

镗淬硬工件用镗刀结构及角度如图3.41所示。为了提高刀刃的强度,在硬质合金刀刃上磨出宽约0.3 mm的负前角(约 -10°)。为了提高刀杆的刚性,可将刀杆做得尽量短些(凹模孔的深度一般较浅)。刀杆材料用40Cr,淬硬到HRC43~48。

由于坐标镗床是贵重的精密设备,因此只在必要时才利用坐标镗床镗淬硬工件,为避免设备的损坏,在使用图3.41所示的硬质合金镗刀镗淬硬工件时,应注意切削用量的选用:

①加工余量按《机械加工工艺装备设计》手册中镗淬硬工件加工余量选用。

②镗孔时应分4次走刀,每次的切削深度见《机械加工工艺装备设计》手册中每次切削深度的百分比(以整个余量的百分比计),最后一次切削深度实际上因前几次镗孔的让刀而大于10%。

③进给量根据工件硬度按《机械加工工艺装备设计》手册镗淬硬工件的进给量选用。

采用上述进给量时,主轴的转速按《机械加工工艺装备设计》手册中镗淬硬工件的主轴转速选用。

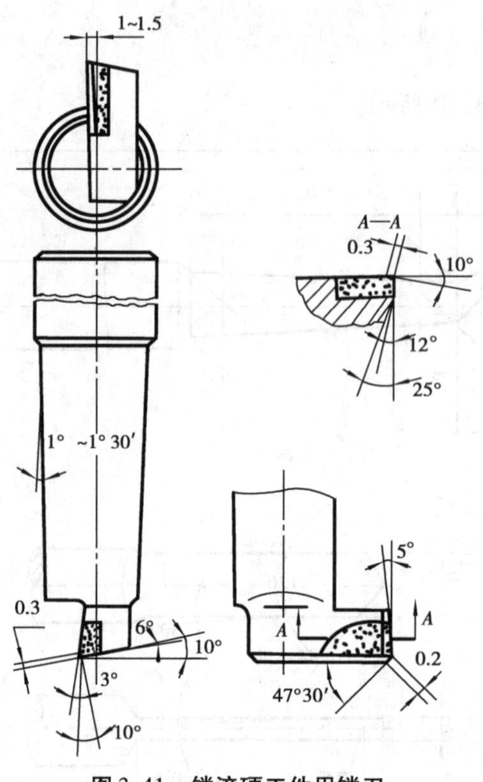

图 3.41　镗淬硬工件用镗刀

任务 3.8　铣削用工具

(1)直线进给曲线靠模铣削工具

1)手动进给靠模仿形铣削工具

手动进给靠模仿形铣削工具特点是结构简单,但加工精度较低。如图 3.42 所示为按靠模手动进给铣削多圆弧联接直线成形表面的工具。将靠模和工件叠合在一起,牢固装夹在工作台上,用手操纵工作台的纵、横向进给,使立铣刀刀柄部外圆始终与靠模型面接触,逐渐铣出成形表面。该加工方法采用的铣刀柄部外圆和刃部外圆应一致,靠模型面必须有较高的硬度。

2)仿形面靠模铣削工具

如图 3.43 所示,工作时,将滚轮 5 与铣刀 1 装在铣床主轴上,以手动使铣床移动,并使滚轮 5 紧贴在被加工工件 6 上的已加工型面上,以保证铣出的槽深相同。

(2)回转铣削靠模装置

1)简单靠模装置

在立式铣床上加工凹模型孔时,可以使用简单靠模装置,如图 3.44 所示。样板 1、垫板 3,5 和凹模 4 一起固定在铣床工作台上。在指状铣刀 6 的刀柄上安装 1 个钢制、已淬硬的滚轮 2。加工时,用手操作铣床纵横向运动,使滚轮始终与样板接触,并沿样板轮廓运动,加工出凹模型孔。

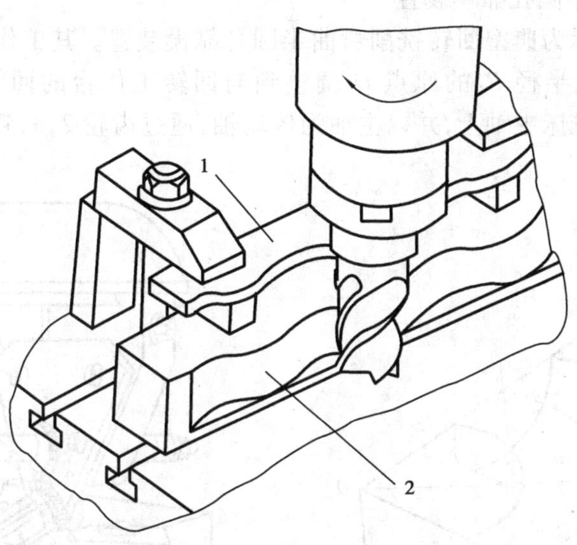

图3.42　靠模手动进给仿形铣削

1—靠模;2—工件

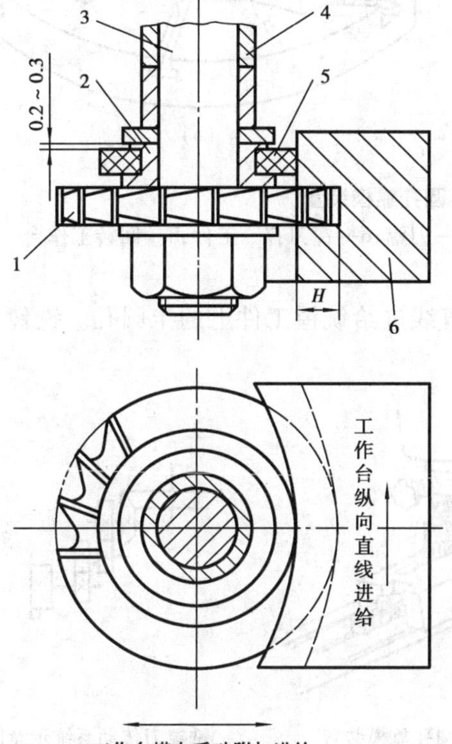

图3.43　仿形面靠模铣削夹具

1—铣刀;2—衬套;3—刀杆;
4—刀杆垫圈;5—滚轮;6—工件

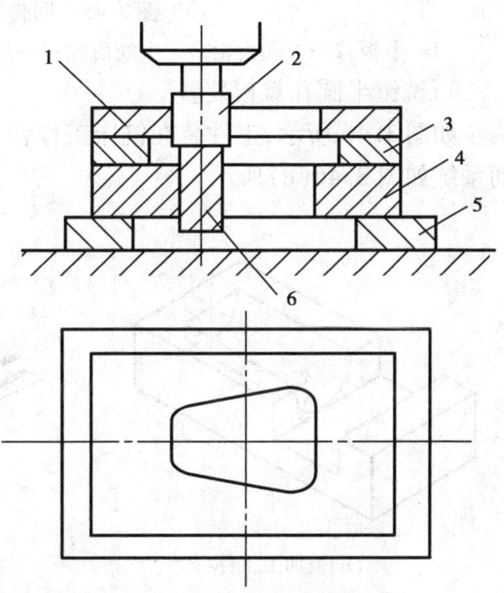

图3.44　简单靠模装置

1—样板;2—滚轮;3,5—垫板;
4—凹模;6—指状铣刀

2)回转铣削弯曲半圆孔靠模装置

如图 3.45(b)所示为典型回转铣削弯曲半圆孔靠模装置。其工作原理是:将图 3.45(a)所示工件,以其半圆孔半径 R_1 的原点 O 调整到与回转工作台的回转中心相重合,采用如图 3.45(b)所示挂在铣床主轴上,并以主轴为传动轴,通过齿轮 2,3,4 带动铣镗旋转,进行回转进给加工。

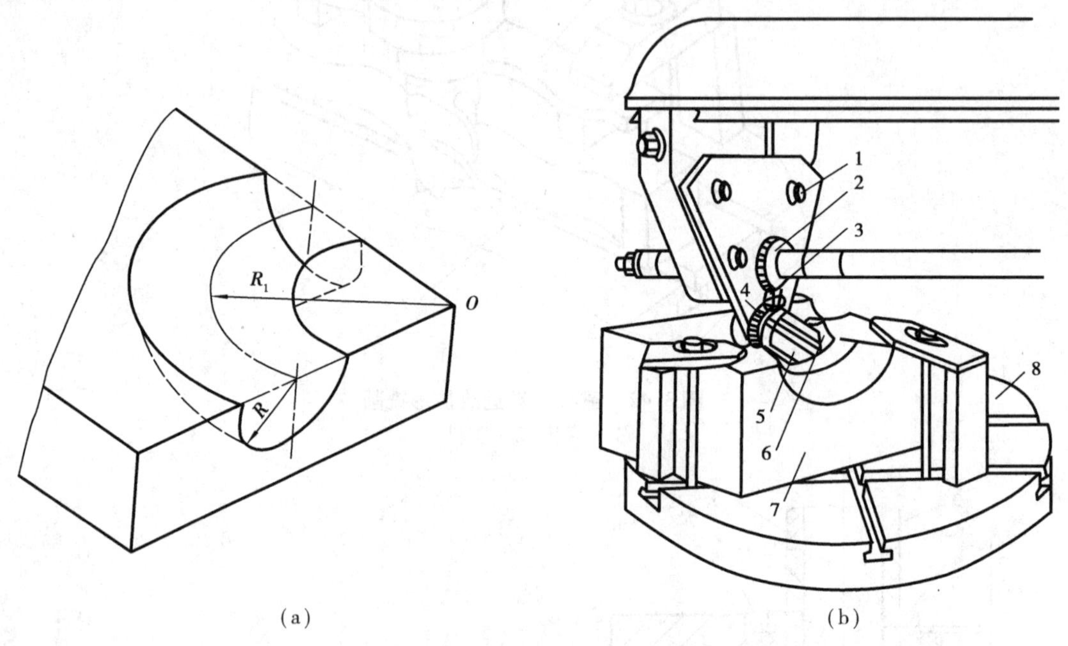

图 3.45 回转铣削弯曲半圆孔靠模装置

1—平板;2—主动齿轮;3—中间齿轮;4—从动齿轮;5—刀盘;6—镗刀;7—工件;8—回转工作台

3)铣镗半圆孔靠模装置

如图 3.46 所示,工件装在铣床工作台上,进行直线进给铣镗工件上的半圆孔。铣镗刀传动系统如图 3.46(c)所示。

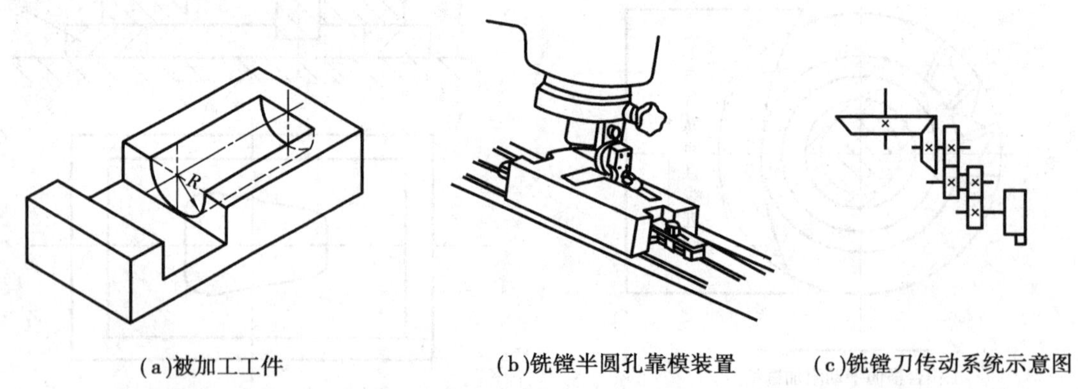

(a)被加工工件　(b)铣镗半圆孔靠模装置　(c)铣镗刀传动系统示意图

图 3.46 简单靠模装置

4)端铣刀刀杆

端铣刀刀杆是标准化的铣削加工工具。它通常分为带纵键端铣刀刀杆和带端键端铣刀刀杆 2 类。

①带纵键端铣刀刀杆

如图 3.47 所示为带纵键端铣刀刀杆的结构。

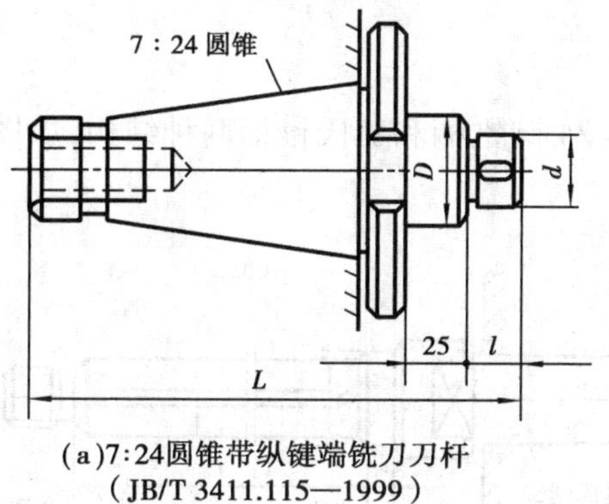

(a)7:24圆锥带纵键端铣刀刀杆
(JB/T 3411.115—1999)

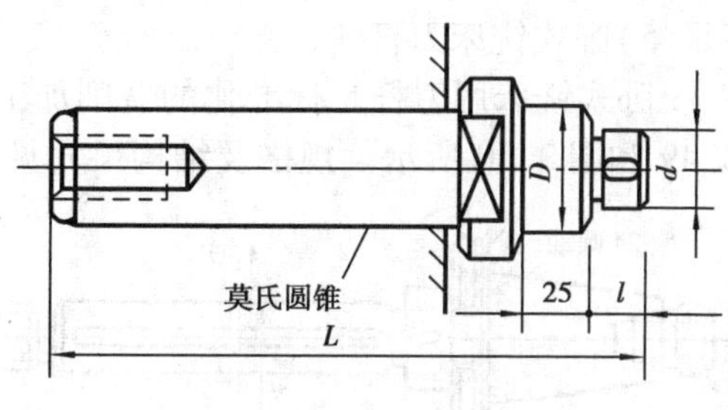

(b)莫氏圆锥带纵键端铣刀刀杆
(JB/T 3411.116—1999)

图 3.47　带纵键端铣刀刀杆

标记示例：

莫氏圆锥 4 号，$d = 22$ mm，$l = 37$ mm 的莫氏锥柄带纵键端铣刀刀杆：4—22 × 37JB/T 3411.116—1999。规格及结构尺寸见表 3.6。

表 3.6　带纵键端铣刀刀杆的规格及结构尺寸/mm

7:24 圆锥号		30		40				45				50		
莫氏圆锥 4 号		3		4				5				—		
D(h6)		16	22	16	22	27		16	22	27		22	27	
D		28	36	28	36	43		28	36	43		36	43	
l		29	37	29	37	21	61	29	37	21	61	37	21	61
L	JB 3526	132	140	159	167	151	191	174	182	166	206	204	188	288
	JB 3257	158	166	186	194	178	218	218	226	210	250	—		

②带端键端铣刀刀杆

如图 3.48 所示为带端键端铣刀刀杆。

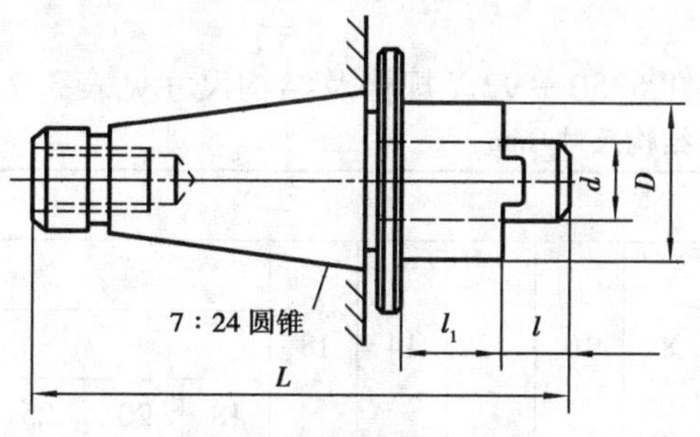

(a)7:24圆锥带端键铣刀刀杆
(JB/T 3411.117—1999)

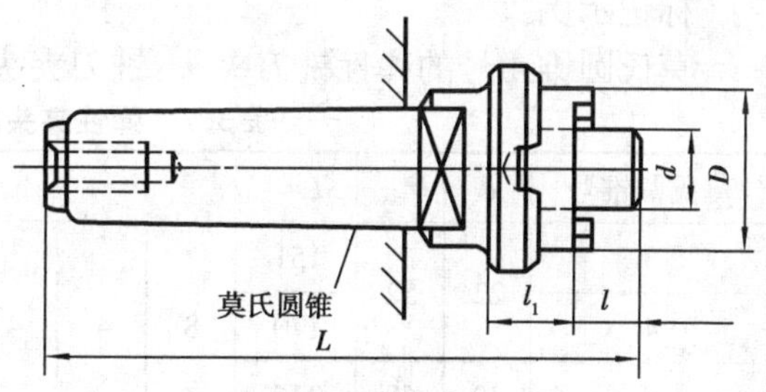

(b)莫氏圆锥带端键铣刀刀杆
(JB/T 3411.118—1999)

图 3.48　带端键铣刀刀杆

标记示例：

莫氏圆锥 3 号，$d=27$ mm 的莫氏锥柄带端键端铣刀刀杆：刀杆 3-27　JB/T 3411.118—1999。规格及结构尺寸见有关资料。

5）卧式铣床刀杆

卧式铣床用刀杆是标准化的铣削加工工具，分为 7∶24 圆锥柄和莫氏锥柄两种结构，如图 3.49 和图 3.50 所示。规格及结构尺寸见有关资料。

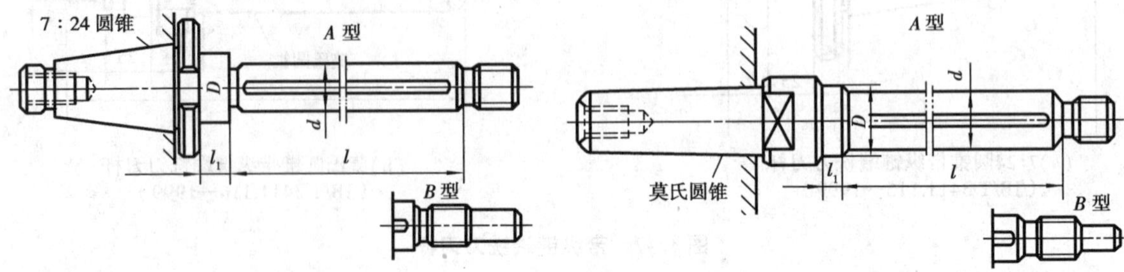

图 3.49　7∶24 圆锥铣刀刀杆 JB/T 3411.110—1999　　图 3.50　莫氏锥柄铣刀刀杆 JB/T 3411.111—1999

6）铣刀夹头

①弹性夹头

如图 3.51 所示为锥柄弹性铣刀夹头。

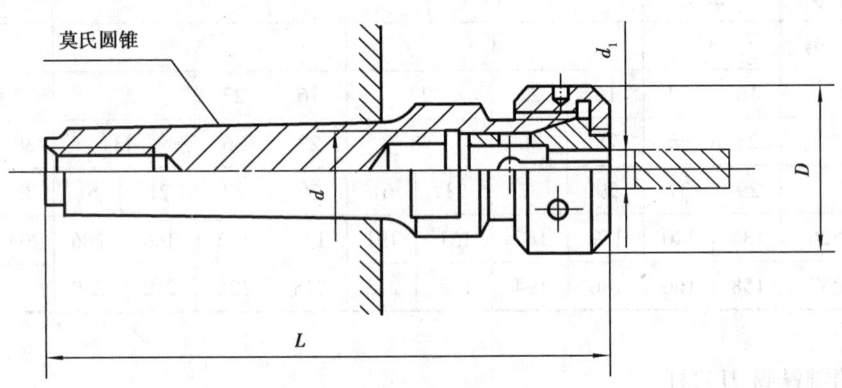

图 3.51　锥柄弹性铣刀夹头 JB/T 6350—92

标记示例：

莫氏圆锥 4 号的弹性铣刀夹头：铣刀夹头 4　JB/T 6350—92。规格及结构尺寸见表 3.7。

表 3.7　弹性夹头的规格及结构尺寸/mm

<table>
<tr><th>莫氏圆锥号</th><th>d</th><th>D_{max}</th><th>L≈</th><th colspan="12">d_1</th></tr>
<tr><td>3</td><td rowspan="2">22</td><td rowspan="2">52</td><td>151</td><td rowspan="3">8</td><td rowspan="3">4</td><td rowspan="3">4</td><td rowspan="3">6</td><td rowspan="3">8</td><td rowspan="3">10</td><td rowspan="3">12</td><td rowspan="3">14</td><td rowspan="3">18</td><td colspan="3" rowspan="2"></td></tr>
<tr><td>4</td><td>170</td></tr>
<tr><td>5</td><td>30</td><td>68</td><td>215</td><td>18</td><td>20</td><td>25</td></tr>
</table>

注：莫氏圆锥的尺寸和偏差按《莫氏圆锥的强制传动形式和尺寸》（GB 4133—84）。

②短锥柄立铣刀夹头

如图 3.52 所示为短锥柄立铣刀夹头。规格及结构尺寸见有关资料。

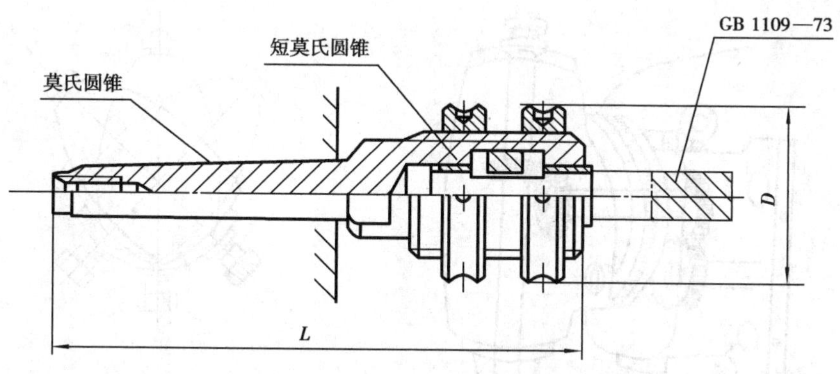

图 3.52　短锥柄立铣刀夹头(JB/T 6350—92)

(3)铣床常用附件

铣床上所用主要附件有平口钳、回转工作盘、立铣头、万能铣头及万能分度头等。

1)平口钳

铣床所用平口钳的钳口本身精度及其与底座底面的位置精度均较高,底座下面还有两个定位键,安装时以工作台上的T形槽定位。平口钳有固定式和回转式两种,回转式平口钳,其钳身可以绕底座心轴回转360°。

2)回转工作台

如图3.53所示,回转工作台除了能带动安装在它上面的工件旋转外,还可完成分度工作。用它可加工工件上的圆弧形周边,圆弧形槽,多边形工件,以及加工有分度要求的槽或孔等。回转工作台按其外圆直径的大小区分,有200,320,400和500 mm等几种规格。

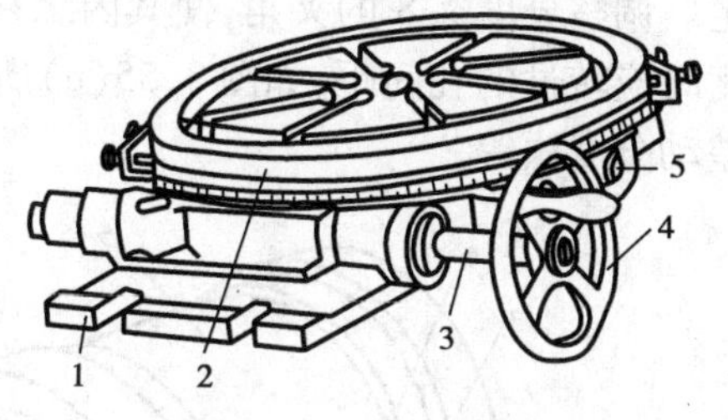

图 3.53　回转工作台

1—底座;2—转台;3—蜗杆轴;4—手轮;5—固定螺钉

3)立铣头

如图3.54所示,立铣头装在卧式铣床上,可使它起立式铣床的作用,从而扩大其工艺范围,它能在垂直平面内顺时针或反时针方向回转90°。其主轴与铣床主轴间的传动比为1∶1,故两者的转速相同。

4)万能分度头

如图3.55所示的FW125型万能分度头可对工件进行任意圆周等分或不等分分度或直线移距分度;能将工件相对铣床工作台台面扳成所需要的角度;能配合工作台的移动使工件作连续旋转,以铣削螺旋面等复杂曲面。例如,铣削内外球面时,铣刀盘轴线通过球心,刀尖的旋转运动轨迹与球面的某一截面圆重合,用分度头带动工件绕自身轴线旋转,即可铣出球面。

如图3.55(a)所示,万能分度头主要由分度头基座11、回转体5、主轴2、刻度盘3、分度盘9、分度盘手柄7和分度叉8及附件等组成。主轴为空心,两端均为锥孔。前端锥孔及端面可用于安装顶尖1或工件心轴、三爪自定心卡盘。主轴可随回转体5在基座内转动成水平或倾斜位置。

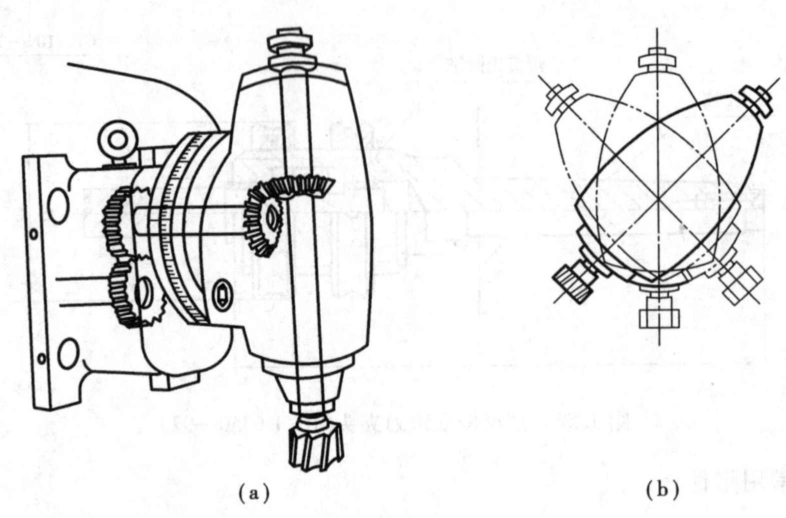

图 3.54 立铣头

用万能分度头进行分度，一般可用直接分度法和简单分度法。主轴 2 前端的刻度盘 3 可随主轴一起旋转，用于直接分度的原理如图 3.55(b)所示。锁紧螺钉 10 锁紧分度盘 9 使其不能转动，转动手柄 7，经传动比为 1 的齿轮副和传动比为 1/40 的蜗轮蜗杆副，可带动主轴回转至所需要的分度位置。手柄 7 在分度时转过的转数，由插销 6 所对分度盘 9 上孔圈数目来确定。调整分度叉 8 的夹角，使其内缘在分度盘孔圈上包括所需孔数，以便识别插销 6 在每次分度时应转过的孔间距，如图 3.55(c)所示。如果分度数选不到合适的孔圈进行分度时，可采用差动分度法等。

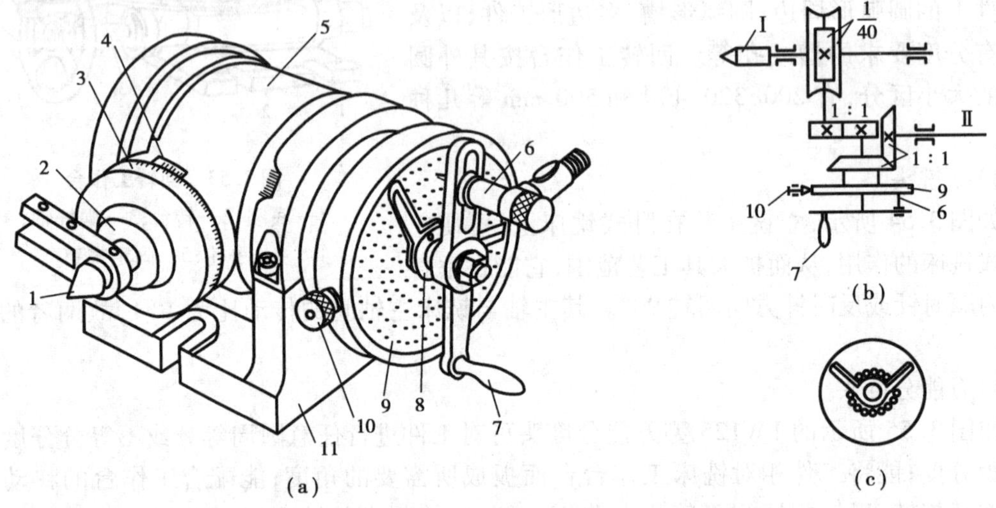

图 3.55 万能分度头

1—顶尖；2—主轴；3—刻度盘；4—游标；5—回转体；6—插销；
7—手柄；8—分度叉；9—分度盘；10—锁紧螺钉；11—基座

任务3.9　专用夹具的设计方法

本节以专用夹具为典型,在以上内容讨论的基础上,进行夹具结构总体的设计。重点分析讨论夹具结构方案的确定;夹具总图上尺寸、公差与配合和技术条件的标注及夹具结构工艺性等问题。

(1)专用夹具的设计方法和步骤

1)夹具的生产过程和基本要求

一般夹具的生产过程可简单地表示成下面的框图如图3.56所示。

夹具设计任务→夹具结构设计→使用、制造部门会签→夹具制造→夹具验证→使用生产

图3.56　夹具的生产过程

对夹具设计的基本要求是:能稳定可靠地保证工件的加工技术要求、能提高劳动生产率、操作简便并具有良好的工艺性。

2)夹具设计的步骤

①明确设计任务,收集、研究设计的原始资料

在这个阶段应做的工作有:

a.明确设计任务书要求,收集并熟悉加工零件的零件图、毛坯图和其加工工艺过程;了解所用机床、刀具、辅具、量具的有关情况、加工余量及切削用量等参数。

b.了解零件的生产类型。若为大批量生产,则要力求夹具结构完善,生产率高。若批量不大或是应付急用,夹具结构则应简单,以便迅速制造后交付使用。

c.收集有关机床方面的资料,主要是机床上安装夹具的有关联接部分尺寸。如铣床类夹具,应收集机床工作台T形槽槽宽及槽距。对车床类夹具,收集机床主轴端部结构及尺寸。此外,还应了解机床主要技术参数和规格。

d.收集刀具方面的资料,了解刀具的主要结构尺寸、制造精度、主要技术条件等。例如,若需设计钻床夹具的钻套,只有知道了孔加工刀具的尺寸、精度,才能正确设计钻套导引孔尺寸及其极限偏差。

e.收集辅助工具方面的资料。例如,镗床类夹具应收集镗杆等辅具资料。

f.了解本厂制造夹具的经验与能力,有无压缩空气站及其气压值等。

g.收集国内外同类型夹具资料,吸收其中先进而又能结合本厂情况的合理部分。

②确定夹具结构方案、绘制结构草图

确定夹具结构方案,绘制结构草图主要内容如下:

a.确定工件的定位方式,选择或设计定位元件,计算定位误差。

b.确定刀具的导引方式及导引元件(钻床类夹具)。

c.确定工件的夹紧方式,选择或设计夹紧机构,计算夹紧力。

d.确定其他装置(如分度装置、工件顶出装置等)的结构形式。

e. 确定夹具体的结构形式。确定夹具体的结构形式时，应同时考虑联接元件的设计。铣床类夹具除联接元件外，还应考虑对刀方式的确定，并选择或设计对刀元件。

在确定夹具各组成部分的结构时，一般都会产生几种不同的方案，应分别画出草图，进行分析比较，从中选择较为合理的方案供审查。

③绘制夹具总图

绘制夹具总图时，应注意下列问题：

a. 绘制夹具总图时，除特殊情况外，均应按 1∶1的比例绘制，以保证良好的直观性。

b. 主视图应尽量符合操作者的正面位置。

c. 总图上用红笔或双点画线画出工件轮廓线，并将其视为假想“透明体”，它不影响其他元件或装置的绘制。

d. 总图绘制顺序一般为：工件→定位元件→导引元件（钻床类夹具）→夹紧装置→其他装置→夹具体。

④标注总图上的尺寸、公差与配合和技术条件

夹具总图的结构绘制完成后，需在图上标注 5 类尺寸和 4 类技术条件，标注内容和标注方法后面将专门阐述。

⑤编写零件明细表

总图上的明细表应具有以下内容：序号、名称、代号（指标准件号或通用件号）、数量、材料、热处理、质量。

⑥绘制零件图

绘制总图上的非标准件零件图。

（2）夹具总图上尺寸、公差与配合和技术条件的标注

1）夹具总图上应标注的五类尺寸

①夹具外形轮廓尺寸

夹具外形轮廓尺寸指夹具在长、宽、高 3 个方向上的外形最大极限尺寸。若有可动部分，则是指运动件在空间可达到的极限尺寸。标注此类尺寸的作用在于避免夹具与机床或刀具发生干涉。

加工如图 3.57（a）所示工件中的 ϕ6H9 小孔用如图 3.57（b）所示的夹具。该夹具总图上应标注的外形轮廓尺寸为图 3.57（b）中的尺寸 A。

②工件与定位元件间的联系尺寸

这类尺寸主要是指工件定位面与定位元件定位工作面的配合尺寸和各定位元件间的位置尺寸。配合尺寸精度和位置尺寸公差都将对定位精度产生很大影响，一般是依据工件在本道工序的加工技术要求，并经计算后进行标注。标注此类尺寸的作用是保证定位精度，满足加工要求。它也是计算定位误差的依据。图 3.57 中的尺寸 B 属此类尺寸。

③夹具与刀具的联系尺寸

这类尺寸主要是指对刀元件、导引元件与定位元件间的位置尺寸；导引元件之间的位置尺寸及导引元件与刀具（或锥杆）导向部分的配合尺寸。其作用在于保证对刀精度及导引刀具

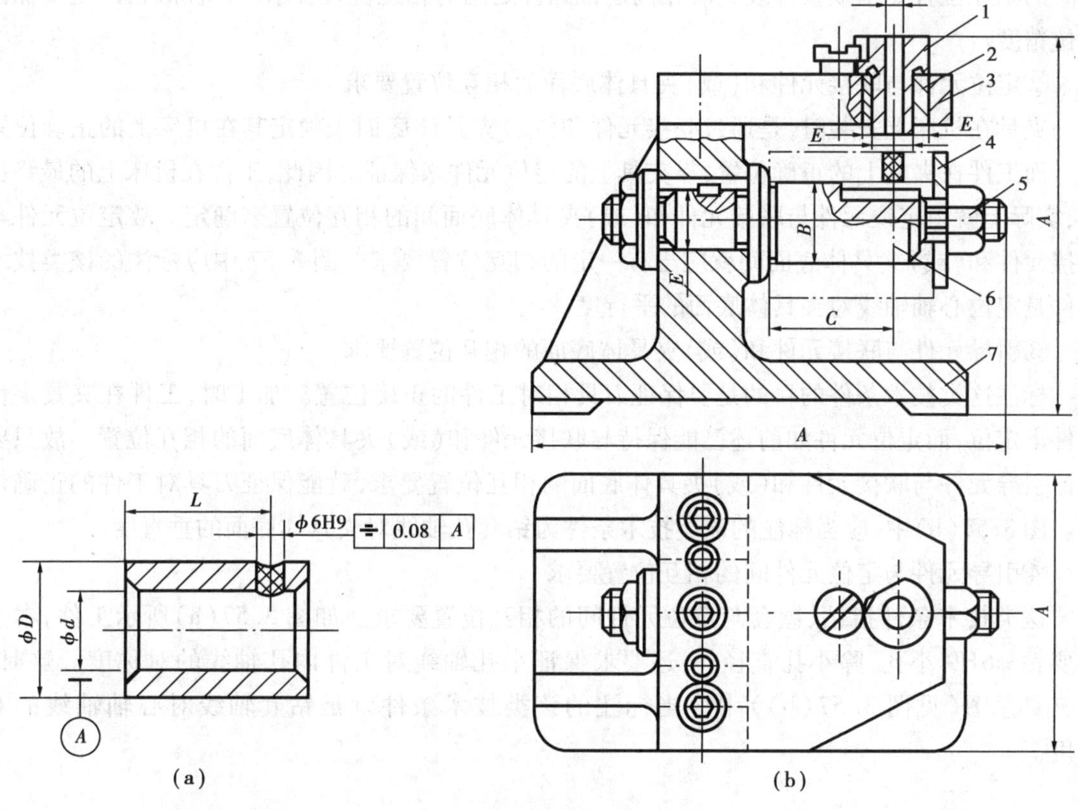

图 3.57　钻轴套工件 ϕ6H9 孔夹具

1—钻套;2—衬套;3—钻模板;4—开口垫圈;5—螺母;6—定位心轴;7—底座

的精度。图 3.57 中的尺寸 C 属此类尺寸。

④夹具与机床联接部分的联系尺寸

这类尺寸主要是指夹具与机床主轴端的联接尺寸或夹具定位键、U 形槽与机床工作台 T 形槽的联接尺寸。其作用在于保证夹具在机床上的安装精度。

⑤夹具内部的配合尺寸

总图上,凡属夹具内部有配合要求的表面,都必须按配合性质和配合精度标上配合尺寸,以保证夹具装配后能满足规定的使用要求。图 3.57 中的尺寸 E 均属此类尺寸。

2)夹具总图上应标注的 4 类技术条件

夹具总图上标注的 4 类技术条件,指夹具装配后应满足的各有关表面的相互位置精度要求。这些相互位置精度要求可归纳成如图 3.58 所示的关系。图中箭头所指表示确定方框内元件(或表面)位置的基准,1,2,3,4 则表示 4 类不同的技术条件。该 4 类技术条件的具体内容如下:

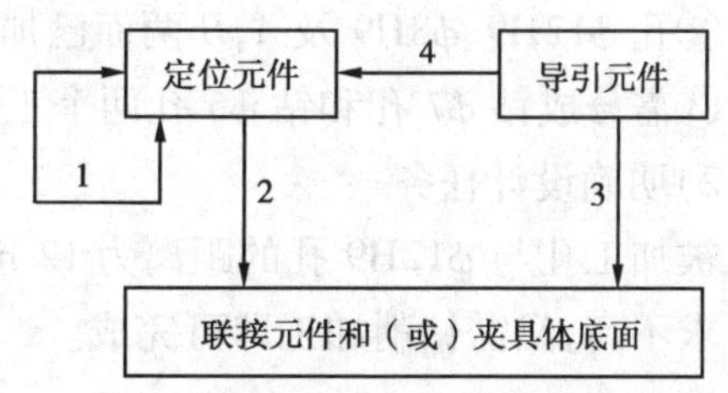

图 3.58　4 类技术条件的相互位置关系

①定位元件之间的相互位置要求

这类技术条件指组合定位时,多个定位元件

之间的相互位置要求或多件装夹时相同定位元件之间的相互位置要求。标注的目的是要保证定位精度。

②定位元件与联接元件和(或)夹具体底面的相互位置要求

夹具在机床上安装时,是通过联接元件和(或)夹具体底面来确定其在机床上的正确位置的。而工件在夹具上的正确位置,靠夹具上的定位元件来保证。因此,工件在机床上的最终位置,实际上就由定位元件与联接元件和(或)夹具体底面间的相互位置来确定。故定位元件与联接元件和(或)夹具体底面间就应当有一定的相互位置要求。图3.57中应标注的该类技术条件是定位心轴轴线对夹具体底面的平行度。

③引导元件与联接元件和(或)夹具体底面的相互位置要求

标注这类技术条件的目的是要保证刀具相对工件的正确位置。加工时,工件在夹具定位元件上定位,而定位元件如前述已能保持与联接元件和(或)夹具体底面的相互位置。故只要保证引导元件与联接元件和(或)夹具体底面的相互位置要求,就能保证刀具对工件的正确位置。图3.57(b)中,应当标注的该类技术条件为钻套孔轴线对夹具体底面的垂直度。

④引导元件与定位元件间的相互位置要求

这类技术条件指钻、镗套与定位元件间的相互位置要求。如图3.57(a)所示工件,本工序要钻 ϕ6H9 小孔,除小孔直径外,还要求保证小孔轴线对工件内孔轴线的对称度。这时,在夹具总图(见图3.57(b))中应当标注的该类技术条件就是钻套轴线对心轴轴线的对称度。

任务3.10　专用夹具设计实例

如图3.59所示为连杆的钻孔工序图。本工序为在Z5125立式钻床上钻 ϕ7 孔和螺纹 M6 的底孔 ϕ5。本工序使用钻模进行加工,钻模的设计步骤如下:

(1)明确设计任务,收集原始资料

1)收集原始资料

由夹具设计任务书中的工序简图(见图3.59)可知,本工序加工要求如下:

①毛坯为锻件,生产批量为中批。

②孔 ϕ12H9、ϕ8H9 及 A,B 两面已加工完毕。

③需分成钻 ϕ7 孔和钻 ϕ5 孔两个工步。

2)明确设计任务

被加工孔与 ϕ12H9 孔的距离为 12 mm,ϕ7 孔是螺钉孔,ϕ5 孔是螺纹 M6 的底孔,因此,加工要求不高,只需钻削加工即可完成。

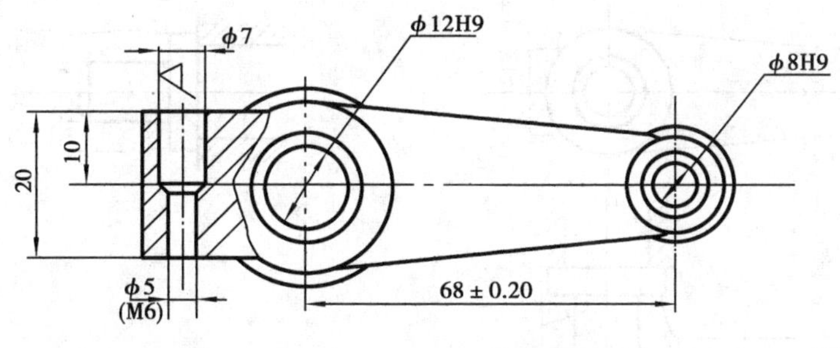

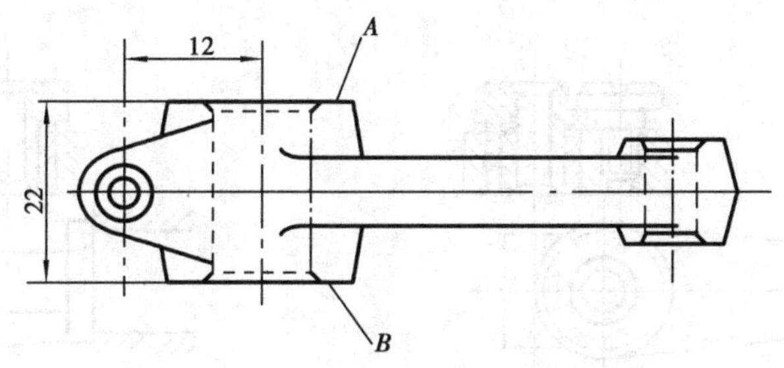

图 3.59　加工连杆螺钉孔的工序简图

(2)确定夹具结构方案

1)确定定位方案,设计定位元件

采用双销定位。以 φ12H9 孔为主定位基准,用圆柱定位销定位,做到了基准重合,保证尺寸 12 mm。以 φ8H9 孔为限制工件绕 φ12H9 孔轴线旋转的定位基准,用削边销定位。用圆柱定位销的轴肩实现 φ12H9 孔的轴向定位。其定位方案如图 3.60(a)所示。

2)确定刀具的导向方案

为便于钻削两个不同直径的孔,导向元件采用标准快换钻套。导向元件的位置及安装要求如图 3.60(b)所示。

3)确定工件的夹紧方案

为使夹紧可靠和快捷方便,采用如图 3.60(c)所示的夹紧方案。转动手柄,通过螺纹拉动兼起主定位作用的轴销,由开口垫圈压紧工件;反转手柄,在弹簧的作用下,销轴向外滑动,开口垫圈松,便可装卸工件。

4)确定其他元件结构

①夹具体

采用铸件,保证有足够的刚度。

②钻模板

钻模板用螺钉和销子与夹具体联接,由于螺钉与螺钉孔之间有一定的间隙,可用以调整钻模板的位置,从而保证导向元件的位置精度要求。

(3)绘制夹具总图

根据以上步骤所设计的方案,绘制夹具的总图如图 3.61 所示。

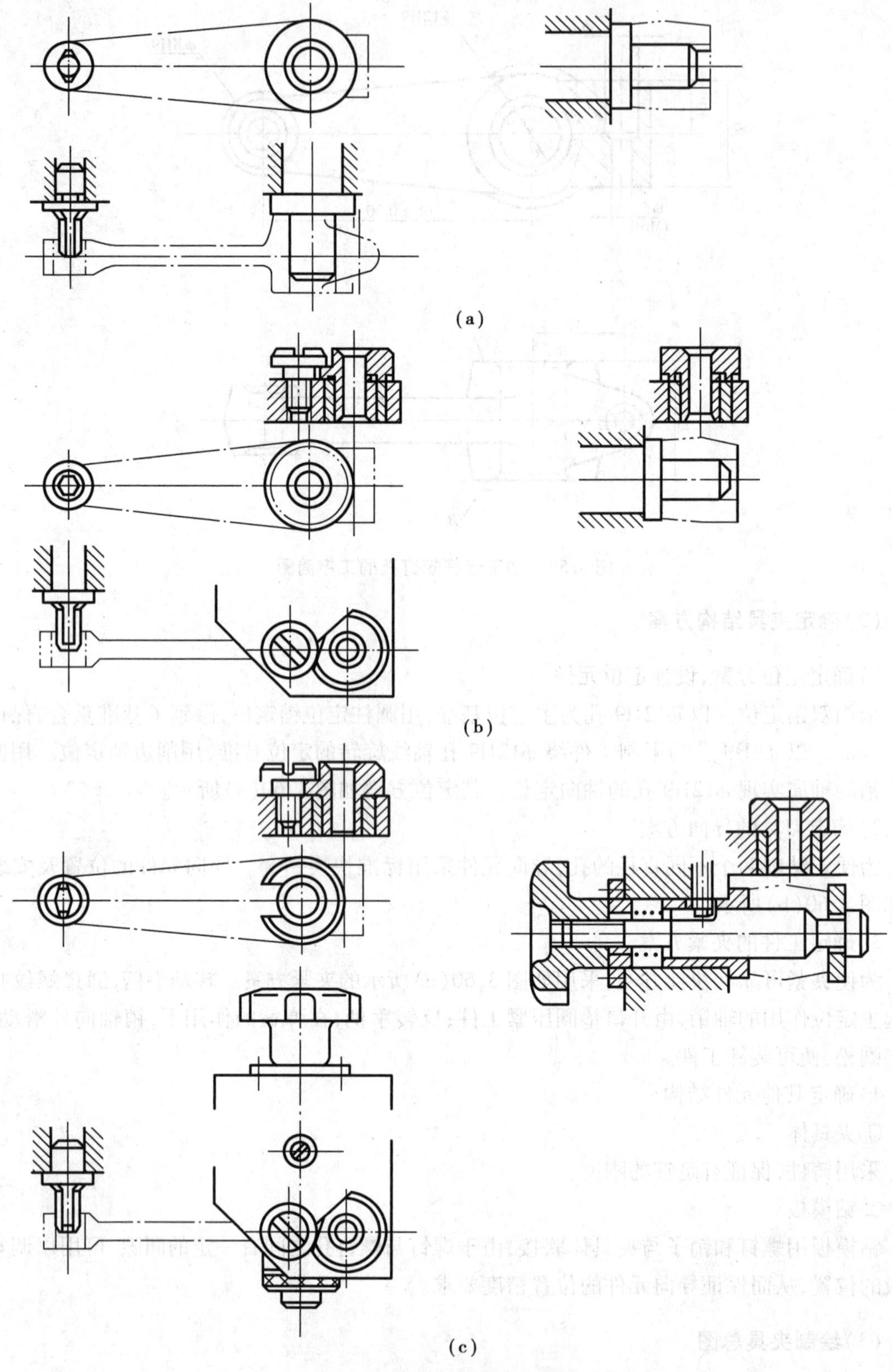

图 3.60　夹具结构方案的确定

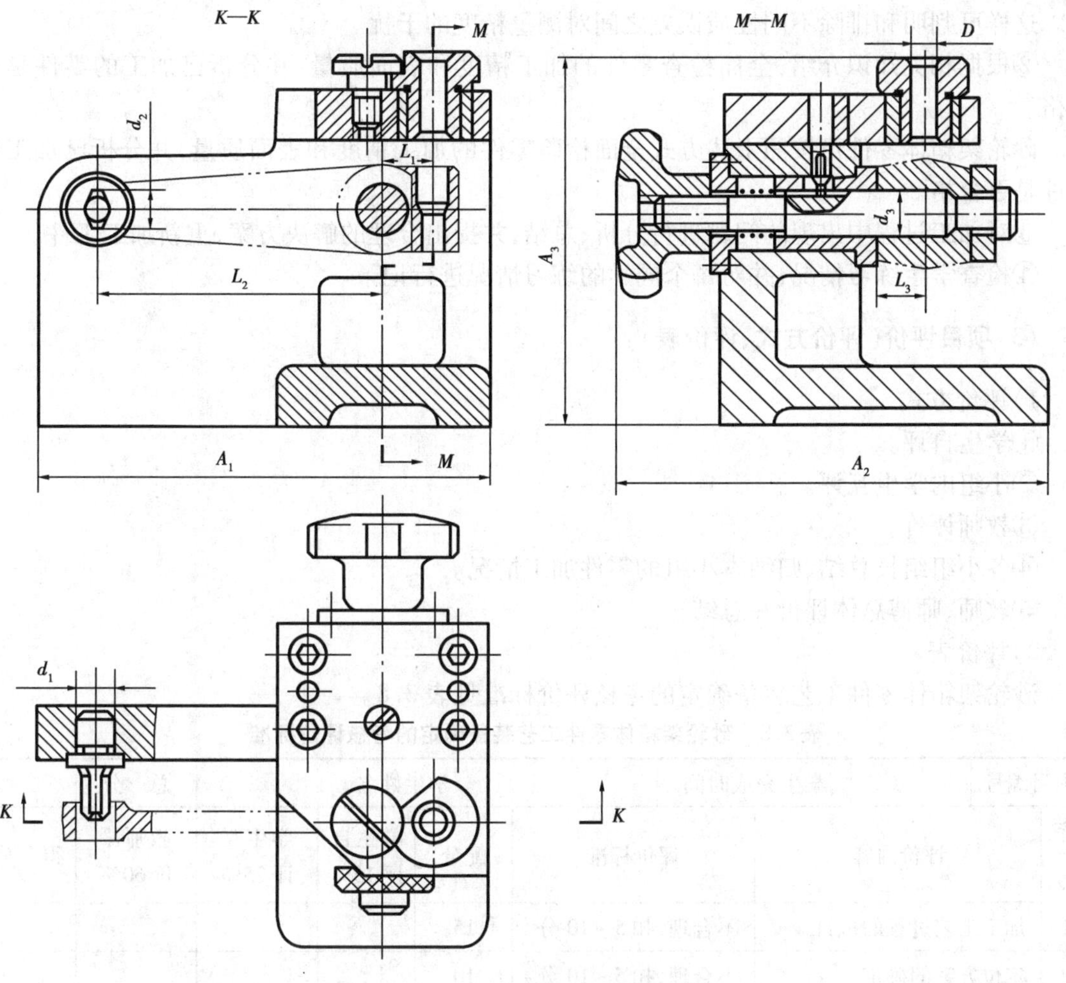

图3.61 加工连杆螺钉孔的钻模

任务3.11 项目实施、检查与评价

(1)**实施**

①制订零件工艺过程。

②学生根据工艺过程,熟悉所选择的工艺装备的功能及使用方法。

③学生根据工艺过程,正确的安装工件,选择合理的切削用量,调整好机床。

④师傅首先进行正确的操作示范,学生完成正确的试切。学生根据师傅的示范进行逐一的练习实践。最后由师傅完成零件的最终加工。

(2)**检查**

①精度检验应按一定顺序进行,首先检验形状精度,然后检验尺寸精度,最后检验位置精

度。这样可判明和排除不同性质误差之间对测量精度的干扰。

②根据相关知识介绍，全面检查零件的加工精度和表面质量，并分析已加工的零件是否合格。

砂轮架箱体零件可按照上述方式全面检验零件的加工精度和表面质量，并分析已加工的零件是否合格。

③对加工过程中出现的问题进行分析、总结，并提出合理的解决方案，重新加工工件。

④检查学生练习情况，并对每个同学的练习情况进行记录。

(3)项目评价(评价方式、评价表)

1)评价方式

①学生自评。

②小组内学生互评。

③教师评价。

④各小组组长总结、归纳本小组的零件加工情况。

⑤教师、师傅总体评价并总结。

2)评价表

砂轮架箱体零件工艺装备确定的考核评价标准见表3.8。

表3.8　砂轮架箱体零件工艺装备确定的考核评价标准

项目编号		学生完成时间		学生姓名		总　分	
序号	评价内容	评价标准	配分	学生自评15%	学生互评25%	教师评价60%	得　分
1	加工工艺过程的拟订	不合理，扣5~10分	15				
2	定位方案的确定	不合理，扣5~10分	10				
3	装夹方式及夹具的确定	不合理，扣5~10分	15				
4	切削用量的确定	不合理，扣1~5分	5				
5	各工序设备的确定	不合理，扣1~5分	10				
6	刀具的确定	不合理，扣5~10分	15				
7	量具的确定	不合理，扣5~10分	15				
8	工具的确定	不规范，扣1~5分	10				
9	完成时间	超1学时，扣2分	5				
10	合　计						

注：工艺装备设计确定思路创新、方案创新的酌情加分。

注意：检查评价时应注意对方案设计的依据、方法，特别是有关参数的确定过程进行全面考核，考核学生应用所学知识进行砂轮架箱体零件工艺装备设计确定的分析、应用等综合能力。

3)归纳整理

①对本项目所有的资料进行归纳、整理。

②对加工出的零件进行存放。

本项目小结

本项目以多品种、小批量生产的磨床砂轮架箱体为例,介绍了磨床砂轮架箱体的使用性能、技术要求、结构特点,具体介绍了铣削加工的常用装夹方法、铣床夹具的类型、铣床夹具设计要点和安装调试,镗模的组成、镗套、镗杆及镗模支架和镗模底座的设计,可调夹具、成组夹具与数控机床夹具的基本概念与结构;铣刀的种类、铣刀的标记及安装;刨刀的种类及典型结构;镗刀的种类及典型结构;铣削用工具的种类及典型结构,铣床常用附件的种类及典型结构;专用夹具的设计方法,等等。

思考题与习题

3.1　说明工具磨床箱体零件的结构特点。

3.2　说明工具磨床箱体零件加工时需用的工艺装备有哪些。

3.3　常见铣床夹具有哪些种类?其特点如何?

3.4　说明铣床夹具设计要点。

3.5　说明镗床的基本组成。

3.6　说明镗套、镗杆、镗模支架和镗模底座的结构特点。

3.7　铣刀有哪些种类?其特点如何?各适用什么场合?

3.8　说明铣刀是如何标记的?

3.9　说明铣刀的安装方法。

3.10　说明夹固式强力刨刀的结构及适用场合。

3.11　仿形刨用刨刀分哪些种类?其特点如何?

3.12　说明微调镗刀的结构及调节方法。

3.13　机夹式单刃镗刀分哪些种类?其特点如何?各适用什么场合?

3.14　说明镗淬硬工件用镗刀的结构。

3.15　说明圆盘工作台的结构及工作过程。

3.16　说明靠模手动进给仿形铣削的工作过程。

3.17　说明直线进给曲线靠模铣削夹具的结构及工作过程。

3.18　铣床常用附件有哪些?其特点如何?各适用什么场合?

项目 3 铣工常用工具

项目 3 斜轴式钻模

项目 3 旋转快换 2

项目 4

模具工作零件加工工艺装备

知识目标：

1. 识读托板冲裁模凹模及凸模零件图纸，了解典型冲压模具工作零件的基本结构。

2. 掌握成形磨削的特点、适用场合。

3. 熟悉成形磨削方法所用砂轮的类型、砂轮修磨方法，掌握成形磨削方法的选择。

4. 熟悉成形磨削常用夹具及各种夹具的应用。

5. 熟悉电火花成形及电火花线切割加工常用的夹具，掌握电火花加工中各种常用夹具的应用。

6. 熟悉模具工作零件检测指标，了解模具工作零件工艺实施效果评价的基本要求。

能力目标：

1. 能正确理解、分析模具工作零件加工的技术要求。

2. 具有选择、设计、应用成形磨削夹具的能力。

3. 具有选择、设计、应用电火花成形及电火花线切割加工夹具的能力。

4. 能根据模具工作零件加工要求评价工艺实施的效果。

任务 4.1　项目要求与分析

(1)项目要求

如图 4.1、图 4.2 所示为一副托板冲模的凹模和凸模，材料为 CrWMn，淬火硬度分别为 HRC60 ~ 64 和 HRC56 ~ 60，凹模的刃口尺寸有公差，凸模的刃口尺寸按凹横刃口实际尺寸配作。

模具零件的生产性质为单件生产，确定加工这副冲压模具工作零件（凹模、凸模）的工艺过程及工艺装备。

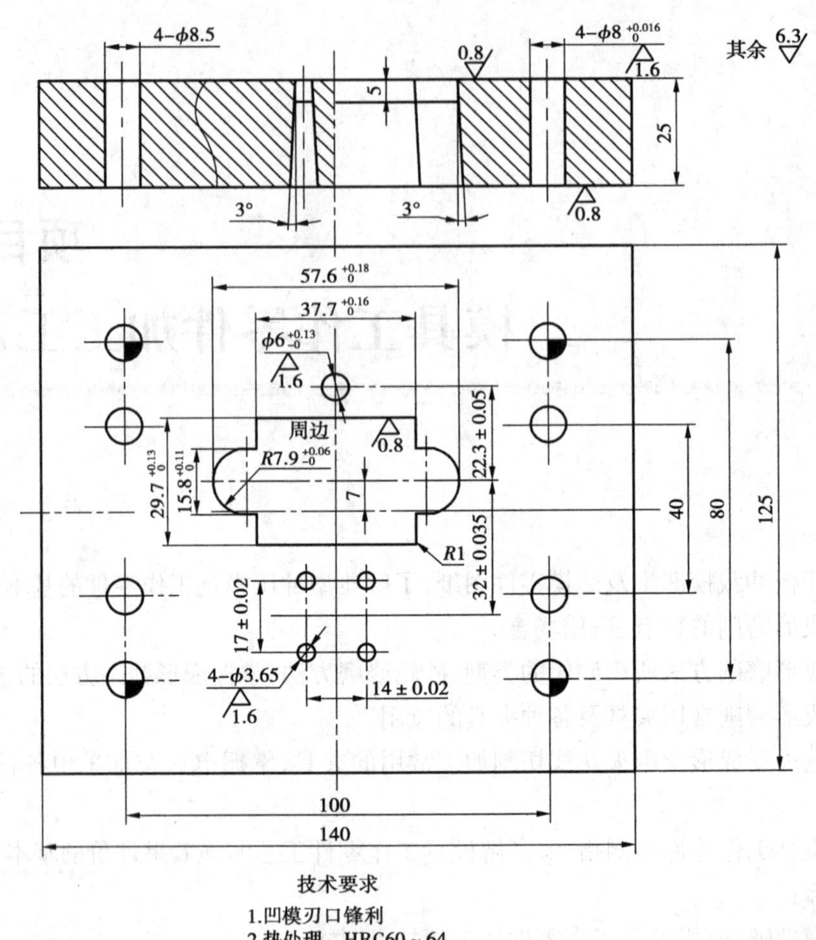

图 4.1 托板落料凹模

(2)项目分析

1)模具工作零件(凸模及凹模)的工艺分析

凹模和凸模是模具的工作零件,它们直接与制品材料相接触,完成材料的成形过程。一般其主要特点是形状复杂多样,精度高,热处理硬度要求高,表面粗糙度小,通常还需要配作。常用的加工方法有机械加工、电火花加工(电火花成形加工、电火花线切割加工)、数控加工等。本项目主要讨论前两种加工方法。

该凹模及凸模刃口形状由直线及圆弧组成,凹模刃口尺寸标有公差,凸模刃口尺寸没有标注公差,加工时要按凹模刃口实际尺寸及冲裁间隙配作。凹模刃口轮廓属于内表面,采用线切割加工较合适;而凸模刃口轮廓属于外表面,可采用成形磨削加工。它们都是在工件淬硬后进行。

2)毛坯的选择

凹模及凸模的材料为 CrWMn,属低变形冷作模具钢。为保证模具的质量和使用寿命,毛坯采用锻件。为便用机械加工,毛坯的形状采用六面体。根据基准重合及便于装夹的原则,凹模和凸模都选平面及两个相互垂直的侧面作为定位及加工的基准面。

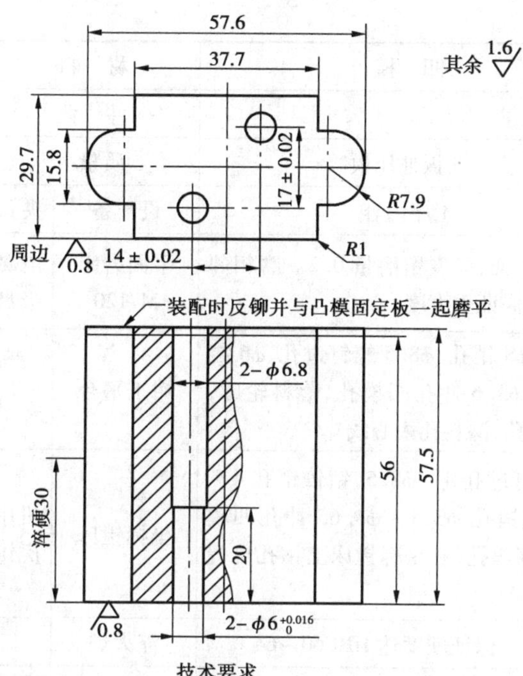

图4.2　托板落料凸模

3)工艺路线的拟订

凹模和凸模机械加工工艺路线见表4.1和表4.2。

表4.1　凹模零件机械加工工艺卡

零件名称		凹　模	材　料		CrWMn	
件　号			件　数		1	
产品名称		托板冲压模	质量/t			
工序号	工序名称	工序内容	设　备	夹具	刀　具	量　具
10	下料	将ϕ50的棒料锯成77 mm长的棒	锯床	机床自带	锯条	卡尺
20	锻造	将毛坯锻成145 mm×130 mm×30 mm的方料	空气锤			卡尺
30	热处理	退火(消除毛坯内残余内应力,降低硬度)	退火炉			
40	铣六面	粗、半精铣六面,单边留磨量0.5 mm	立铣X5032	机用虎钳	盘铣刀	卡尺

续表

零件名称		凹　模	材　料		CrWMn	
件　号			件　数		1	
产品名称		托板冲压模	质量/t			
工序号	工序名称	工序内容	设　备	夹具	刀　具	量　具
50	磨平面	磨上下面,厚度留磨量 0.2。磨相邻两侧面,保证垂直度	平面磨床 M7120	电磁吸盘	砂轮	卡尺
60	钳工	划出 $\phi 8$ 销孔、$\phi 8.5$ 螺钉过孔、$\phi 6$ 挡料销孔、$\phi 3.6$ 冲孔凹模孔、落料轮廓,$\phi 2$ 穿丝孔、漏料孔中心线	钳工平台		划针	高度尺、卡尺
70	坐标镗	钻螺钉过孔 $4-\phi 8.5$,钻铰销孔 $4-\phi 8$,挡料销孔 $\phi 6$、$4-\phi 3.65$ 冲孔凹模孔、$\phi 2$ 穿丝孔(在坐标镗床上钻孔位置准确)	坐标镗床	机用虎钳	钻头 铰刀	卡尺
80	热处理	淬火回火,保证硬度达 HRC60~64	淬火炉			表面硬度仪
90	磨六面	磨六面氧化皮,保证垂直度	平面磨床 M7120	电磁吸盘	砂轮	卡尺
100	退磁	消除工件磁性	退磁器			
110	电火花线切割	按图切割凹模型孔轮廓	线切割机床 DK7625	通用夹具	铜丝	内径千分尺、表面粗糙度仪
120	电火花成形	用电极打型孔漏料孔及 4 个 $\phi 3.6$ 冲孔凹模漏料孔(带锥度)	电火花机床 DK7125	通用夹具	电极	卡尺
130	钳工	修磨刃口达图要求			修研工具	内径千分尺、表面粗糙度仪
140	检验					

表 4.2　凸模零件机械加工工艺卡

零件名称		凸　模	材　料		CrWMn	
件　号			件　数		1	
产品名称		托板冲压模	质量/t			
工序号	工序名称	工序内容	设　备	夹具	刀　具	量　具
10	备料	下料,将毛坯锻成 60 mm × 35 mm × 60 mm的方料	空气锤			卡尺
20	热处理	退火(消除毛坯内残余内应力,降低硬度)	退火炉			

续表

零件名称		凸　模	材　料		CrWMn	
件　号			件　数		1	
产品名称		托板冲压模	质量/t			
工序号	工序名称	工序内容	设　备	夹具	刀　具	量　具
30	铣六面	粗、半精铣六面，单边留磨量0.5mm	立铣 X5032	机用虎钳	盘铣刀	卡尺
40	磨平面	磨上下面，厚度留精磨余量0.2mm。磨相邻两侧面，对角尺，保证垂直度	平面磨床 M7120	电磁吸盘	砂轮	
50	钳工	划出对称中心线，划出刃口轮廓线及2个 $\phi6$ 销孔中心线	钳工平台		划针 样冲	高度尺、卡尺
60	铣型面	按划线铣刃口型面，留单边余量0.3	立铣 X5032	机用虎钳	立铣刀	卡尺
70	钳工	与凹模上4个 $\phi3.6$ 孔配作，铰2个 $\phi6$ 销孔，钻 $\phi6.2$ 孔	摇臂钻床 Z3020	虎钳	钻头 铰刀	
80	热处理	淬火回火，保证刃口部分硬度HRC56~60	淬火炉			表面硬度仪
90	磨端面	磨上下两端面，保证与型面垂直	平面磨床 M7120	电磁吸盘	砂轮	直角尺
100	成形磨形面	按凹模刃口实际尺寸配，保证与凹模双面配合间隙0.25~0.36 mm，成形磨削凸模刃口，留研磨余量0.02 mm	成形磨床 M618	万能夹具	砂轮	量块、百分表、测量调整器、千分尺、表面粗糙度仪
110	钳工	研磨凸模刃口，保证配合间隙均匀			研磨膏	表面粗糙度仪、塞尺
120	检验	与凹模配合，全面检验				

4)成形磨削加工常用的工具、夹具、量具

对于模具工作零件如凸模、凹模、型芯、型腔等，一般要求要有高硬度、高耐磨、高精度、高表面粗糙度(R_a 数值要小)，加工过程中常采用淬火等热处理工艺，淬火后硬度提高给精加工有带来一定的困难，成形磨削就是工件淬硬后，精加工常采用的方法之一。

工具、夹具、量具的选择直接影响工件的加工精度、生产率和制造成本，应根据不同情况适当选择。

成形磨削零件加工常用的工具、夹具和量具见表4.3。

表4.3　成形磨削加工常用的工具、夹具和量具

夹　具	刀　具	量　具	工　具
修整砂轮用:修整角度、修整圆弧、万能修整、靠模修整等 磨平面用:磁性吸盘、导磁铁、精密平口钳等 磨斜面用:角度导磁体、正弦精密平口钳、测量调整器等 磨凸圆弧及分度槽用:正弦分中夹具、万能夹具等	普通砂轮、成形砂轮等	游标卡尺、千分尺、百分表、光滑极限量规、比较仪、三坐标测量机、表面粗糙度仪、塞尺等	修砂轮用金刚笔等

5)电火花加工常用的工具、夹具、量具

与机械加工相比,因电火花加工的显著特点是加工难度与工件材料硬度无关,加工中不存在显著的机械力,加工变形小,所以是模具工作零件的主要加工方法之一。

相对来说,电火花加工中装夹工件的夹具比机械加工用的夹具要简单些。

电火花加工常用的工具、夹具和量具见表4.4。

表4.4　电火花加工常用的工具、夹具和量具

夹　具	刀　具	量　具	工　具
电火花成形加工装夹电极用夹具:标准套筒夹具、钻夹头夹具、螺纹联接式夹具、联接板式夹具、钢球铰链式可调夹具、钢球铰链式角度可调夹具、多电极通用夹具等; 电火花成形加工装夹工件用夹具:永磁吸盘、平口钳、导磁块、正弦磁台、角度导磁块等	电极	游标卡尺、外径千分尺、内径百分表、内径千分表等	平动头
电火花线切割加工装夹工件用夹具:分度夹具、回转工作台、悬板式夹具、悬板式切斜度夹具等	电极丝	千分尺、游标卡尺、塞规、塞尺、投影仪、三坐标测量机等	

任务4.2　成形磨削方法

磨削加工是模具工件或机械零件加工工艺过程中的精加工工序或最终工序。因此,经磨削后的加工面必须保证加工面的粗糙度要求,保证加工面的形状、尺寸、位置精度符合设计精度的要求。

成形磨削用来对模具的工作零件进行精加工,主要用于加工凸模及镶拼式凹模的工作型面。采用成形磨削加工模具零件,可获得高精度的尺寸及形状精度,良好的表面质量;可加工淬硬钢和硬质合金。成形磨削一般安排在工件淬火后进行,这样减少热处理后的变形现象。

与其他工艺系统一样,夹具也是磨削工艺系统中的关键技术。

形状复杂的模具零件或机械零件,一般都是由若干平面、斜面和圆弧面所组成,如图4.3

所示。成形磨削的原理,即是把零件的轮廓分解成若干直线和圆弧,然后按照一定的顺序逐段磨削,使其联接圆滑、光整,并达到图样的技术要求。

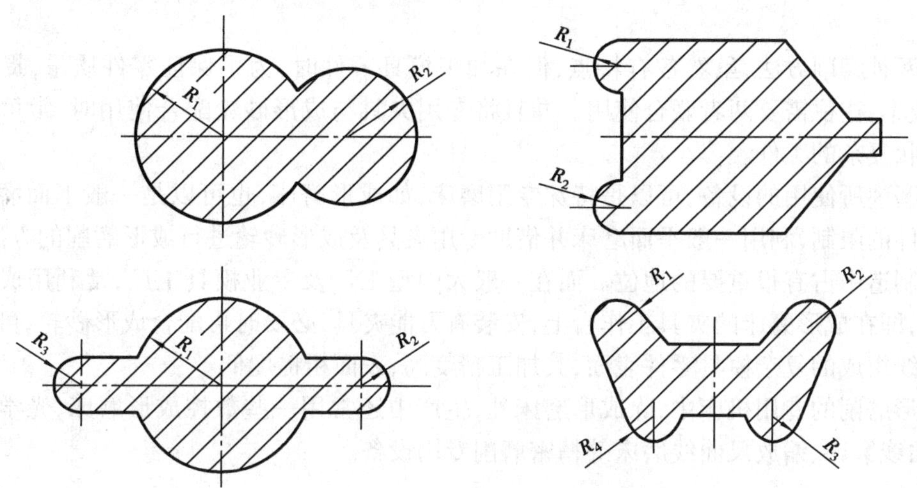

图4.3 复杂模具零件的形状

(1)**成形砂轮磨削法**

这种方法是利用修整砂轮夹具把砂轮修整成与工件型面完全吻合的形状,然后再用此砂轮对工件进行磨削,使其获得所需的形状,如图4.4(a)所示。利用成形砂轮对工件进行磨削是一种简单有效的方法,可使磨削生产效率高,但砂轮消耗较大。

修整砂轮的夹具主要有修整角度砂轮夹具、修整圆弧砂轮夹具、万能修整砂轮夹具及靠模修整砂轮夹具等。

成形磨削的方法主要有两种,如图4.4所示。

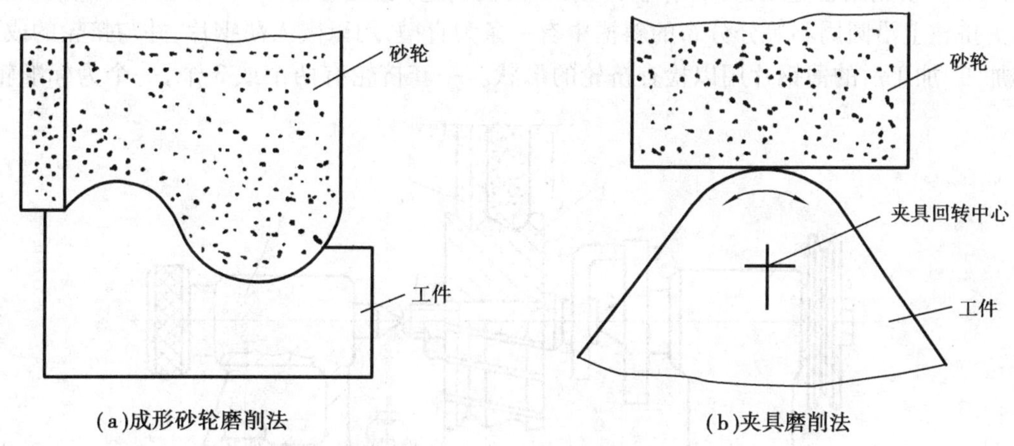

(a)成形砂轮磨削法　(b)夹具磨削法

图4.4 成形磨削的两种方法

(2)**夹具磨削法**

将工件按一定的条件装在专用夹具上,在加工过程中通过夹具的调节使工件固定或不断改变位置,从而使工件获得所需的形状,如图4.4(b)所示。利用夹具磨削法对工件进行磨削其加工精度很高,甚至可达到零件具有互换性。

成形磨削的专用夹具主要有磨平面及斜面用夹具、分度磨削夹具、万能夹具及磨大圆弧夹具等。

上述两种磨削方法,虽然各有特点,但在加工模具零件时,为了保证零件质量,提高生产率、降低成本,往往需要两者联合使用。并且将专用夹具与成形砂轮配合使用时,常可方便地磨削出形状复杂的工件。

成形磨削所使用的设备,可以是特殊专用磨床,如成形磨床,也可以是一般平面磨床。由于设备条件的限制,利用一般平面磨床并借助专用夹具及成形砂轮进行成形磨削的方法,在模具零件的制造中占有很重要的地位。而在一般大中型工厂及专业模具工厂,常利用成形磨床进行磨削,即在成形磨床的夹具工作台上,安装有万能夹具,必要时再配合成形砂轮,可磨削由圆弧及直线组成的复杂模具零件表面,其加工精度高、表面粗糙度低。

在成形磨削的专用机床中,除成形磨床外,生产中还常用一些数控成形磨床、光学曲线磨床、工具曲线磨床、缩放尺曲线磨床等精密磨削专用设备。

任务4.3 修整成形砂轮的夹具及应用

(1)用挤压轮修整成形砂轮

修整原理如图4.5所示。用一个与砂轮所要求的表面形状完全吻合的圆盘形挤轮与砂轮接触,并保持适当压力。由挤轮带动砂轮转动,在挤压力的作用下,砂轮表面的磨粒和结合剂不断破裂和脱落,获得所要求的砂轮形状。挤轮的旋转可机动或手动,其旋转速度一般为50～100 r/min。挤轮用合金工具钢或优质碳素工具钢制造,硬度为HRC58～64。其结构如图4.6所示。挤轮上沿圆周不等分分布的斜槽中有一条为直槽,用以嵌入薄钢片,并与挤轮的成形面一起加工,加工后的薄钢片用以检查挤轮的形状。一套挤轮有两个或3个,一个为标准轮,其

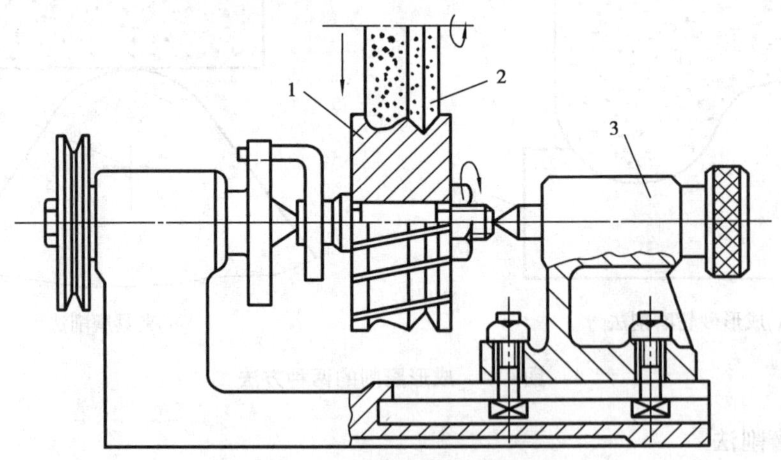

图4.5 用挤压轮修整成形砂轮

1—挤轮;2—砂轮;3—挤轮夹具

余为工作挤轮。当工作挤轮磨损后,再用标准挤轮修整的砂轮进行修磨。采用挤压方法适合于修整形状复杂或带小圆弧的成形砂轮,尤其适用于修整难以用金刚石进行修整的成形砂轮。但这种修整方法要设计和制造挤轮,只宜在加工零件较多的情况下采用。

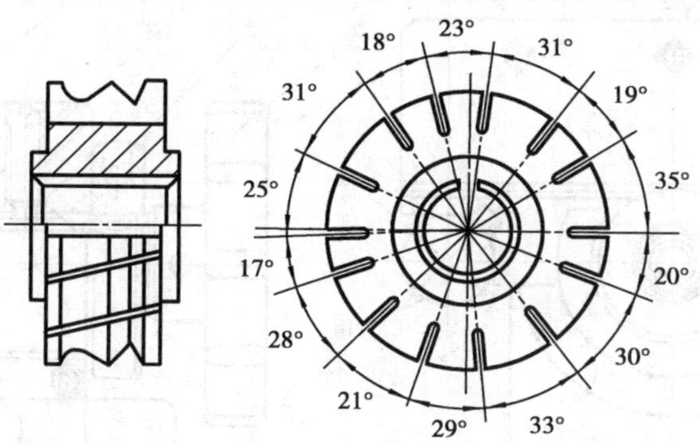

图4.6　挤压轮

(2)修整砂轮角度的夹具

修整砂轮角度的夹具结构如图4.7所示,可修整0°~100°范围内的各种角度砂轮。当旋转棘轮1时,通过齿轮8和滑块上齿条7的传动,使装有金刚石刀5的滑块6沿着正弦尺座4的导轨作直线移动。正弦尺座可以绕心轴9转动,转动的角度是利用在正弦圆柱13与平板11或侧面垫板12之间垫一定尺寸量块的方法来控制的。当正弦尺座转到所需的角度,拧紧螺母2将正弦尺座压紧在支架3上。

使用这种夹具时,先根据所要修整的砂轮角度α,计算出应垫量块的厚度值H,如图4.8所示。

当$0° \leqslant \alpha \leqslant 45°$时(见图4.8(a)),则

$$H = P - L\sin\alpha - \frac{d}{2}$$

当修整砂轮外圆平面时,$\alpha = 0°$,则

$$H = P - \frac{d}{2}$$

当$45° \leqslant \alpha \leqslant 90°$时(见图4.8(b)),则

$$H = P' + L\cos\alpha - \frac{d}{2}$$

当修整砂轮垂直侧面时,$\alpha = 90°$,则

$$H = P' - \frac{d}{2}$$

当$90° \leqslant \alpha \leqslant 100°$时(见图4.8(c)),则

$$H = P' - L\cos\alpha - \frac{d}{2}$$

式中　P——心轴回转中心至平板表面的距离,mm;

P'——心轴回转中心至侧面垫板表面的距离,mm;

L——圆柱中心至心轴回转中心的距离,mm;

D——圆柱直径，mm。

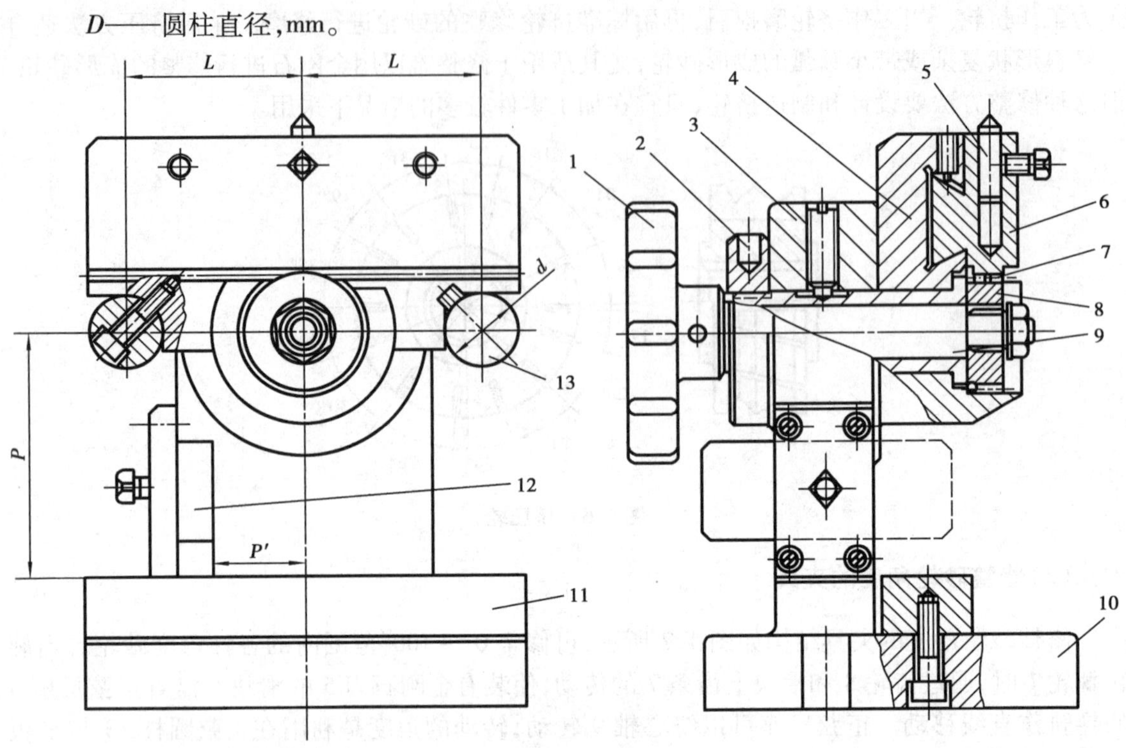

图 4.7　修整砂轮角度的夹具结构

1—棘轮；2—螺母；3—支架；4—正弦尺座；5—金刚石刀；6—滑块；7—齿条；8—齿轮；9—心轴；10—底座；11—平板；12—侧面垫板；13—正弦圆柱

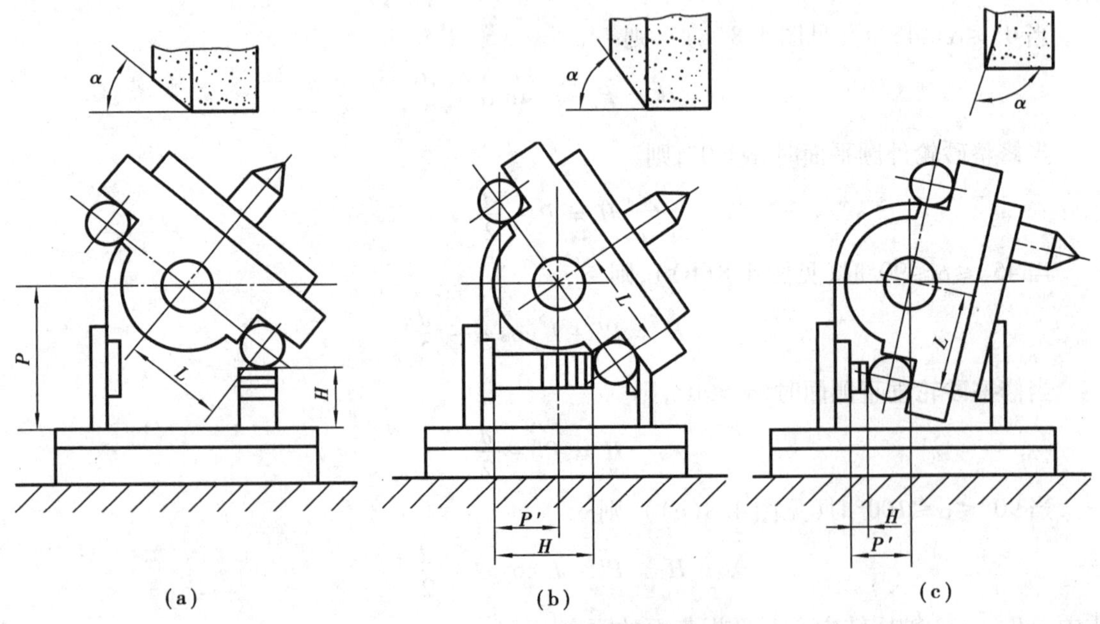

图 4.8　量块的计算

由以上计算可知，当 α 小于 45°时适合在正弦圆柱 13 与平板之间垫量块；当 α 大于 45°

时,适合在图4.7的正弦圆柱13与侧面垫板12之间垫量块;而当α小于45°不需要使用侧面垫板12时,可将它推进去,使其不妨碍正弦尺座4的转动,也不妨碍在平板11上垫放量块。

(3)修整砂轮圆弧的夹具

修整砂轮圆弧的夹具结构如图4.9所示。可修整各种不同半径的凹、凸圆弧,或由圆弧与圆弧相连的型面。主轴7的左端装有滑座4,金刚石刀1固定在金刚石刀支架2上。通过螺杆3可使金刚石刀架沿滑座上下移动,以调整金刚石刀尖至夹具回转中心的距离,使之获得所修整砂轮的不同圆弧半径。当转动手动手轮8时,主轴7及固定在其上的滑座4等均绕主轴中心回转,回转的角度可用固定在支架上的刻度盘5、挡块9和角度来控制。

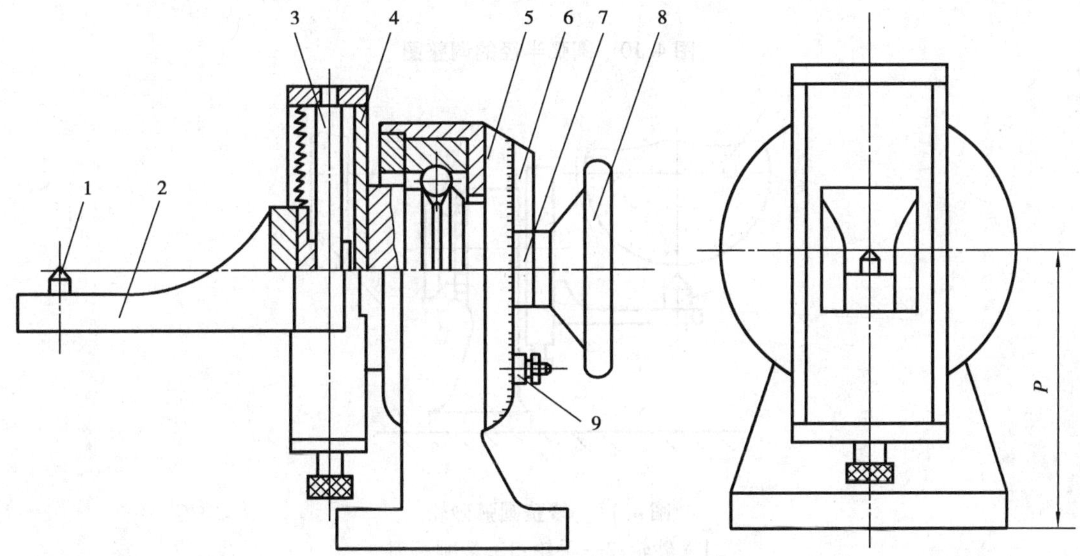

图4.9　卧式圆弧修整砂轮夹具结构

1—金刚石刀;2—金刚石刀支架;3—螺杆;4—滑座;5—刻度盘;
6—角度标;7—主轴;8—手轮;9—挡块

金刚石刀尖到主轴回转中心的距离就是所修整的圆弧半径大小,此值是用在金刚石刀尖与基准面之间垫量块的方法来调整的。

当修整半径为R的凸圆弧砂轮时,如图4.10(a)所示,金刚石刀尖应高于主轴中心,其垫量块值H为

$$H = P + R$$

当修整半径为R的凹圆弧砂轮时(见图4.10(b)),金刚石刀尖应低于主轴中心,其垫量块值H为

$$H = P - R$$

式中　P——主轴的中心高。

在修整砂轮时,应先根据所修整砂轮的情况(凸或凹形)及半径大小计算量块值,并通过量块调整好金刚石刀尖的位置。如图4.10所示为圆弧半径的调整。然后转动手轮使刀尖处于砂轮下面,根据砂轮圆弧修整角度调好图4.9中挡块9的位置。在砂轮高速回转的情况下,旋转手轮使金刚石刀绕主轴中心来回摆动,即可修整出如图4.11所示的圆弧砂轮。

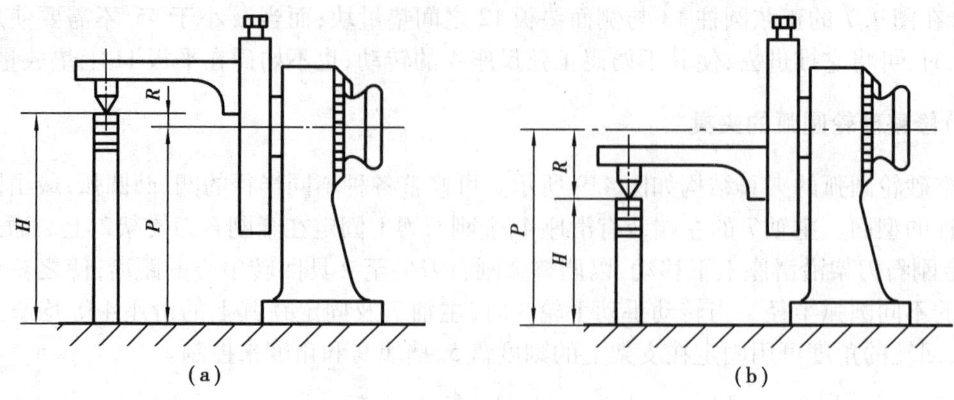

图 4.10　圆弧半径的调整图

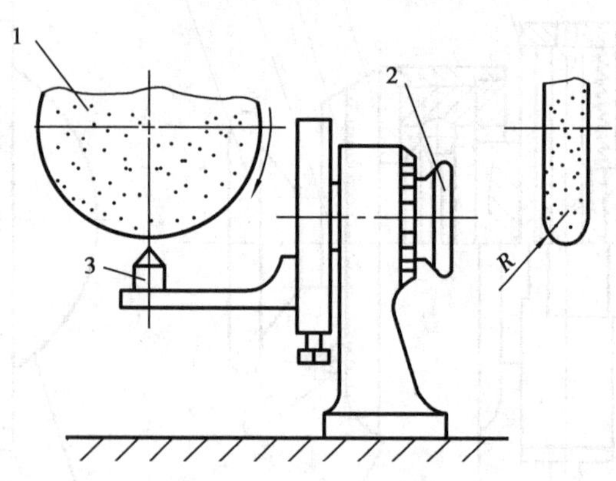

图 4.11　修整圆弧砂轮

1—砂轮;2—手轮;3—金刚石刀

任务 4.4　成形磨削常用的夹具及应用

(1)平面磨削常用夹具

具有相互垂直、平行精度要求的六面体模板是模具中的基本构件。为此,将模板正确定位、夹紧于磨床工作台上进行平面磨削是常用的加工方法。其正确定位、夹紧的常用夹具有以下几种:

1)磁性吸盘、导磁铁

磁铁吸盘和常用的导磁铁如图 4.12、图 4.13 所示。图 4.12 的磁性吸盘上为平行导磁铁,平行导磁铁的 A,B 4 个表面是经过精磨并相互垂直的;图 4.13 的磁性吸盘上为端面导磁体。平行导磁铁的 B,C 4 个表面是经过精磨并相互垂直的。导磁铁可做成几种不同的尺寸,一般相同的尺寸做成两件或 4 件为一套。磁性吸盘和工件加工相适应的导磁铁配合,可装夹工件进行平面磨削,与平口钳相比能够扩大平面磨削的加工范围,适应于磨削扁平的工件。

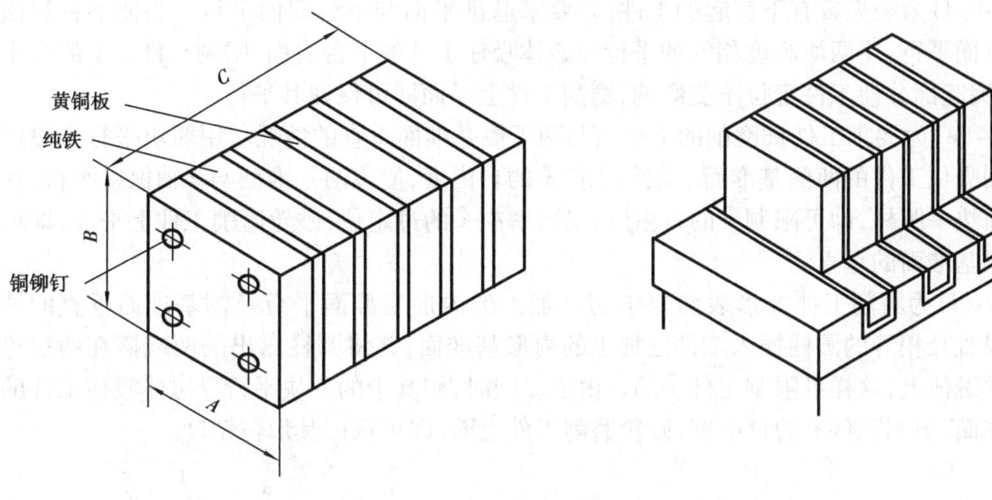

图4.12　磁性吸盘和平行导磁体

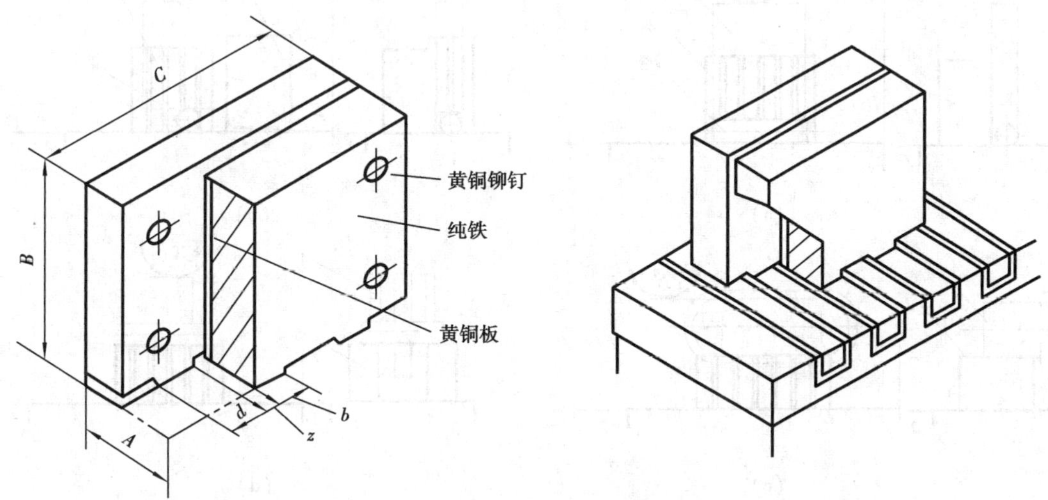

图4.13　磁性吸盘和端面导磁体

使用导磁铁装夹工件的方法举例如图4.14所示。图4.14(a)为磨削一个平面时,要求被磨削面与一个基准面垂直的情况。用平行导磁铁的侧面吸住工件的基准面,限制工件的 $\hat{x}$ 自由度,使基准面与 z 轴保持平行。在工件的底面垫一圆柱,即可限制工件的 $\hat{y}$ 自由度,又解决工件 $\hat{x}$ 的过定位问题。砂轮旋转对工件上平面磨削加工,其进给方向与 z 轴垂直。因此,可保证加工后上平面与基准面的垂直。

图4.14(b)为磨削一个平面时,要求被磨削面与两个基准面垂直的情况。用平行导磁铁的侧面吸住工件的侧基准面,限制工件 $\hat{x}$ 的自由度,使侧基准面与 z 轴保持平行。用端面导磁体的端面吸住工件的端基准面,限制工件的 $\hat{y}$ 自由度,使端基准面也与 z 轴保持平行。另外,在工件的底面垫一圆球,以解决工件 $\hat{x}$,$\hat{y}$ 的过定位问题。砂轮磨削工件上平面,以垂直于 z 轴的方向进给。因此,可保证工件加工后上平面与两个基准面的垂直。

图4.14(c)为磨削带凸缘工件的情况。用平行导磁铁的上平面吸住工件的底面,限制工件 $\hat{x}$,$\hat{y}$ 的自由度,让出凸缘部分使工件定位不受影响,即可使磨削后工件的上平面与底面平行。

图 4.14(d)为装夹带有下突起的工件,并要求磨削平面与下台肩面平行。为使下台肩面与磁性吸盘面平行,用两块高度相等的平行导磁体吸住工件的下台肩面,限制工件 $\widehat{x}$,$\widehat{y}$ 的自由度,让出下突起部分使工件定位不受影响,磨削工件上平面即可保证其平行度。

图 4.14(e)为要求工件被磨削的上平面与两下侧基准面垂直的情况。用两块平行导磁体的侧面分别吸住工件的两侧基准面。限制工件 $\widehat{x}$ 的自由度,使该两基准面与 z 轴保持平行,在工件的底面垫一圆柱,即可限制 $\widehat{y}$ 的自由度,又可解决 $\widehat{x}$ 的过定位,砂轮磨削工件上平面,即可保证与其侧基准面的垂直。

图 4.14(f)为磨削工件外形表面要求与已加工的内形基准面平行及侧基准面垂直的情况。用两根直径相等的圆柱插入工件已加工的内形基准面,并将圆柱露出的两端搁在两块等高的平行导磁体上,这样可限制工件 $\widehat{y}$ 的自由度。同时,用其中的一块平行导磁体吸住工件的一个侧基准面,限制工件 $\widehat{x}$ 的自由度,砂轮磨削工件上面,即可保证其形位精度。

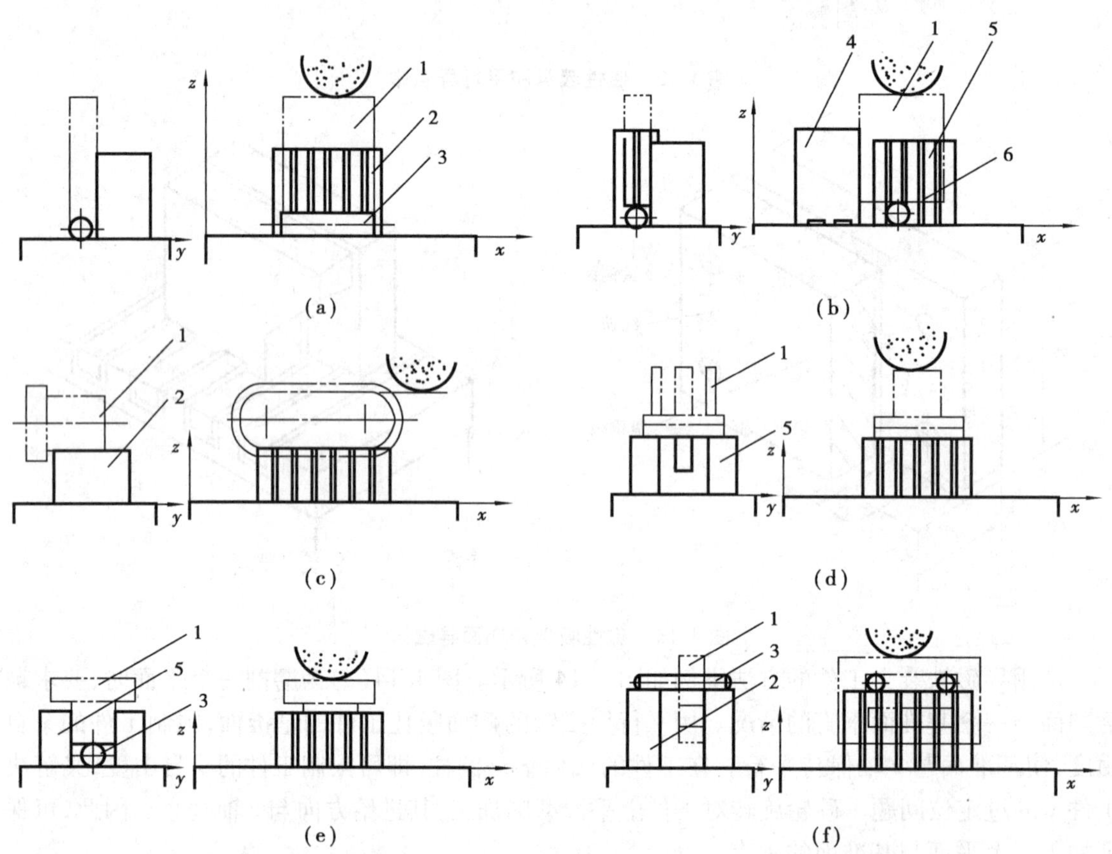

图 4.14 导磁体装夹工件方法举例

1—工件;2—导磁铁;3—圆柱;4—端面导磁铁;5—平行导磁铁;6—圆球

2)精密平口钳

精密平口钳的结构如图 4.15 所示。它主要由螺杆、螺母、钳体、活动钳口与测量柱组成。钳体与活动钳口,需淬火,并进行精密磨削、研磨。使钳体 3 侧面对底面及钳口的垂直度为 90°±1′。测量柱在磨削斜面时,作比较测量用。精密平口钳装夹工件的尺寸范围为 60 mm 和 80 mm 两种规格。

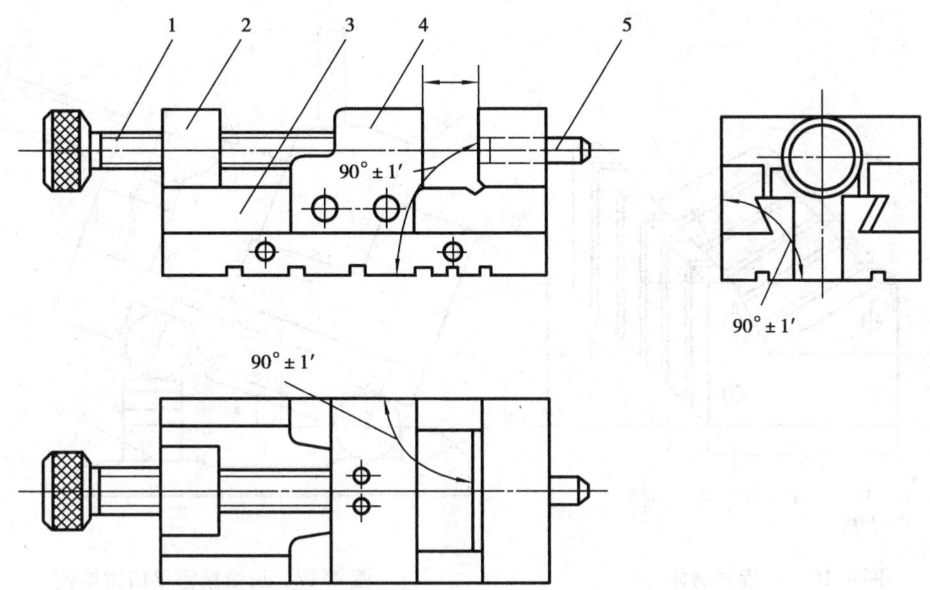

图4.15　精密平口的结构

1—螺杆;2—螺母;3—钳体;4—活动钳口;5—测量柱

精密平口钳是装在磁力工作台上,并校正其钳口平行或垂直于机床 x,y 运动方向后使用。其作用与用途如下:

①定位、夹紧工件,以备磨削垂直基面。

②定位、夹紧磁力工作台难以吸住的细小工件或非导磁材料的工件。

③也可定位、夹紧工件,进行成形磨削。

(2)斜面磨削常用夹具

斜面是机械零件和模具零件结构上常见的工作表面。例如,型芯楔紧块;斜销分型抽芯机构中的斜滑块、斜滑槽;大型冲模常用的斜楔侧冲机构中斜滑块与斜滑槽,以及安装导板用斜面,等等。加工这些斜面时,不仅要求保证斜角精度和位置精度高,而且其表面粗糙度也要求为 $R_a0.63\sim0.32$ μm。因此,这些斜面在进行磨削时,常用夹具有精密角度导磁体和各种结构形式的正弦夹具。

1)角度导磁体

如图4.16所示,角度导磁体的上、下面(A)和两侧面(B),以及 β 角的两斜面,均需经过精密磨削。角度导磁体需校正,安装于磁力台上,以吸住工件,并磨削其斜面,适用于磨削带斜面、批量较大的工件。

2)正弦精密平口钳

正弦精密平口钳的结构如图4.17所示。它主要由带有正弦尺的精密平口钳和底座组成,使用时,旋转螺杆4使活动钳口3沿精密钳体1上的导轨移动,以装夹被磨削的工件2。在正弦圆柱5和底座7的定位面之间垫入量块,可使工件倾斜一定的角度。这种夹具用于磨削零件上的斜面,最大的倾斜角度为45°。

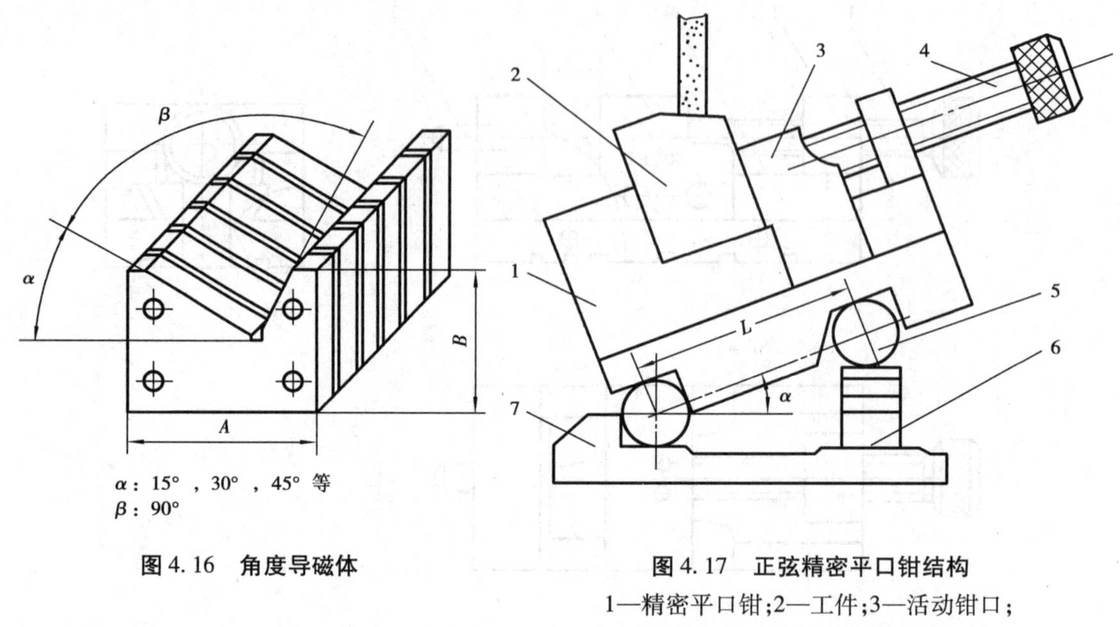

图 4.16 角度导磁体

图 4.17 正弦精密平口钳结构

1—精密平口钳；2—工件；3—活动钳口；4—螺杆；5—正弦圆柱；6—量块；7—底座

为了使工件倾斜所需的角度，应垫入的量块值可计算为

$$H = L\sin\alpha$$

式中 H——应垫入的量块高度，mm；

L——两正弦圆柱之间的中心距，mm；

α——工件所需的倾斜角度。

3）测量调整工具

成形磨削工件时，被磨削表面的尺寸往往是用测量调整器、量块和百分表作比较测量的。

测量调整器的结构如图 4.18 所示。它主要由三脚架 4、块规座 1、滚花螺母 2 及螺钉 3 组成。测量时，可在测量平台上垫放适量的量块，测量平台能沿着三脚架斜面上的 T 形槽移动。当移到所需位置时，利用滚花螺母及螺钉使其固定。为了保证测量精度，测量平台的 A，B 面必须与三脚架的 C，D 面保持平行。

使用测量调整器、量块、百分表进行比较测量的方法通常是：首先在测量平台上垫放适量高度 P 的基础量块，然后调整测量平台的位置。通过百分表对工件基准面和基础量块上表面的测量，使两者的高度相等。当工件被测表面高于其基准面时，在测量平台基础量块的上面再垫入量块组，使百分表在量块组上表面与工件被测表面的读数相同。这样量块组的高度 S 就等于工件被测表面至基准面的距离，量块的总高度为

$$H = P + S$$

当工件被测表面低于其基准面时，将测量平台上的基础量块取下，再重新垫入量块组，使百分表在量块组上表面与工件被测表面的读数相同。其量块组的高度为

$$H = P - S$$

则 S 就等于工件被测表面至其基准面的距离。

当然，如果工件被测表面均高于其基准面，也可不用垫放基础量块。

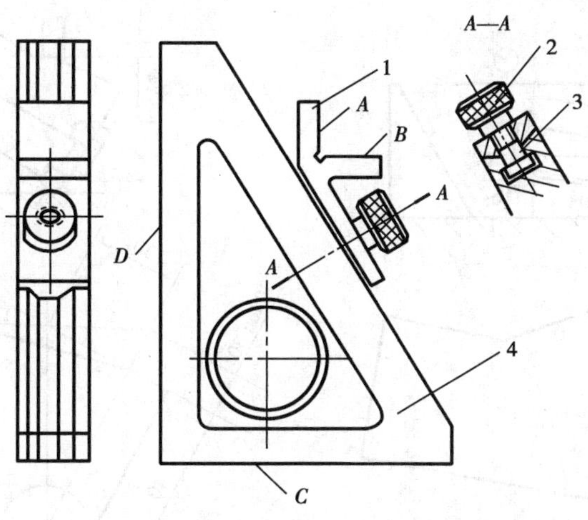

图4.18　测量调整器

1—块规座;2—滚花螺母;3—螺钉;4—三脚架

例4.1　如图4.19所示,工件的6面已由平面磨加工。现磨削 a,b,c 面,而其中 b 和 c 面之间为内接角。

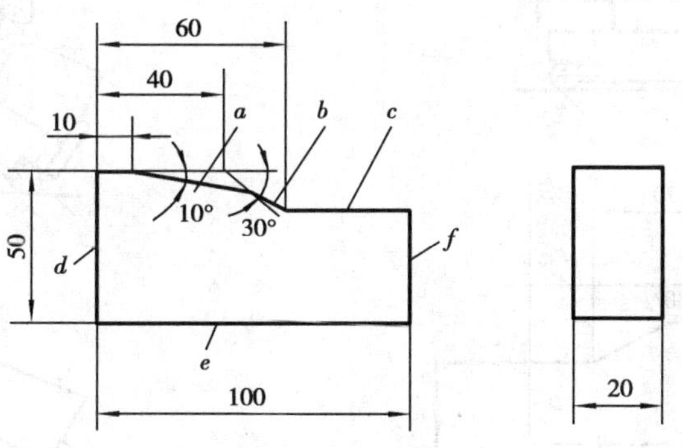

图4.19　工序尺寸图

本工件的磨削采用单向正弦电磁夹具,工件的 e 面在夹具电磁吸盘上定位,d 面在挡板上定位。其磨削工艺及夹具使用方法如图4.20所示。

工序1:磨 a 面(见图4.20(a))。为保证10°的磨削斜面,在正弦圆柱和底座的定位面之间垫入量块值为

$$H_1 = 150 \sin 10°\text{mm} = 26.0475 \text{ mm}$$

为了保证 a 面与上平面的外接点距 d 面10 mm,在挡板与电磁吸盘处放置一个 ϕ20 mm的标准圆柱,使用测量调整器,借助百分表调整测量,使平台 B 面与标准圆柱上母线等高。在测量平台上垫放量块其值为

$$M_1 = (50 - 10)\cos 10°\text{mm} - 10 \text{ mm} = 29.392 \text{ mm}$$

用砂轮磨削 a 面,当千分表在 a 面与量块级上表面的读数相同,即可满足 a 面的尺寸要求。

工序2:磨 b 面(见图4.20(b))。为保证30°的磨削斜面,在正弦圆柱和底座的定位面值之间垫入量块值为

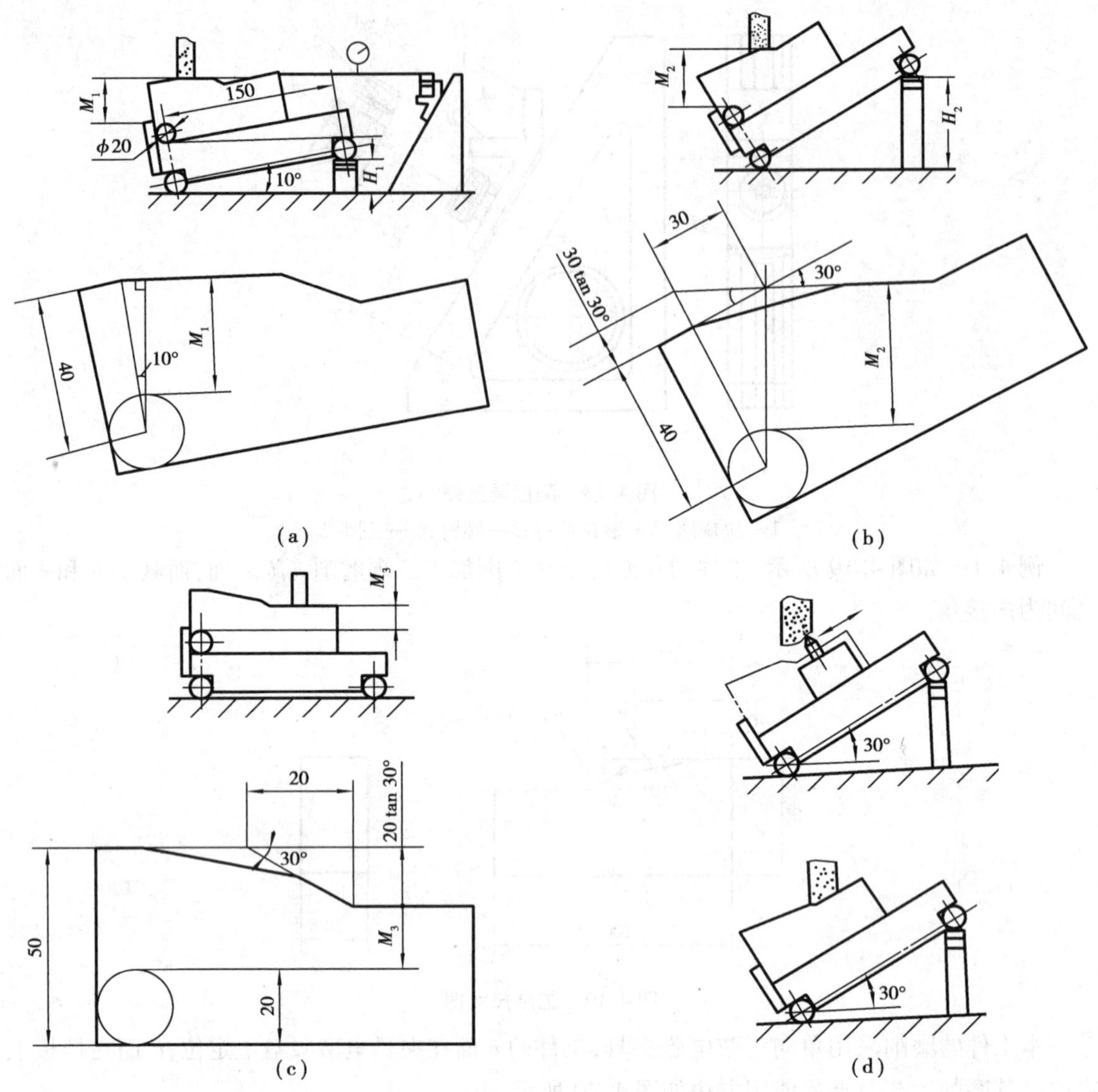

图 4.20 磨削工艺及夹具使用方法

$$H_2 = 150 \sin 30° \text{mm} = 75 \text{ mm}$$

为了保证 b 面与上平面的外接点距 d 面 40 mm,在测量调整器的测量平台上垫放量块,其值为

$$M_2 = [(50-10)+(40-10)\tan 30°]\cos 30° \text{mm} - 10 \text{ mm} = 39.630 \text{ mm}$$

调整过程及测量方法与工序 1 相同。

工序 3:磨 c 面(见图 4.20(c))。由于 c 面与 e 面平行,因此把电磁吸盘置成 0°。为了保证 c 面与 b 面的内接点距 d 面 60 mm,在测量调整器的测量平台上垫放量块,其值为

$$M_3 = 50 - (60-40)\tan 30° \text{ mm} - 20 \text{ mm} = 18.460 \text{ mm}$$

调整过程及测量方法与工序 1、工序 2 相同,磨削 c 面时,在内接角处留余量。

工序 4:磨内接角(见图 4.20(d))。先将电磁吸盘置成 30°,用金刚石刀沿台面做直线移动,修整砂轮斜面与水平面成 30°,再将修整好的成形砂轮靠近工件 b,c 面接磨内角。

(3)磨削圆弧及分度零件用的正弦分中夹具

正弦分中夹具的结构如图4.21所示。此夹具适于磨削具有一个回转中心的凸圆弧面、多角体、分度槽等工件,一般工件不带台肩。

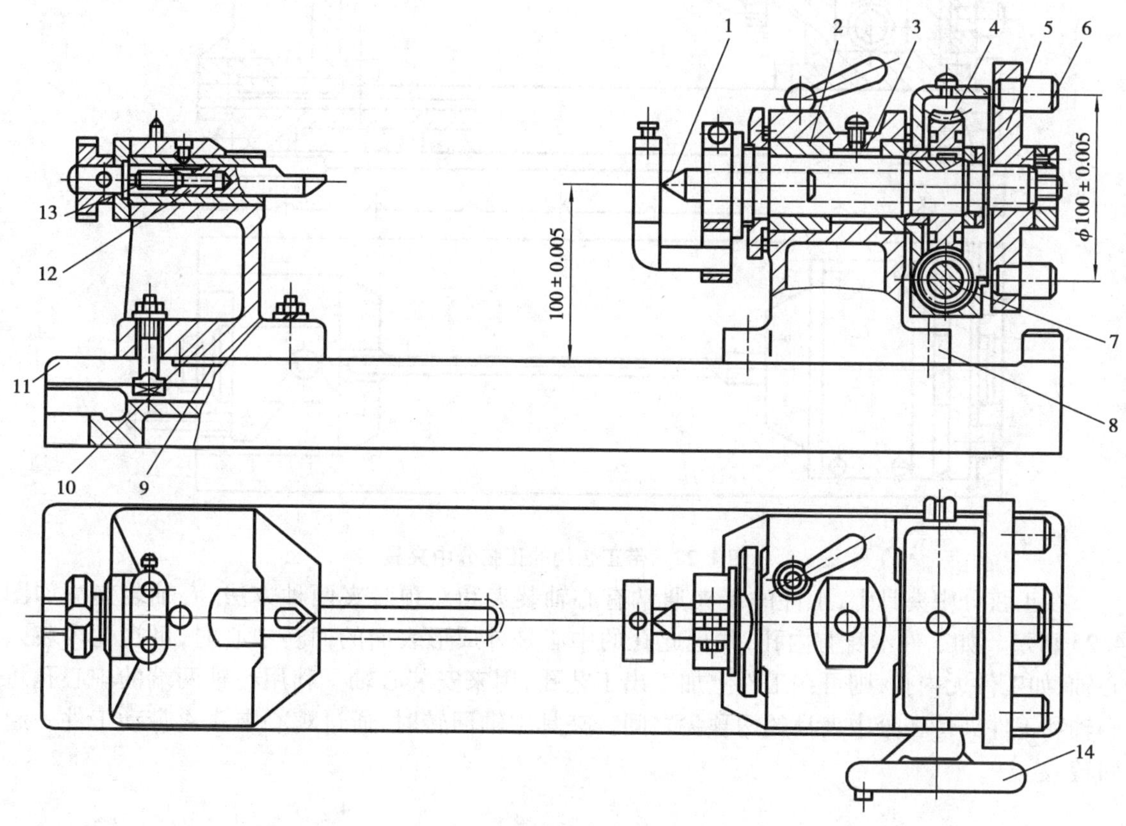

图4.21　正弦分中夹具的结构

1—前顶针;2—钢套;3—主轴;4—蜗轮;5—分度盘;6—正弦圆柱;7—蜗杆;8—前支架;9—滑链;10—尾座;11—基座;12—后顶针;13—螺杆;14—手柄

正弦分中夹具主要由正弦分度头、尾架和基座3部分组成。前顶针1和后顶针12分别装在前支架8和尾座10内,前支架固定在基座11上,而尾座可在基座的T形槽中移动位置。工件装夹在前后顶针之间,安装工件时,先根据工件的长短调好尾架的位置,用螺钉将尾架锁紧,然后旋转螺杆13使后顶尖移动,以调整顶尖与工件的松紧。转动与蜗杆7联接的手轮时,通过蜗轮4、主轴3及鸡心夹头带动工件回转。主轴的后端装有分度盘5,磨削精度要求不高时,可直接用分度盘的刻度来控制工件的回转角度。磨削精度要求高时,可在正弦圆柱6与固定在基座11上的量块垫板之间垫以一定量块的方法来获得工件所需的回转角度。

图4.22是带正弦规的正弦分中夹具。该夹具与如图4.21所示的正弦分中夹具工作原理、构成相同,只是下部分装有正弦规,即在纵向可通过于正弦圆柱下垫块构成一定角度,可磨削锥形成形件。

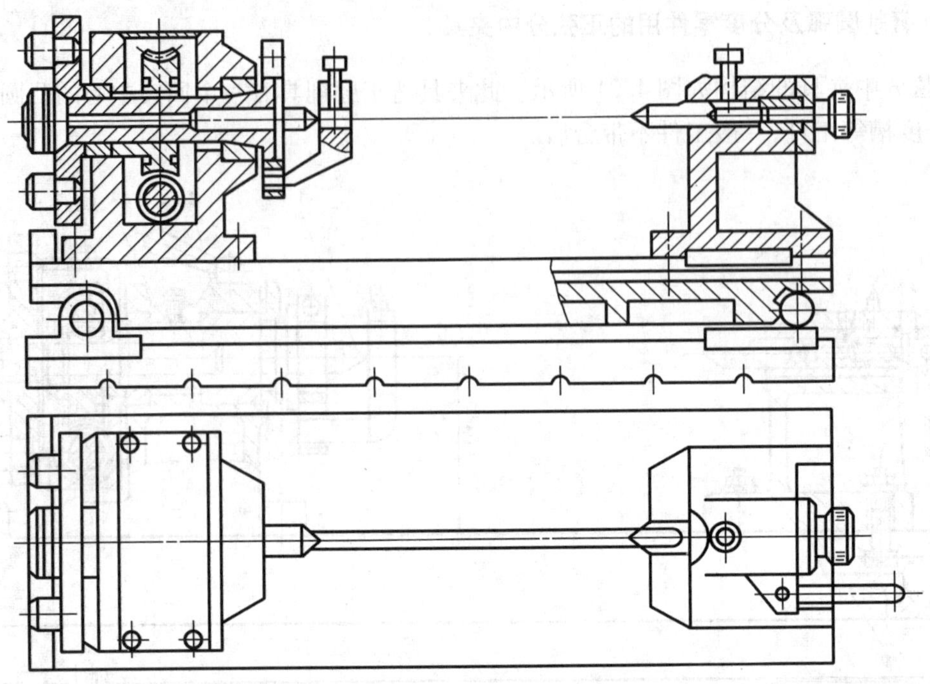

图 4.22　带正弦规的正弦分中夹具

在正弦分中夹具上,工件的装夹通常有心轴装夹和双顶装夹两种方法,心轴装夹法如图 4.23 所示。如工件本身有内孔,并且此孔的中心是外成形表面的回转中心时,可在孔内装入心轴;如工件无内孔,则可在工件上加工出工艺孔,用来安装心轴。利用心轴两端的中心孔将心轴和工件夹持在分中夹具的两顶尖之间。夹具主轴回转时,通过鸡心夹头 4 带动工件一起回转。

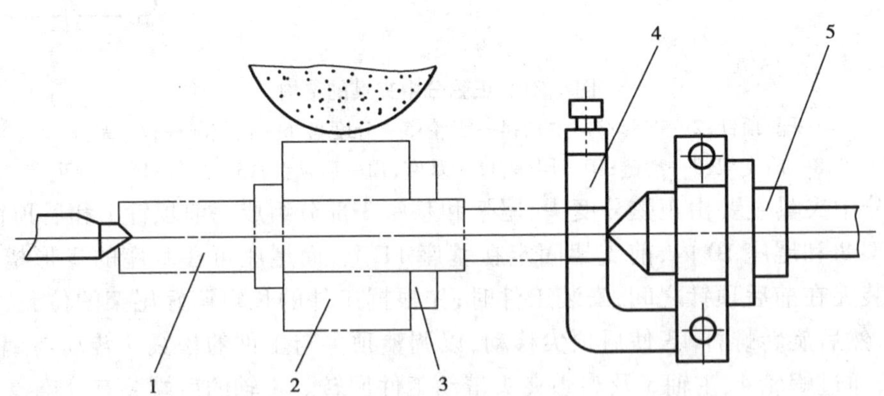

图 4.23　用心轴装夹工件

1—心轴;2—工件;3—螺母;4—鸡心夹头;5—夹具主轴

双顶尖装夹法如图 4.24 所示。当工件上没有内孔,也不允许在工件上作工艺孔时,可采用双顶尖装夹法。工件上除应有一对主中心孔外,还应作出一个副中心孔,夹具的加长顶尖 4 和后顶尖对工件的一对主中心孔进行定位装夹,副顶尖 1 顶在工件副中心孔中用来拨动工件随主轴转动。副顶尖可在叉形滑块 3 的槽内移动,以适应工件副中心孔的位置,并能借助螺母

2调节其所需的长度及锁紧在适当的位置上。副顶尖做成弯的,还可进一步增加其使用范围。但副顶尖对工件的推力不能过大,否则会使工件的位置产生歪斜。

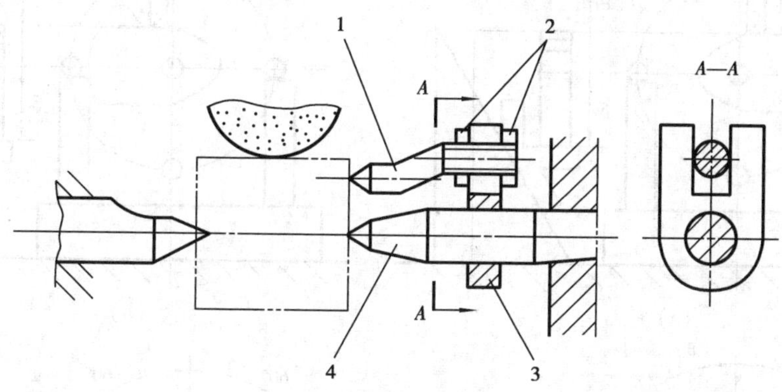

图4.24　双顶尖装夹工件

1—副顶尖;2—螺母;3—叉形滑块;4—加长顶尖

夹具安装在磨床工作台上时,必须校正夹具的中心线与磨床纵向导轨平行。

例4.2　正弦分中夹具如图4.25所示的工件和图4.26所示的工艺过程图。由图4.25可知,工件本身有一个 $\phi 10^{+0.016}_{0}$ mm的内孔,因此可用心轴装夹法安装工件。

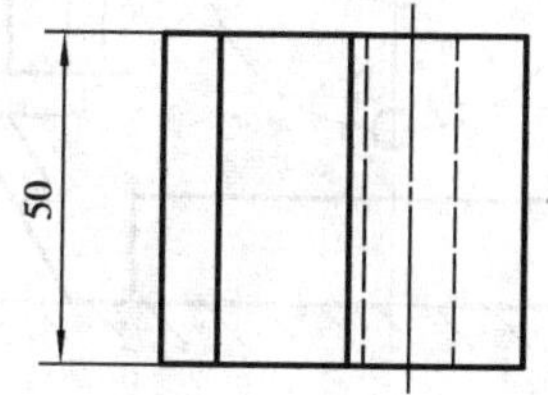

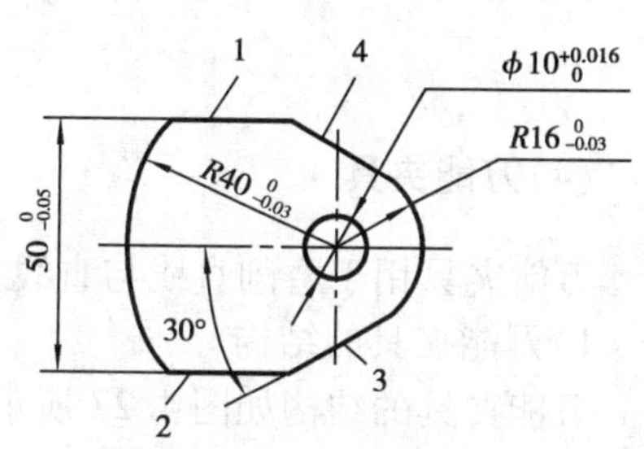

图4.25　工件图

工序1:磨平面1(见图4.26(a))。旋转工件,使平面1处于水平位置,进行磨削。其测量高度为:量块组上表面距夹具中心高出24.975 mm,即

$$L_1 = P + 49.95/2 = P + 24.975\ \text{mm}$$

工序2:磨平面2(见图4.26(b))。将工件旋转180°,使平面2处于水平位置,进行磨削。其测量高度为 $L_2 = L_1$。

工序3:磨 $R40^{\ 0}_{-0.03}$ mm的凸圆弧(见图4.26(c))。将工件的对称中心线置于垂直,且 $R40^{\ 0}_{-0.03}$ mm圆弧在上面,顺逆时针转动工件相同的角度,$\theta_1 = 39°$,由于不会碰坏其他表面,故不必精确计算其包角。磨削工件的 $R40^{\ 0}_{-0.03}$ mm凸圆弧,其测量高度为

$$L_3 = P + 39.985\ \text{mm}$$

工序4:磨 $R16$ mm的凸圆弧和两个30°斜面(见图4.26(d))。将工件翻转180°,使 $R16$ mm的凸圆弧向上。顺时针转动工件相同的角度 $\theta = 60°$,磨削工件 $R^{\ 0}_{-0.03}$ mm的凸圆弧,其测量高度为

$$L_4 = P + 15.985\ \text{mm}$$

由于斜面3,4与 $R16$ mm凸圆弧相切,因此,磨凸圆弧转至极限位置时,斜面3或4刚好处于水平位置,可利用砂轮的横向进给将斜面3和4一齐磨出。为精确地保证斜面角度60°,应在正弦圆柱与量块垫板之间垫入的量块值为

$$H_1 = H_0 + 50\sin 30° - 10 = H_0 + 15\ \text{mm}$$

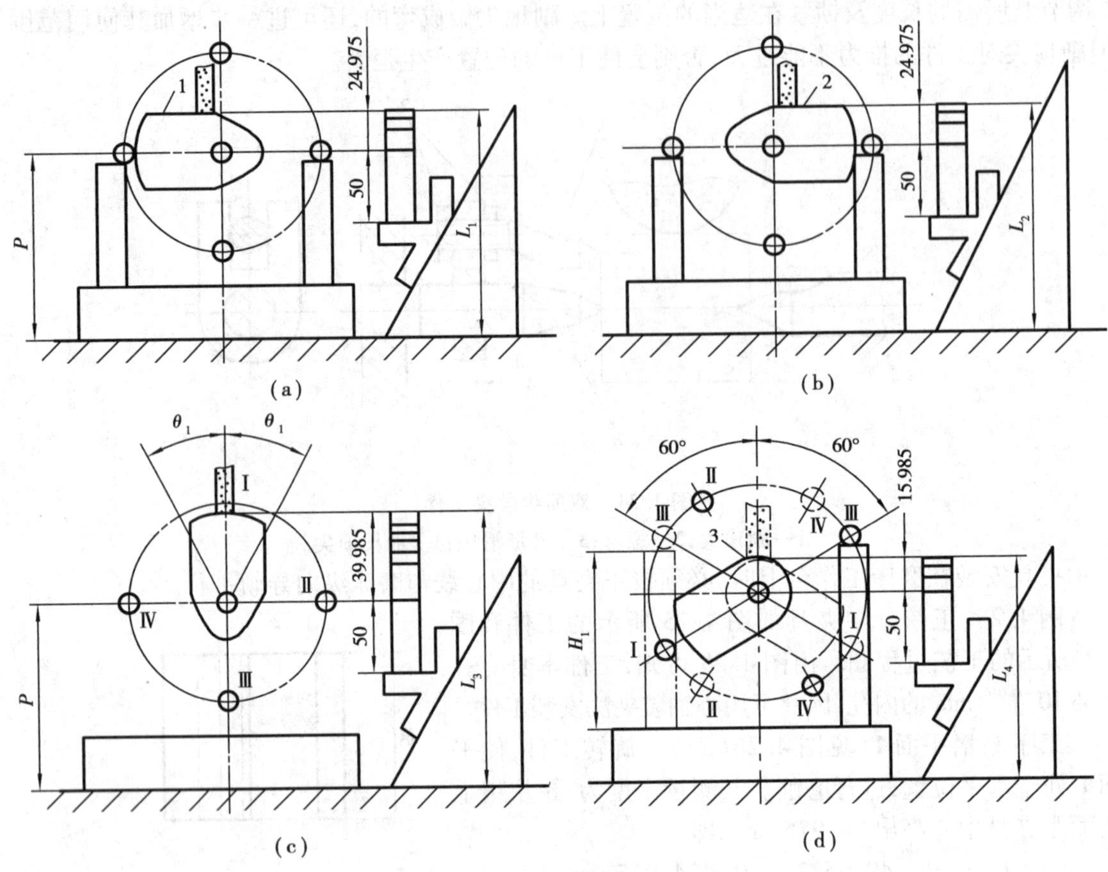

图 4.26　工艺过程图

(4)**万能夹具**

万能夹具用于磨削直线与直线,直线与圆弧或圆弧与圆弧相接的各种形状复杂的工件。

1)万能夹具的结构

万能夹具的结构如图 4.27 所示。它主要由工件装夹、十字滑板、回转及正弦分度 4 部分组成。

①工件装夹

工件装夹部分有垫柱 2,螺钉 1 和转盘 18 等组成,用来将被磨削的工件通过某种方法固定在夹具上。

②十字滑板

十字滑板部分由横滑板 17、丝杠 16、手柄 3、纵滑板 15、丝杠 4 等组成。旋转丝杠 16 或丝杠 4 可使工件在两个相互垂直的方向上移动,以调整工件的圆弧中心(或回转中心)与夹具中心重合,当工件移动至所需的位置后,转动手柄 3 等可将滑板锁紧。

③回转

回转部分由主轴 5、衬套 6、蜗轮 7、蜗杆 8 及手轮 14 组成。主轴的前端与纵滑板连成一体,旋转手轮,可通过蜗杆、蜗轮、主轴带动十字滑板连同工件绕夹具主轴中心回转,并使正弦分度盘 10 也同时绕夹具的轴线回转。

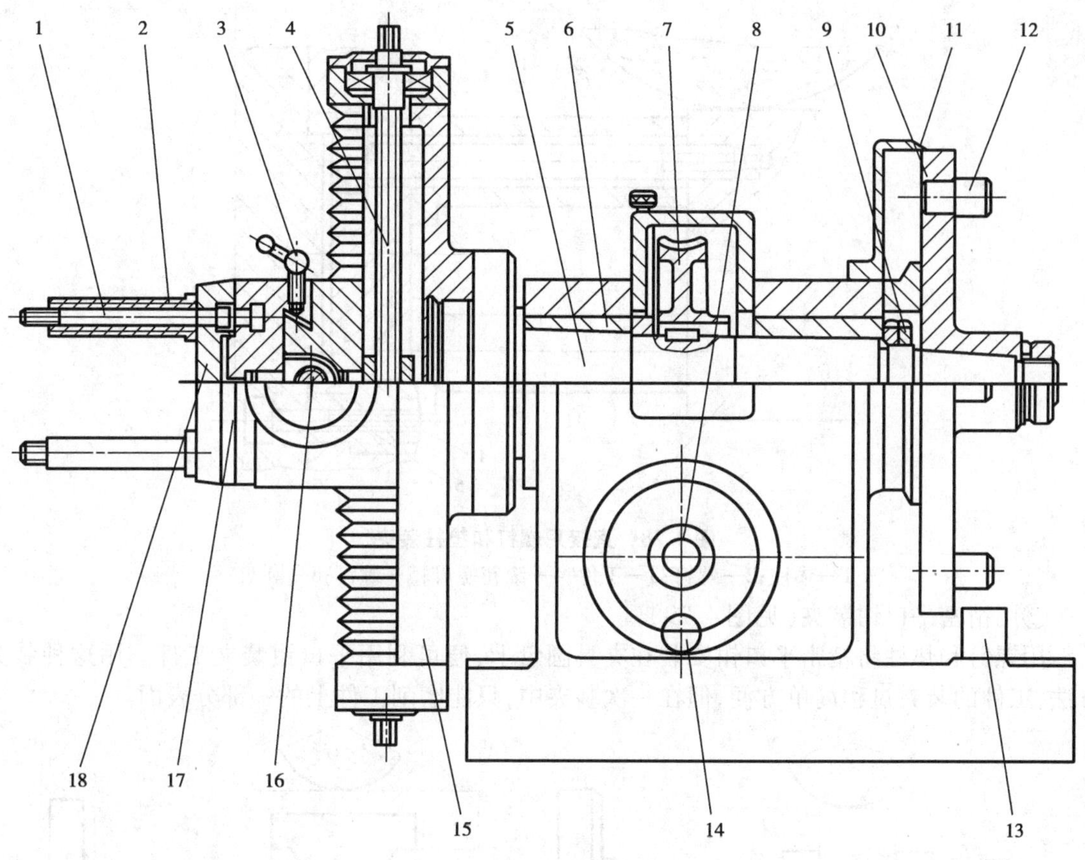

图 4.27　万能夹具结构

1—螺钉;2—垫柱;3—手柄;4—丝杠;5—主轴;6—衬套;7—蜗轮;8—蜗杆;
9—螺母;10—分度盘;11—角度游标;12—正弦圆柱;13—量块垫板;
14—手轮;15—纵滑板;16—丝杠;17—横滑板;18—转盘

④正弦分度

正弦分度部分由正弦分度盘 10、角度游标 11、正弦圆柱 12 及量块垫板 13 组成。当对工件回转角度要求不高时,可直接从角度光标 11 所指的刻度读出。对回转角度要求精确时,应采用在正弦圆柱与量块垫板之间垫量块的方法,来控制夹具的回转角度。应垫量块值的计算及分度部分的用法,与前述正弦分中夹具相同。

在万能夹具的制造及装配中应注意,4 个正弦圆柱 12 的中心十字连线,必须正确地与十字滑板的坐标重合。

2)万能夹具的装夹方法

万能夹具上工件的装夹方法通常有以下 4 种:

①直接用螺钉和垫柱装夹(见图 4.28)

在工件上预先做出工艺螺钉孔(M8 ~ M10),用螺钉和垫柱将工件固紧在圆盘 6 上,再用螺钉 5 和滚花螺母把圆盘固定在夹具上。螺钉 2 的数目一般用 1 ~4 个,视工件大小而定。垫柱的数目与螺钉数相同,其长度要保证砂轮退出时不致碰坏夹具,一般取 70 ~90 mm,同时要求各垫柱的高度一致,以保证工件的安装精度。用这种装夹方法,一次装夹便能磨削出工件的整个轮廓,因此适用于磨削封闭形状的工件。

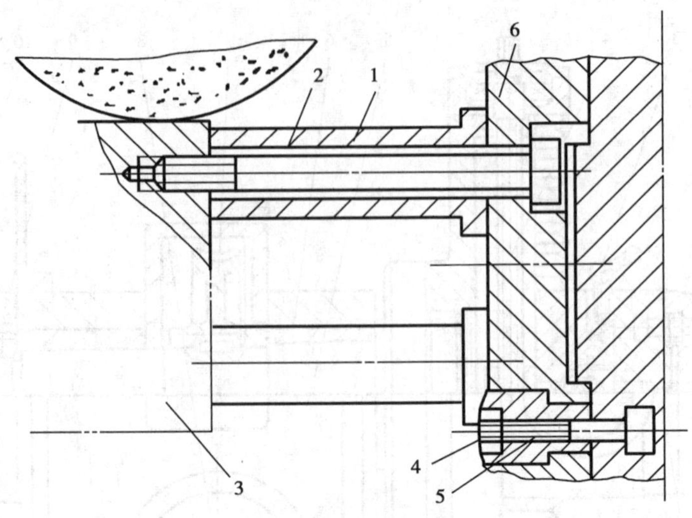

图 4.28　直接用螺钉和垫柱装夹

1—垫柱;2—螺钉;3—工件;4—滚花螺母;5—螺钉;6—圆盘

②用精密平口钳装夹(见图 4.29)

用螺钉和垫柱将精密平口钳安装在夹具圆盘上,便可利用平口钳装夹工件。用这种装夹方法,工件的装夹过程简单方便,但在一次装夹中,只能磨削工件上的一部分表面。

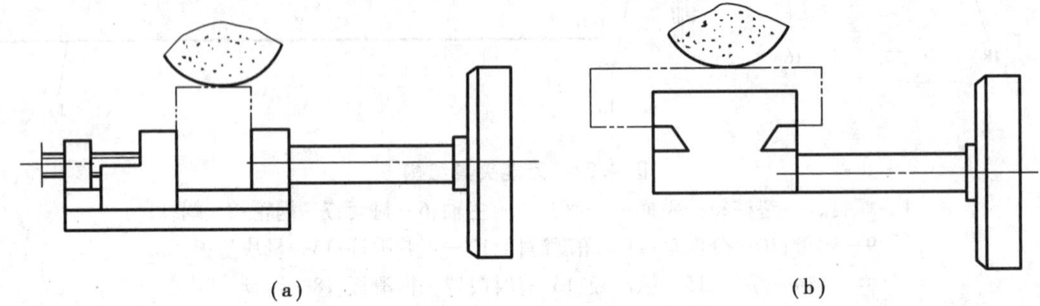

图 4.29　精密平口钳装夹

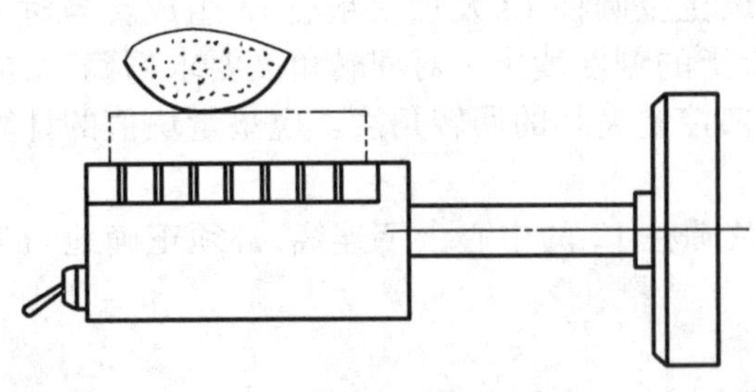

图 4.30　电磁吸盘装夹

③用电磁吸盘装夹(见图 4.30)

用螺钉和垫柱将电磁吸盘安装在圆盘上,工件在电磁吸盘上被吸牢装夹。这种装夹方法方便迅速,适用于磨削扁平的工件。但在一次装夹中,也只能磨削工件上的一部分表面。

3)万能夹具中心高的测定方法

如图 4.31 所示,用精密平口钳或电磁吸盘装夹 100 mm 的量块,并校正成水平(见图 4.31(a))。用百分表测量量块的 A 面,记下其读数(见图 4.31(b))。将主轴回转 180°,测量 B 面,将读数与 A 面读数比较,调整纵向滑板使 A,B 两面读数一致(见图 4.31(c))。在测量调整器平台基面上,放一组 100 mm 的量块,通过百分表的测量来确定测量器的位置,使平台上的量块与精密平口钳或电磁吸盘上的量块等高,则平台基面与万能夹具中心相距 50 mm。

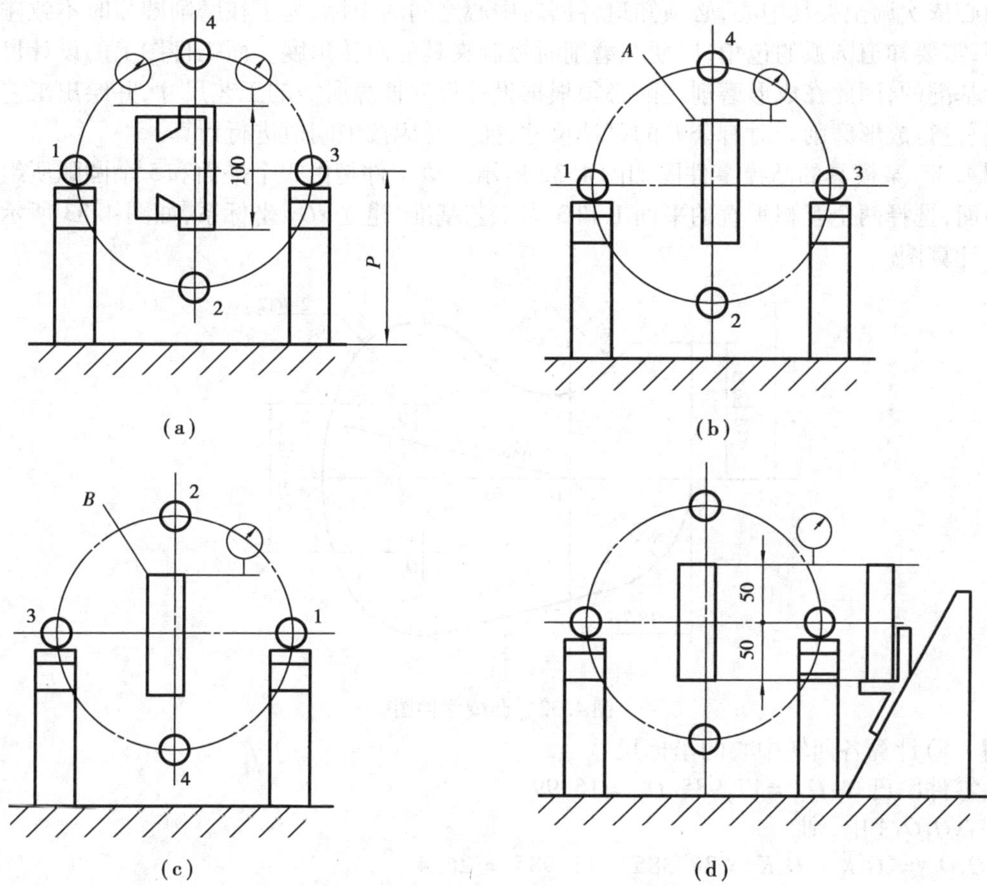

图4.31　万能夹具中心高的测定

4)使用万能夹具磨削的工艺要点

使用万能夹具磨削的工艺要点如下:

①分析被磨削工件的几何形状,将复杂的几何型面分解成由若干直线和圆弧组成的简单型面。按这些简单型面的类别根据表4.5几种类别型面的磨削次序排出每个型面的磨削次序,依次分别进行磨削。

表4.5　几种类别型面磨削的次序

类别	直线与凸圆弧相连	直线与凹圆弧	两凸圆弧相连	两凹圆弧相连	凹、凸圆弧相连
先	直线	凹圆弧	大圆弧	小凹圆弧	凹圆弧
后	凸圆弧	直线	小圆弧	大凹圆弧	凸圆弧

②对于平面或斜面,是将被加工的平面或斜面依次转至水平(或垂直)位置,以便用砂轮进行磨削。对于圆弧型面,除凹圆弧半径较小采用成形砂轮磨削外,一般圆弧中心即为回转中心,磨削时依次调整各中心与夹具中心重合,并按此中心测量各磨削面的尺寸。

③根据万能夹具磨削的工艺特点,首先要在工件上建立平面坐标系。磨削斜面时,为了将被加工面转至水平位置进行加工,必须知道斜面对坐标轴的倾斜角;为了以回转中心为基准对加工的平面作比较测量,还要知道各平面与回转中心之间的垂直距离。磨削圆弧时,为了把各

回转中心依次调至夹具中心,必须知道各回转中心之间的坐标;为了在磨削圆弧时不致碰坏其他表面,需要知道圆弧的包角,以便在磨削时控制夹具的回转角度。而工件图上的设计尺寸是按设计基准的,因此在成形磨削之前必须根据设计尺寸换算所需的工艺尺寸,并绘出工艺尺寸图,以便进行成形磨削。对有公差的设计尺寸,换算时应按中间值进行计算。

例 4.3　某模具的凸模零件图如图 4.32 所示。该工件是由 3 个平面和 5 个圆弧所组成的复杂型面,选择两个互相垂直的平面 1 和 3 为工艺基准,建立 xOy 坐标系,如图 4.33 所示为工艺尺寸计算图。

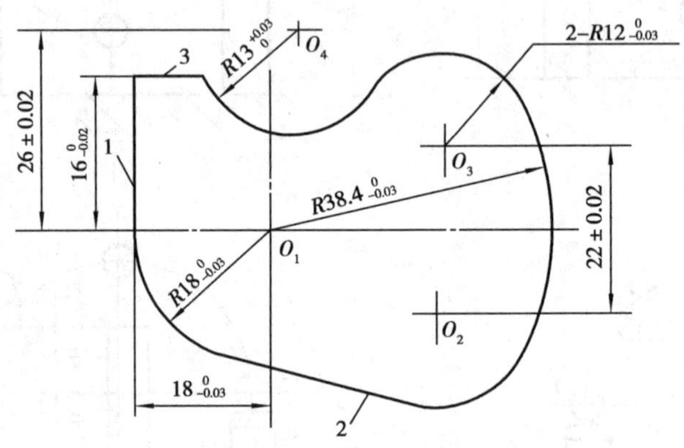

图 4.32　凸模零件图

解　1)计算各回转中心的坐标尺寸

由零件图已知:$O_{1x}=17.985$,$O_{1y}=15.99$。

在$\triangle O_1O_3A$ 中,则

$$O_1O_3 = O_1K - O_3K = 38.385 - 11.985 = 26.4$$

$$O_3A = \frac{22}{2} = 11$$

$$O_{3x} = CO_1 + O_1A = CO_1 + \sqrt{O_1O_3^2 - O_3A^2} = 17.985 + \sqrt{26.4^2 - 11^2} = 41.984$$

$$O_{3y} = 15.99 - O_3A = 4.99$$

$$O_{2x} = O_{3x} = 41.984$$

$$O_{2y} = O_{3y} + 22 = 26.99$$

在直角$\triangle O_4BO_3$中,则

$$O_4O_3 = 13.015 + 11.985 = 25$$

$$O_4B = 26 - \frac{22}{2} = 15$$

$$BO_3 = \sqrt{O_4O_3^2 - O_4B^2} = 20$$

$$O_{4x} = O_{3x} - BO_3 = 41.984 - 20 = 21.984$$

$$O_{4y} = 26 - 15.99 = 10.01$$

2)计算斜面对坐标轴的角度

由零件图已知,平面 3,1 分别与 x,y 轴重合。

在直角$\triangle O_1AO_2$中,则

$$\angle AO_1O_2 = \arcsin\left(\frac{OA}{OO}\right) = \arcsin\left(\frac{11}{26.4}\right) = 24°37'30''$$

在直角$\triangle O_1DO_2$中，则

$$\angle O_1O_2D = \arcsin\left(\frac{OD}{OO}\right) = \arcsin\left[\frac{(17.985 - 11.985)}{26.4}\right] = 13°8'10''$$

故斜面3与x轴的角度为

$$\alpha_3 = \angle AO_1O_2 - \angle O_1O_2D = 24°37'30'' - 13°8'10'' = 11°29'20''$$

3)计算各圆弧的包角

大圆弧$R38.4_{-0.03}^{\ 0}$ mm及凹圆弧$R13_{\ 0}^{+0.03}$ mm可自由回转,不会碰坏其他表面,故不必计算其包角。

圆弧$R18_{-0.03}^{\ 0}$ mm与两个平面相切,平面1与y轴重合,平面3对x轴倾斜角α_3已求出,因此该圆弧的包角已确定。

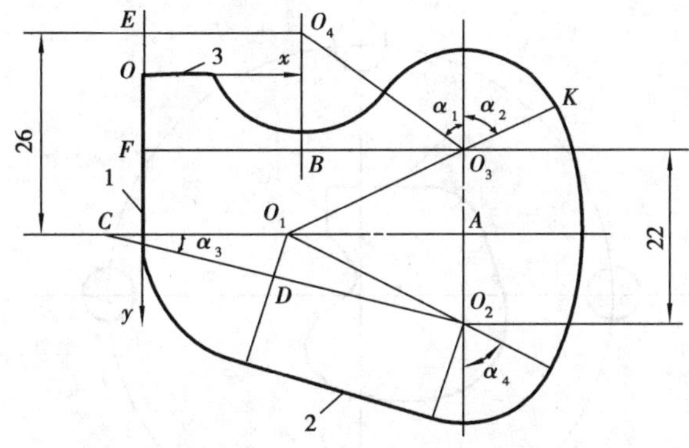

图4.33　工艺尺寸计算图

以O_3为圆心的圆弧$R12_{-0.03}^{\ 0}$ mm与两个圆弧相切,包角为α_1和α_2

$$\alpha_1 = \angle BO_2O_3 = \cos\left(\frac{O_2B}{O_2O_3}\right) = \cos\left(\frac{15}{25}\right) = 53°7'50''$$

$$\alpha_2 = \angle O_1O_3A = \angle O_1O_4A = 90° - \angle O_1O_4A = 90° - 24°37'30'' = 65°22'30''$$

以O_2为圆心的圆弧$R12_{-0.03}^{\ 0}$ mm与一个平面和一个圆弧相切。平面3对x轴的倾斜角α_3已求出,与大圆弧相切的包角为$\alpha_4 = \alpha_2 = 65°22'30''$。

将以上计算出的尺寸和角度注在图样上,绘出成形磨削工艺尺寸图(见图4.34)。

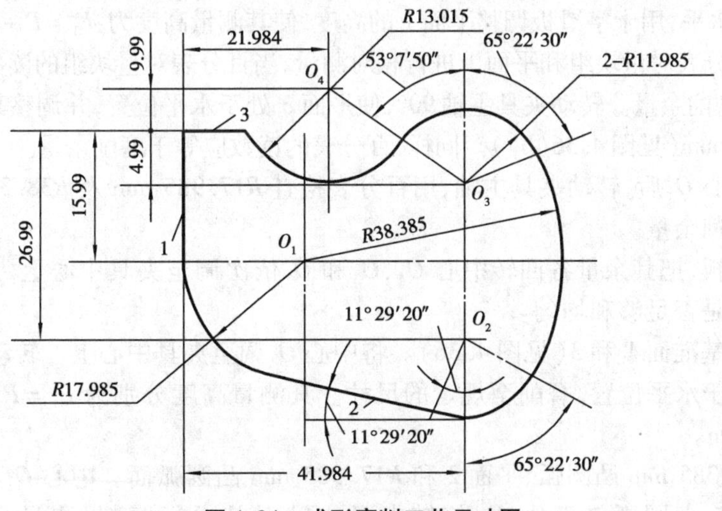

图4.34　成形磨削工艺尺寸图

如图 4.32 所示的凸模零件图，在成形磨削前各成形表面已经过刨削并留出磨削余量。经热处理淬硬后，两端面已磨平。由于该工件是封闭形状，因此，工件的装夹是利用凸模端面上的螺孔，直接用螺钉和垫柱将工件装夹在夹具的圆盘上。

根据图 4.34 成形磨削工艺尺寸图及表 4.1 的磨几种类别型面磨削次序，成形磨削的操作过程如下：

①调整工件的装夹方向（见图 4.35）。工件装夹在夹具圆盘上以后，转动圆盘使基准面 1 处于水平位置，用百分表校正。转动夹具主轴 90°，用同样方法使基准面 3 处于水平位置。经过以上校正，两基准面的位置已与夹具横、纵滑板的移动方向一致，用滚花螺母及螺钉将圆盘与夹具锁紧。

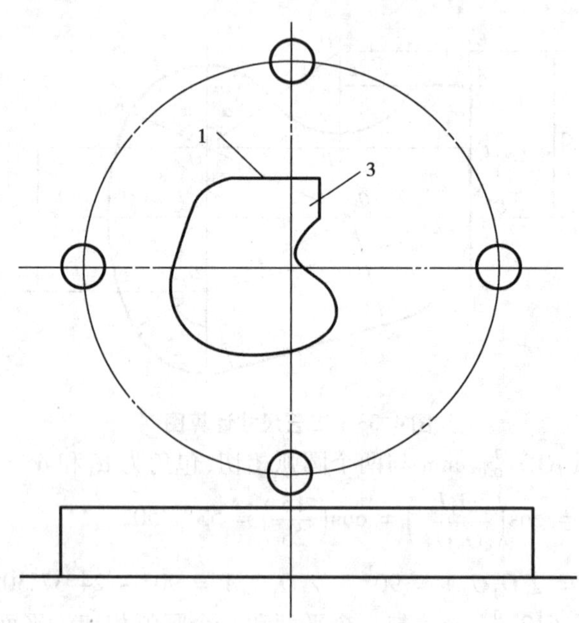

图 4.35　调整工件的装夹方向

②调整工件回转中心的位置（见图 4.36）。首先将回转中心 O_1 调至夹具中心上。其方法为：将基准面 1 置于水平，用十字滑板调整平面 1 的高度，使其测量高度为：$L_1 = P + 17.985$ mm（见图 4.36（a））。用百分表对量块组和平面 1 进行相对测量，当百分表对量块组的读数为零时，则平面 1 的读数应等于磨削余量。转动夹具主轴 90°，使平面 3 处于水平位置，并调整其高度，测量高度为 $L_2 = P + 15.99$ mm（见图 4.36（b））。同样，百分表的读数应等于磨削余量。

调好回转中心 O_1 后，转动夹具主轴，用百分表检查 R17.985 mm 及 R38.385 mm 两个圆弧是否有足够的磨削余量。

移动十字滑板，把其余量各回转中心 O_4，O_3 和 O_2 依次调至夹具中心上，用百分表检查各表面的磨削余量是否足够和均匀。

③磨削两个基准面 1 和 3（见图 4.36）。将中心 O_1 调至夹具中心上。转动夹具主轴，使平面 1 和 3 先后处于水平位置，磨削至规定的尺寸。其测量高度分别为 $L_1 = P + 17.985$ mm 和 $L_2 = P + 15.99$ mm。

④磨削 R38.385 mm 凸圆弧、平面 2 和 R17.985 mm 凸圆弧面。中心 O_1 点仍在夹具中心上，先将 R38.385 大圆弧转至上方，旋转夹具主轴对其进行磨削，测量高度为 $L_3 = P +$

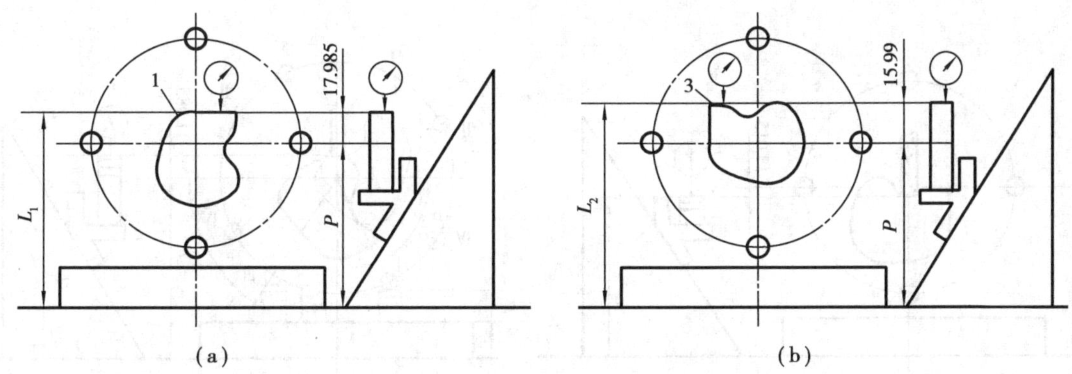

图 4.36　调整工件回转中心的位置

38.385 mm(见图 4.37)。由于不碰伤其他表面,因此不必用量块控制回转角度。

转动夹具主轴,使平面 2 处于水平位置。为保证平面 2 与 x 轴的倾角 11°29′20″,在正弦圆柱与量块垫板之间垫入的量块值为 $H_1 = H_0 - L\sin 11°29′20″ - d/2$ mm。对平面 2 进行磨削,其测量高度为 $L_4 = P + 17.985$ mm(见图 4.38)。

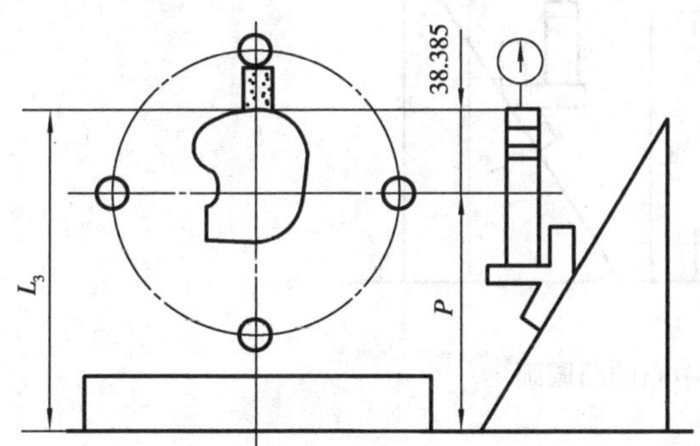

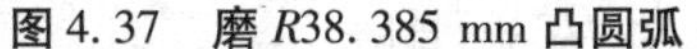

图 4.37　磨 R38.385 mm 凸圆弧

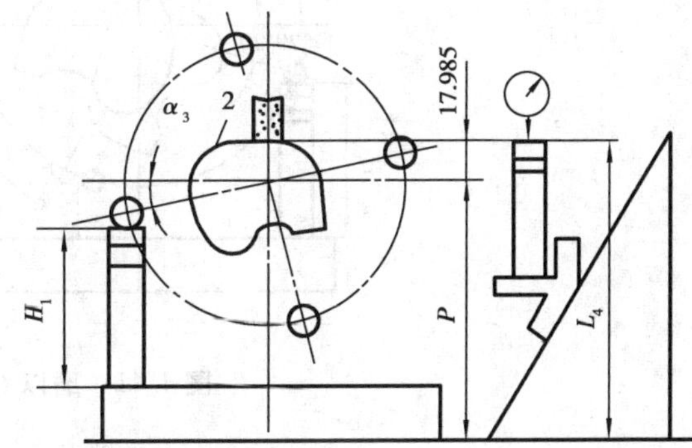

图 4.38　磨平面 2 及 R17.985 mm 凸圆弧

磨好平面 2 后,可将联接平面 1 和平面 2 并仍以 O_1 为圆心的 R17.985 mm 凸圆弧磨削,其测量高度仍为 $L_5 = L_4 = P + 17.985$ mm,为控制包角所需的量块值为:在圆弧与平面 1 的切点处,$H_2 = H_0 - /2$ mm;在圆弧与平面 2 的切点处,$H_3 = H_1 = H_0 - L\sin 11°29′20″ - d/2$ mm。控制圆弧包角的方法除使用量块外,再配合观察火花法,可使圆弧与直线的切点处加工得很圆滑。

⑤磨削 R13.015 mm 凹圆弧面(见图 4.39)。将圆弧中心 O_2 调至夹具中心上,旋转夹具主轴磨削这个凹圆弧,其测量高度为 $L_6 = P - 13.015$ mm,无须精确控制包角。

⑥磨削以 O_3 为中心的凸圆弧(见图 4.40)。将圆弧中心 O_3 调至夹具中心上,旋转夹具主轴对该圆弧进行磨削,其测量高度为 $L_7 = P + 11.985$ mm。为控制包角 α_1 和 α_2,保证圆弧之间的圆滑联接,在磨该圆弧与凹圆弧相切处垫入的量块值为 $H_4 = H_0 - L\sin 53°7′50″ - d/2$ mm(见图 4.40 中虚线)。在磨该圆弧与 R38.385 mm 凸圆弧相切处,垫入的量块值为 $H_5 = H_0 - L\sin 65°22′30″$mm(见图 4.40 中实线)。

⑦磨削以 O_2 为中心的凸圆弧(见图 4.41):将圆弧中心 O_2 调至夹具中心上,旋转夹具主轴磨削这个圆弧,其测量高度为 $L_8 = P + 11.985$ mm。控制包角 11°29′20″及 α_4,所应垫入的量块值分别为:$H_6 = H_0 - L\sin 112\,920 - d/2$ mm 和 $H_7 = H_0 - L\sin 652\,230 - d/2$ mm。至此,这个凸模已全部磨削完毕。

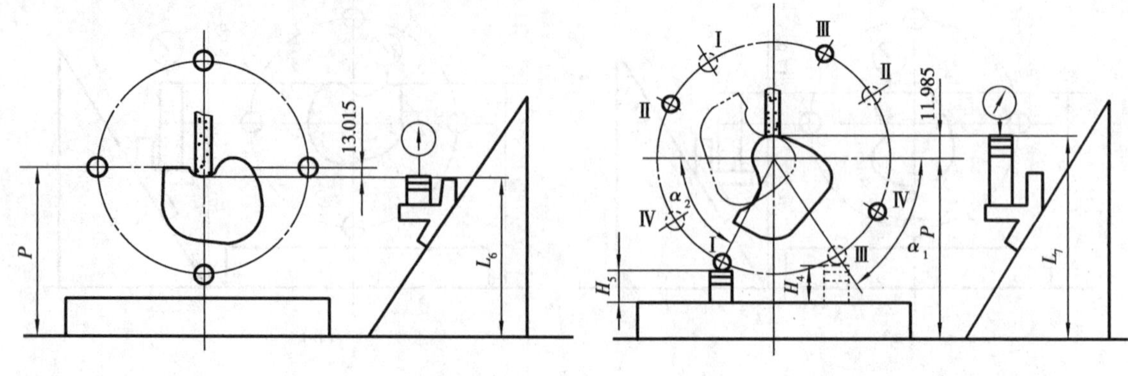

图 4.39　磨 $R13.015$ mm 凹圆弧面　　　图 4.40　磨以 O_3 为中心的凸圆弧

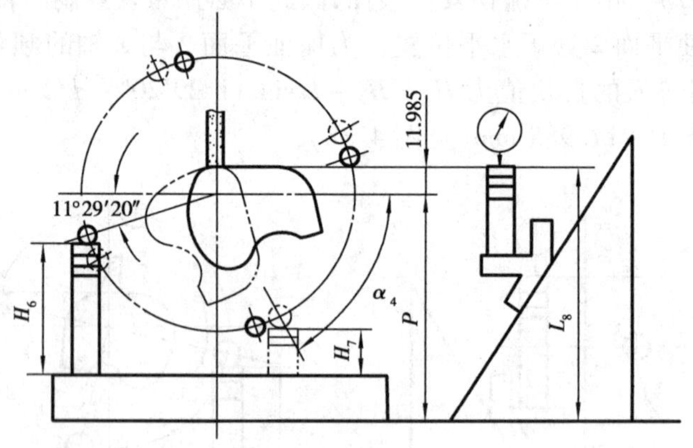

图 4.41　磨以 O_2 为中心的凸圆弧

任务4.5　电火花加工常用的夹具

(1)电火花加工常用夹具的特点

电火花加工是在一定介质中,通过工具电极和工件之间脉冲放电时的电腐蚀作用,对工件进行加工的一种工艺方法。它可加工各种高熔点、高硬度、高强度、高纯度、高韧性材料,并在生产中显示出了很多优越性,已成为模具制造中的主要加工方法之一。常用来加工凹模及型腔。

与一般机械加工不同,电火花加工时,由于工具电极与工件并不接触,宏观作用力很小,因此,施于工件上的夹紧力也比较小,工件装夹一般都比较简单。

1)电火花成形加工夹具

电火花成形加工夹具包括工具电极装夹用夹具和工件装夹用夹具。

由于在电火花成形加工中,被加工工件将定位、并以夹紧元件或以工件本身重力安放于工作台上,工作台只在粗加工时,作 x,y 移动,以调整被加工工件与成形工具电极的相对位置。此后,被加工工件一般不再作移动,直到加工完成。因此,电火花成形加工时装夹被加工工件的夹具比较简单。通常用永磁吸盘来装夹工件，为了适应各种不同工件加工的需求，还可使用其他工具来进行装夹，如平口钳、导磁块、正弦磁台及角度导磁块等。后边主要讨论装夹工具电极的夹具。

电极安装在机床主轴上，应使电极轴线与主轴轴线方向一致，保证电极与工件在垂直的情况下进行加工。电极的装夹方式有自动装夹和手动装夹两种。自动装夹电极是先进数控电火花机床的一项自动功能。手动装夹电极是指使用通用的电极夹具，通过可调节电极角度的夹头来校正电极，由人工完成电极装夹、校正操作。

装夹电极用的夹具具有以下特点：

①成形工具电极需进行专门设计与制造。其加工尺寸、形位精度要求达到成形件设计要求，或比其要求高。

②成形工具电极的制造，一般需装夹在专用夹具上进行；当制造完成成形工具电极后，连同专用夹具一起装夹于电火花成形机床主轴上，则可进行电火花成形加工。

制造成形工具电极用的专用夹具，与进行电火花成形加工时用的装夹电极的专用夹具，应视为同1个专用夹具，是同一个定位基准。这样将可减少或避免因再次装夹引起的定位误差。

③为改善电火花成形加工过程中，成形电极与被加工面间的间隙状态，减少其间二次放电和冲去其间的蚀除物，以提高加工效率与表面粗糙度，装夹工具电极的夹具往往设计成可进行二维、三维“平动”结构形式的夹具。

④被加工工件在电火花成形加工时，也需符合六点定位原理，以保证被加工面的尺寸、形状与位置精度。这时，6个自由度均需被限制，这与车、铣等机械加工不同。另外，成形工具电极，则除了$\vec{z}$方向移动自由度外，其他5个方向的自由度均需被限制。

2）电火花线切割加工夹具

电火花线切割加工，采用金属丝为工具电极。其丝与丝张力系统已成为线切割机床的组成部分。而被加工工件则需采用夹具使之定位、安装于进行数字控制（NC）x,y方向运动的工作台上。

电火花线切割加工中，由于工件受力很小，且工作只作水平x,y方向运动，因此，线切割夹具比较简单。一般是在通用夹具上采用压板螺钉固定。

（2）电火花加工常用夹具

1）电火花成形加工工具电极常用夹具

电火花加工有两种方法，即仿形法和展成法。仿形法采用与工件型面形状相同的成形工具电极直接加工；展成法则采用圆柱体为工具电极，按数字程序（编码）规定的路线进行展成加工。因此，工具电极的定位和夹紧已成为电火花成形加工工艺系统中的关键技术。

电火花成形加工工具电极的常用夹具是在电加工工艺实践中不断创造、设计形成了一套通用、标准的工具电极用的夹具，并针对不同结构的成形件的设计要求，而设计的组合工具电极用装夹多电极的专用夹具，如采用电火花成形加工电机定、转子硅钢片冲模中的整体冲槽凹模用的组合（多）电极专用夹具。电火花成形加工常用工具电极见表4.6。

表 4.6　电火花成形加工常用工具电极

夹具名称		夹具结构	说　明
单电极通用夹具	钻夹头夹具	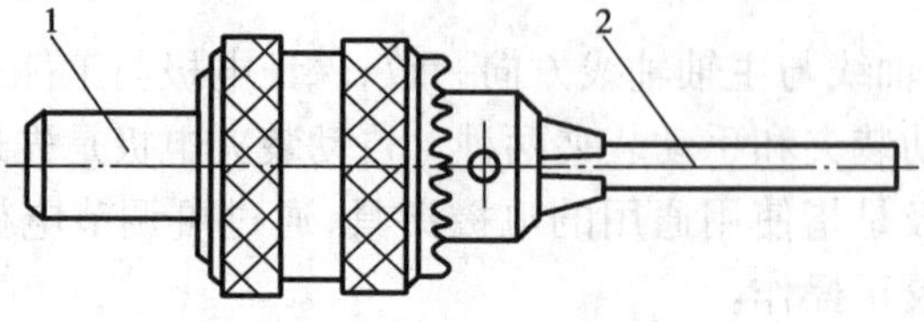 1—钻夹头;2—电极	适用于装夹直径较小的电极
	联接板式夹具	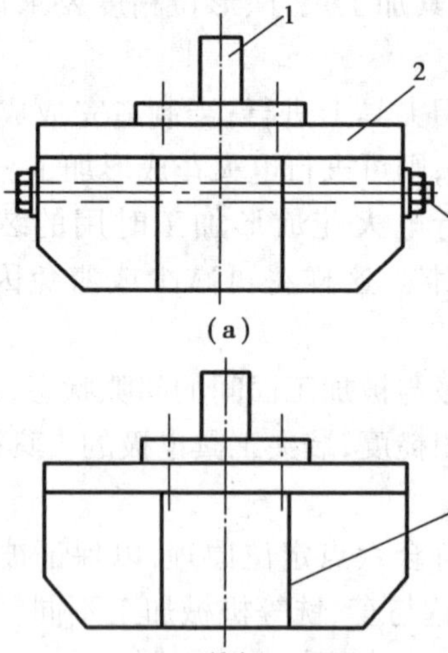 (a) (b) 1—电极柄;2—连接板;3—螺栓;4—黏结剂	图示为采用将电极固定于连接板 2 上的方式。适用于镶拼式电极的装夹 该结构是由 3 个拼块拼合成的镶拼式电极。其拼合方式可采用螺栓 3 拼合、固定;也可采用聚氯乙烯醋酸溶液或环氧树脂黏合。若电极材料为石墨,则须采用图(a)、(b)方式,装于联接板 2 上。连接板则定位、装夹于电极柄 1 上
	石墨电极安装方法	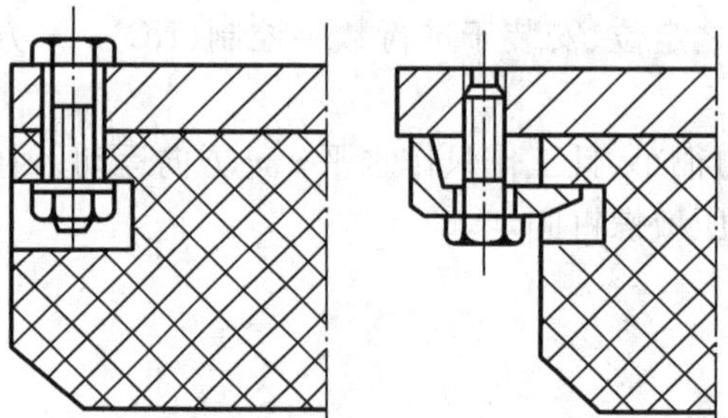 (a)　(b)	当电极采用石墨材料时,由于石墨材料性脆不适合攻螺孔,可采用图示将电极固定于连接板 2 上的方式,适用于镶拼式电极的装夹
	套筒形夹具	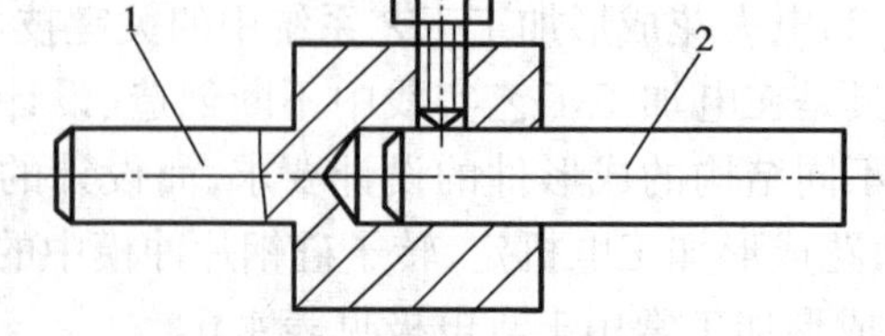 1—夹具;2—电极	此为标准夹具,适合装夹圆柱形电极

续表

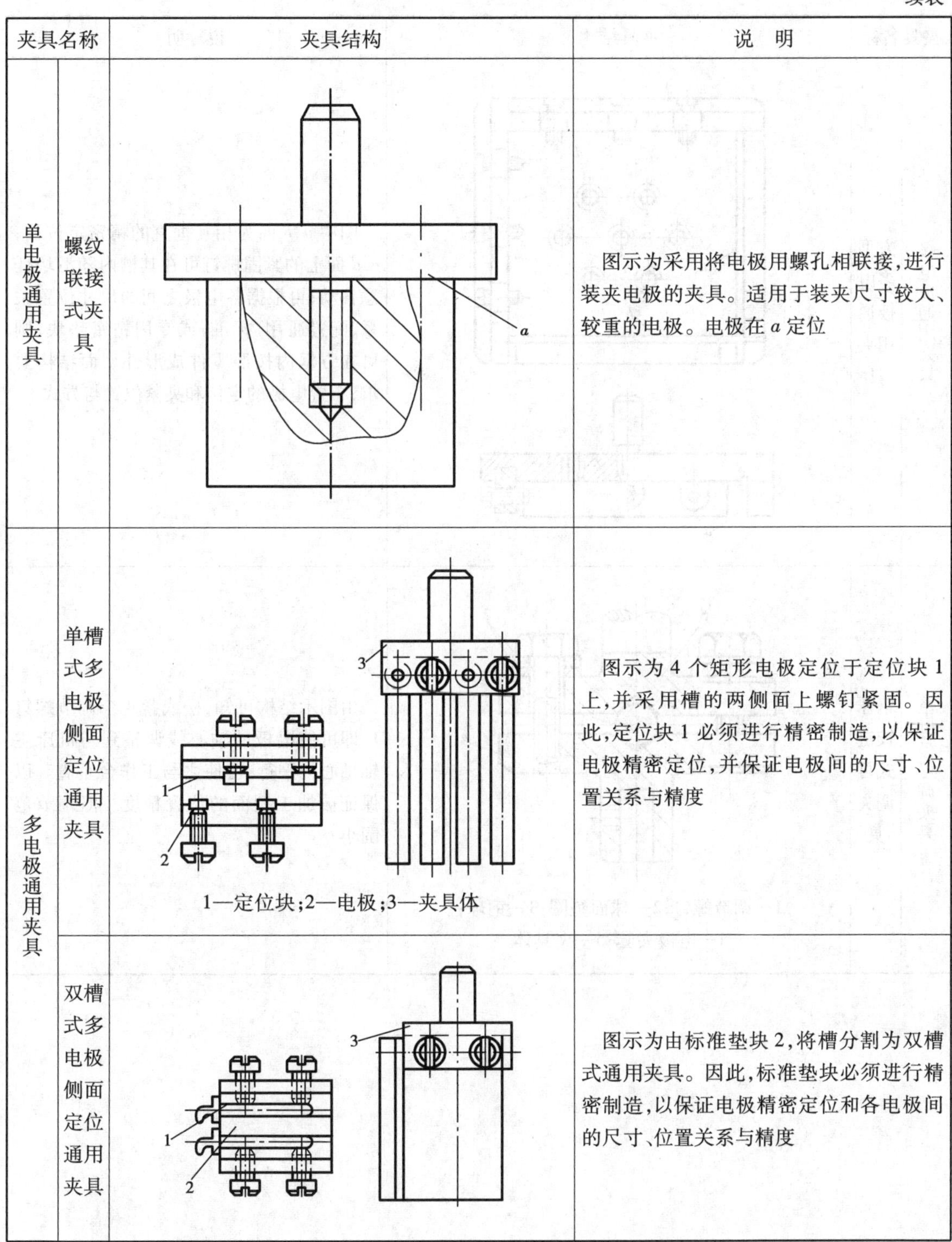

夹具名称		夹具结构	说　明
单电极通用夹具	螺纹联接式夹具	a	图示为采用将电极用螺孔相联接，进行装夹电极的夹具。适用于装夹尺寸较大、较重的电极。电极在 a 定位
多电极通用夹具	单槽式多电极侧面定位通用夹具	1—定位块；2—电极；3—夹具体	图示为4个矩形电极定位于定位块1上，并采用槽的两侧面上螺钉紧固。因此，定位块1必须进行精密制造，以保证电极精密定位，并保证电极间的尺寸、位置关系与精度
	双槽式多电极侧面定位通用夹具	1　2　3	图示为由标准垫块2，将槽分割为双槽式通用夹具。因此，标准垫块必须进行精密制造，以保证电极精密定位和各电极间的尺寸、位置关系与精度

续表

夹具名称		夹具结构	说　明
多电极通用夹具	方型多电极通用夹具	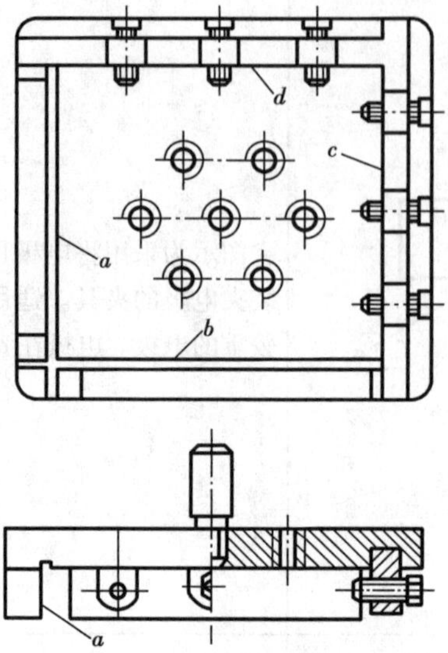	图中 a,b 面为相互垂直的精密定位面；c,d 面上的紧固螺钉可在其槽内随滑块任意移动；再根据各电极之间的尺寸位置关系，配置通用、标准，或专用精密垫块，则可在方框内按照零件成形件型面结构要求，布置电极的定位和夹紧位置与方式
单电极可调夹具	钢球铰链式可调夹具	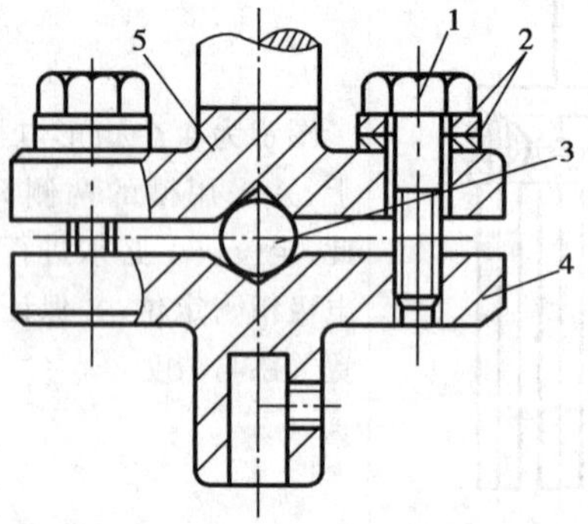 1—调节螺钉；2—球面垫圈；3—钢球； 4—电极夹套；5—夹具体	由图示结构可知，松或紧4个调节螺钉1，即可使电极的轴心线调整到与机床主轴轴心线平行；可使之与工作台垂直。以保证被加工型面的位置精度。但调节范围小

续表

夹具名称		夹具结构	说明
单电极可调夹具	钢球铰链式角度可调夹具	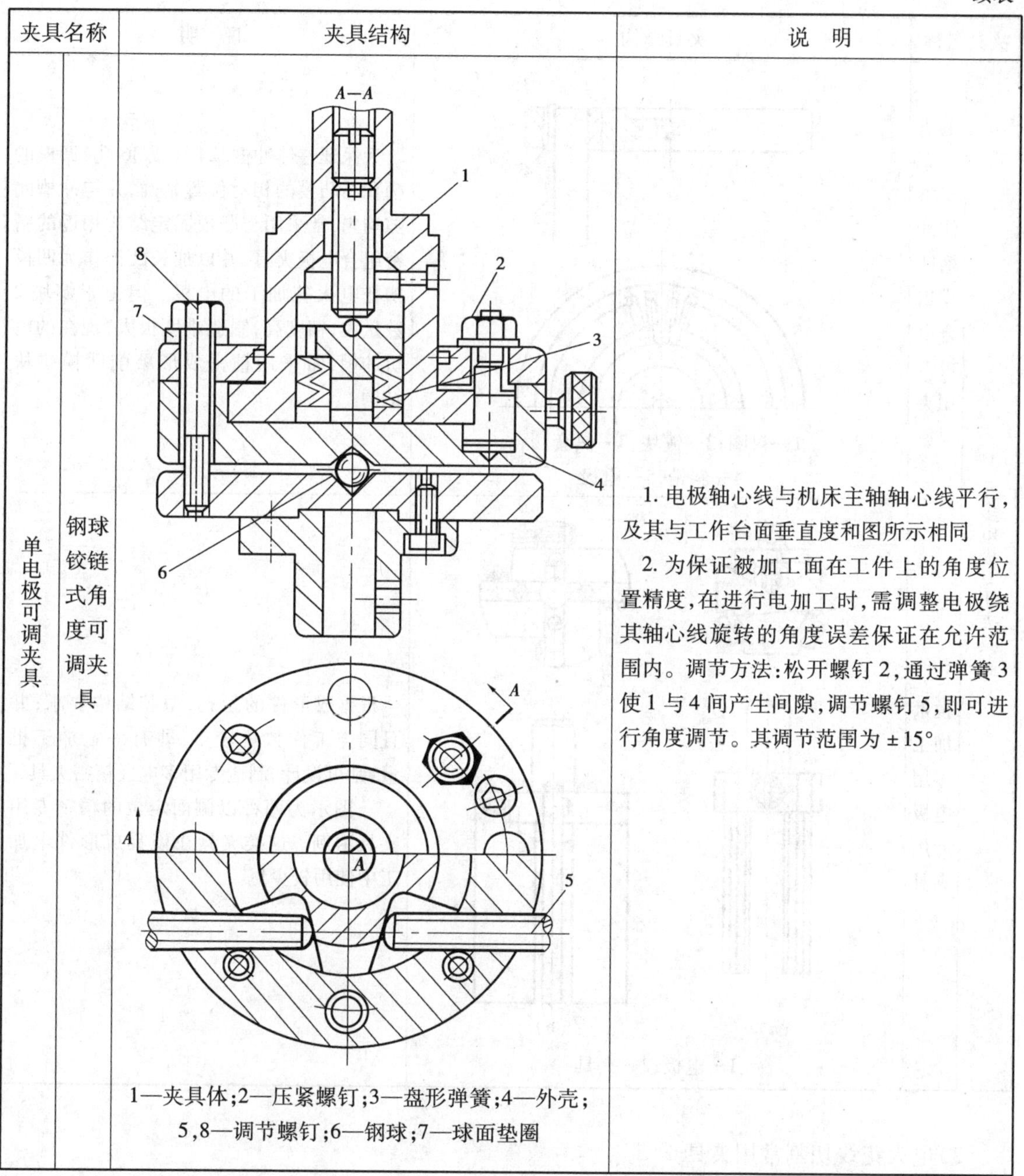 1—夹具体;2—压紧螺钉;3—盘形弹簧;4—外壳; 5,8—调节螺钉;6—钢球;7—球面垫圈	1. 电极轴心线与机床主轴轴心线平行,及其与工作台面垂直度和图所示相同 2. 为保证被加工面在工件上的角度位置精度,在进行电加工时,需调整电极绕其轴心线旋转的角度误差保证在允许范围内。调节方法:松开螺钉2,通过弹簧3使1与4间产生间隙,调节螺钉5,即可进行角度调节。其调节范围为±15°

续表

<table>
<tr><th colspan="2">夹具名称</th><th>夹具结构</th><th>说　明</th></tr>
<tr><td rowspan="2">多电极专用夹具</td><td>电机定、转子整体冲槽凹模组合电极专用夹具</td><td>1—衬圈;2—镶块;3—热套圈;
4—斜销;5—电极</td><td>为保证整体冲槽(24 孔或 36 孔)凹模的槽孔与凸模的相对位置精确,并与冲槽间隙均匀,常采用与凸模固定结构相近的精密组合电极夹具,并以加长凸模作为凹模槽孔电火花加工的电极。但由于镶块 2 数量大,精度高,制造难度很大,现在的电机冲模,常采用精密成形磨削凹模拼块结构</td></tr>
<tr><td>批量加工多用电极专用夹具</td><td>(a)　(b)
1—电极;2—夹具</td><td>根据成形件的型孔、型腔结构要求;并且同样工件数量较多,即有一定加工批量,则可设计、制造专用多电极精密夹具
图示为两种以侧面定位的精密专用夹具示例。这类夹具在模具成形件电加工中使用较少见</td></tr>
</table>

2)电火花线切割常用夹具

电火花线切割加工机床可分为快速走丝线切割机床和慢速走丝线切割机床。慢速走丝线切割机床加工精度较高。电火花线切割的工具电极为 0. 10 ~ 0. 35 mm 的金属丝。被加工工件定位、安装于夹具上;夹具定位、安装于进行数字化控制(NC,CNC)作 x,y 方向运动的工作台上。启动脉冲电源与数控系统,则在工具电极(金属丝)与工件间的放电间隙中,产生脉冲放电,并沿数控程序规定的路线连续放电切割工件坯料,直到切割完成由二维型面所围成的冲模成形件(即凹模)。因此,与其他加工工艺系统一样,按照六点定位原理设计、制造电火花线切割工艺中定位、装夹被加工工件的夹具,同样是线切割工艺系统的关键技术。

电火花线切割用夹具具有以下要求与特点：

①必须保证在切割直壁工件时，其工具电极（金属丝）与工作台面的垂直精度。

②必须保证在夹具的定位基准面与 x，y 运动方向（全程内）的平行与垂直精度。

③当放电切割斜面时，被切割工件主要定位基准面（即凹模刃口所在平面）必须与工具电极线架的摆动圆心 O 点在同一高度上，即 O 点需在刃口所在的平面上，则圆心 O 点的运动轨迹，必是数控程序所规定的切割线路。

数控电火花线切割的夹具结构较为简单，但其定位基准面的位置精度却要求高。常用电火花线切割夹具的基本结构见表4.7。

表4.7　电火花线切割常用夹具的基本结构

夹具名称	夹具结构	说　明
电火花分度线切割夹具	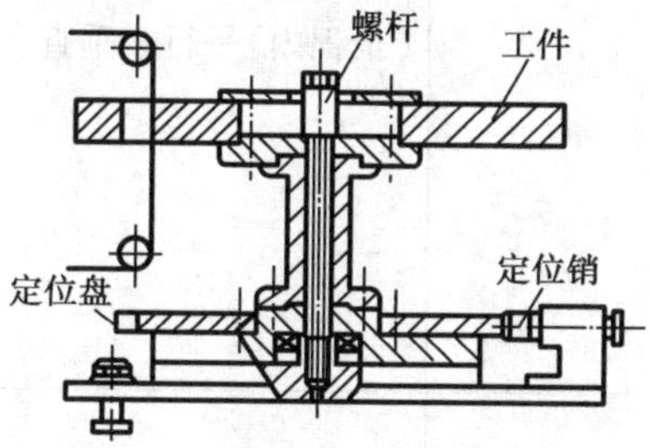	主要用来切割等分槽、齿状加工面；也可用来切割超出机床加工范围的工件 夹具固定在机床工作台上；工件以圆心定位在夹具上；定位盘齿数为144，能加工由144除尽的等分槽。线切割等分槽时，以定位销插入齿中定位
电火花线切割回转工作台	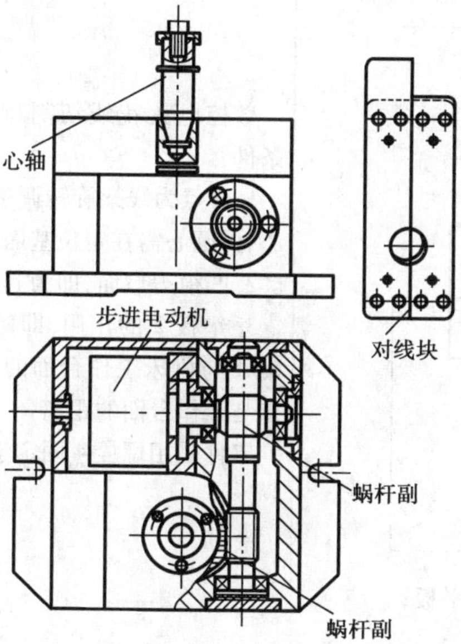	回转工作台安装于数控（x，y 坐标运动）工作台上，其本身也可作当量为1的数控旋转运动。回转工作台可用来切割阿基米德螺旋曲线凸轮之类的二维型面。回转工作台由两对蜗杆副组成 对线块装在心轴上，用以校正电极丝与主轴回转中心的同轴度

续表

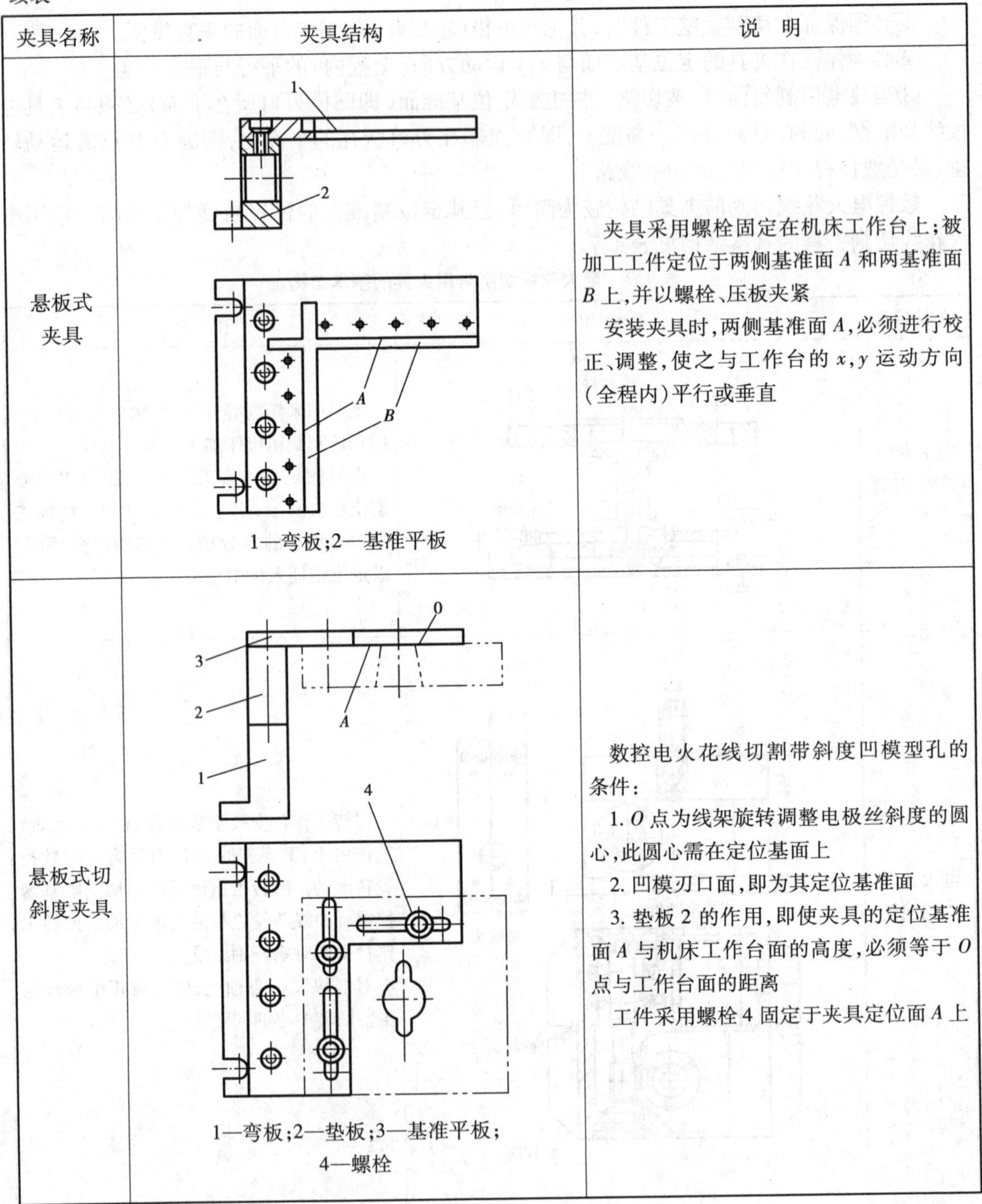

夹具名称	夹具结构	说　明
悬板式夹具	1—弯板;2—基准平板	夹具采用螺栓固定在机床工作台上;被加工工件定位于两侧基准面 *A* 和两基准面 *B* 上,并以螺栓、压板夹紧 安装夹具时,两侧基准面 *A*,必须进行校正、调整,使之与工作台的 *x*,*y* 运动方向(全程内)平行或垂直
悬板式切斜度夹具	1—弯板;2—垫板;3—基准平板;4—螺栓	数控电火花线切割带斜度凹模型孔的条件: 1. *O* 点为线架旋转调整电极丝斜度的圆心,此圆心需在定位基面上 2. 凹模刃口面,即为其定位基准面 3. 垫板 2 的作用,即使夹具的定位基准面 *A* 与机床工作台面的高度,必须等于 *O* 点与工作台面的距离 工件采用螺栓 4 固定于夹具定位面 *A* 上

任务4.6　项目实施、检查与评价

(1)**实施**

①制订模具工作零件的加工工艺过程。

②学生根据自己编制的工艺规程,熟悉所选择的工艺装备的功能及使用方法。

③学生根据自己编制的工艺规程,正确地安装工件,选择合理的切削用量,调整好机床。

④师傅首先进行正确的操作示范,学生完成正确地试切。学生根据师傅的示范进行逐一的练习实践。最后由师傅完成零件的最终加工。

(2)**检查**

①检查学生的练习情况,并对每个学生的练习情况作出记录。

②模具工作零件的检验。

精度检验应按一定顺序进行,先检验形状精度,然后检验尺寸精度,最后检验位置精度。这样可判明和排除不同性质误差之间对测量精度的干扰。

可按照上述方式全面检验模具工作零件的加工精度和表面质量,并分析已加工的零件是否合格。

③对加工过程中出现的问题进行分析、总结,并提出合理的解决方案,重新加工工件。

④检查学生练习情况,并对每个同学的练习情况进行记录。

(3)**项目评价(评价方式、评价表)**

1)评价方式

①学生自评。

②小组内学生互评。

③教师评价。

④各小组组长总结、归纳本小组的零件加工情况。

⑤教师、师傅总体评价并总结。

2)评价表

模具工作零件工艺设计的考核评价标准见表4.8。

表4.8　模具工作零件工艺设计的考核评价标准

项目编号		学生完成时间		学生姓名		总　分	
序号	评价内容	评价标准	配分	学生自评15%	学生互评25%	教师评价60%	得分
1	加工工艺过程的拟订	不合理,扣5~10分	15				
2	定位方案的确定	不合理,扣5~10分	10				

续表

项目编号		学生完成时间		学生姓名		总分	
序号	评价内容	评价标准	配分	学生自评 15%	学生互评 25%	教师评价 60%	得分
3	装夹方式及夹具的确定	不合理,扣 5 ~ 10 分	15				
4	切削用量的确定	不合理,扣 1 ~ 5 分	5				
5	各工序设备的确定	不合理,扣 1 ~ 5 分	10				
6	刀具的确定	不合理,扣 5 ~ 10 分	15				
7	量具的确定	不合理,扣 5 ~ 10 分	15				
8	工具的确定	不规范,扣 1 ~ 5 分	10				
9	完成时间	超 1 学时,扣 2 分	5				
10	合 计						

注:工艺装备设计确定思路创新、方案创新的酌情加分。

注意:检查评价时应注意对方案设计的依据、方法,特别是有关参数的确定过程进行全面考核,考核学生应用所学知识进行模具工作零件加工工艺装备设计确定的分析、应用等综合能力。

3)归纳整理

①对本项目所有的资料进行归纳、整理。

②对加工出的零件进行存放。

本项目小结

本项目以多品种单件小批量生产的模具工作零件为例,分析了模具工作零件的使用性能、技术要求和结构特点,具体介绍了成形磨削方法、修整成形砂轮的夹具及应用、成形磨削常用的夹具及应用、电火花成形及电火花线切割加工常用的夹具等基本知识。

随着现代加工技术的发展,在模具工作零件加工中,数控加工、电火花加工、成形磨削加工是目前模具工作零件加工的主要加工方法。在 3 种加工方法的选择上,应优先选用数控加工,其次选电火花加工,最后再考虑成形磨削加工。

思考题与习题

4.1　说明复杂模具零件的形状有哪些特点?

4.2　说明成形磨削的两种方法有哪些区别。

4.3　说明用挤压轮修整成形砂轮夹具的结构和工作过程。

4.4　说明修整砂轮角度的夹具结构和工作过程。

4.5　说明用修整砂轮角度的夹具修整砂轮角度时,量块的尺寸如何计算。

4.6　修整砂轮圆弧的夹具有哪些种类？其特点如何？

4.7　平面磨削常用夹具有哪些种类？其特点如何？

4.8　斜面磨削常用夹具有哪些种类？其特点如何？

4.9　说明正弦分中夹具的结构及工作过程。

4.10　用正弦分中夹具安装工件有哪几种方法？它们各适用于什么场合？

4.11　说明万能夹具的结构和工作过程。

4.12　用万能夹具安装工件有哪几种方法？它们各适用于什么场合？

4.13　用万能夹具加工工件时,应进行哪些计算？

4.14　某模具的凸模零件如图4.42所示。现用成形磨削法进行精加工,说明其加工过程。

4.15　某模具的凸模零件图如图4.43所示。现用成形磨削法进行精加工,说明其加工过程。

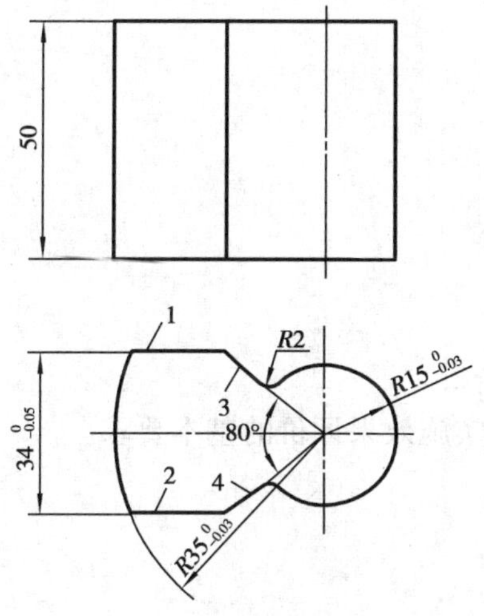

图4.42

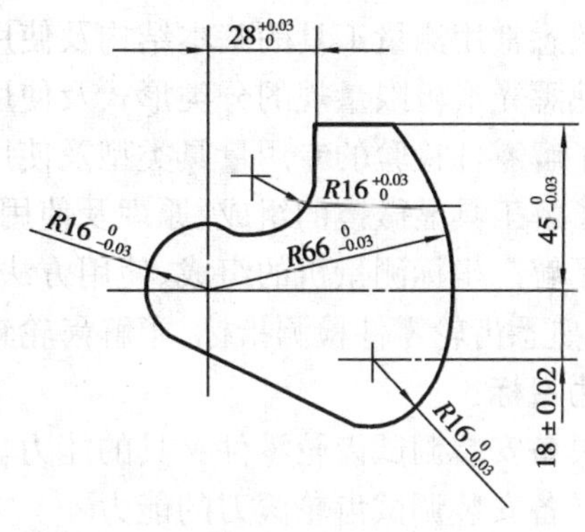

图4.43

4.16　说明电火花成形加工常用夹具的特点。

4.17　说明电火花成形加工常用工具电极的种类、特点及适用场合。

4.18　说明电火花线切割用夹具的要求与特点。

4.19　说明电火花线切割常用夹具的基本结构特点及适用范围。

项目4自调式螺旋压板

加紧机构

项目 5
齿轮加工工艺装备

知识目标：

1. 熟悉齿轮零件的使用性能、技术要求和基本特点。
2. 熟悉齿轮齿坯加工常用的夹具结构及调试。
3. 熟悉滚齿加工常用的夹具结构及调试。
4. 熟悉滚齿加工滚刀的结构及滚刀安装调试方法。
5. 熟悉常用测量工具的基本结构及使用方法。
6. 熟悉光滑极限量规的分类形式及使用方法。
7. 了解零件检验的专用量具类型及使用场合。
8. 了解工具显微镜的组成、原理及使用场合。
9. 了解三坐标测量机的组成、使用方法及应用场合。
10. 熟悉齿轮零件检测指标，了解齿轮轴零件工艺实施效果评价的基本要求。

能力目标：

1. 具备安装调试齿轮零件夹具的能力。
2. 具备安装调试齿轮滚刀的能力。
3. 掌握常用测量工具的使用方法。
4. 掌握光滑极限量规的设计原则，具备光滑极限量规设计的基本能力。

任务 5.1 项目要求与分析

(1)项目要求

确定如图 5.1 所示咸阳机床厂 M9116 万能工具磨床三联齿轮零件的工艺装备。

(2)项目分析

M9116 工具磨床为小批量生产，生产条件为通用设备及工具，三联齿轮零件安装在磨床的头架内，每台机床只需要一个。M9116 工具磨床三联齿轮零件作为磨床头架部件中的一个传

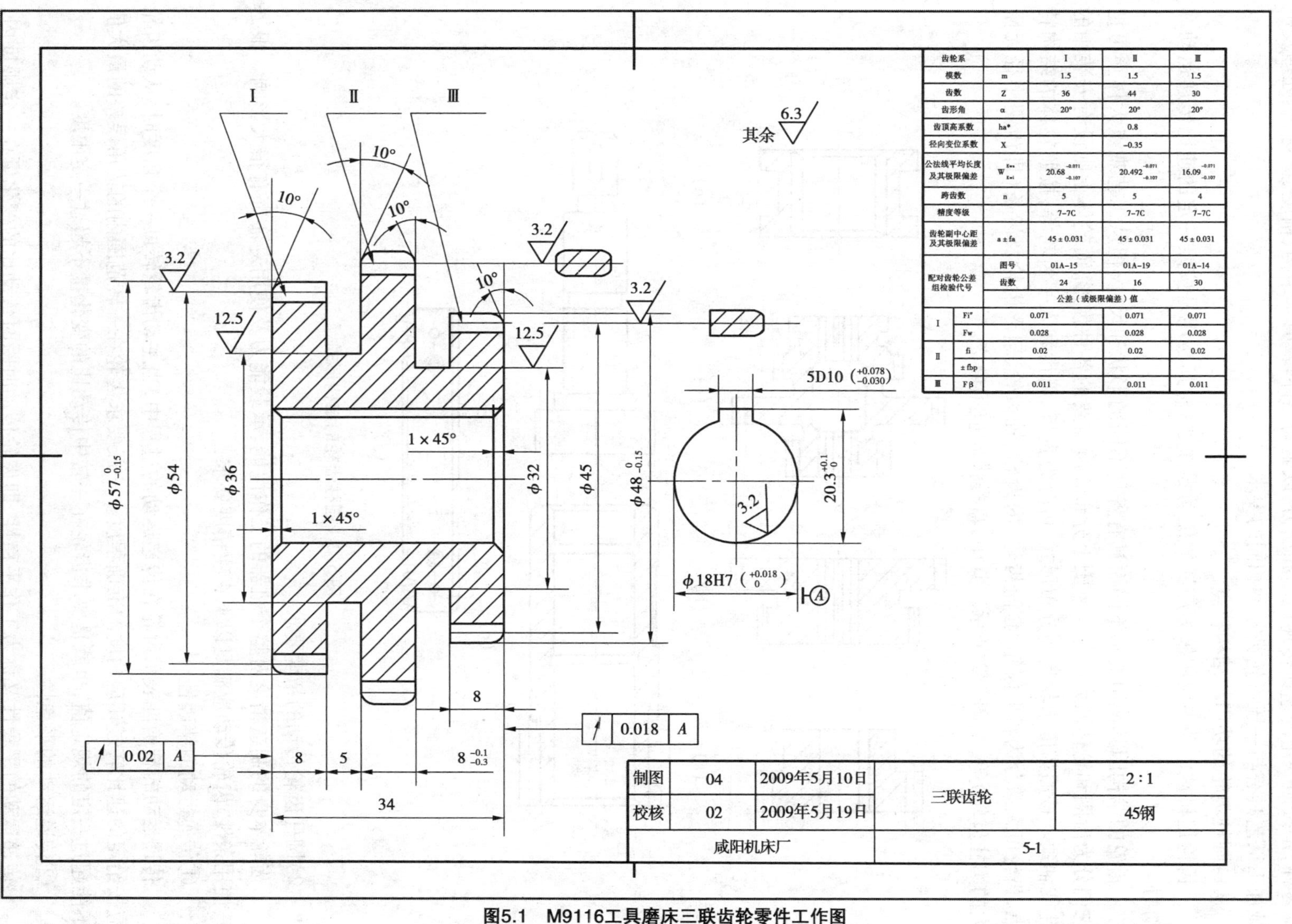

齿轮系		Ⅰ	Ⅱ	Ⅲ
模数	m	1.5	1.5	1.5
齿数	Z	36	44	30
齿形角	α	20°	20°	20°
齿顶高系数	ha*		0.8	
径向变位系数	X		-0.35	
公法线平均长度及其极限偏差	W_{Ewi}^{Ews}	$20.68_{-0.107}^{-0.071}$	$20.492_{-0.107}^{-0.071}$	$16.09_{-0.107}^{-0.071}$
跨齿数	n	5	5	4
精度等级		7-7C	7-7C	7-7C
齿轮副中心距及其极限偏差	a±fa	45±0.031	45±0.031	45±0.031
配对齿轮公差组检验代号	图号	01A-15	01A-19	01A-14
	齿数	24	16	30
	公差（或极限偏差）值			
Ⅰ	Fi″	0.071	0.071	0.071
	Fw	0.028	0.028	0.028
Ⅱ	fi	0.02	0.02	0.02
	±fbp			
Ⅲ	Fβ	0.011	0.011	0.011

图5.1 M9116工具磨床三联齿轮零件工作图

动零件，是按照一定的速比传递运动和动力，以驱动工件转动；其结构、精度、选材、热处理及机械加工工艺具有与一般齿轮类零件相同的要求。

1）圆柱齿轮的功用与结构特点

齿轮是机械传动中应用极为广泛的传动零件之一，其功用是按照一定的速比传递运动和动力。

齿轮的结构因其使用要求不同而具有各种不同的形状和尺寸，但从工艺观点大体上可把它们分为齿圈和轮体两大部分。齿圈上分布着所需要的各种齿形，而轮体上则设有安装用的孔或轴颈。按照齿圈上轮齿的分布形式，可分为直齿、斜齿和人字齿轮等；按照轮体的结构特点，齿轮可大致分为盘形齿轮、套筒齿轮、内齿轮、轴齿轮、扇形齿轮及齿条（即齿圈半径无限大的圆柱齿轮）等，如图 5.2 所示。其中，盘类齿轮应用最广。

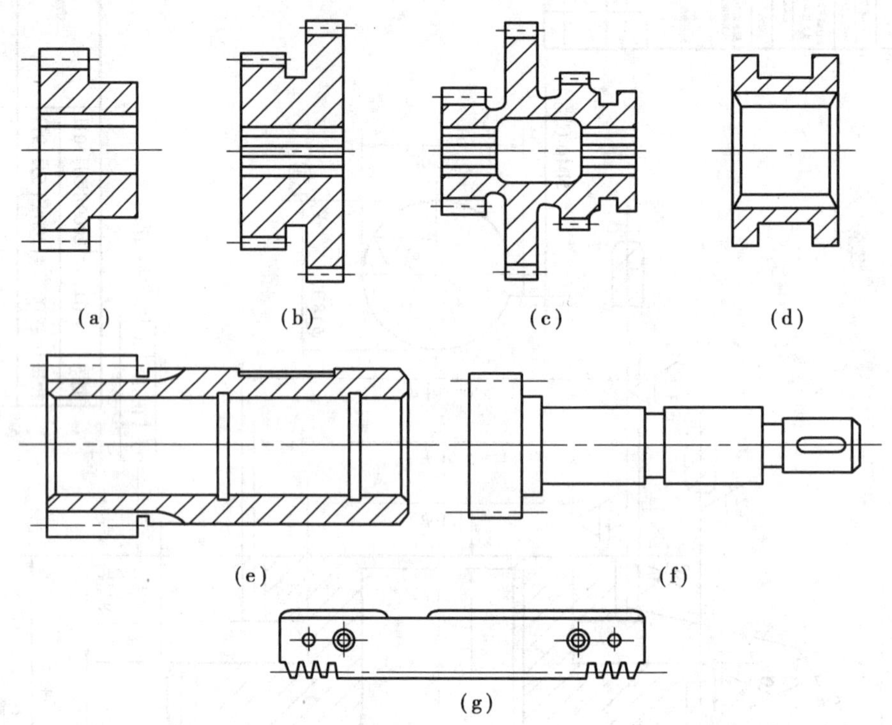

图 5.2　圆柱齿轮的结构形式

2）圆柱齿轮传动的精度要求

齿轮本身的制造精度对整个机器的工作性能、承载能力及使用寿命都有很大影响。根据其使用条件，齿轮传动应满足以下 4 项精度要求：

①传递运动的精确性

传递运动的精确性表示齿轮在传递运动的过程中，当主动齿轮转过一个角度时，从动齿轮应按给定的速比转过相应角度的准确程度。一般要求齿轮在一转范围内的转角误差的最大值不能超过一定的规定值，也就是要求齿轮在一转中传动比的变化量不超过一定限度。

②传递运动的平稳性

传递运动的平稳性又称为工作平稳性，即齿轮传动时瞬时传动比的变化量在一定限度内。这就要求齿轮在转过一个齿转角内的最大转角误差在规定范围之内，从而减小齿轮传递运动中的冲击、振动和噪声。

③载荷分布的均匀性

要求齿轮在传递力的过程中，齿面接触要均匀，并保证有一定的接触面积和符合要求的接触位置，从而保证齿轮在传递动力时，不致因载荷分布不均而使接触应力集中，引起齿面过早磨损，并导致齿轮寿命降低。

④齿侧间隙的合理性

一对相互啮合的齿轮，其齿面间必须留有一定的间隙，即为齿侧间隙，其作用是储存润滑油，使齿面工作时减少磨损；同时可补偿热变形、弹性变形、加工误差和安装误差等因素引起的齿侧间隙减小，防止卡死。应当根据齿轮副的工作条件，来确定合理的齿侧间隙。

以上4项精度要求应根据齿轮传动装置的用途和工作条件等予以合理地确定。例如，对于高速重载齿轮传动，由于其圆周速度高、传动力矩大，容易引起振动和噪声，因而主要要求齿轮有很好的工作平稳性。对于低速重载齿轮传动，则要求接触均匀性好，这样载荷分布均匀，可以延长齿轮的使用寿命。然而，滚齿机分度蜗杆副，读数仪表所用的齿轮传动副，对传动准确性要求高，工作平稳性也有一定要求，而对载荷的均匀性要求一般不严格。

齿轮的几何参数较多，不同参数的误差可能影响齿轮传动的某项精度要求。因而齿轮加工中需检验的参数也就较多。国家于1989年颁布了几经修订的新的齿轮精度标准《渐开线圆柱齿轮精度标准》（GB 10095—1988），其检验项目共15个。按这些项目的误差特性及其对传动性能的主要影响，标准中将单个齿轮的公差与极限偏差项目划分成3个公差组，具体见表5.1。

表5.1　圆柱齿轮公差组的划分

公差组	公差与极限偏差项目	误差特性	对传动性能的主要影响
Ⅰ	$F'_i, F_p, F_{pk}, F''_i, F_r, F_W$	以齿轮一转为周期的误差	传递运动的准确性
Ⅱ	$f'_i, f''_i, f_f, \pm f_{pt}, \pm f_{pb}, \pm f_{f\beta}$	在齿轮一周内，多次周期地重复出现的误差	传动的平稳性、噪声，振动
Ⅲ	$F_\beta, F_b, \pm F_{px}$	齿向线的误差	载荷分布的均匀性

表5.1中，F'_i—切向综合公差；F_p—齿距累计公差；F_{pk}—K个齿距累计公差；F''_i—径向综合公差；F_r—齿圈径向跳动公差；F_w—公法线长度变动公差；f'_i—切向齿综合公差；f''_i—径向齿综合公差；f_f—齿形公差；f_{pt}—齿距极限偏差；f_{pb}—基节极限偏差；$f_{f\beta}$—螺旋线波度公差；F_β—齿向公差；F_b—接触线公差；F_{px}—轴向齿距极限偏差。

在齿轮的3个公差组中，每一组的各项指标的误差特性是相近的，为简化检验项目，标准中又将各公差组分成若干检验组，生产中可根据齿轮副的工作要求和生产规模，在各公差组中选一合适的检验组进行检验。例如，对8级及8级以上的齿轮精度，可选择下列检验组：

第Ⅰ公差组：F'_i或F_p。

第Ⅱ公差组：f'_i或f_f与f_{pb}或f_f与f_{pt}。

第Ⅲ公差组：F_β或F_b或F_b与F_{px}。

以上各项目的定义及检验项目可参见有关标准和手册。

影响齿轮副侧隙的因素是中心距偏差和齿厚（或公法线平均长度）极限偏差，加工时应将这两项偏差控制在规定的范围内。

3)常用齿轮的材料和毛坯

齿轮是传递运动和动力的零件,为了使其传动准确、可靠和工作长期稳定,还要求齿轮具有足够的强度,这除了与齿轮的结构尺寸有关外,还与齿轮的材料有着极为重要的关系。由于齿轮传动时所受的载荷是反复变化的,其工作过程中两齿面不断啮合接触,有时还存在着较大的滑动摩擦,这就要求齿轮材料具有足够的硬度,以保持较好的耐磨性。有些受冲击载荷的齿轮还要求其具有耐冲击韧性。对精密齿轮传动的齿轮,则要求具有高的尺寸稳定性。当然,齿轮材料的选择还要考虑其经济性和加工工艺性等。

齿轮材料的种类很多,由于这些材料可通过适当的热处理来改善机械性能,提高齿轮的承载能力和耐磨性,以满足齿轮的不同要求。实际生产中常用的材料有以下 4 种:

①中碳结构钢(如 45 钢)进行调质或表面淬火。这种钢经热处理后,综合力学性能较好,主要适用于低速、轻载或中载的一般用途的齿轮。

②中碳合金结构钢(如 40Cr)进行调质或表面淬火。这种钢经热处理后综合力学性能较 45 钢好,且热处理变形小。适用于速度较高、载荷大及精度较高的齿轮。某些高速齿轮,为提高齿面的耐磨性,减少热处理后变形,不再进行磨齿,可选用氮化钢(如 38CrMo-AlA)进行氮化处理。

③渗碳钢(如 20Cr 和 20CrMnTi 等)进行渗碳或碳氮共渗。这种钢经渗碳淬火后,齿面硬度可达 HRC58 ~63,而芯部又有较高的韧性,既耐磨又能承受冲击载荷,适用于高速、中载或有冲击载荷的齿轮。

④铸铁及其他非金属材料(如夹布胶木与尼龙等)。这些材料强度低,容易加工,适用于一些较轻载荷下的齿轮传动。

M9116 模具工具磨床上头架上的这个三联齿轮选用 45 钢制成。

齿轮加工中根据不同的目的,可安排以下两种热处理工序:

①毛坯热处理。在齿坯粗加工前后安排预备热处理,其主要目的是消除锻造及粗加工引起的残余应力、改善材料的可切削性能和提高综合力学性能。齿坯热处理常采用正火或调质。经过正火的齿轮,淬火后虽然其变形比调质齿轮淬火后变形大,但其加工性能较好,拉孔和切齿工序中刀具磨损较慢,加工表面粗糙度较小,因而生产中应用最多。齿轮正火一般都安排在粗加工之前,而调质则多安排在齿坯粗加工之后。

②齿面热处理。齿形加工后,为提高齿面的硬度和耐磨性,常进行渗碳淬火、高频感应加热淬火、碳氮共渗和渗氮等热处理工序。经过渗碳淬火的齿轮变形较大,精度较高时,需要进行磨齿加工。高频淬火齿轮变形较小,但其基准孔或基准轴径受热影响而丧失了原有的精度,淬火后应予以修正。

齿轮毛坯的选择决定于齿轮的材料、结构形状、尺寸大小、使用条件以及生产批量等多种因素。对于钢质齿轮,除了尺寸较小且不太重要的齿轮直接采用轧制棒料外,一般均采用锻造毛坯。生产批量较小或尺寸较大的采用自由锻造;生产批量较大的中小齿轮采用模锻。对于直径很大且结构比较复杂、不便锻造的齿轮,可采用铸钢毛坯。铸钢齿轮的晶粒较粗,力学性能较差,且加工性能不好,故加工前应先经过正火处理,消除内应力和硬度的不均匀性,以改善切削加工性能。

M9116 工具磨床头架上的这个三联齿轮毛坯的材料选择棒料。棒料主要用于小尺寸、结构简单且对强度要求不太高的齿轮。棒料的毛坯外形尺寸为 ϕ70 mm×38 mm。

4)齿轮加工工艺

如图5.1所示为M9116工具磨床头架上的一个三联齿轮,材料为45钢,精度等级为7级,小批生产,其技术要求如图5.1所示,加工工艺过程如表5.2。

表5.2　三联齿轮加工工艺过程

工序号	工序名称	工序内容	设备	定位基准
10	车	A. 三爪夹工件 1. 车一端面见光 2. 钻 ϕ18H7 底孔至 ϕ16 3. 粗车大齿轮顶圆 4. 粗车小齿轮顶圆 5. 粗切三槽宽5至4深至图纸要求 6. 扩、镗孔至 ϕ17.8 7. 铰孔 ϕ18H7 B. 工件调头 8. 车左端面总长至尺寸要求35 9. 粗车中齿轮顶圆 10. 孔口倒角 C. 自制涨胎上工件 11. 精车大齿轮顶圆至尺寸 ϕ67.35 12. 精车小齿轮顶圆至尺寸 $\phi 48^{\ 0}_{-0.15}$ 13. 精车小端面 14. 精切两槽至图纸要求 D. 工件调头 15. 精车右端面总长至尺寸34 16. 精车中齿轮顶圆至尺寸 $\phi 57^{\ 0}_{-0.15}$ 17. 按图倒角4－10° 18. 其余外圆倒角 检验	C616	外圆及端面
20	插	1. 插键槽5D10 2. 修毛刺 检验	B5032	外圆及端面
30	齿	1. 滚齿Ⅱ,m1.5,z44 2. 修毛刺 检验	Y3150A	内孔及A面
40	齿	1. 插齿Ⅰ,m1.5,z36 2. 工件翻个,插齿Ⅲ,m1.5,z30 3. 修毛刺 检验	Y54	内孔及A面
50	齿倒角	1. 按图倒4-R1.2角 2. 锉去毛刺 检验	Y9380	外圆及端面

从表5.2可知,齿轮加工大致要经过毛坯热处理、齿坯加工、齿形加工、齿端加工、热处理、精基准修正及齿形精加工等。概括起来为齿坯加工、齿形加工、热处理及齿形精加工4个主要步骤。

齿坯加工阶段主要为加工齿形准备基准并完成齿形以外的次要表面加工。

齿形加工是保证齿轮加工精度的关键阶段,其加工方法的选择,对齿轮的加工顺序并无影响,主要决定于加工精度要求。

5)齿轮加工常用的工艺装备

夹具、刀具、量具、工具的选择直接影响工件的加工精度、生产率和制造成本,应根据不同情况适当选择。

通过工艺过程的分析,结合现有生产条件和工序要求,齿轮加工常用的工艺装备见表5.3。

表5.3 齿轮加工常用的工艺装备

夹 具	刀 具	量 具	工 具
三爪定心卡盘、四爪单动卡盘、花盘、鸡心夹头、顶尖、分度头、心轴等	车刀、砂轮、中心钻、键槽铣刀、滚刀、插齿刀、剃齿刀等	游标卡尺、千分尺、百分表、光滑极限量规、比较仪等	卡盘扳手、套管、卸刀器、扳手、标准刀柄等

任务5.2 齿轮加工的夹具

夹具选择应与设备相适应,应与工序的精度要求相适应;小批生产时,尽量选择通用夹具,大批生产时,为提高生产率,尽可能选择专用夹具。

(1)齿坯加工常用的夹具

齿坯外形的加工,特别是精加工多采用以内孔定位的各种心轴。齿坯加工中常用的心轴结构形式、特点及应用见表5.4。

表5.4 齿坯加工常用心轴

名称	结构简图	特 点	应 用
间隙心轴	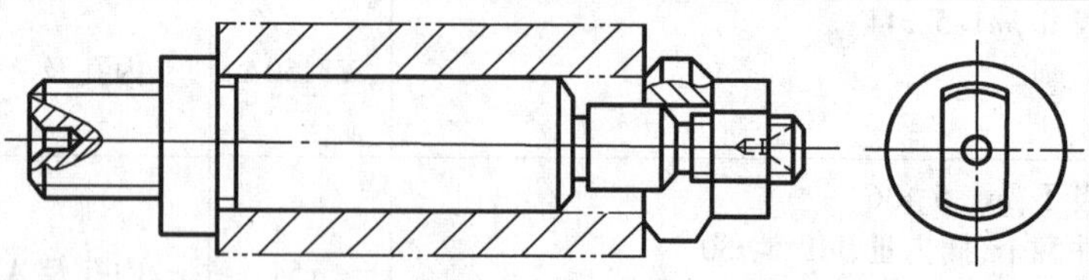	1. 定心精度不高 2. 采用开口垫圈,装卸工件迅速 3. 带尾锥时,可安装在机床主轴上	粗加工外圆
过盈心轴	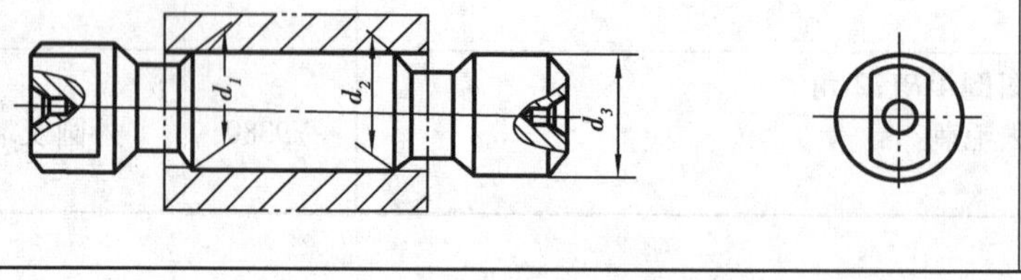 d_1 d_2 d_3	1. 定心精度较高 2. 装卸工件不便,易伤内孔 3. 靠弹性变形夹紧工件	半精加工或精加工外圆与端面

续表

名称	结构简图	特　点	应　用
小锥度心轴	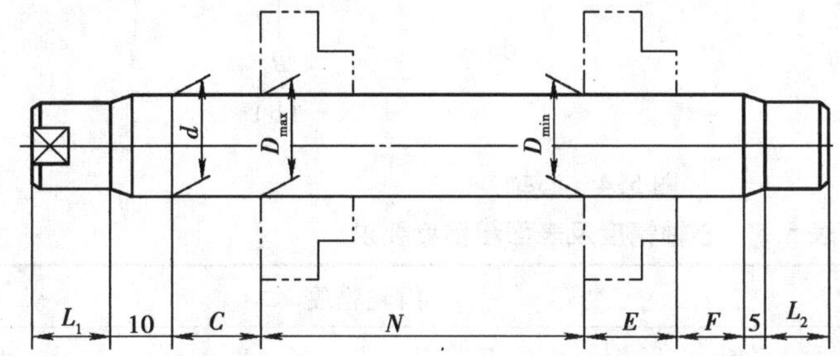	1. 定心精度较高，但轴向定位精度低 2. 工件装卸不便 3. 工件靠自锁和弹性变形夹紧	半精加工、精加工外圆或检测用
花键心轴	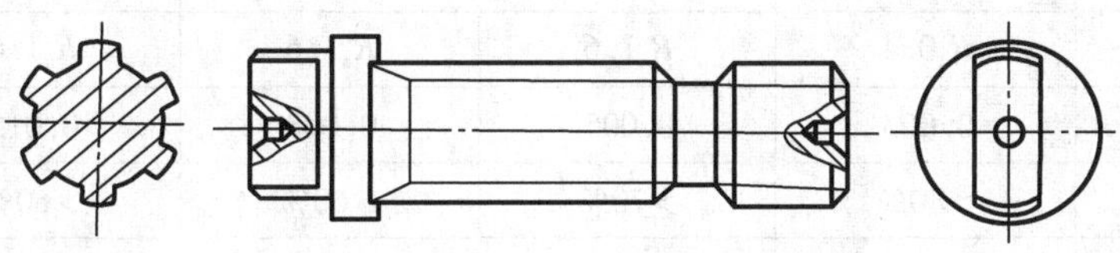	1. 定心精度不高 2. 可利用切削力夹紧	粗加工或半精加工外圆与端面
可涨心轴	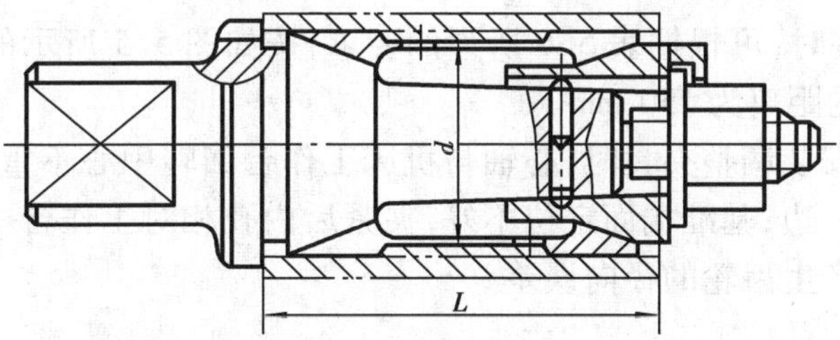	1. 定心精度高 2. 装卸工件迅速 3. 夹紧力不大	半精加工或精加工外圆与端面

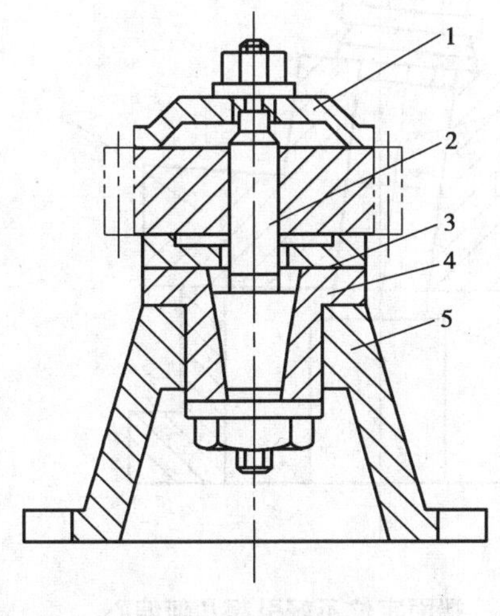

图5.3　滚齿夹具

1—压盖；2—心轴；3—垫圈；4—钢套；5—底座

(2)滚齿夹具

滚齿加工中，工件的安装形式很多，它不仅与工件的形状、大小、精度要求等有关，而且还受到生产批量、装备条件件的限制。常用的安装形式有两种形式。

1)以工件的内孔和端面作为定位基准

如图5.3所示，工件的内孔套在专用的心轴上，端面靠近支承元件，采用螺母压紧。这种装夹方式生产效率高，但要求工件具有较高的齿坯精度和专用的心轴。一般专用心轴可随工件基准孔的大小而更换，而且制作精度高，费用也大，故适合大批量生产。心轴的结构如图5.4所示，其精度和表面粗糙度要求见表5.5。

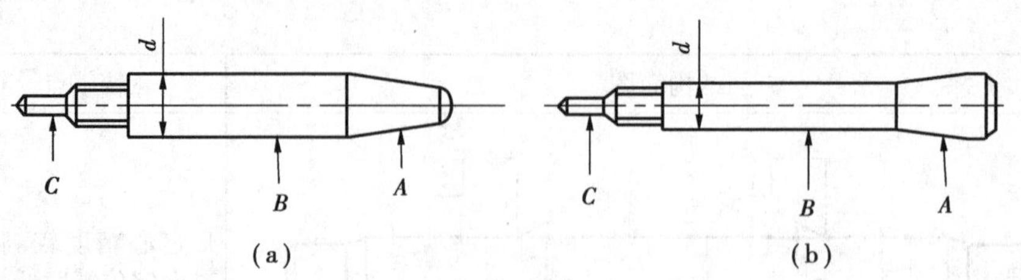

图 5.4 心轴

表 5.5 心轴精度及表面粗糙度要求

项 目	齿轮精度			
	6	7	8	9
定心轴径 d	h5	h6	h6(h7)	h8
定心轴径表面粗糙度	$R_a0.4$	$R_a1.6$	$R_a1.6$	$R_a1.6$
A,B,C 同轴度	0.003	0.005	0.008	0.015
锥面接触面积	>80%	>70%	>60%	>60%
定位锥面表面粗糙度	$R_a0.2$	$R_a0.4$	$R_a0.8$	$R_a1.6$

夹具在滚齿机工作台上安装时,可根据表 5.6 所列的要求,按如图 5.5 所示的部位检查 A,B,C 3 点的跳动量,A,B 之间的距离为 150 mm。

使用这种夹具滚齿时,由于安装调整夹具时,心轴与机床工作台回转中心不重合;齿坯内孔与心轴间有间隙,安装时偏向一边;基准端面定位不好,夹紧后内孔相对工作台中心产生偏斜如图 5.6 所示,从而使切齿时产生齿轮的径向误差。

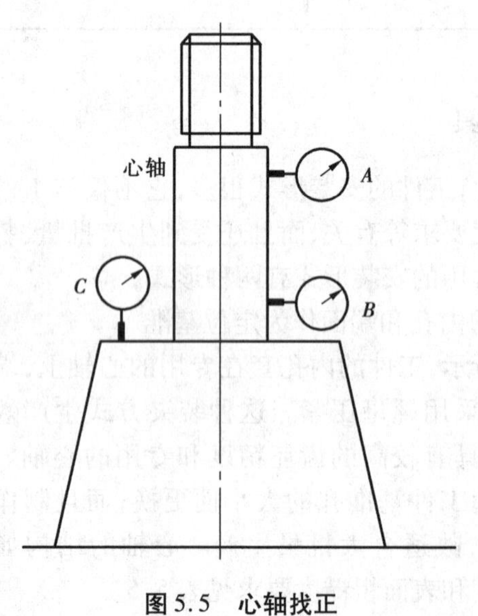

图 5.5 心轴找正

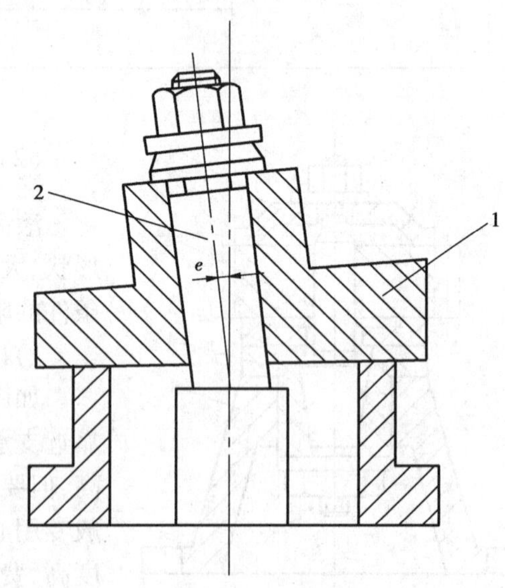

图 5.6 端面定位不好引起几何偏心

1—齿坯;2—心轴

表5.6　心轴找正要求

检查位置	齿轮精度		
	6	7	8
A	0.01	0.015	0.025
B	0.005	0.010	0.015
C	0.003	0.007	0.01

为提高定心精度,可采用精密可胀心轴以消除配合间隙,还可将夹具的定位与夹紧分开,如图5.7所示。工件靠定位套1定心,夹紧时,若端面定位不好会引起双头螺柱2弯曲,但不致影响齿坯的定心精度。

2)以工件的外圆和端面作为定位基准(见图5.8)

在这种情况下工件的内孔与心轴之间的间隙较大,将工件套在心轴上,用千分表按照工件外圆找正后夹紧。采用这种方法由于对每个加工工件都必须找正,故其生产率较低。一般适用于单件、小批生产。此法的加工精度,主要取决于齿轮坯本身的精度,其外圆的圆度应小于外圆的径向跳动,外圆应与内孔同轴,最好在加工时一次装夹下同时加工出来。当然,还应注意合理找正,以提高加工精度。

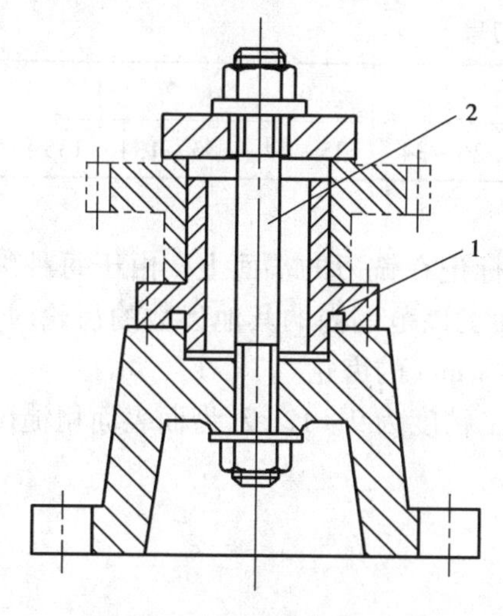

图5.7　定位与夹紧分开的夹具

1—定位套;2—双头螺柱

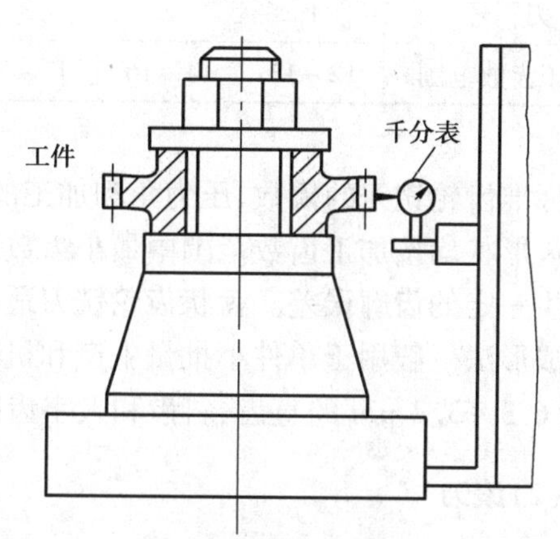

图5.8　外圆找正

1—定位套;2—双头螺柱

任务5.3　齿轮加工的刀具

(1)**齿轮成形加工刀具**

常用的成形齿轮刀具有盘形铣刀和指状铣刀。后者适用于加工大模数的直齿、斜齿齿轮,特别是人字齿轮。图5.9(a)中的刀具为盘形齿轮铣刀。用这种铣刀加工齿轮时,齿轮的齿廓精度是由铣刀切削刃形状来保证的，而渐开线齿廓是由齿轮的模数和齿数决定的。因此，要加工出准确的齿廓，每一个模数，每一种齿数的齿轮，就要相应地用一种形状的铣刀，这样做显然是行不通的。在实际生产中，是将同一模数的齿轮，按照齿数分为8组（或15组），每一组只用一把铣刀，见表5.7。例如，$m=2$ mm 的齿轮有8把铣刀，$m=3$ mm 的齿轮也有8把铣刀，以此类推。如果齿轮的模数是3 mm，齿数是28，则应用 $m=3$ mm 的铣刀中的5号铣刀来加工。

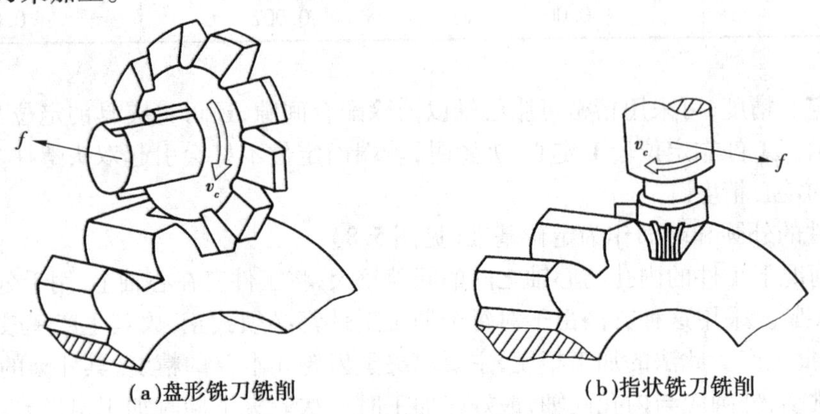

(a)盘形铣刀铣削　(b)指状铣刀铣削

图5.9　直齿圆柱齿轮的成形铣削

表5.7　盘形齿轮铣刀刀号

刀　号	1	2	3	4	5	6	7	8
加工齿数范围	12 ~ 13	14 ~ 16	17 ~ 20	21 ~ 25	26 ~ 34	35 ~ 54	55 ~ 134	135 以上

标准齿轮铣刀的模数、压力角和加工的齿数范围都标记在铣刀的端面上。由于每种编号的刀齿形状均按加工齿数范围中最小齿数设计，因此，加工该范围内的其他齿数的齿轮时，就会产生一定的齿廓误差。盘状齿轮铣刀适用于加工 $m \leqslant 8$ mm 的齿轮。

成形法一般用于单件小批量生产和机修工作中，加工精度为9 ~ 12级，齿面表面粗糙度值 R_a 为6.3 ~ 3.2 μm 的直齿、斜齿和人字齿圆柱齿轮。

(2)**滚刀**

1)滚齿原理

如图5.10所示为用齿轮滚刀加工齿轮的原理示意图，齿轮滚刀相当于一个经过开槽和铲齿的蜗杆，具有许多切削刃并磨出后角。由于蜗杆的法向截面近似于齿条形，当滚刀旋转时，就相当于一根齿条在移动，如果被切齿轮与移动的齿条互相啮合转动，滚刀切削刃的一系列连续位置的包络线就形成被切齿轮的齿廓曲线。滚齿的成形运动是由滚刀的旋转运动和工件的旋转运动组成的复合运动($B_{11}+B_{12}$)，为了滚切出全总齿宽，滚刀还应有沿工件轴向的进给运动 A_2。

2)滚刀

在齿面的切削加工中，齿轮滚刀的应用范围很广，可用来加工外啮合的直齿轮、斜齿轮、标准及变位齿轮。其加工齿轮的范围大，模数为0.1 ~ 40 mm 的齿轮，均可用齿轮滚刀加工。用

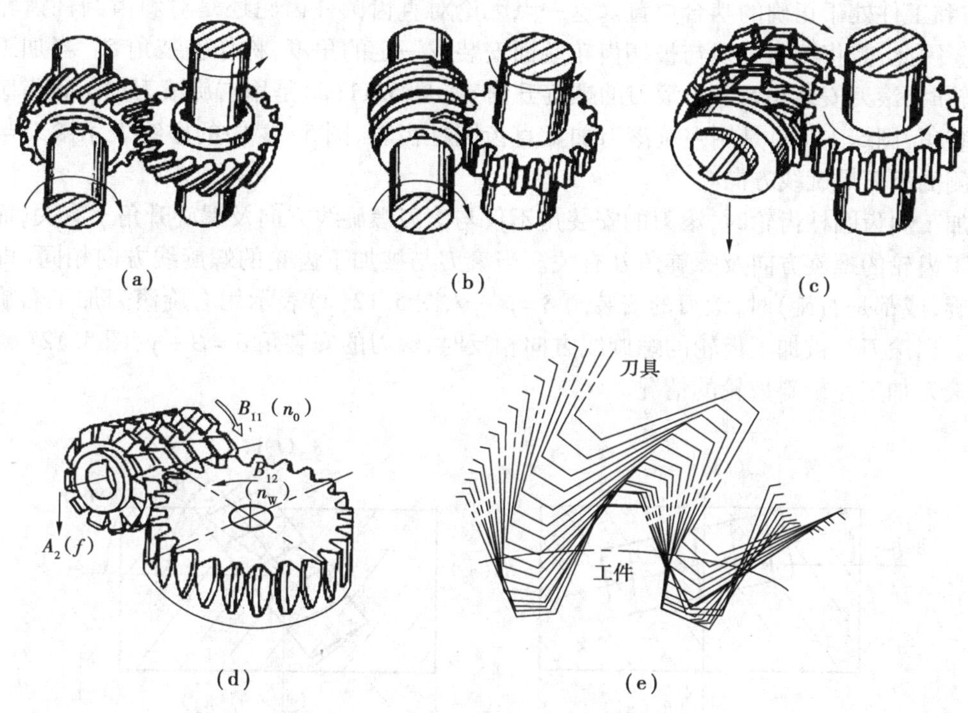

图5.10　滚齿原理示意图

一把滚刀就可加工同一模数任意齿数的齿轮。

从滚齿加工原理可知,齿轮滚刀是一个蜗杆形刀具。滚刀的基本蜗杆有渐开线、阿基米德和法向直廓3种。理论上讲,加工渐开线齿轮应用渐开线蜗杆,但其制造困难;而阿基米德蜗杆轴向剖面的齿形为直线,容易制造,生产中常用阿基米德蜗杆代替渐开线蜗杆。为了形成切削刃的前角和后角,在蜗杆上开出了容屑槽,并经铲背形成滚刀。

标准齿轮滚刀精度分为4级:AA,A,B,C。加工时,应按齿轮要求的精度,选用相应的齿轮滚刀。一般,AA级滚刀可加工6—7级精度齿轮;A级可加工7—8级精度齿轮;B级可加工8—9级精度齿轮;C级可加工9—10级精度齿轮。

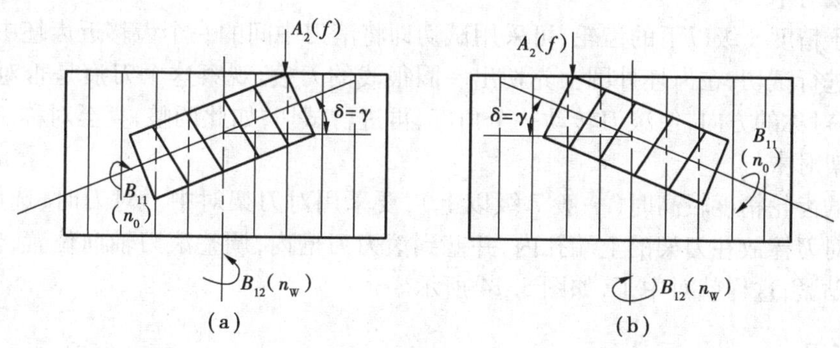

图5.11　滚切直齿圆柱齿轮时滚刀安装角

3)滚刀的安装与调整

滚齿时,为了切出准确的齿廓,应当使滚刀的螺旋线方向与被加工齿轮的齿面线方向一致，滚刀和工件处于正确的啮合位置。这一点无论对直齿圆柱齿轮还是对斜齿圆柱齿轮都是一样的。因此，需将滚刀轴线与被切齿轮端面安装成一定的角度，称作安装角 δ。当加工直齿圆柱齿轮时，滚刀安装角 δ 等于滚刀的螺旋升角 γ。图 5.11(a)是用右旋滚刀加工直齿圆柱齿轮的安装角，图 5.11(b)是用左旋滚刀加工直齿圆柱齿轮，图 5.11 中的虚线表示滚刀与齿坯接触一侧的滚刀螺旋线方向。

当加工斜齿圆柱齿轮时，滚刀的安装角不仅与滚刀螺旋线方向及螺旋升角 γ 有关，而且还与被加工齿轮的螺旋方向及螺旋角 β 有关。当滚刀与被加工齿轮的螺旋线方向相同(即两者都是左旋，或都是右旋)时，滚刀的安装角 $\delta=\beta-\gamma$，图 5.12(a)表示用右旋滚刀加工右旋齿轮的情况。当滚刀与被加工齿轮的螺旋线方向相反时，滚刀的安装角 $\delta=\beta+\gamma$，图 5.12(b)表示用右旋滚刀加工左旋斜齿轮的情况。

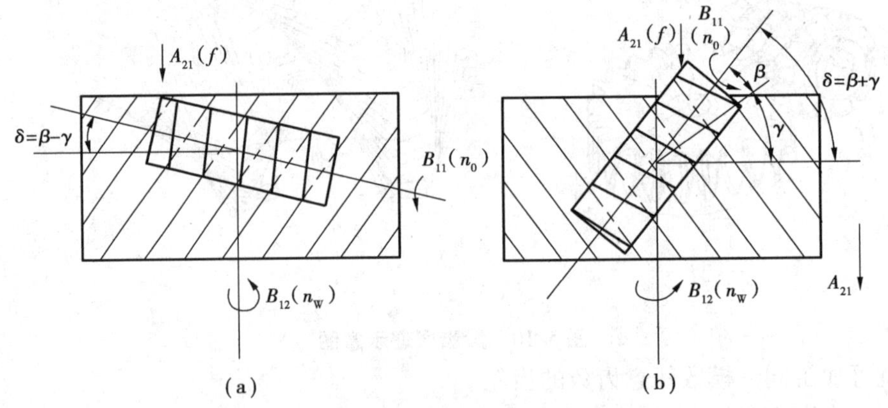

图 5.12　滚切斜齿圆柱齿轮时滚刀安装角

对于滚刀的对中，在安装过程中也是必须检验的项目。根据齿轮的加工原理可知，滚刀螺旋面上的刀齿数量少而且是断续的，故在开始滚切时，一定要使滚刀中间的一个刀齿或一个刀槽的对称中心通过齿坯的中心，这称为滚刀对中。如果滚刀不对中，切出的齿形就不对称，产生歪斜，如图 5.13 所示。

生产实际中，滚刀对中的方法有以下两种：

①试切法对中

一般对于精度 8 级以下的齿轮，可采用试切即将滚刀中间的一个齿移近齿坯中心位置，然后开动机床进行试切，在齿坯外圆上先切出一圈很浅的刀痕，观察这个刀痕是否对称，如果不对称，根据不对称的方向，使滚刀转动一个角度，再进行试切，如此调整，直至对称。

②对刀架对中

在加工的齿轮精度较高时(一般 7 级以上)，要采用对刀架对中。对刀时，选用与滚刀模数相适应的对刀棒放在刀架的上端孔内，并塞到滚刀刀槽内，调整滚刀轴向位置，使对刀棒与刀槽两侧都贴紧，这样就对中了，如图 5.14 所示。

(3)**插齿刀**

插齿和滚齿一样是利用展成法原理来加工齿轮。插齿刀实质上是一个端面磨有前角，齿顶及齿侧均磨有后角的齿轮。插齿时，刀具沿工件轴线方向作高速的往复直线运动，形成切削加工的主运动，同时还与工件作无间隙的啮合运动，在工件上加工出全部轮齿齿廓。在加工过

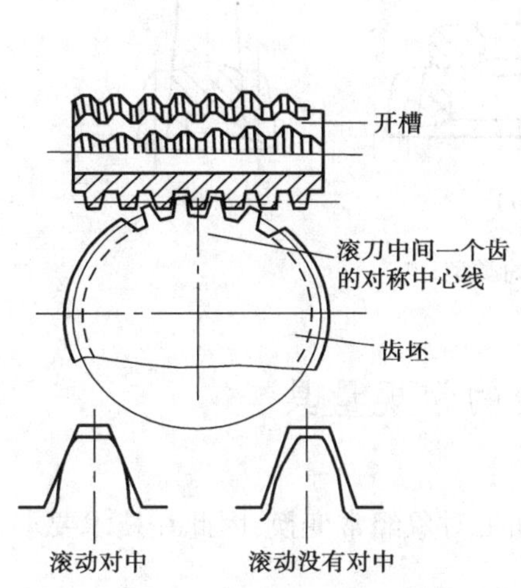

图 5.13　滚刀试切对中法对中

图 5.14　在滚齿机上采用对刀架对中示意图

程中,刀具每往复一次仅切出工件齿槽的很小一部分,工件齿槽的齿面曲线是由插齿刀切削刃多次切削的包络线所形成的,如图 5.15 所示。

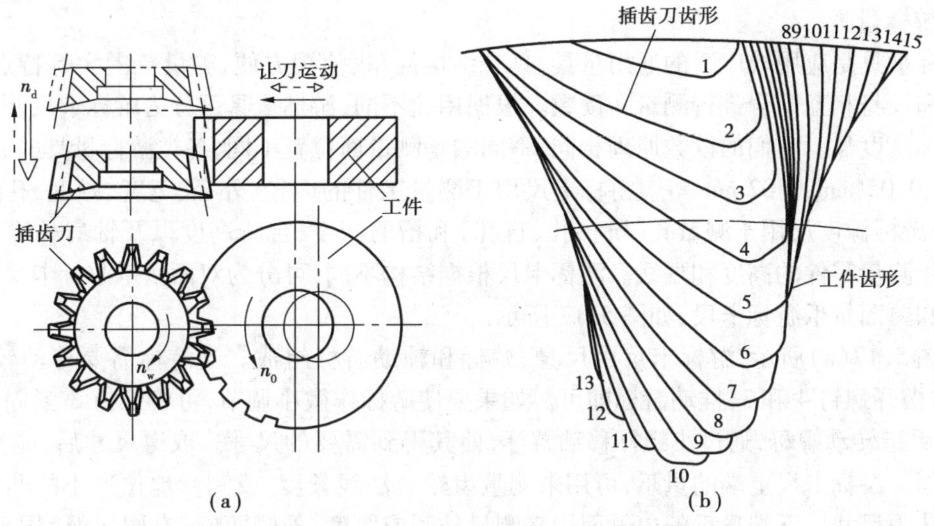

图 5.15　插齿原理

标准插齿刀分为 3 种类型,如图 5.16 所示。其中,盘形插齿刀(见图 5.16(a))主要用于加工模数为 1 ~ 12 mm 的直齿外齿轮及大直径内齿轮,碗形直齿插齿刀(见图 5.16(b))主要用于加工模数为 1 ~ 8 mm 的多联齿轮和带有凸肩的齿轮,锥柄插齿刀(见图 5.16(c))主要用于加工模数为 1 ~ 3.75 mm 的内齿轮。

插齿刀有 3 个精度等级:AA 级适用于加工 6 级精度的齿轮;A 级适用于加工 7 级精度的齿轮;B 级适用于加工 8 级精度的齿轮。应根据被加工齿轮的传动平稳性精度等级选用。

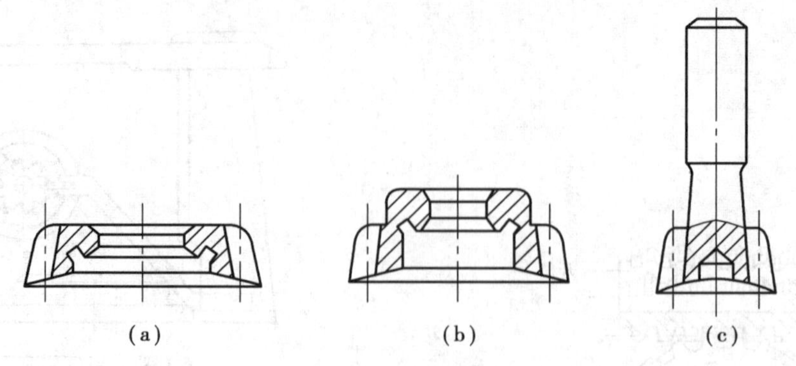

图 5.16　插齿刀的类型

任务 5.4　零件检验的常规量具

由于现代机械制造中,零件的品种多、数量少、加工对象经常变换,因此在技术要求允许的情况下,应尽量采用常规量具来检验零件。

(1)尺寸精度的测量用具

现代机械制造中,常用的测量用具如下:

1)游标量具

游标量具是应用较广泛的通用量具,具有结构简单、使用方便、测量范围大等特点。它利用游标和尺身相互配合进行测量和读数。根据用途不同,游标量具可分为游标卡尺、游标深度尺与游标高度尺。它们的读数原理相同,不同的是测量面位置不同,各类游标量具的分度值有 0.1 mm、0.05 mm、0.02 mm 等。游标卡尺用于测量工件的内径、外径、宽度、厚度、孔距、高度及深度;游标深度尺用于测量孔(阶梯孔、盲孔)和槽的深度、台阶高度以及轴肩长度;游标高度尺用于测量零件的高度和划线。游标卡尺根据结构不同,可分为双面量爪游标卡尺、三用游标卡尺和单面量爪游标卡尺,如图 5.17 所示。

如图 5.17(a)所示,游标卡尺由尺身、游标和辅助游标组成。当游标需要移动较大距离时,只需松开螺钉 4 和 3,推动游标即可。如果要使游标作微小调节,可将螺钉 3 紧固,松开螺钉 4,用手指转动螺母,通过小螺杆移动游标,使其得到需要的尺寸。取得尺寸后,应把螺钉 4 加以紧固。游标卡尺上端的量爪,可用来测量齿轮公法线长度,或测量地位狭小的凸柱、直径或其他孔距尺寸。下端量爪的内侧面用来测量外圆或厚度,外侧面(带有圆弧面)用来测量内孔或沟槽。

游标卡尺的规格如下:

①双面量爪游标卡尺。测量范围有 0~200 mm 和 0~300 mm 两种。

②三用游标卡尺。测量范围有 0~125 mm 和 0~150 mm 两种。

③单面量爪游标卡尺。测量范围较大,可达 1 000 mm。

游标卡尺按其能测量的精度不同,可分为 0.1 mm,0.05 mm 和 0.02 mm 3 种。这 3 种游标卡尺的尺身刻度间隔是相同的,即每小格 1 mm,每大格 10 mm。所不同的是游标与尺身相

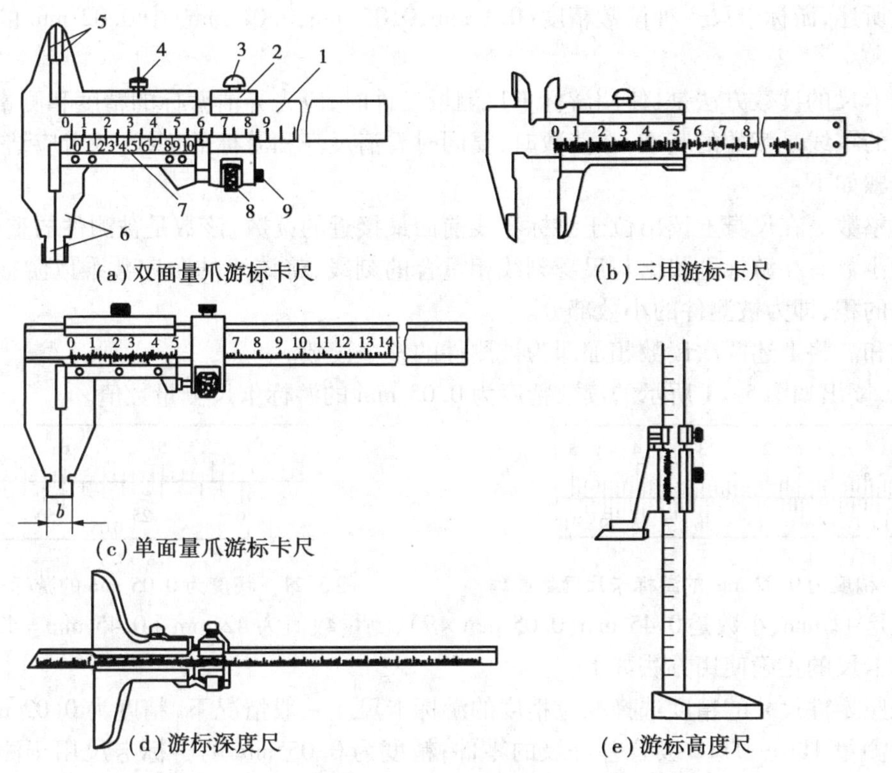

图5.17 常用游标量具

1—尺身;2—辅助游标;3,4—螺钉;5—上量爪;6—下量爪;7—游标;8—螺母;9—小螺杆

对应的刻线宽度不同。

游标卡尺的读数原理:

①精度为0.1 mm的游标卡尺。如图5.18所示,尺身每小格1 mm。当两测量爪合并时,尺身上9 mm刚好等于游标上10格,则游标每格刻线宽度为0.9 mm(9 mm/10)。尺身与游标每格相差0.1 mm(1 mm-0.9 mm)。数值0.1mm即为游标卡尺的读数精度。

②精度为0.05 mm的游标卡尺。如图5.19所示,尺身每小格1 mm,当两测量爪合并时,尺身上19 mm刻线的宽度与游标20格的宽度相等,则游标每格刻线宽度为0.95 mm(19 mm/20),尺身与游标每格相差0.05 mm(1 mm-0.95 mm),故此种游标卡尺的读数精度为0.05 mm。

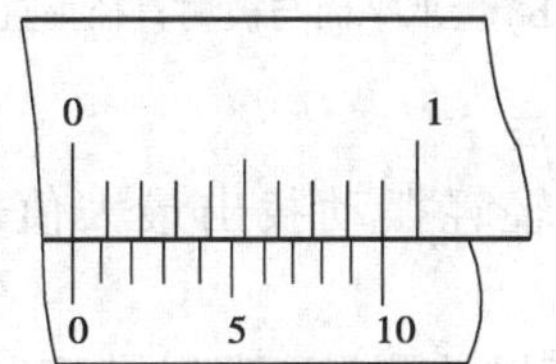

图5.18 精度为0.1 mm的游标卡尺读数原理

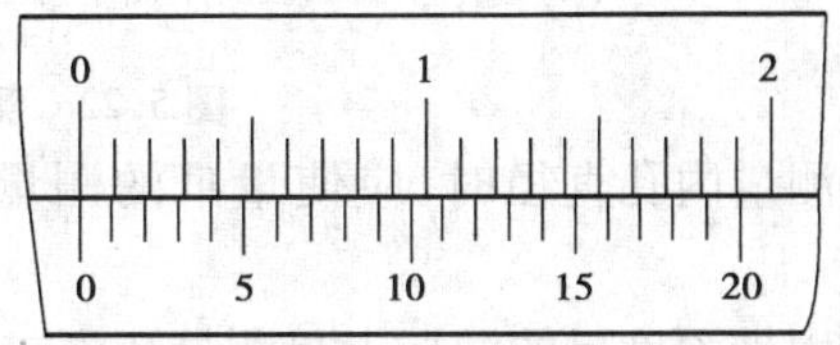

图5.19 精度为0.05 mm的游标卡尺读数原理

③精度为0.02 mm的游标卡尺。如图5.20所示,尺身每小格1 mm,当两测量爪合并时,尺身上49 mm刚好等于游标上50格,则游标每格刻线宽度为0.98 mm(49 mm/50),尺身与游标每格相差0.02 mm(1 mm-0.98 mm),故此种游标卡尺的读数精度为0.02 mm。

综上所述,游标卡尺 3 种读数精度(0.1 mm,0.05 mm,0.02 mm)中 0.02 mm 的读数精度最高。

游标卡尺的读数方法是:使用游标卡尺测量工件时,应先弄清游标的精度和测量范围。游标卡尺上的零线是读数的基准,在读数时,要同时看清尺身和游标的刻线,两者应结合起来读。其具体步骤如下:

①读整数。在尺身上读出位于游标零线前面最接近的读数,该数是被测件的整数部分。

②读小数。在游标上找出与尺身刻线相重合的刻线,将该线的顺序数乘以游标的读数精度值所得的积,即为被测件的小数部分。

③求和。将上述两次读数相加即为被测件的整个读数。

例如,读出如图 5.21 所示的读数精度为 0.05 mm 的游标卡尺测量数值。

图 5.20 精度为 0.02 mm 的游标卡尺读数原理

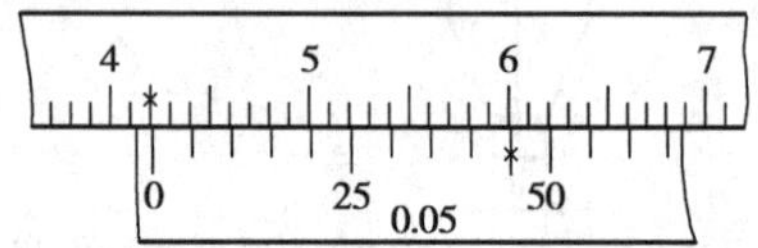

图 5.21 精度为 0.05 mm 的游标卡尺读数法

整数是 42 mm,小数是 0.45 mm(0.05 mm ×9),测量数值为 42 mm +0.45 mm =42.45 mm。

游标卡尺的正确使用方法如下:

①按照零件尺寸的精度选择相应精度的游标卡尺。一般情况下,精度为 0.02 mm 的游标卡尺用于测量 IT16—IT12 级公差等级的零件;精度为 0.05 mm 的游标卡尺用于测量 IT16—IT13 级公差等级的零件;精度为 0.1 mm 的游标卡尺用于测量 IT16—IT14 级公差等级的零件。

②在测量前,要对游标卡尺进行检查,使尺身和游标的零位对齐,观察两量爪测量面的间隙,一般情况下,精度为 0.02 mm 的游标卡尺的间隙应不大于 0.006 mm;精度为 0.05 mm 和 0.1 mm 的游标卡尺的间隙应不大于 0.01 mm,若不符合要求,则应送检修而不能使用。

③当测量外径和宽度时,游标卡尺的测量爪应与被侧表面的整个长度相接触,要使游标卡尺的量爪平面和被测直径垂直或与被测平面平行,如图 5.22 所示。

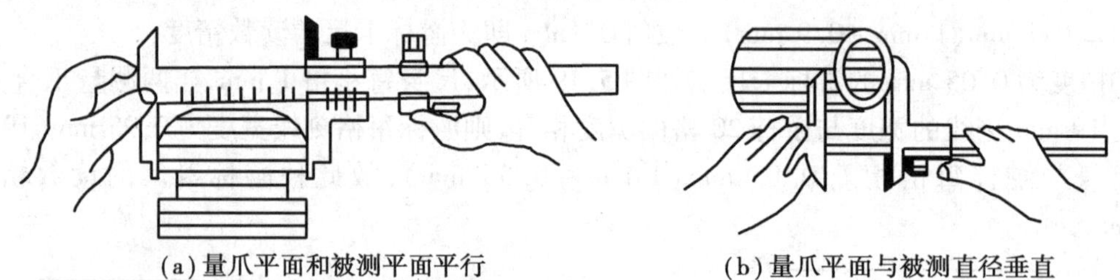

(a)量爪平面和被测平面平行　　(b)量爪平面与被测直径垂直

图 5.22 测量外径和宽度的方法

④测量内孔直径时,应使量爪的测量线通过孔心,并轻轻摆动找出最大值,如图 5.23 所示。

⑤用带深度尺的游标卡尺测量孔深或高度时,应使深度尺的测量面紧贴孔底,而游标卡尺的端面与被测件的表面接触,且深度尺要垂直,不可前后左右倾斜,如图 5.24 所示。

游标卡尺的维护与保养如下:

①游标卡尺作为较精密的量具不得随意当作他用,如将游标卡尺的量爪当作划针、圆规和螺钉旋具等使用。

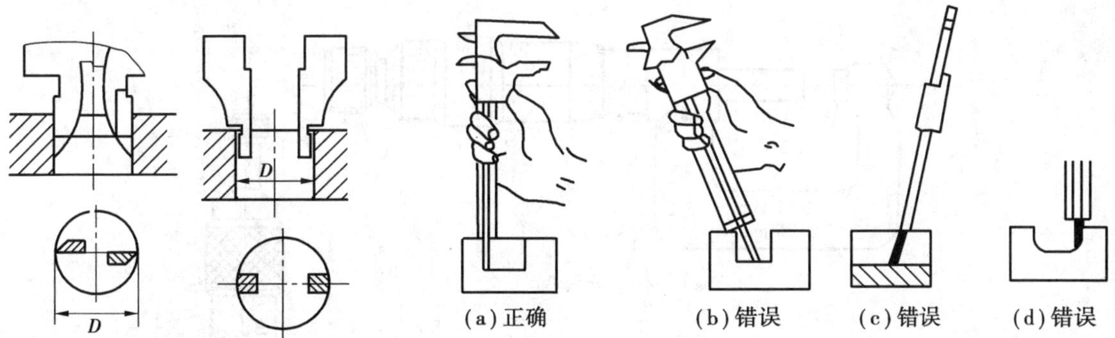

图5.23　测量内径的方法

图5.24　测量深度的方法

②移动卡尺的尺框和微动装置时,既不要忘记松开紧固螺钉,也不要送得过量,以免螺钉脱落丢失。

③测量结束后要将游标卡尺平放,尤其是大尺寸的游标卡尺,否则会造成尺身弯曲变形。

④发现游标卡尺受到损伤后应及时送计量部门修理,不得自行拆修。

⑤游标卡尺使用完毕后,要擦净上油,放在游标卡尺盒内,避免生锈或弄脏。

2)千分尺

千分尺是一种应用广泛的精密量具,其测量精确度比游标卡尺高。其结构形式和规格多种多样,都是利用精密螺旋副传动原理,把螺杆的旋转运动变成直线位移来测量尺寸。通常其刻度值为0.01 mm。按其用途分为外径千分尺、内径千分尺和深度千分尺。其外形如图5.25所示。

①外径千分尺

外径千分尺一般用于外尺寸的测量。外形结构包括弧形尺架1、固定测垫2、测量杆3、固定套筒4、微分筒5及棘轮式测量力衡定机构6等(见图5.25(a))。

②内径千分尺

内径千分尺用于测量50 mm以上孔径和其他内径尺寸。其结构主要包括带量头1的套筒2、微分筒3等,以及为增加测量范围附加有一系列不同长度的接长杆(见图5.25(b))。

③深度千分尺

深度千分尺主要测量不通孔、槽或台阶的深度。其结构由横尺1、固定套筒2、微分筒4、棘轮式测量力衡定机构5、锁紧螺母6及成套测杆等组成(见图5.25(c))。

3)杠杆式卡规和杠杆式千分尺

①杠杆式卡规

杠杆式卡规主要用于相对测量(又称为比较测量)。在有些场合,也能够直接测量工件的形状误差和位置误差,例如圆度、圆柱度、平行度等。

杠杆式卡规的外形及结构如图5.26所示。它是利用杠杆和齿轮传动被测量值的误差进行放大,在刻度盘4上示值,常用规格的刻度值有0.002 mm和0.005 mm两种。

其使用方法是:用于相对测量时,需用量块先进行调整。调整前,按被测工件的基本尺寸选定量规尺寸;调整时,首先旋松套筒6,然后转动滚花螺母8,使带有梯形螺纹的可调测垫10作左右移动,在活动测垫11和可调测垫10之间放入量块,使指针5对准刻度盘4上的零位;最后旋紧套管6,将可调测垫10锁紧。为了能直观地反映被测工件的尺寸是否合格,可取下圆盖子1,用专用附件(扳手)调整公差指示器3到所需要的位置。

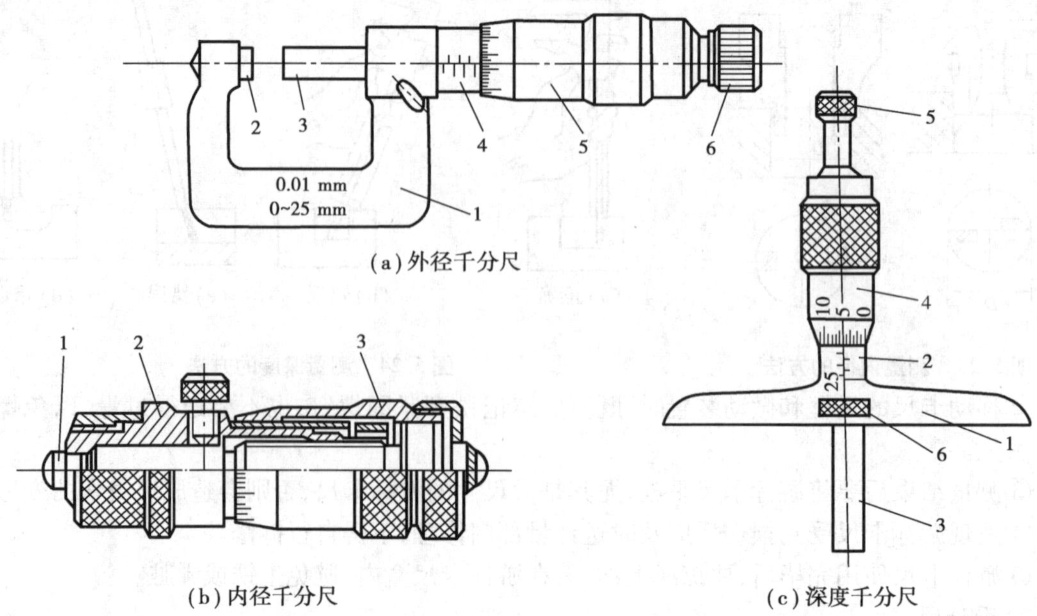

(a)外径千分尺

(b)内径千分尺

(c)深度千分尺

图 5.25　千分尺外形图

(a)

1—弧形刀架;2—固定测垫;3—测量杆;4—固定套筒;5—微分筒;6—棘轮式测量力衡定机构

(b)

1—量头;2—套筒;3—微分筒

(c)

1—横尺;2—固定套筒;3—测量杆;4—微分筒;5—棘轮式测量力衡定机构;6—锁紧螺母

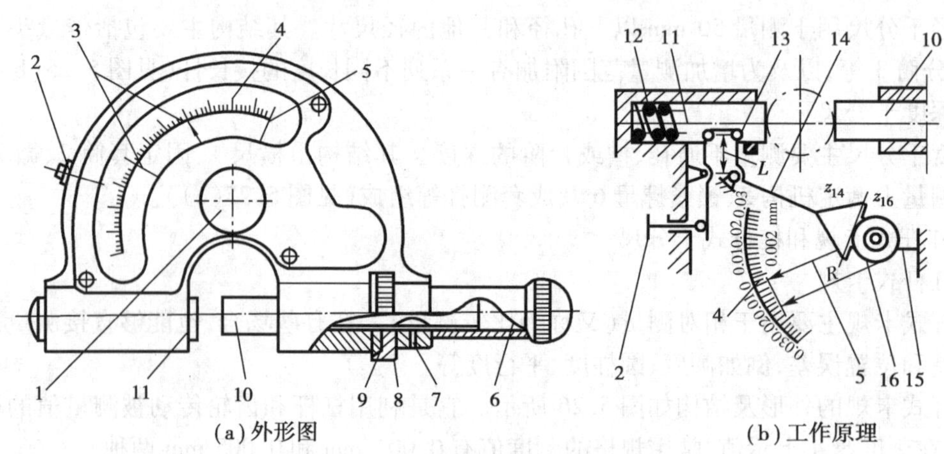

(a)外形图

(b)工作原理

图 5.26　杠杆式卡规

1—盖子;2—退让按钮;3—公差指示器;4—刻度盘;5—指针;6—套筒;7—螺钉;
8—滚花螺母;9—碟形弹簧;10—可调测垫;11—活动测垫;12—压缩弹簧;
13—杠杆;14—扇形齿轮器;15—游丝;16—齿轮

碟形弹簧9的作用是为了消除螺母与梯形螺纹间的间隙。螺钉7旋入可调测垫10的长槽中,是为了防止调整尺寸时可调测垫发生转动。

退让按钮2用于测量前后装卸工件时消除测垫对工件的测量力,使测量方便,并减少杠杆式卡规测量面的磨损。

②杠杆式千分尺

杠杆式千分尺是由普通千分尺的微分筒和杠杆式卡规的指示机构两部分组成的精密量具,如图5.27所示。常用规格的刻度值为0.001 mm和0.002 mm两种,指示机构示意范围为±0.06 mm。它既能用作相对测量,也可用于绝对测量。

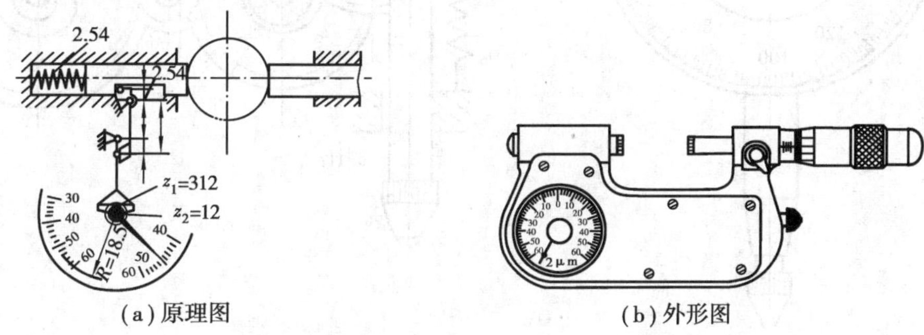

(a)原理图　　(b)外形图

图5.27　杠杆式千分尺

与普通千分尺相比,杠杆式千分尺具有如下特点:

a.测量快捷。作相对测量前,用等于被测工件基本尺寸的量块调整指示结构的零位;测量时,根据指示机构的示值即可判断工件尺寸的合理性。

b.测量力稳定。因为杠杆千分尺的测量力由活动测垫后端压缩弹簧产生,稳定性较普通千分尺的棘轮式衡力结构好。

杠杆式千分尺使用时,应注意以下事项:

①用杠杆卡规或杠杆千分尺作相对测量前,应按被测工件尺寸,用量块调整零位。

②测量时,按动退让按钮,让工件与测量杆砧面轻轻接触,不能硬卡。

③测量工件直径时,应以指针的转折点读数为正确测量值。

4)千分表

千分表是一种指示式量具,可用来测量工件的形状误差和位置误差,也可用相对法测量工件的尺寸。它可分为钟表式千分表和杠杆式千分表两种。

①钟表式千分表

钟表千分表如图5.28所示。利用齿轮-齿条传动,将测量杆的微小位移,转变为指针的角位移。其刻度值为0.001 mm和0.002 mm两种。

②杠杆式千分表

刻度值为0.002 mm的杠杆式千分表如图5.29所示。当球面测杆7向左摆动时,拨杆6推动扇形齿轮5上的圆柱销C使扇形齿轮5绕轴B逆时针转动,此时圆柱销D与拨杆6脱开。当球面测杆7向右摆动时,拨杆6推动扇形齿轮5上的圆柱销D使扇形齿轮5绕轴B逆时针转动,此时圆柱销C与拨杆6脱开。这样,无论球面测杆7向左或向右摆动,扇形齿轮5总是绕轴B逆时针方向转动。扇形齿轮5再带动小齿轮1以及同轴的端面齿轮2,经小齿轮4由指针3在刻度盘指示出数值。

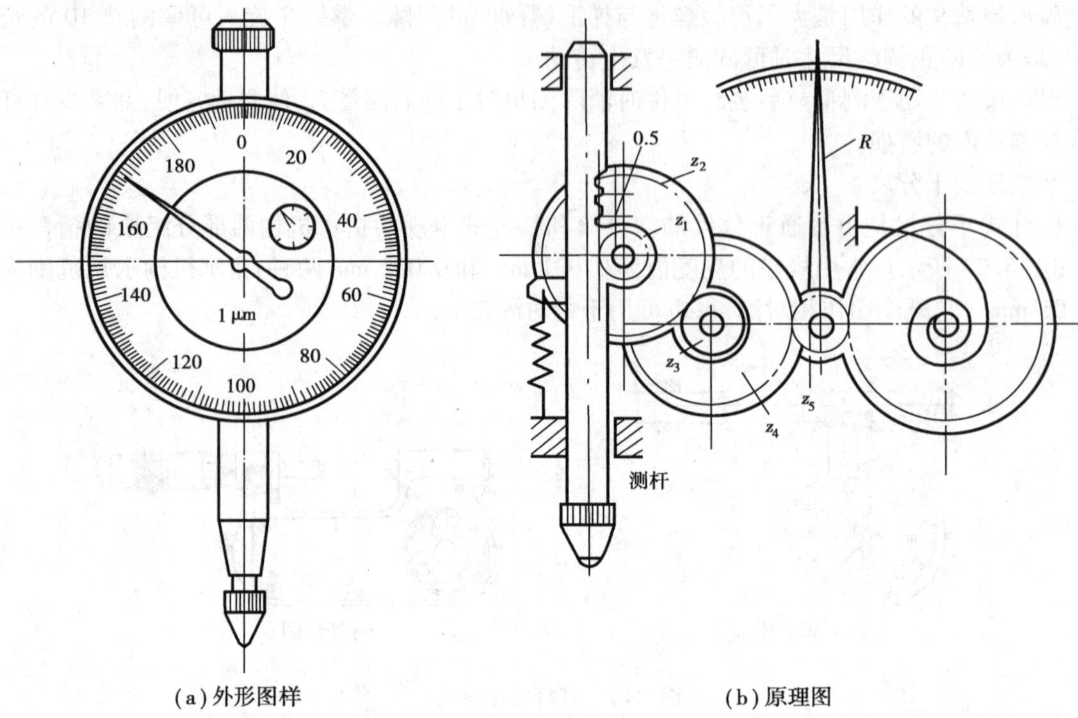

(a)外形图样　　(b)原理图

图 5.28　钟表式千分表

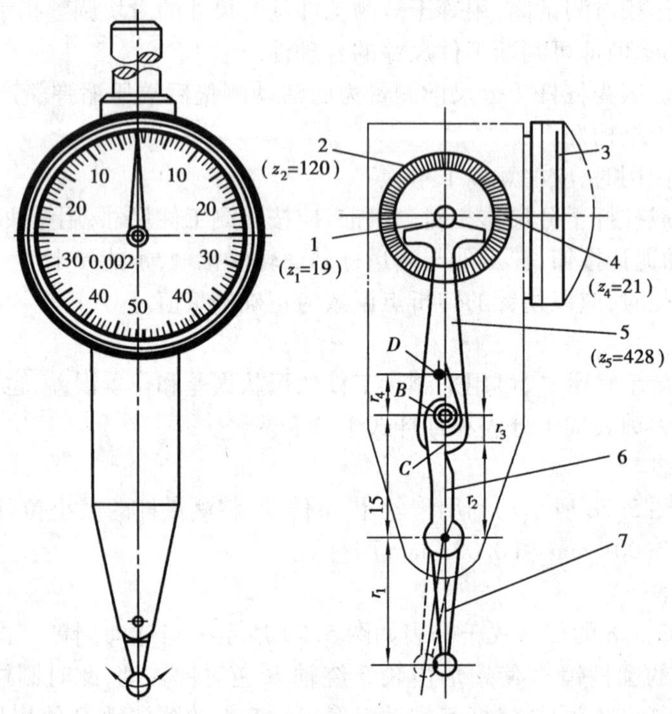

图 5.29　杠杆式千分表

1,4—小齿轮;2—端面齿轮;3—指针;
5—扇形齿轮;6—拨杆;7—球面测杆

使用千分表应注意的事项如下:

a.千分表使用前应固定在表架上,并校正零位。

b.钟表式千分表测杆与被测工件表面垂直,否则会产生测量误差。

c.杠杆式千分表的测杆轴线与被测工件表面平行,夹角越小,测量误差越小。当夹角 $\alpha>15°$ 时,会产生较大的测量误差(见图5.30),需进行修正,测量值修正公式为

$$a = b\cos\alpha$$

式中 a——正确测量结果,mm;

b——测杆轴线与工件表面夹角 α 时的测量值,mm;

α——测杆轴线与工件表面夹角,(°)。

5)比较仪

比较仪又称测微仪,以量块作为长度基准,按相对比较测量法来测量各种工件的外部尺寸。根据比较仪上测微表的原理与结构的不同,比较仪可分为机械式、光学杠杆式和电动比较仪等。刻度值一般为0.001~0.002 mm,使用方法与普通千分表相似,但比较仪量程小、测量精度高,适用于精密测量。它主要用于高精度的圆柱形、球形等零件的测量,也可测量形状误差和位置误差。比较仪通常装在专用支架上,如图5.31所示。

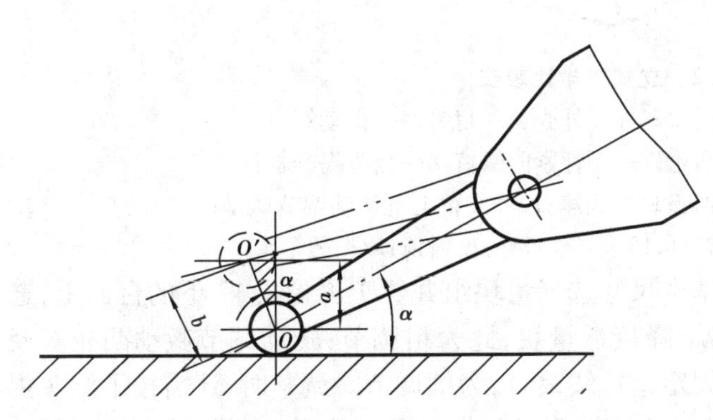

图5.30 杠杆式千分表测杆轴线位置引起的测量误差

图5.31 比较仪测量支架

①光学比较仪的结构组成

光学杠杆式比较仪也称光学比较仪,有立式和卧式两种。如图5.32所示为立式光学比较仪。它主要由底座、立柱、支臂、目镜及镜管体、光管、圆形工作台、测量头及测量头抬起杠杆组成。

②使用与调整步骤

比较仪使用与调整步骤如下:

a.测量头的选择。测微仪备有3种类型测量头,即球面形、平面形和刀刃形。测量时,应尽量满足点接触,因此测量平面或圆柱面工件时选球面测头;测量小于10 mm圆柱体时选刀刃式测量头;测量凸球面工件时选平面形测量头。

b.工作台的调整。测量时是以工作台面作基准面。因此,台面应与测量头的移动方向垂直,可用工作台调整螺钉来调整。

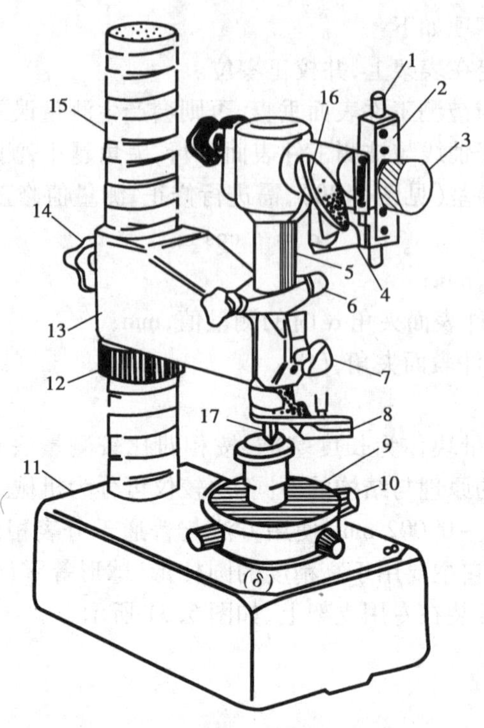

图 5.32 立式光学比较仪

1—公差极限指示调节手柄;2—标尺外壳;3—目镜;4—微动螺钉;
5—光管;6—光管上下微动凸轮;7—光管紧固螺钉;8—测头提升杠杆;
9—工作台 10—工作台调整螺钉;11—底座;12—支臂上下移动调节螺母;
13—支臂;14—支臂紧固螺钉;15—立柱;16—反射镜;17—测量头

c.调整测微零点。根据被测零件和基本尺寸选择量块组并置于测量头 17 下的台面上,通过转动支臂上下移动调节螺母 12 使支臂下降接近量块,此为粗调节;转动调节微动凸轮 6 及转动微动螺钉 4 使目镜 3 上零线影像与固定指标线重合,为细调节。调整时,还需按下测头提升杠杆 8,使测量头起落数次,微调微动螺钉 4 使零刻线与指针重合稳定。调整结束按下测头提升杠杆 8,取下量块组。

d.测量方法。将工件靠在工作台面上,在测量头下找稳定值。对于圆柱形工件应慢慢滚过测量头,并读出仪器指示的最大值(即实际偏差)。根据工件极限偏差判断工件的合格性。

(2)形位误差测量用具

测量形位误差的常用量具和检具有水平仪、平板、测量指示表及万能表架等,也可利用工具显微镜、三坐标测量机、投影仪等测量仪器。

1)水平仪

水平仪是一种测量工件表面相对水平面倾斜微小角度值的测量器具,主要用于测量直线度和垂直度,可在调整安装设备水平或垂直位置时使用。水平仪常用的种类为框式水平仪和光学合像水平仪。

①框式水平仪

框式水平仪主要用于测量工件直线度和垂直度,在安装和检修机器时也常用于找正机器的安装位置。

A. 框式水平仪结构

框式水平仪如图5.33所示，由框架与水准器两部分组成。框架的测量面有平面和V形槽两种，V形槽可用于圆柱面上进行测量。框架四周的测量面相互垂直，可用于测量工件垂直面误差。

主水准器是测量值的显示部位。具有一个表面带刻线的弧形玻璃管，内装乙醚或酒精，并留有一个气泡称为水准泡。当水平仪处于水平位置时，气泡位于玻璃管刻线中间；当水平仪微量倾斜一角度时，气泡则向左或右移动一距离。所以，根据起泡的移动量可间接反映水平仪倾斜角的大小和方向。

横水准器用于保证测量位置的正确性。

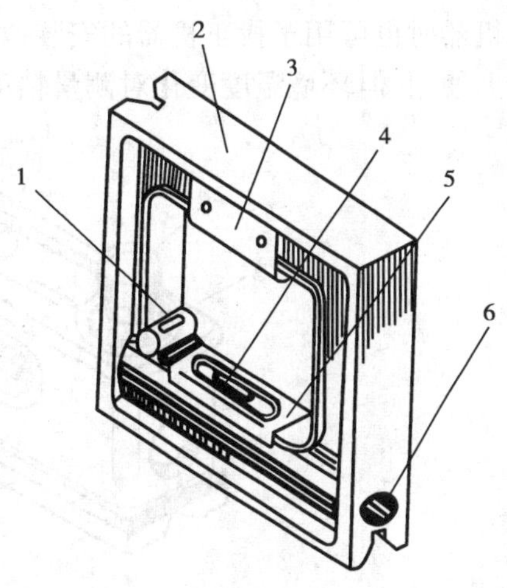

图5.33　框式水平仪

1—横水准器；2—框架；3—手把；4—主水准器；5—盖板；6—零位调整

B. 框式水平仪工作原理

如图5.34所示，分度值为0.02 mm/1 000 mm的水平仪，主水准器曲率半径$R=103\ 132$ mm，当平面在1 000 mm长度中倾斜0.02 mm，倾斜角θ为

$$\tan\theta=\frac{0.02\ \text{mm}}{1\ 000\ \text{mm}}=0.000\ 02$$

$$\theta=4''$$

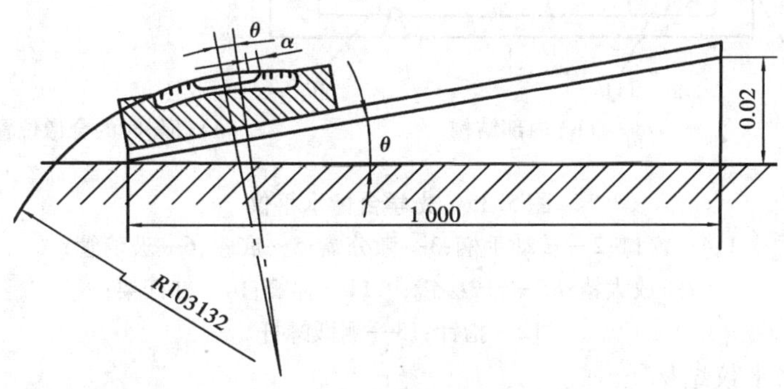

图5.34　水平仪的工作原理

水准泡转过的角度与平面转过的角度相等，水准泡移动一格的距离为

$$a=\frac{2\pi R\theta}{360\times60\times60}=\frac{2\pi\times103\ 132\ \text{mm}\times4}{360\times60\times60}=2\ \text{mm}$$

即分度值为0.02 mm/1 000 mm的水平仪，玻璃管刻线距离每格为2 mm。由此可知，水平仪是利用转动角度相同，曲率半径放大原理制成的测量仪。

C. 使用方法

水平仪的精度一般是以气泡移动一格，水平仪在1 m长度上倾斜的高度差H表示。例如，精度为0.02/1 000的框式水平仪，气泡向左或向右移动一格，则在水平一边框200 mm的长度上，两端的高度差h为$h=200\ \text{mm}\times(0.02/100)=0.004$ mm

②光学合像水平仪

如图5.35所示为光学合像水平仪。它主要用于测量工件的直线度和平面度，在安装和检修机器时也可用于找正机器的安装位置。与框式水平仪比较，其测量范围大，可在工件的倾斜面上使用，但环境温度变化对测量精度有较大的影响。

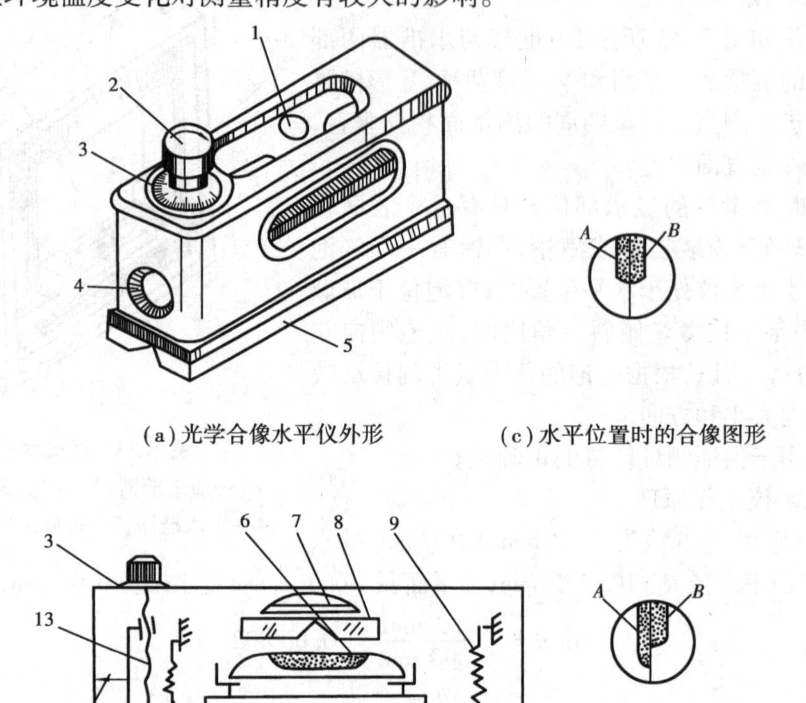

(a) 光学合像水平仪外形　　(c) 水平位置时的合像图形

(b) 内部结构　　(d) 倾斜时的合像位置

图 5.35　光学合像水平仪

1,4—窗口；2—转动手柄；3—微分盘；5—底座；6—玻璃管；
7—放大镜；8—合成棱镜；9,11—弹簧；10—杠杆架；
12—指针；13—测微螺杆

A. 光学合像水平仪结构

光学合像水平仪的结构如图 5.35(a)、(b)所示。玻璃管 6 安装在杠杆架 10 上，其水平位置用微分盘 3 通过测微螺杆 13 和杠杆系统进行调整。玻璃管内的气泡两端圆弧分别用 3 个不同方向、不同位置的棱镜反射到窗口的镜框内，分成两个半像。当水平仪处于水平位置时，气泡 A,B 重合，如图 5.35(c)所示；当水平仪倾斜时，气泡 A,B 不重合，如图 5.35(d)所示。

测微杆的螺距 $P=0.5$ mm，微分盘的刻线分为 100 等分，即微分盘每转过一格，测微螺杆上的螺母就移动 0.005 mm。

B. 使用方法

将水平仪放在工件的被测表面上，用手转动微分盘 3，从窗口 1 中观察，直到两半气泡重合时进行读数。其中，窗口 4 读数单位为 mm/m，微分盘刻度值为 0.01 mm/m。例如，精度为 0.01/1 000 的光学合像水平仪，微分盘上每一刻度格表示在 1 m 长度上，两端高度差为 0.01 mm。测量时，如果窗口 4 读数为 1，微分盘读数为 16，则测量值为 1.16 mm。表示被测工件倾斜程度是在 1 m 长度上两端高度差为 1.16 mm。如果工件小于或大于 1 m 时，应按照正比例方法进行折算。

2)指示表

在形位误差测量中,中、小件工件表面的测量常以平板为测量基准,用指示表在被测面各位置上进行测量,称打表测量法。

①指示表的类型

常用的指示表有钟表式百分表(分度值)0.01 mm)、钟表式千分表(分度值0.001 mm,0.005 mm)、杠杆百分表(分度值0.01 mm)和杠杆千分表(分度值0.002 mm)等类型。各种指示表外形如图5.36所示。

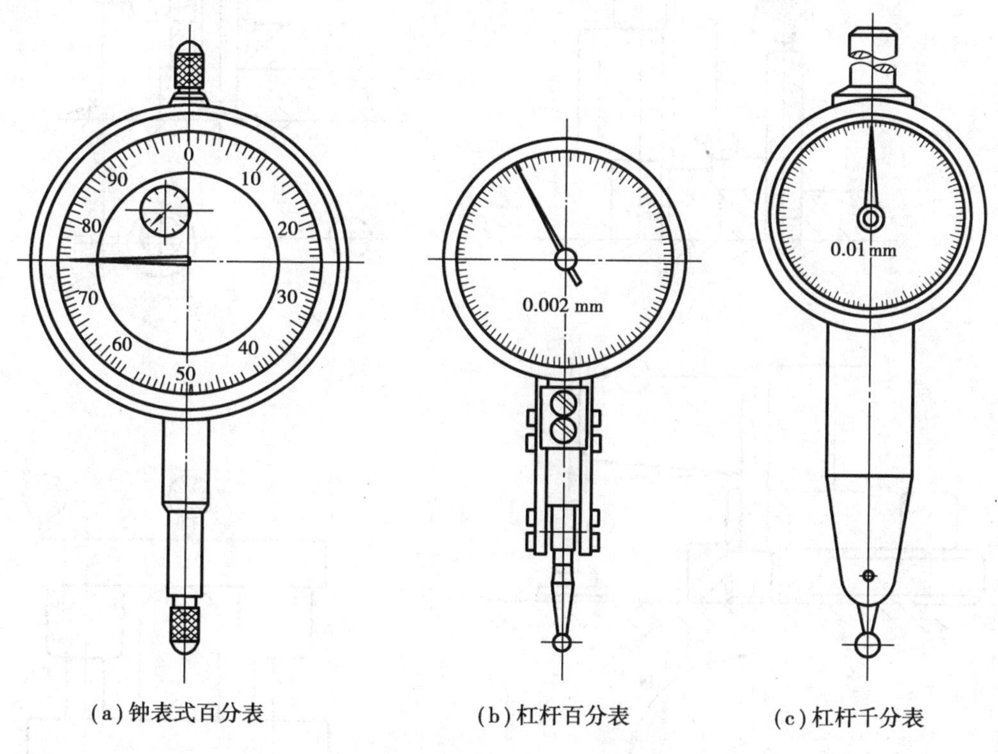

(a)钟表式百分表　(b)杠杆百分表　(c)杠杆千分表

图5.36　指示表外形图

②测量过程及数据处理方法

使用打表测量,通常以平板表面模拟基准。在进行垂直度及倾斜度测量时,还常通过方箱或导柱将基准面进行转换,使被测面(线)转至与测量基准平行,用测平行度方法测量。测量时,应在整个测量面上打表,取打表读数的最大变动量为定向误差值,打表测量法的测量过程见下例:

A. 冲压模架导柱与模座垂直度测量方法

在装配冲压模架时,利用压力机将导柱压入下模座过程中,需测量与校正导柱的垂直度。检测方法如图5.37(a)所示,千分表在图示两个方向上,按规定的测量线,分别对导柱进行测量,得到两个方向测量读数差,即为图示两个方向的垂直度误差Δ_x,Δ_y,则导柱的垂直度误差Δ_{max}为

$$\Delta_{max} = \sqrt{\Delta_x^2 + \Delta_y^2}$$

B. 冲压模架上模板导套内外圆同轴度和对上模板的垂直度测量

在滑动导柱模架上装配上模板导套时，需保证两导套中心位置度和导套对模板的垂直度。将上模板反置套在导柱上，套上导套，如图 5.37(b)所示。用千分表检测导套压配部分内外圆同轴度，并将其最大偏差放在两导套中心连线的垂直位置上，以减少由于不同轴而引起的中心距变化。

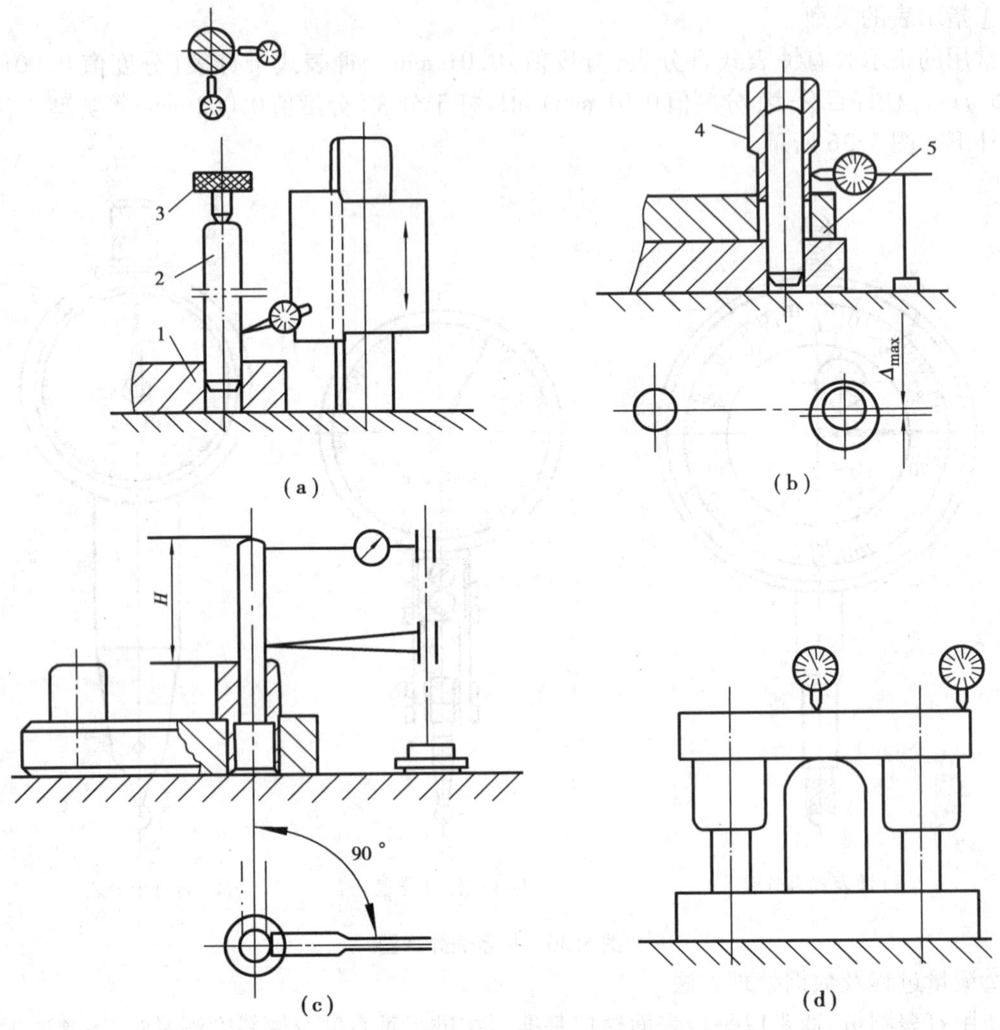

图 5.37　模架装配中的打表测量

1—下模板；2—导柱；3—压块；4—导套；5—上模板

导套对上模板的垂直度测量，可将装有导套的上模板反置于测量平板上，导套内插入锥度芯棒，测量心棒轴线的垂直度，如图 5.37(c)所示。排除 H 范围内心棒锥度因素影响，可得导套孔上的垂直度误差。

C. 冲压模架上模板对下模板平行度的检测方法

如图 5.37(d)所示，将装配好的被测模架放在精密平板上，将上、下模对合，中间垫以球面垫块，移动千分表架或推动模架在整个被测面上用千分表上测量，取最大与最小读数差，即为模架的平行度误差。

D. 凹模对称度误差的测量

图 5.38(a)是一个冲长方孔的凹模，要求凹槽位置与模具中心对称。测量时，将被测凹槽

内放置测量块，然后放在平板上，如图5.38(b)所示。用百分表在测量块a面若干位置上测量，记下各读数值。翻转工件，用同样方法在测量块b面上的若干对应点上测量。各两对应点的读数差中的最大值，即为凹槽的对称度误差。

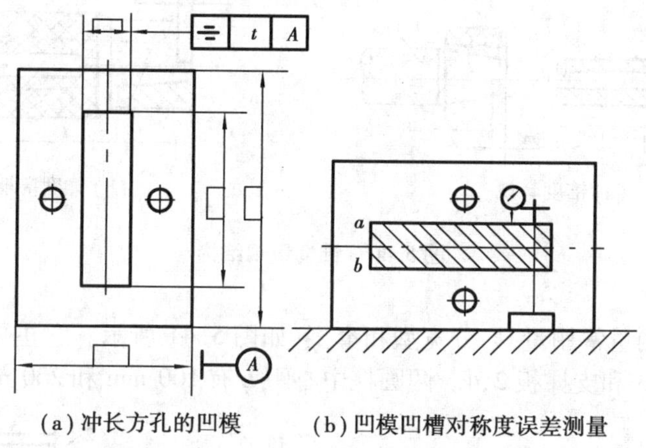

(a)冲长方孔的凹模　　(b)凹模凹槽对称度误差测量

图5.38　凹模对称误差的测量

(3)**角度、锥度测量用具**

角度和锥度的测量，可进行直接测量和间接测量。直接测量的测量用具有角度样板和锥度量规、万能量角器、测角仪、光学分度头、投影仪等。间接测量的测量用具有正弦尺、钢球、圆柱、平板以及千分尺、指示表和万能工具显微镜，可用于测量精度要求较高的角度和锥度。

1)角度样板和锥度量规

①角度样板

如图5.39所示角度样板是检验外锥体用的角度样板，它是根据被测角度的两个角度的极限尺寸制成的，因此有通端和止端之分。检验工件角度时，若工件在通端样板中，光隙从角顶到角底逐渐减小，则表明角度在规定的二极限尺寸之内，被测角度合格。角度样板常用于检验螺纹车刀、成形刀具及零件上的斜面或倒角等。

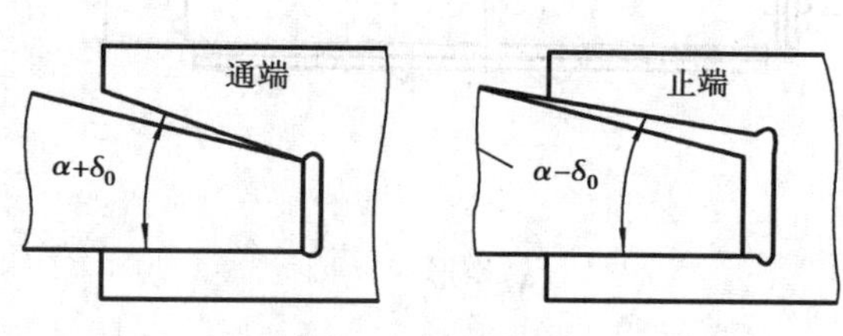

图5.39　角度样板

②锥度量规

如图5.40所示为锥度量规结构，在量规的基面端处间距为m的两刻线或小台阶，代表工件圆锥基面距公差。锥度量规一般用于批量零件或综合精度要求较高零件的检验。

使用锥度量规检验工件时，按量规相对于被检零件端面的轴向移动量判断，如果零件圆锥端面介于量规两刻线之间则为合格。对于锥体的直径、锥角和形状(素线直线度和截面圆度)、精度有更高要求的零件检验时，除了要求用量规检验其基面距外，还要观察量规与零件锥体的接触斑点。即测量前，在量规表面3个位置上沿素线方向均匀涂上一薄层显示剂(如红丹粉)，然后与被测工件一起轻研，旋转1/3～1/2转，观察量规被擦涂色或零件锥体的着色情况，判断零件合格与否。

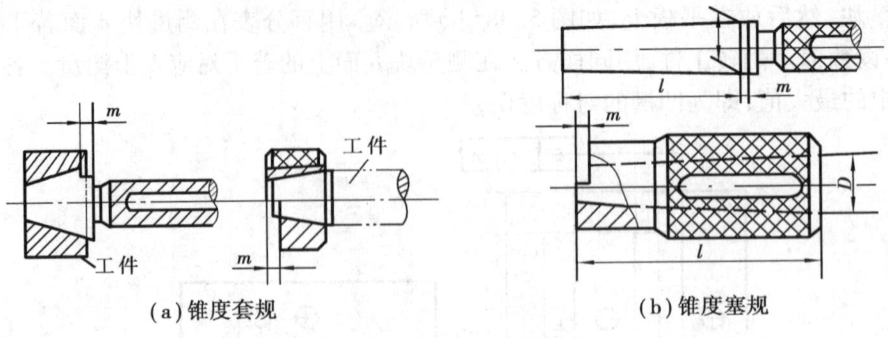

(a)锥度套规　　(b)锥度塞规

图 5.40　锥度量规结构

2)正弦尺

正弦尺是锥度测量常用量具,分宽型和窄型,如图 5.41 所示。它主要组成为安置零件的工作台 1,两个圆柱 3 和支撑板 2,4。两圆柱中心距 L 有 100 mm 和 200 mm 两种。

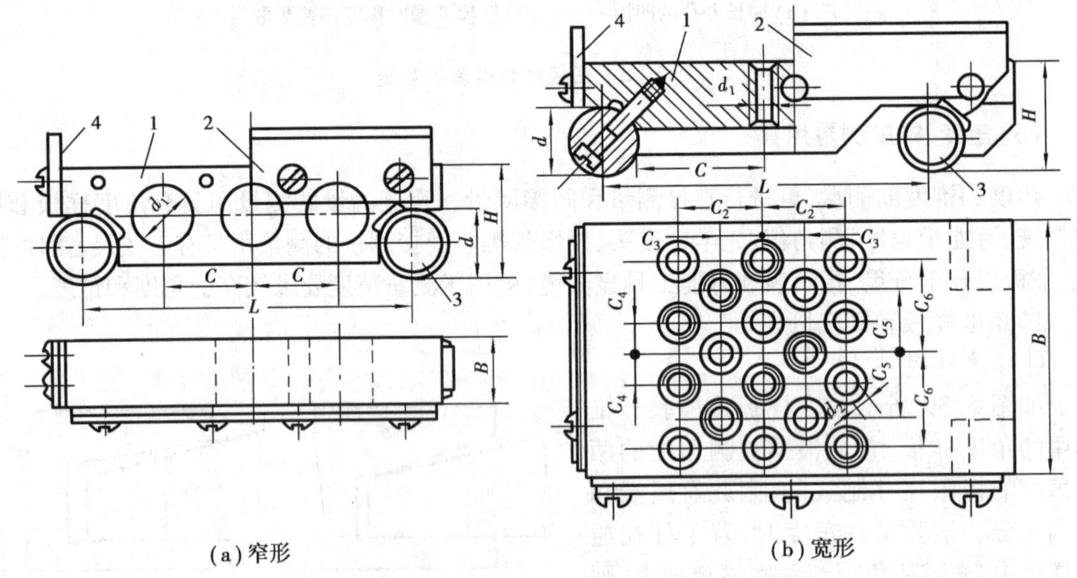

(a)窄形　　(b)宽形

图 5.41　正弦尺

1—工作台;2,4—支承板;3—圆柱

用正弦尺测角的原理和方法,如图 5.42(a)所示。

首先计算组合量块的尺寸为

$$h = L\sin\alpha$$

式中　h——量块组合尺寸;

L——正弦尺两圆柱中心距;

α——被测圆锥角的公称值。

然后按图 5.42 方法将正弦尺和量块组安装在测量平板上,用指示表在被测圆锥母线两端相距 L 的 a,b 两点进行测量。设 a,b 点的指示表读数差为 Δ,则被测圆锥角的偏差为

$$\delta_{\alpha} = 206\ 265\Delta/L \approx \Delta/L \times 2 \times 10^{5}$$

式中　d——被测锥体小端直径的基本尺寸;

α——被测锥体的锥角。

测量时，指示表测量 a，b 两点的读数差，即锥体小端直径实际偏差。

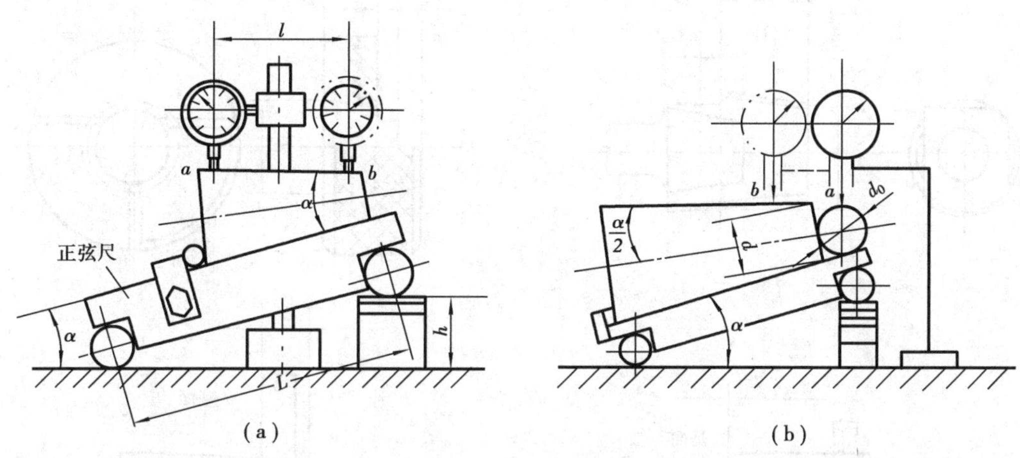

图5.42　用正弦尺测量圆锥角和圆锥小端直径

利用正弦尺和一个附加圆柱，可测量圆锥的大端或小端直径，图5.42(b)是测量外圆锥小端直径的示意图。

(4)**螺纹测量用具**

螺纹的螺距误差主要影响旋入性；牙型误差主要影响接触均匀性；中径误差将影响旋入性或联接可靠性和密封性。螺纹的测量可分为综合测量和单项测量，螺纹的测量用具有螺纹量规、螺纹千分尺和工具显微镜等。

1)圆锥螺纹量规

用螺纹量规检验螺纹属于综合测量。这种方法可判断螺纹工件的合格与否，而不能测出各参数的具体数值。圆锥螺纹工件在生产中，多采用锥螺纹量规检验。

①圆锥螺纹量规的结构

圆锥螺纹量规的结构分检验内锥螺纹的塞规和检验外锥螺纹的环规，塞规的大端和环规的小端具有台阶。按台阶的个数，量规可为一阶式和两阶式。如图5.43所示为两台阶式圆锥螺纹量规。采用圆锥螺纹量规对圆锥螺纹工件进行测量时，其各项综合误差反映在圆锥螺纹量规的基面距上。因此，圆锥螺纹量规结构上各个台阶分别与圆锥螺纹工件的公称基面距、最大基面距和最小基面距相对应。

②圆锥螺纹量规的使用

检验时，将圆锥螺纹量规旋入被测圆锥螺纹工件中，并且其端面位置的不齐程度不应超过表示最大、最小尺寸的台阶。对于两台阶式的量规，其中间台阶面标志基面的正确位置，可用来判断螺纹工件的直径是偏大或偏小。

2)螺纹千分尺

螺纹千分尺用于测量普通外螺纹的中径。在结构上螺纹千分尺和外径千分尺基本相同，只是测头不同。如图5.44所示，测头一端为V形和牙尖吻合，另一端做成圆锥形与牙槽吻合，并带有一套大小不同的可换测头，以适应尺寸大小不同的螺纹测量。

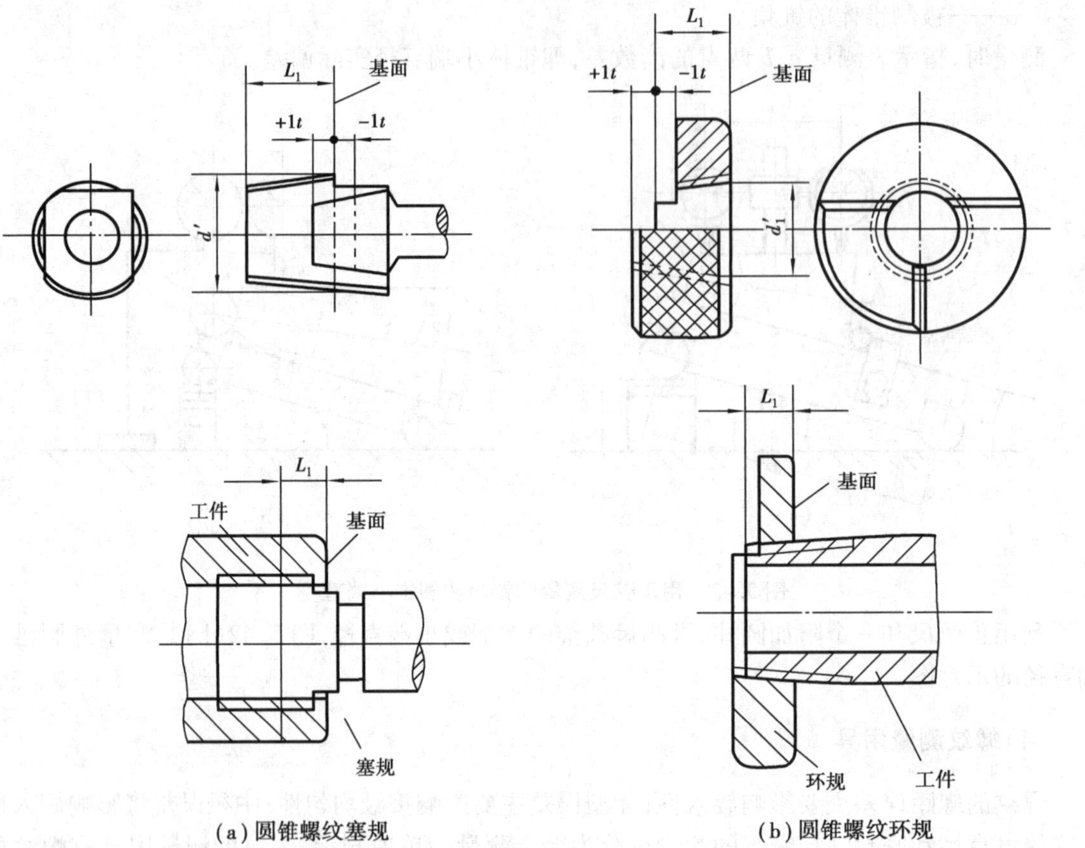

(a) 圆锥螺纹塞规　　(b) 圆锥螺纹环规

图 5.43　两台阶式圆锥螺纹量规及其测量方法

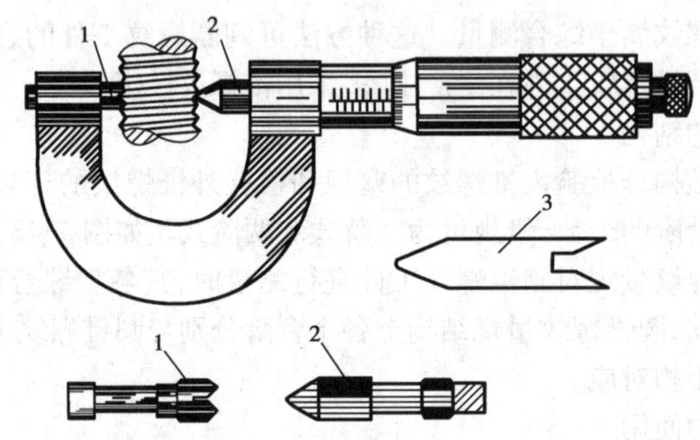

图 5.44　螺纹千分尺

1,2—测量头;3—尺寸样板

由于测头是根据牙形角和螺距的基本尺寸制造的,当被测工件存在螺距和牙形半角误差时,测头不能与工件很好吻合,并且千分尺本身精度有限,故测量误差较大,可达 0.05 ~ 0.2 mm,只适应工序间测量或低精度的螺纹测量。

(5)表面粗糙度测量用具

1)表面粗糙度样板

当对表面粗糙度较大的工作表面进行近似评定时,可用如图5.45所示的表面粗糙度样板,它是用不同加工方法(如车、铣、刨、磨等)制成的,经过测量确定其表面粗糙度读数值的大小。用表面粗糙度样板确定零件表面粗糙度,是将零件表面与表面粗糙度样板进行比较,从而作出判断,测量简便易行,是实际生产中的主要手段。其缺点是精度较差,只能作定性分析比较,评定可靠性受检验人员经验影响。

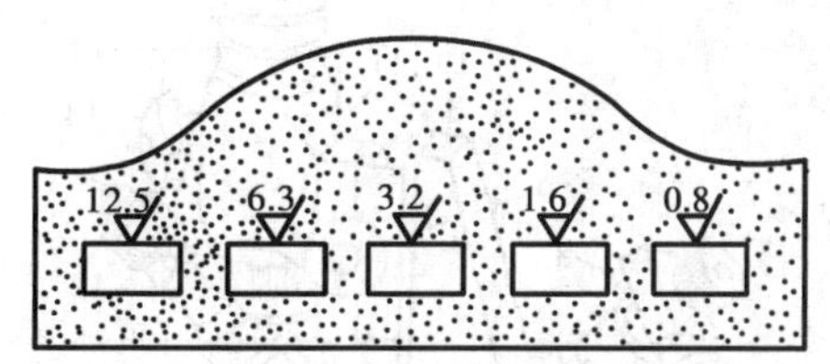

图5.45　表面粗糙度样板

应用表面粗糙度样板确定零件表面粗糙度时应注意:

①表面粗糙度样板的加工纹理方向及材料应尽可能与被测零件相同,否则易产生错误的判断。也可从成品零件中挑选样品,经检定后作为表面粗糙度样本使用。

②比较法多为目测,常用于评定低和中等粗糙度值,也可借助于放大镜(R_a1.6～0.4 μm级用)、显微镜或专用的表面粗糙度比较显微镜进行比较(R_a0.4 μm以上)。

2)双管显微镜

双管显微镜又称光切法原理测量表面粗糙度的光学仪器,一般按R_z(也可按R_{max})评定R_z50～1.6 μm级的表面粗糙度。对大型模具零件与内表面的粗糙度,可采用印模法复制被测表面模型,再用双管显微镜进行测量。

①构造及原理

我国生产的双管显微镜有XSG,JSG-1型(9J型),其基本结构及原理如图5.46所示。双管显微镜有照明用光源管15和观察用物镜管6,两管轴线互成90°。显微镜的物镜可换,并由紧固螺钉8紧固。双管显微镜的工作原理如图5.46(b)所示,在照明管中,光源1通过聚光镜2、窄缝3、物镜4,以45°方向投射在被测工件表面5上,形成一窄细光带。由于工件表面轮廓高低不平,光带边缘的形状即工件在45°截面上的表面形状。光带的波峰在工件截面S点产生反射,波谷在S'点产生反射。通过观察管的物镜8,将它们成像在测微目镜7的分划板6上的a点和a'点。

②使用方法

接通双管显微镜电源(见图5.46(a)),将被测工件置于工作台4上,使工件上的加工痕迹与光带、工作台的纵向移动方向垂直。

转动支臂升降调节螺母12,将支臂11沿立柱13缓慢下移,进行显微镜的粗调焦,直到可看到工件上出现一条绿色光带后用于手柄14锁紧。缓慢而往复调节手轮9进行显微镜的精细调焦,使目镜测微器7的视场中出现清晰的狭窄波状亮带。微调螺钉17,使光带一边轮廓最清晰并位于视场中央。

旋转目镜测微器7,使目镜内分划板上十字线的水平线与光带轮廓中心线大致平行。

根据被测表面粗糙度要求,按国家标准规定选择取样长度和评定长度。转动目镜测微器7的鼓轮使目镜千分尺十字线的水平线依次瞄准光带一侧的最高点和最低点,分别进行读数,

两次读数之差即为 H'。

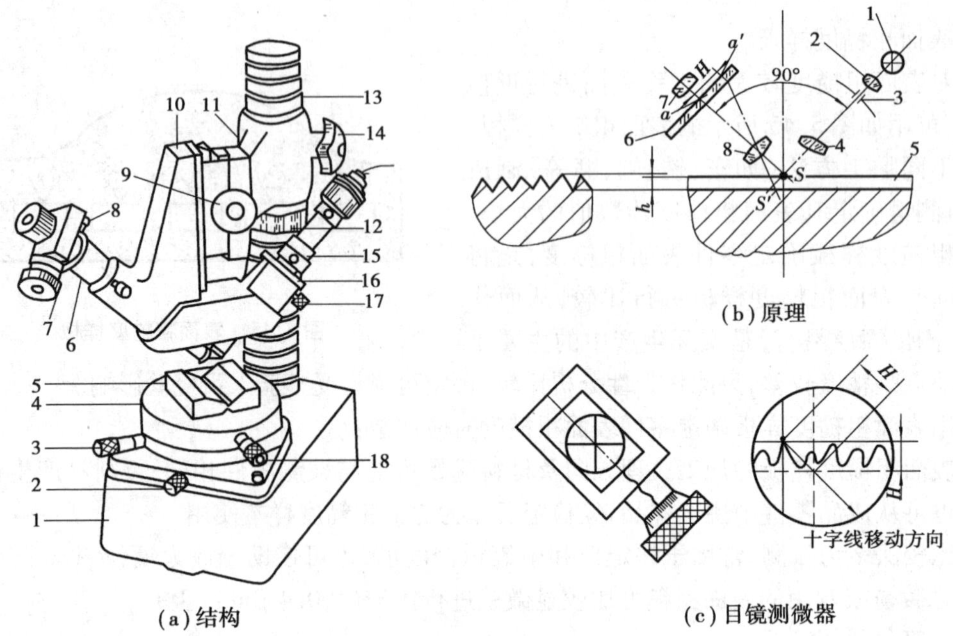

(a) 结构

(b) 原理

(c) 目镜测微器

图 5.46　双管显微镜构造及原理

(a)

1—底座;2—工作台紧固螺钉;3,18—工作台纵横移动螺钉;4—工作台;5—V 形块千分尺紧固螺钉;6—物镜管;7—目镜测微器;8—紧固螺钉;9—物镜工作距离调节手轮;10—镜管支架;11—支臂;12—支臂升降调节螺母;13—立柱;14—支臂紧固手柄;15—光源管;16—焦距调节环;17—光线投射位置调节螺钉

(b)

1—光源;2—聚光镜;3—窄缝;4,8—物镜;5—被测工件表面;6—划分板;7—测微目镜

测量时可按照 R_z 的定义,在取样长度内分别测 5 个最高点和最低点求平均值,求最高点的平均值与最低点的平均值之差,与换算系数 C 相乘,即得到被测表面的 R_z 值,换算系数 C 可通过仪器所附的一块“标准刻度尺”预先计算确定。

对大零件或内表面可采用印模法测量,即用川蜡、石蜡、塑料或低熔点合金,将被测表面印模下来,然后用光切显微镜对复制印模表面进行测量。由于印模材料不可能填充满谷底,其测量值略有缩小,可查阅资料或自行实验得出修正系数,在计算中加以修正。

任务 5.5　量　规

量规是一种没有刻度的专用检验工具。用量规检验零件时,可判断零件是否在规定的检验极限范围内,而不能得出零件的尺寸、形状和位置误差的具体数值。它的结构简单、使用方便、可靠、检验效率高。

(1)量规的分类及形式

测量孔径、轴径的量规称光滑极限量规,如图5.47所示。光滑极限量规是一种没有刻度的量具,是检验孔或轴所用极限量规的总称,简称量规。它是模拟孔、轴装配和工作状态的标准样件,有通规和止规。

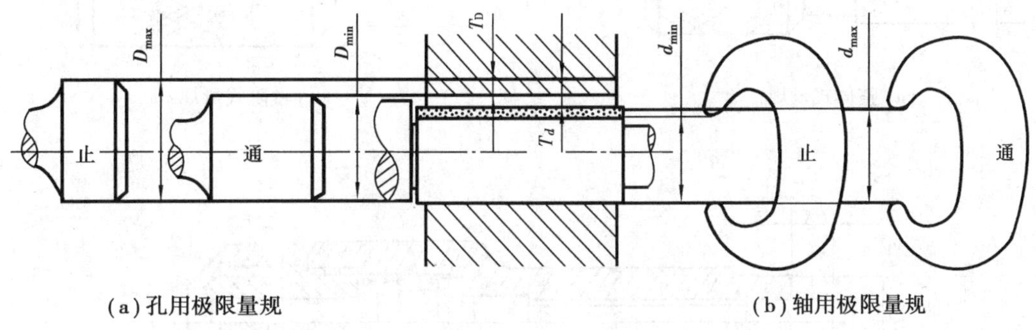

(a)孔用极限量规　　(b)轴用极限量规

图5.47　光滑极限量规

通规用来判断孔、轴的作用尺寸是否从公差带内超出最大实体尺寸;止规用于判断孔、轴任一位置的实际尺寸是否从公差带内超出最小实体尺寸。检验时,通规能通过,止规不能通过,则表明孔、轴的作用尺寸和任一部位的实际尺寸在规定的极限尺寸范围内,孔、轴合格。

检验孔时用塞规(见图5.47(a))、检验轴时用卡规(见图5.47(b))。

测量高度、深度及长度尺寸的量规分别称为高度量规、深度量规及长度量规,统称为直线尺寸量规。直线尺寸量规的结构一般可分为整体式、台阶式和带表式3类,直线尺寸量规基本尺寸形式如图5.48所示。

量规的一端按被检验零件的最小实体尺寸制造为止规,标记为Z_0;量规的另一端按被检验零件的最大实体尺寸制造称为通规,标记为T_0。

台阶式量规上的台阶尺寸J是被测工件的公差值。

(2)量规的使用

量规的使用方法如下:

①使用塞规和卡规时,通规能通过被检验零件,止规通不过被检验零件时说明零件是合格的。

②整体式和台阶式直线尺寸量规只控制被检验工件的极限尺寸,通常用于检验精度较低的一般尺寸或粗加工尺寸,测量时整体式直线尺寸量规通常采用目测比较、接触感觉及缝隙透光等方法判断被目测零件尺寸是否合格。台阶式直线尺寸量规一般凭手模或借助于刀口尺观察透光缝隙,来判断测量杆端面是否处于固定台阶尺寸J之间。

③带表式直线尺寸量规是用读数装置(如百分表等)指针摆动的大小,来代替台阶式量规的台阶尺寸J。因此,既可控制被检工件的极限尺寸,又能读出尺寸偏差的具体数值,可用于

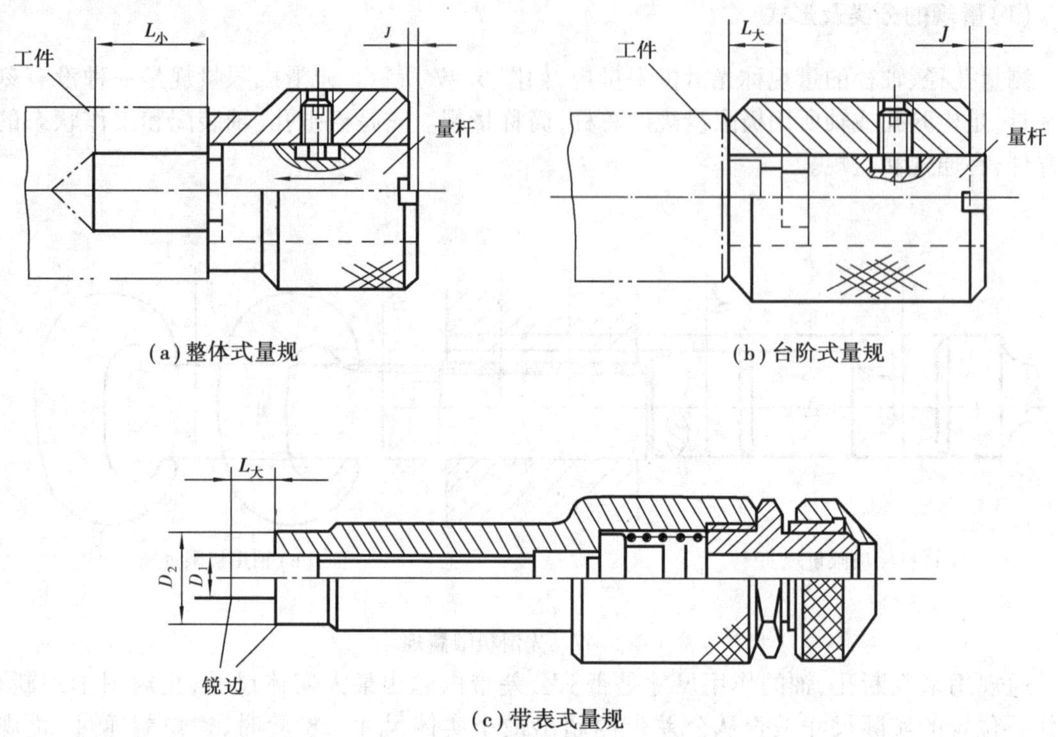

图 5.48　直线尺寸量规形式

测量精度较高的工件。使用时，先用校准件调整量规上读数装置的指针起始位置，然后根据测量时指针的摆动范围确定被测零件尺寸是否合格。

(3)《光滑极限量规》(GB 1957—1981)

《光滑极限量规》(GB 1957—1981)用于检验尺寸至 500 mm，公差等级 IT6—IT16，有配合性质要求的孔、轴用量规。

1)量规的分类

光滑极限量规按其使用功能分为以下 3 种：

①工作量规

在工件加工过程中，操作者对工件进行检验时所使用的量规，它的通规和止规代号分别用"T"和"Z"表示。

②验收量规

检验部门或用户验收产品时所用的量规。在标准中，规定了工作量规的公差，没有规定验收量规的公差，但规定了量规的使用顺序，即操作者应该使用新的或磨损较少的通规；检验部门应该使用与操作者相同形式且已磨损较多但未超过磨损极限的通规；用户验收产品时，通规应该接近工件的最大实体尺寸，止规应该接近工件的最小实体尺寸。这样可避免操作者使用量规制成合格的工件后，被检验人员或用户判为不合格品，而用户的验收量规可以最大限度地接收合格品。

③校对量规

它是检验工作量规制造和使用过程中尺寸是否合格的量规，以及判断工作量规磨损程度的量规。孔用工作量规用计量器具测量很不方便，不需校对量规，只有轴用工作量规，为了测量方便，才规定了校对量规，其名称和用途如下：

a."校通——通"规（TT）。该量规是制造轴用通规时使用的量规，其作用是防止通规尺寸小于它的最小极限尺寸，校对时应通过。

b."校通——损"规（TS）。该量规是在通规使用过程中，校对通规是否已磨损到磨损极限用的量规，校对时，不应通过，否则通规已磨损到磨损极限。

c."校止——通"规（ZT）。该量规是制造轴用止规时使用的量规，其作用是防止止规尺寸小于它的最小极限尺寸，校对时应通过。

2）量规公差带

量规的制造精度比工件高得多，因此，对量规尺寸要规定较高的制造公差。通规在使用过程中经常通过被检工件，其工作表面将逐渐磨损。为使其具有一定的使用寿命，要适当地给出磨损量。止规不通过工件，因此不留磨损量，校对量规也不留磨损量。

在确定量规的制造公差和磨损量的大小及量规公差带相对孔、轴公差带的位置分布时，要考虑以下因素：对工件配合性质的影响，误收、误废的影响。因为量规公差带的大小及量规公差带相对轴、孔公差带位置的分布会影响轴、孔的保证公差和生产公差，如图5.49所示。

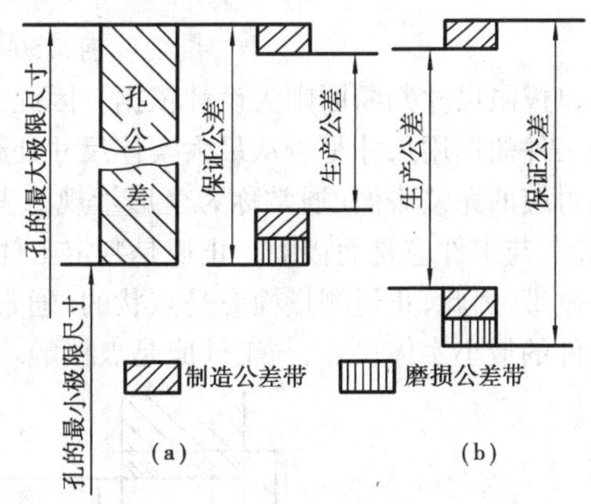

图5.49　孔的生产公差和保证公差

生产公差是指零件在制造时，可能利用的最小制造公差，它不仅关系到零件制造的难易程度，而且检验时，可能出现零件的作用尺寸和任意一部位的实际尺寸，虽在规定的极限尺寸范围内，但不在生产公差范围内，合格的零件被判为不合格品。

保证公差是指零件可能得到的最大制造公差。如图5.49（a）所示为保证公差等于零件的标准公差，能保证工件设计时的配合性质。如图5.49（b）所示为保证公差已超出了零件的标准公差，有可能将已超出极限尺寸的零件误收为合格品，达不到设计时的配合性质。

目前，国际上量规公差带相对工件公差带的分布，有超越工件公差带和不超越工件公差带两种体系，且有各自的解释。我国国家标准规定公差带位置分布如图5.50所示，采用保证公差等于工件标准公差，这样用符合标准规定的量规检验工件，可保证孔、轴的作用尺寸和任意一部位的实际尺寸不会超出孔、轴的极限尺寸，能有效地保证产品的配合性质和互换性，但孔、轴的生产公差缩小了，对加工提出了更高的要求。

标准规定了量规尺寸公差（T）值和位置要素（Z）值，Z是通规公差带中心到工件最大实体尺寸间的距离。

3）量规设计

①量规设计原则

具有配合要求的孔、轴，为了保证设计时的配合性质，检验过程中所用的光滑极限量规必

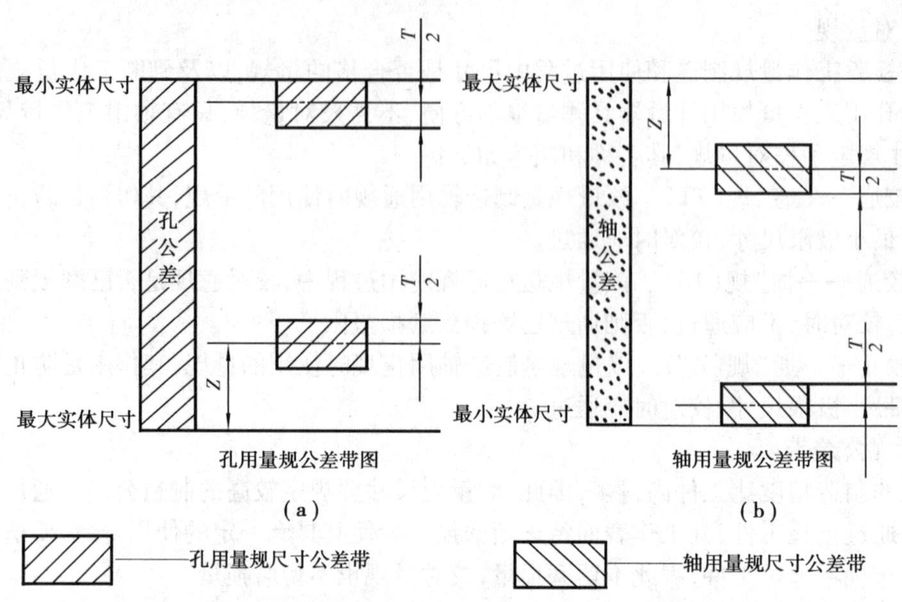

图 5.50　量规公差的分布

须以极限尺寸判断原则为设计依据。因此,符合极限尺寸判断原则的量规形式为:通规用来判定工件的作用尺寸是否从最大实体尺寸处超出公差带,故通规测量面应是与被测孔或轴形状相对应的完整表面(通常称为全形量规),其尺寸应等于工件的最大实体尺寸,长度等于配合长度,与工件应是面接触。止规是判定工件任一部位的实际尺寸是否从最小实体尺寸处超出公差带,因此,止规测量面应是点状的(通常称为不全形规),两点状测量面之间的尺寸应等于工件的最小实体尺寸,与工件应是点接触。通规和止规的形式如图 5.51 所示。

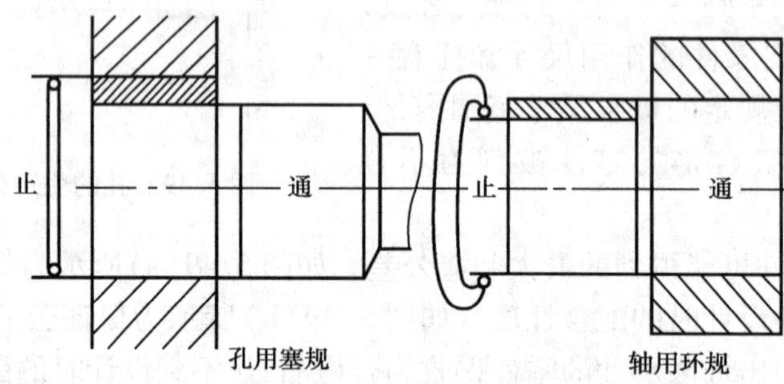

图 5.51　符合极限尺寸判断原则的量规形式

②量规对极限尺寸判断原则的偏离

完全符合极限尺寸判断原则的量规不但制造困难,而且有些情况无法使用量规检验,不得不允许量规的形式在一定条件下偏离极限尺寸判断原则。例如,为了采用标准结构,通规的长度可能小于工件的配合长度;为了减轻质量和便于使用,大尺寸的孔或轴所用量规,允许使用非全形量规或球端棒规;用环规无法检验曲轴,允许使用卡规代替全形环规;对于点状止规,检验过程中点的接触容易磨损,通常是用小平面或球面来代替等。

应注意,量规允许偏离极限尺寸判断原则,但并不等于被检验的工件可不按极限尺寸判断原则去评定,故简单地使用偏离量规,就会影响工件的配合性质。为此,应在工艺和检验方面采取必要的措施,使这种影响程度最小。

③量规的仲裁

由于量规在制造和使用过程中的差异,用不同量规检验同一工件时,不可避免地会出现争议。只要用符合标准的量规检验工件合格,就应该认可工件是合格的。若工作量规与验收量规判断有争议,应该使用以下尺寸的量规解决:

a. 通规应等于或接近工件的最大实体尺寸。

b. 止规应等于或接近工件的最小实体尺寸。

④量规的技术条件

a. 量规的形状公差应在尺寸公差带之内,其值为量规公差的50%;当量规公差小于或等于0.002 mm时,其值为0.001 mm。

b. 量规表面粗糙度的值见表5.8。

表5.8　量规主要表面的表面粗糙度 R_a/μm

工作量规 \ 工件基本尺寸	至120	>120~315	>315~500
IT6级孔用量规	0.04	0.08	0.16
IT9—IT6级轴用量规 IT9—IT7级孔用量规	0.08	0.16	0.32
IT12—IT10级孔、轴用量规	0.16	0.32	0.63
IT16—IT13级孔、轴用量规	0.32	0.63	0.63

c. 量规材料可用合金工具钢、碳素工具钢、硬质合金等。

量规的结构形式和使用尺寸范围可参考有关设计手册。

任务5.6　零件检验的专用量具

零件制造中的测量技术除一般几何量测量,如各种直线性尺寸的测量、形状位置误差、表面粗糙度、角度、螺纹等误差的测量,还包括检验复杂曲面形状扫描等先进测量技术。在测量方法上除对零件直接测量外,还较广泛采用间接测量方法。例如,锻模型槽综合检验的方法主要采用对浇铅或浇盐铸件的检验,即把上下模装配好,检验角对齐后,检验分模面的局部不密合程度及锁口间隙大小。然后用模具固定牢,从钳口槽中注入熔化的铅或盐液,待冷却后打开模具,根据铸件检验型槽的尺寸精度。对于模具零件的检验主要分为对凸、凹模的检验和模架的检验。

(1)样板和检验棒

1)样板

检验用样板是根据零件的一些特殊的截面,由钳工或切割机将薄钢板作成相应截面形状,再经淬火和仔细研磨而成。

①分类

a. 轮廓样板。按零件内部轮廓尺寸制造，给予负的允许偏差。

b. “漏板”样板。检验凸模的样板，按凸模的最大极限尺寸制造。凹模的样板，按凹模的最小极限尺寸制造。

c. 断面轮廓特殊部位形状样板。按最大极限尺寸制造，作为特殊形状的验规。

②应用

a. 用塞尺或透光目测检查样板与型腔表面的间隙，广泛用于检验精度要求不高（公差至 ±0.015 mm）的锻模模膛形状。

b. 弯曲模，特别是大中型弯曲模的凸、凹模工作表面的曲线和折线，几何形状和尺寸精度要求较高。加工时，需用样板及样件控制。

c. 车削加工模具零件时，除加工一些小而精密的形状采用成形刀加工外，常用手工控制加工。其所需形状和尺寸可由样板检验，用样板的基面靠零件基面来检查成形表面的正确与否。

d. 轮廓样板可用于铣削加工前在型面上的划线。

2）检验棒

检验棒用钢材作成圆柱、圆锥等形状，经淬火精磨用于检验较简单型槽，制造精度和表面粗糙度要求较高的锻模。检验时，根据型槽形状，选取尺寸相符的检验棒，在表面涂上一层印色油，放在型槽中稍作转动，取出检验棒，观察表面色迹来判断需修整的部位，用检验棒检验精度可达 0.05 mm。

（2）模型和样架

在拖拉机、汽车制造中，用于大型曲面零件制造的大型覆盖件冷冲模的工作部分，大多有立体曲面构成，精度及表面粗糙度等级要求均较高，加工时需采用模型和样架等专用检验工具配合加工。

1）主模型

主模型是被冲制品的原始依据，用于检验覆盖件形状和尺寸，也是覆盖件冲模制造中所有工艺装备的制造依据。

主模型的结构为优质木材或塑料制作成的覆盖件内表面形状，并以一定的基准面装配在特制的主架上，构成主模型。在主模型上划有 x,y,z 3 个方向的坐标线，表示覆盖件在制品上的位置，塑料主模型与木制主模型相比，在长期的保存和使用期间变形小、保管简单，但制造过程较复杂。

一个大型覆盖件，需要数套冲模冲压而成，而这些模具的形状要符合同一主模型，因此，主模型用以进行翻制工艺模型、样板及最后检验。

2）工艺主模型

按冲模制造的需要，在主模型上补充了翻边线外的形状（工艺补充部分），同时按冲模设计的冲压方向改装基准面，即为工艺主模型。工艺主模型的工艺补充部分上划有冲模中心线。工艺主模型是冲模制造中所用的各种模型和样板的母模，同时还可作凸模和压边圈仿形加工的靠模。

3）样架

样架即研修模型，是检验凸模立体形面与工艺主模型一致性的量具，还可作凹模的仿形铣靠模。材料采用变形小、强度高、易复制型面的塑料(玻璃钢)或低熔点合金。

4)投影样板和断面样板

投影样板是根据工艺主模型有关轮廓按冲压方向投影到平面上的形状和尺寸制造的。用于某些拉延模的凸模外轮廓、压边圈内轮廓、顶件器外轮廓和凹模内轮廓加工时的划线、检验及修磨,也可用于某些修边模刃口镶块的粗加工形状和安装位置的确定。

断面样板为两个覆盖件衔接处的样板,用于检验、精修相互衔接的两个覆盖件拉延模凸磨的衔接处的形状,以保证他们的一致性。

5)立体样板

立体样板主要用于控制修边模的曲面形状和尺寸。其结构用拉延件做坯料,并做出修边轮廓线,即在拉延件上,按修边线开出一系列小窗口,窗口的一边构成断续的修边线,以保持拉延件的工艺补充部分并保证立体样板的正确形状。

(3)**研配压力机**

研配压力机是大型覆盖件冲模常用工艺和检验设备。研配压力机的外观示意如图5.52所示。

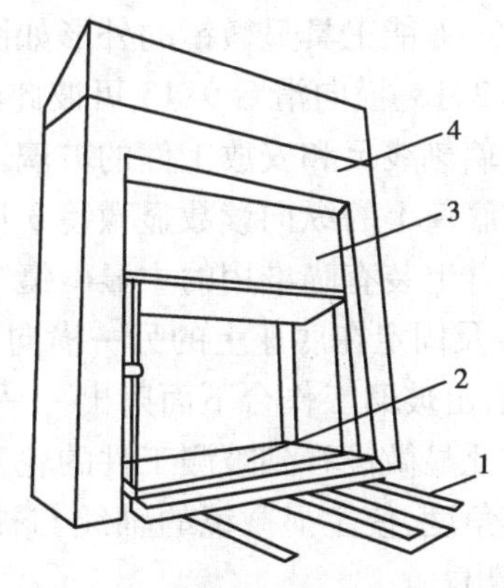

图5.52　研配压力机外观示意图
1—导轨;2—工作台;
3—滑块;4—机架

研配压力机的工作原理如下:压力机滑块3沿导轨可上下运动,以保证进行分模或作研修运动时导向准确。工作时,工件放在工作台2的台面上,标准型面如样架或凸模装在滑块上。工作台可以沿地面导轨1移动至机架4外,便于安装大型模具。压力机的压力是固定的或可调的,当滑块下行受到一定压力机的压力后,即使继续开动压力机,滑块也不再向下运动。

研配压力机的类型分机械传动和液压传动两种,机械传动研配压力机结构简单、维修方便,但其压力固定。液压传动研配压力机可调,适用范围广。

研配压力机在零件测量方面的主要用途包括:

1)检验大型覆盖件冲模型面精度

例如,在大型覆盖件冲模的凸模表面涂红丹粉,然后在研配压力机上与样板研合,观察凸模型面与样架吻合程度、凸模表面与样架的接触是否良好,其接触面积应不小于80%。

2)检验凸、凹模间隙

在研配压力机上,将装配好的模具合上,在模口周边或斜度较大部位垫软金属条,在研磨压力机上,根据金属条上的压痕,检验凹模间隙。也可在凹模刃口外放两个等高垫铁,使落下的上模板坐在垫铁上,垫铁高度以凸模刃口进入凹模刃口内3~5 mm为宜。根据设计要求的间隙值选择塞尺,检查凸、凹模之间的间隙是否均匀。

3)试模

零件检测合格后装配的冷冲模具,还必须在研配压力机上试模。因为模具在冲压时所受的力是复杂的,冲裁模受力后,本来均匀的间隙可能一边大于另一边,造成冲裁件出毛边;打弯模由于回弹力计算不准,冲出零件角度不够。因此,在研配压力机上进行试模是冷冲模具制造中的最后检测手段之一。

任务5.7 工具显微镜

按工具显微镜的工作台的大小和可移动的距离、测量精度的高低以及测量范围的宽窄，一般分为小型，大型和万能型和重型。它们的测量精度和测量范围虽然不同，但基本结构、测量方法大致相同。

工具显微镜主要用于测量扁平工件的长度；光滑圆柱直径、锥度；工件的角度，圆弧半径，孔间距；各种刀具、工具，如样板、样板刀、冲模的几何形状；普通外螺纹的中径、内径、牙形角、螺纹的形状以及圆锥外螺纹除中径以外的其他几何参数。工具显微镜是用来作坐标测量的一种光学仪器。

(1)万能工具显微镜的组成及原理

万能工具显微镜的外形如图5.53所示。底座12上有互相垂直的纵、横向导柱，使纵向滑台2,18、横向滑台9,15可彼此独立地沿纵、横向粗动、微动和锁紧。纵向滑台2上装有纵向玻璃刻线尺和安放工件的玻璃工作台10，玻璃刻线尺的移动量，即被测工件移动量可由固定在底座上的纵向读数显微镜3读出。横向滑台9,15上装有横向玻璃刻线尺和立柱6，立柱的悬臂上装有瞄准用的主显微镜7,17。主显微镜7,17在横向的移动量可通过横向刻线尺14,16及固定在底座上的另一横向读数显微镜4读出。被测工件放在工作台上或装在2顶针之间，由玻璃工作台下面射出一平行光束照明。主显微镜7,17可沿立柱升降以调焦距，因而可由此显微镜看到被测工件的轮廓影像。根据测量螺纹或特殊工件的需要，可使立柱倾斜一定的角度，使主显微镜的轴线与被测截面相垂直，便于精确观测，其倾斜角度可以从刻度筒上读出。

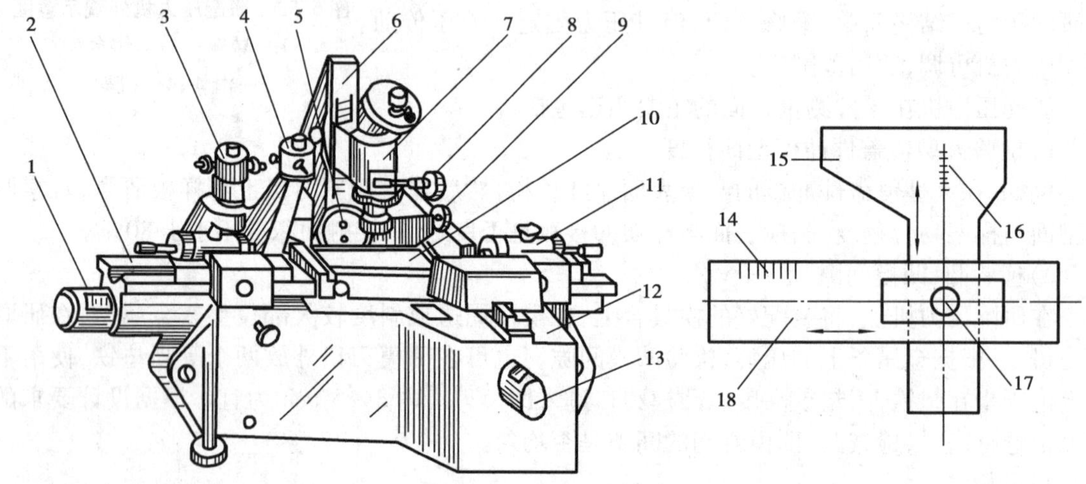

图5.53 万能工具显微镜

1—纵向微动手轮；2,18—纵向滑台；3—纵向读数显微镜；4—横向读数显微镜；5—光圈调节环；6—立柱；7,17—主显微镜；8—立柱倾斜调节手柄；9,15—横向滑台；10—工作台；11—顶尖座；12—底座；13—横向微动手轮；14,16—刻度尺

主显微镜7,17用于瞄准工件,其上部可装目镜头及投影器。目镜头的种类包括:测量角度、螺纹及坐标的测角目镜;测螺纹和测圆弧的轮廓目镜;测孔间距或对称图形的间距的双像目镜头等。投影器可将工件影像投影在影屏上,用相对法测量,或利用工作台的移动、转动及读数显微镜测工件的尺寸。

万能工具显微镜的纵向导轨中部工作滑台可分为平工作台或圆工作台。平工作台上有玻璃台板和T形槽,可用螺钉和压板夹紧工件;圆工作台用于分度测量或极坐标测量。

(2)工具显微镜的读数装置

在小型、大型工具显微镜上,工作台纵横向移动距离的读数装置常用类似千分尺的测微螺旋机构,分度值为0.01 mm或0.005 mm。万能工具显微镜则一般采用阿基米德螺旋显微镜,分度值为1 μm。目前,各种类型的工具显微镜的读数装置广泛采用微电脑数显示仪。

阿基米德螺旋显微镜的读数方法:在显微镜读数镜头中看到3种刻度:一种是毫米玻璃刻线尺上的刻度,其间距代表1 mm;另一种是目镜视野中间隔为0.1 mm的刻度;再一种是有10圈多一点的阿基米德螺旋显微线刻度和螺旋线里面圆周上100格圆周刻度,每格周围刻度代表阿基米德螺旋移动0.001 mm。读数时,旋转螺旋分划板微调手柄,使毫米刻线位于阿基米德螺旋双刻线之间,其读数为7.451 mm。如图5.54所示为阿基米德显微镜的读数方法。

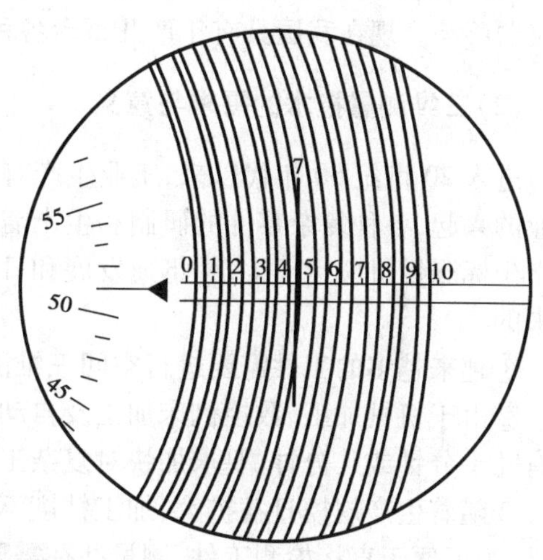

图5.54　阿基米德显微镜的读数方法

任务5.8　三坐标测量机

(1)概述

三坐标测量机是近30几年发展起来的一种高效率的新型精密测量仪器。它广泛地用于机械制造、电子、汽车和航空航天等工业中。它可以进行零件和部件的尺寸、形状及相互位置的检测,例如箱体、缸体、形体、导轨、叶片、凸轮、齿轮等空间型面的测量。此外,还可用于划线、定中心孔、光刻集成线路,并可对连续曲面进行扫描及制备数控机床的加工程序等。由于它的通用性强、测量范围大、精度高、效率高、性能好、能与柔性制造系统相连接,已成为一类大型精密仪器,故有“测量中心”之称。

三坐标测量机作为现代大型精密仪器,已越来越显示出它的重要性和广阔的发展前景。它可方便地进行空间三维尺寸的测量,可实现在线检测及自动化测量。它的优点如下:

①通用性强,可实现空间坐标点位的测量,方便地测量出各种零件的三维轮廓尺寸和位置精度。

②测量精确可靠。

③可方便地进行数据处理与程控。因而它可纳入自动化生产和柔性加工线中,并成为其中一个重要的组成部分。

目前,国内外三坐标测量机正迅速发展。国外著名的生产厂家有德国的蔡司(Zeiss)和莱茨(Leitz)、意大利的 DEA、美国的布朗和夏普(Brown & Sharpe)、日本的三丰(Mitutoyo)等公司。我国自 20 世纪 70 年代开始引进研制三坐标测量机以来,已有了很大发展。我国的主要生产厂家有青岛前哨英柯发测量设备有限公司、中国航空精密机械研究所、西安爱德华测量设备有限公司(AEH)、上海机床厂、北京机床研究所、哈尔滨量具刃具厂、昆明机床厂和新天光学仪器厂等。现在我国具有年产几百台各种型号三坐标测量机的能力。

(2)三维测量技术的需求与意义

进入 20 世纪 60 年代以来,工业生产有了很大的发展,特别是机床、汽车、航空航天和电子工业的兴起,各种复杂零件的研制和生产需要先进的检测技术与仪器,因而体现三维测量技术的三坐标测量机应运而生,并迅速发展和日趋完善。三维测量是基于以下的客观要求而发展起来的:

①越来越多的工件需要进行空间三维测量,而传统的测量方法不能满足生产的需要。

②由于机械加工、数控机床加工及自动化加工线的发展,生产节拍的加快,加工一个零件仅有几十分钟或几分钟,要求加快对复杂工件的检测速度。

③随着生产规模日益扩大,加工精度不断提高,除了需要高精度三坐标测量机在计量室检测外,为了便于直接检测工件,测量往往需要在加工车间中进行,或将测量机直接串连到生产线上。检验的零件数量加大,科学化管理程度加强,因而需要各种精度的坐标测量机,以满足生产的需要。

④实现反向工程的需要,例如随着模具生产的发展,往往按照事先制好的工件模型去仿制模具,需要三维扫描测量出工件轮廓曲线的数据。根据这些数据编制好数控加工程序,然后将程序输入数控机床中进行加工。因此需要与“数控机床”或“加工中心”相配合的三维检测技术。

综上所述,三坐标测量机的出现是标志计量仪器从古典的手动方式向现代化自动测试技术过渡的一个里程碑。三坐标测量机在以下方面对三维测量技术有重要作用:

①解决了复杂形状表面轮廓尺寸的测量,如箱体零件的孔径与孔位、叶片与齿轮、汽车与飞机等的外廓尺寸检测。

②提高了三维测量的测量精度,目前高精度的坐标测量机的单轴精度,每米长度内可达 1 μm以内,三维空间精度可达 1 ~ 2 μm。对于车间检测用的三坐标测量机,每米测量精度单轴也达 3 ~ 4 μm。

③由于三坐标测量机可与数控机床和加工中心配套组成生产加工线或柔性制造系统,从而促进了自动生产线的发展。

④随着三坐标测量机的精度不断提高,自动化程度不断发展,促进了三维测量技术的进步,大大地提高了测量效率。尤其是电子计算机的引入,不但便于数据处理,而且可完成 CNC 的控制功能,可缩短测量时间达 95% 以上。

(3)三维测量技术的发展

三坐标测量机出现以前,测量空间三维尺寸已有一些原始的方法,如采用高度尺和量规等通用量具在平板上测量,以及采用专用量规、心轴、检验棒等量具测量孔的同轴度及相互位置精度。这种方法劳动强度大、效率低、精度不易保证。专用量规制造成本高,使用麻烦,即使是熟练的测量人员也难以获得稳定的、精确的测量结果。另一种方法是采用坐标镗床测量,即在镗床上利用它的三坐标结构,在主轴(镗头)上安装测微仪(指示表或传感器),对工件进行三维测量。这些传统的测量方法既费时又费力,也不易达到精度要求。

除此以外,为了测量复杂的轮廓曲面,通常设计专用测量装置或专用仪器。其原理是从理论上形成需要的复杂运动(如转子发动机缸体需要形成次摆线运动,齿轮需要形成渐开线运动),再装上测微仪与实际工件的轮廓进行比较测量,描绘出实际轮廓曲线。这种测量装置的专用性强、成本高,如果机构不精确,产生的误差大。尽管此类专用仪器仍在发展,但由于通用性差,不适宜作通用型的三维检测之用。

三坐标测量机基于坐标测量原理。坐标测量机的发展与其他事物一样,是由简单到复杂逐步形成的。早期出现的测长机可在一个坐标方向上进行工件长度的测量,即是单坐标测量机,仅完成一维测量。后来出现的万能工具显微镜具有 x 与 y 两个坐标方向移动的工作台,可测量平面上各点的坐标位置,即为二维测量,也可称为二坐标测量机。而三维测量需要 x,y,z 方向的运动导轨,可测出空间范围内各测点的坐标位置。因此,从理论上讲,三维测量可对空间任意处的点、线、面及相互位置进行测量。

三维测量的原理是:将被测物体置于三坐标测量机的测量空间,可获得被测物体上各测点的坐标位置,根据这些点的空间坐标值,经过数学运算,求出被测的几何尺寸、形状和位置。

显然,对任何复杂的几何表面与形状,只要测量机的测头能够瞄准(或感受)到的地方(接触法与非接触法均可),就可测出它们的几何尺寸和相互位置关系,并借助于计算机完成数据处理。这种三维测量方法几乎是万能的。

该测量方法虽说看来简单,但实现起来却很不容易。这主要是由于制造精密三坐标机构的难度较大。就是制出了合格的机构,要进行大量的数学计算也是很困难的,再加上需要各式各样的三维测头,这些因素就使得三坐标测量机问世很晚。到了20世纪60年代初期,精密机械、电子技术和电子计算机有了很大发展,解决了精密导轨的设计与加工和大位移测量装置(如感应同步器、光栅等)的制作,并引入了电子计算机及计量软件,才使三坐标测量机得到迅速发展。因此,当代三维测量技术是在坐标测量机的基础上发展起来的,而三坐标测量机的发展又丰富、完善了三维测量技术。

当前,除正在研制高精度、快速检测的三坐标测量机外,还在拓宽程序与自动化检测的功能,开发研制新型计量软件,以适应各式各样被测零、部件的要求。同时,也在开发各种用途的可转位、高灵敏度、高精度的测头,以完成复杂零件内外形及难于检测部位的测量任务。

在三坐标测量机上装置分度头、回转台(或数控转台)后,除采用直角坐标系测量外,还可采用极坐标(柱坐标)系测量,因而扩大了测量范围。这种具有 x,y,z,c 四轴的坐标测量机称为四坐标测量机。按照回转轴的数目,也可有五坐标或六坐标(即 x,y,z 3 轴上各具有一回转轴)测量机。

(4)三坐标测量机的组成

三坐标测量机种类繁多、形式各异、性能多样,所测对象和放置环境条件也不尽相同,但大体上皆由若干具有一定功能的部分组合而成。作为一种测量仪器,三坐标测量机主要是比较被测量与标准量,并将比较结果用数值表示出来。三坐标测量机需要3个方向的标准器(标尺),利用导轨实现沿相应方向的运动,还需要三维测头对被测量进行探测和瞄准。此外,测量机还具有数据处理和自动检测等功能,需由相应的电气控制系统与计算机软硬件实现。

尽管三坐标测量机的规格品种很多,但其基本组成主要由测量机主体、测量系统、控制系统和数据处理系统组成。

1)三坐标测量机的主体

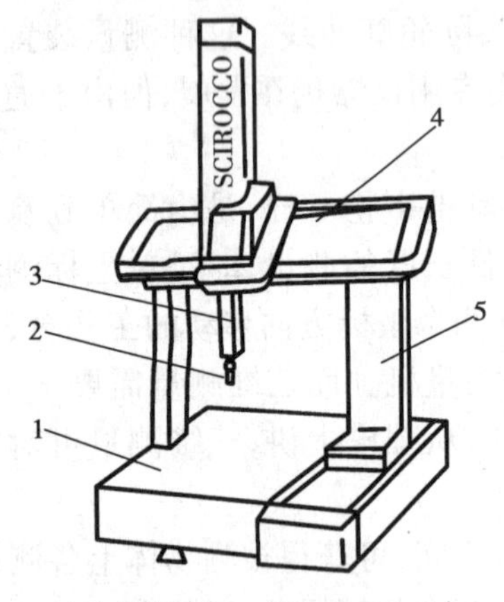

图 5.55　CIOTA 系列三坐标测量机
1—工作台;2—测头;3—z 轴;
4—副滑架;5—主滑架

测量机主体的运动部件包括:沿 x 轴移动的主滑架5,沿 y 向移动的副滑架4,沿 z 向移动的 z 轴3,以及底座、测量工作台1。图5.55为中国航空精密机械研究所CIOTA系列三坐标测量机,其三向导轨为气浮结构,由手柄或CNC控制齿轮齿条传动。测量机的工作台多为花岗岩制造,具有稳定、抗弯曲、抗振动、不易变形等优点。

2)三坐标测量机的测量系统

三坐标测量机的测量系统包括测头和标准器。CIOTA系列三坐标测量机以金属光栅为标准器,光学读数头用于各坐标轴实现测量数值。三坐标测量机的测头用来实现对工件的测量,是直接影响测量机测量精度、操作的自动化程度和检测效率的重要部件。

①测头的类型

按测量方法,三坐标测量机的测头可分接触式和非接触式两类。

接触式测量头又分机械式测头和电气式测头。此外,生产型测量机还配有专用测头式切削工具,如专用铣削头和气动钻头等。机械接触式测头为具有各种形状(如锥形、球形)的刚性测头、带千分表的测头以及划针式工具。机械接触式测头主要用于手动测量,由于手动测量的测量力不易控制,测量力的变化会降低瞄准精度,因此只适用于一般精度的测量。电气接触式测头的触端与被测件接触后可作偏移,传感器输出模拟位移量信号。这种测头既可以用于瞄准(过零发信),也可以用于测微(测给定坐标值的偏差),因此电气接触式测头主要分为电触式开关测头和3向测微电感测头,其中电触式开关测头较广泛采用。

非接触式测头,主要由光学系统构成,如投影屏式显微镜、电视扫描头。适用于软、薄、脆的工件测量。

②电气接触式开关测头

它用于瞄准的电触式开关测头,是利用电触头的开合触点进行单一瞄准的,其结构及工作原理如图5.56所示。测头主体由上主体2与下底座10及3根防转杆1组成。测杆11装在测头座7上,其底面装有按120°均布的3个圆柱体8,圆柱体与装在下底座上的6个钢球9两两相配,组成3对钢球接触副。测头座为半球形,顶部的压力弹簧5向下压紧,使接触副保持

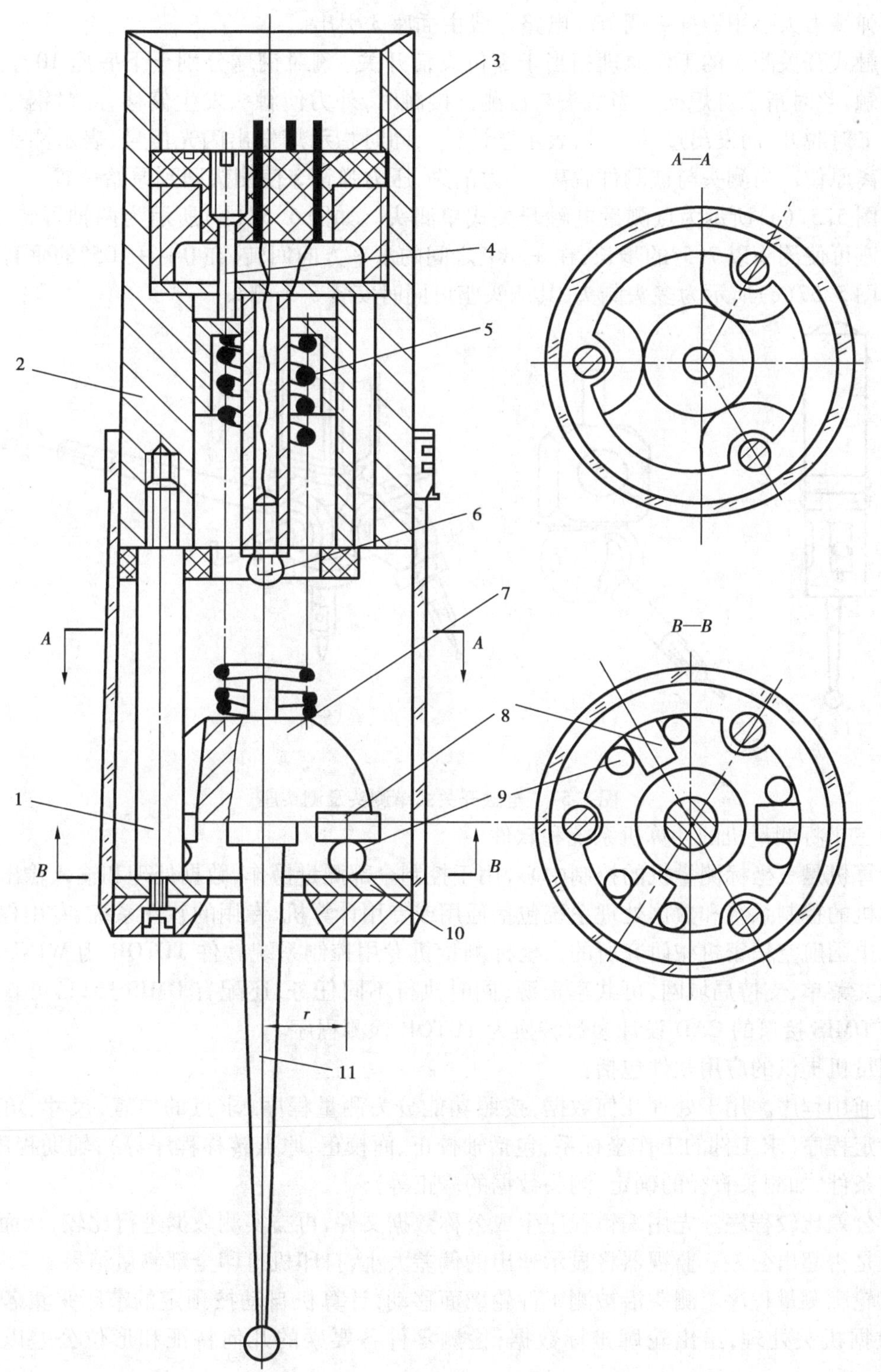

图5.56　电触式开关测头的结构及工作原理

1—防转杆；2—上主体；3—插座；4—螺杆；5—压力弹簧；
6—指示灯；7—测头座；8—圆柱体；9—钢球；10—下底座；11—测杆

接触。弹簧力大小用螺杆4调节。电路导线由插座3引出。

电触式开关测头的工作原理相当于零位发信开关。3对钢球分别于下底座10上的印刷线路接触，此时指示灯熄灭。当触头与被测件接触时，外力使触头发生偏移，此时钢球接触副必然有1对脱开，而发出过零信号，表示已计数。同时指示灯发出闪光信号，表示测头已碰上工件偏离原位。当测头与被测件脱离，外力消失，压力弹簧5使测头回到原始位置。

如图5.57(a)所示为点测量电触开关式单测头。如图5.57(b)所示为两轴可转角测头，其测头座可使测头以7.5°的步长，在±180°之间的水平方向回转，在0～+105°的垂直方向倾斜。如图5.57(c)所示为多头测头，其测头座可同时安装5个测头。

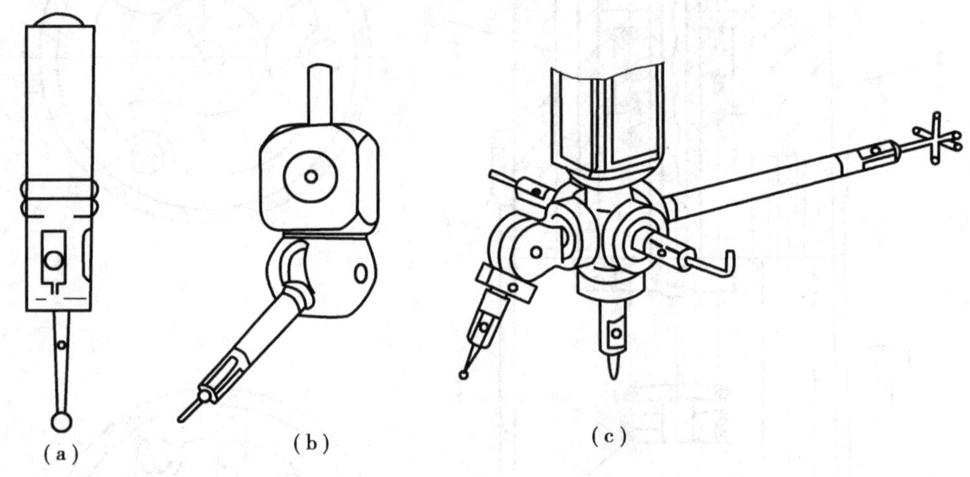

图5.57　电触开关式单测头及测头座

3)三坐标测量机的计算机系统和软件

计算机是三坐标测量机的控制中心，用于控制全部测量操作、数据处理和输入输出。三坐标测量机的控制系统和数据处理系统包括通用或专用计算机、专用的软件系统、专用程序或软件包。中国航空精密机械研究所的三坐标测量机专用控制系统软件TUTOR为WINDOWS版配以中文菜单，支持局域网，可共享资源，同时执行不同任务，还配有DMIS接口，可直接把各种具有DMIS接口的CAD设计参数转换为TUTOR检测程序。

测量机提供的应用软件包括：

①通用程序。用于处理几何数据，按照功能分为测量程序(求点的位置、尺寸、角度等)；系统设定程序(求工件的工作坐标系，包括轴校正、面校正、原点转移程序等)；辅助程序(设定测量的条件，如测头直径的确定、测头数据的修正等)。

②公差比较程序。先用编辑程序生成公称数据文件，再与实测数据进行比较，从而确定工件尺寸是否超出公差。监视器将显示超出的偏差大小，打印机打印全部测量结果。

③轮廓测量程序。测头沿被测工件轮廓面移动，计算机自动按预定的节距采集若干点的坐标数据机关处理，给出轮廓坐标数据，检测零件各要素的几何特征和形位公差以及相关关系。

④自学习零件检测程序的生成程序、统计计算程序、计算机辅助编程程序等。

(5)三坐标测量机分类

①三坐标测量机按其工作方式分为点位测量方式和连续扫描测量方式。点位测量方式是由测量机采集零件表面上一系列有意义的空间点,通过数学处理,求出这些点所组成的特定几何元素的形状和位置。连续扫描测量方式是对曲线、曲面轮廓进行连续测量,多为大中型测量机。

如图5.58所示为三坐标测量机的结构形式,测量机3个方向测量轴的相互配置位置,使三坐标测量机的总体布局结构形式分为悬臂式(见图5.58(a)、(b))、桥式(见图5.58(c)、(d))、龙门式(见图5.58(e)、(f))、立柱式(见图5.58(g))、坐标镗床式(见图5.58(h))等,每种形式各有特点与适用范围。

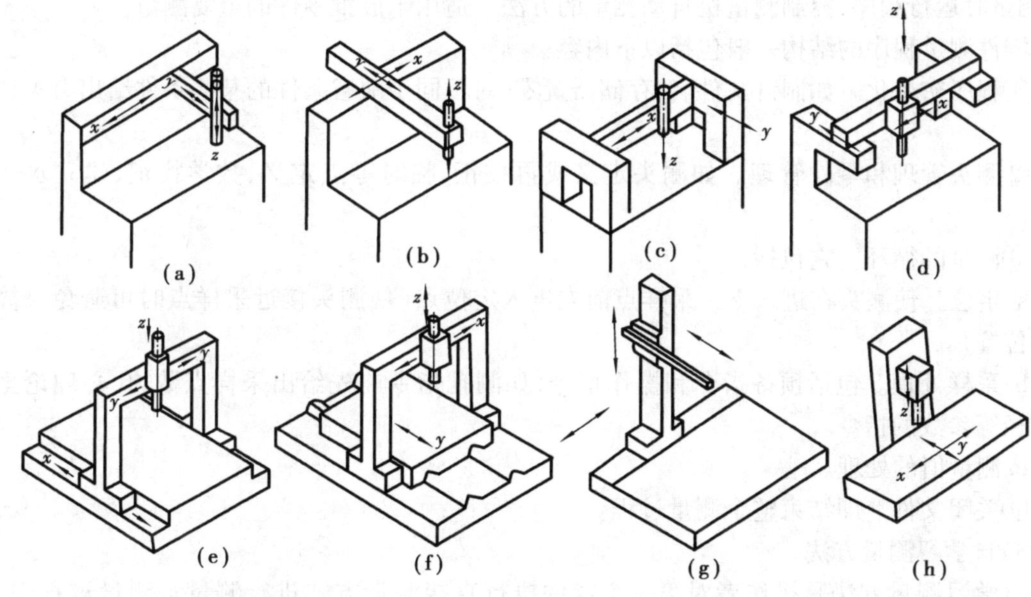

图5.58　三坐标测量机的结构形式

悬臂式的特点是结构紧凑、工作面开阔、装卸工件方便、便于测量,但悬臂易于变形,且变形量随测量轴 y 轴的位置变化,因此 y 轴测量范围受限。桥框式测量机构刚性好,x,y,z 的行程大,一般为大型机。龙门式的特点是龙门架刚度大,结构稳定性好,精度较高。由于龙门或工作台可移动,使装卸工件方便,但考虑龙门移动或工件移动的惯性,龙门式测量机一般为小型机。立柱式适合于大型工件的测量。坐标镗式的结构与镗床基本相同,结构刚性好,测量精度高,但结构复杂,适用于小型工件。在模具的制造和检验中,常用的形式为:桥式、龙门式和立柱式。

②三坐标测量机按测量范围可分为大型、中型和小型。

③按其精度可分为两类:一类是精密型,一般放在有恒温条件的计量室,用于精密测量,分辨力一般为0.5~2 μm。另一类为生产型,一般放在生产车间,用于生产过程检测,并可进行末道工序的精加工,分辨率5 μm或10 μm。

(6)三坐标测量机的测量方式

一般点位测量有3种测量方式,即直接测量、程序测量和自学习测量方式。

1)直接测量方式

直接测量即手动测量,利用键盘由操作员将决定的顺序指令输入,系统逐步执行的操作方式,测量时根据被测零件的形状调用相应的测量指令,以手动或NC方式采样。其中,NC方式是把测头拉到接近测量部位,系统根据给定的点数自动采点。测量机通过接口将测量点坐标值送入计算机进行处理,并将结果输出显示或打印。

2)程序测量方法

程序测量是将测量一个零件所需要的全部操作,按照其执行顺序编程,以文件形式存入磁盘,测量时运行程序,控制测量机自动测量的方法。适用于成批零件的重复测量。

零件测量程序的结构一般包括以下内容:

①程序初始化。如制订文件名、存储器置零,对不同于缺省条件的某些条件给出有关选择指令。

②测头管理和零件管理。如测头定义或再校正、临时零点定义、数学找正、建立永久原点等。

③测量的循环。它包括:

a.定位。使测头在进入下一采样点前先进入定位点(使测头接近采样点时可避免碰撞工件的位置)。

b.采样处理。包括预备指令和操作指令,如测孔指令前先给出采样点数、孔心理论坐标及直径等参数的指令。

c.测量值的处理。

④关闭文件。即结束整个测量过程。

3)自学习测量方法

自学习测量方法是操作者对第一个零件执行直接测量方式进行测量。测量过程中,操作人员的每一个测量操作步骤都被记录下来,借助适当命令使系统自动产生相应零件的测量程序,对其余零件测量时重复调用。该方法与手工编程比,省时且不易出错,对于初学者比较适宜,但要求操作员熟练掌握直接测量技巧,注意操作的目的是获得零件测量程序,注重操作的正确性。这种方式其特点是编程比较容易,但不足是写出的程序烦琐、冗长、不便检查修改。

进行自学习编程时应特别注意编程开始时的坐标系,一般情况下首先要对坐标系进行初始化,或者提取已建好的工件坐标系,以保证编程时和运行时坐标系的一致性。此外,由于机器总是在相邻两点之间沿最短路径即直线运动,自学习编程过程中除了要进行测量所必需的操作外,还应在运动途中必要的位置设置一些过渡点,以保证程序运行时机器与工件不会发生碰撞。

(7)三坐标测量机的应用

1)实物程序编制

对于在数控机床上加工的形状复杂的零件,当其形状难于建立数学模型使得程序编制困难，常借助于测量机。通过对木质、塑料、黏土或石膏制的模型或实物的测量，得到加工面几何形状的各项参数，经过实物程序软件系统的处理，输出所需结果。例如，高速数字化扫描测量，高速数字化扫描机实际上是一台连续扫描测量方式坐标测量机，主要用于对模具未知曲面进行扫描测量，可将测得的数据存入计算机，根据模具制造的需要，可实现：对扫描模型进行阴、阳模转换，生成需要的 CNC 加工程序；借助绘图设备和绘图软件得到复杂零件的设计图样，即生成各种 CAD 数据。

2）轻型加工

生产型三坐标测量机除用于零件的测量外，还可用于如划线、打冲眼、钻孔、微量铣削及末道工序精加工等轻型加工，在模具制造中可用于模具的安装、装配。

三坐标划线机即立柱式三坐标测量机，主要用于金属加工中精密划线和外形轮廓检测，特别适用于大型工件制造、模具制造、汽车和造船制造业及铸件加工等。它与三坐标测量机在结构和精度上有较大区别，属于生产适用型三坐标机，可承受检测环境较恶劣的划线和计量测试技术工作。因此，在模具制造中，特别是大型覆盖件冷冲模具制造中，得到广泛应用。

3）多种几何量的测量

在进行多种几何量的测量时，要根据被测件的形状特点选择测头并进行测头的定义和校验，还要对被测件的安装位置进行找正。

①触头的定义和校验

在测量过程中，当触头接触零件时，计算机将存入测头中心坐标，而不是零件接触点的实际坐标，因而触头的定义包括触头半径和测杆的长度造成的中心偏置，以及多触头测量时各个触头定义代码。测量触头的校验还包括使计算机记录各触头沿测量机不同方向测同一测点时的长度差别，以便实际测量时系统能自动补偿。触头的定义和校验可直接调用测头管理程序、参考点标定和测头校正程序来进行，将各触头分别测量固定在工作台上已标定的标准球或标准块，计算机即将各测头测量时的坐标值计算出各触头的实际球径和相互位置尺寸，并将这些数据存储于寄存器作为以后测量时的补偿值。经过校验的不同触头测同一点，可得到同样的测量结果。

②零件的找正

零件的找正是指在测量机上用数学方法为工件的测量建立新的坐标基准。测量时，工件任意地放置在工作台上，其基准线或基准面与测量机的坐标轴（x，y，z 轴的移动方向）不需要精确找正，为了消除这种基准不重合对测量精度的影响，用计算机对其进行坐标转换，根据新基准计算校正测量结果。因此，这种零件找正的方法称为数学找正。

零件找正的主要步骤有：

a. 根据采用的三维找正或二维找正方法，确定初始参考坐标系。

b. 运行找正程序。

c. 选定第一坐标轴。

d. 调用相应子程序进行测量并存储结果。

e. 选第二坐标轴。

f. 调用相应子程序进行测量并存储结果。

对于三维找正中的第三轴，系统自动根据右手坐标准则确定。举例如下：

如图 5.59 所示零件为三维找正的实例，调用“平面指令”，测上表面 3 点或多点，计算机

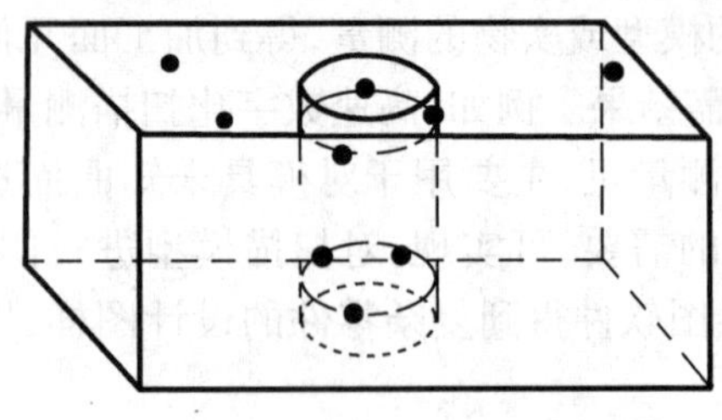

图 5.59　零件三维找正的实例

根据测得值计算出表面法线与 z 轴在两个方向上的夹角,以后测量时将以此角度值加以换算,即将上表面换算到 x,y 轴所在平面,可称为空间坐标转换。调“测孔”指令测量孔表面多点,可算出其轴线为 z 轴方向。

在找正程序中还有“测球”“测圆”“测对称点”等指令以适用于零件上体现测量基准的各种几何元素。

工件测量坐标系设定后,即可调用测量指令进行测量。

任务 5.9　项目实施、检查与评价

(1)实施

①制订零件工艺过程。

②学生根据工艺规程,熟悉所选择的工艺装备的功能及使用方法。

③学生根据工艺规程,正确的安装工件,选择合理的切削用量,调整好机床。

④师傅首先进行正确的操作示范,学生完成正确的试切。学生根据师傅的示范进行逐一的练习实践。最后由师傅完成零件的最终加工。

(2)检查

①检查学生的练习情况,并对每个学生的练习情况作出记录。

②齿轮零件的检验。齿轮零件要全面检验零件的加工精度和表面质量,并分析已加工的零件是否合格。

③对加工过程中出现的问题进行分析、总结,并提出合理的解决方案,重新加工工件。

④检查学生练习情况,并对每个同学的练习情况进行记录。

(3)项目评价(评价方式、评价表)

1)评价方式

①学生自评。

②小组内学生互评。

③教师评价。

④各小组组长总结、归纳本小组的零件加工情况。

⑤教师、师傅总体评价并总结。

2)评价表

齿轮零件工艺装备确定的考核评价标准见表 5.9。

表5.9　齿轮零件工艺装备确定的考核评价标准

项目编号		学生完成时间			学生姓名		总分	
序号	评价内容	评价标准	配分	学生自评15%	学生互评25%	教师评价60%	得分	
1	加工工艺过程的拟订	不合理,扣5~10分	15					
2	定位方案的确定	不合理,扣5~10分	10					
3	装夹方式及夹具的确定	不合理,扣5~10分	15					
4	切削用量的确定	不合理,扣1~5分	5					
5	各工序设备的确定	不合理,扣1~5分	10					
6	刀具的确定	不合理,扣5~10分	15					
7	量具的确定	不合理,扣5~10分	15					
8	工具的确定	不规范,扣1~5分	10					
9	完成时间	超1学时,扣2分	5					
10	合　计							

注:工艺装备确定思路创新、方案创新的酌情加分。

注意:检查评价时应注意对方案设计的依据、方法,特别是有关参数的确定过程进行全面考核,考核学生应用所学知识进行齿轮零件工艺装备确定的分析、应用等综合能力。

3)归纳整理

①对本项目所有的资料进行归纳、整理。

②对加工出的零件进行存放。

本项目小结

本项目以多品种小批量生产的工具磨床三联齿轮为例,重点分析了齿轮的使用性能、技术要求、结构特点,具体介绍了齿轮加工中所用的夹具的典型结构与特点、工件安装与调试方法,齿轮加工刀具的安装与调试方法。着重介绍了零件测量工具的常用结构、工作原理、使用方法及适应范围。

思考题与习题

5.1　齿轮类零件的功用是什么?

5.2　齿轮类零件的技术要求有哪些?

5.3　齿轮类零件装夹的方法有哪些?

5.4　滚刀的安装方法有哪些?应如何调试?

5.5　零件检验常规量具有哪些？其特点如何？各适用什么场合？
5.6　什么叫量规？量规有什么用途？有哪些种类？各类量规特点如何？
5.7　什么是光滑极限量规？光滑极限量规有什么用途？
5.8　直线尺寸量规有哪些形式？其特点如何？
5.9　量规的使用方法如何？
5.10　光滑极限量规按其使用功能分为哪些种？其特点如何？
5.11　什么是孔的生产公差和保证公差？
5.12　量规设计原则有哪些？
5.13　零件检验的专用量具有哪些？其特点如何？各适用什么场合？
5.14　说明万能工具显微镜的组成及作用。
5.15　说明工具显微镜的组成及作用。
5.16　说明三坐标测量机的结构及使用方法。
5.17　说明电触式开关测头的结构及工作原理。

项目5齿轮的功用
及技术要求

参考文献

[1] 魏康民. 机械制造工艺装备[M]. 重庆:重庆大学出版社,2007.
[2] 薛源顺. 机床夹具设计[M]. 北京:机械工业出版社,1994.
[3] 刘守勇. 机械制造工艺与机床夹具[M]. 北京:机械工业出版社,1996.
[4] 周世学. 机械制造工艺与夹具[M]. 北京:北京工业大学出版社,1999.
[5] 模具实用技术丛书编委会. 模具制造工艺装备及应用[M]. 北京:机械工业出版社,2000.
[6] 魏康民. 机械制造技术[M]. 北京:机械工业出版社,2002.
[7] 李云程. 模具制造工艺学[M]. 北京:机械工业出版社,2003.
[8] 韩步愈. 金属切削原理与刀具[M]. 北京:机械工业出版社,1988.
[9] 马幼祥. 机械加工基础[M]. 北京:机械工业出版社,1995.
[10] 龚定安,蔡建国. 机床夹具设计原理[M]. 西安:陕西科学技术出版社,1981.
[11] 张普礼. 机械加工工艺装备[M]. 南京:东南大学出版社,2000.
[12] 孙光华. 工装设计[M]. 北京:机械工业出版社,1998.
[13] 机械工业技师考评教材编审委员会. 车工技师培训教材[M]. 北京:机械工业出版社,2002.
[14] 机械加工工艺装备设计手册编委会. 机械加工工艺装备设计手册[M]. 北京:机械工业出版社,1998.
[15] 模具设计与制造技术教育丛书编委会. 模具制造工艺与装备[M]. 北京:机械工业出版社,2003.
[16] 韩洪涛. 机械制造技术[M]. 北京:化学工业出版社,2003.
[17] 郭铁良. 模具制造工艺学[M]. 北京:高等教育出版社,2002.
[18] 刘雄伟. 数控机床操作与编程培训教材[M]. 北京:机械工业出版社,2002.
[19] 魏康民. 机械加工工艺方案设计与实施[M]. 北京:机械工业出版社,2010.
[20] 何国旗,何英. 机械制造工程实践教程[M]. 北京:化学工业出版社,2011.

参考文献

[1] [illegible]
[2] [illegible]
[3] [illegible]
[4] [illegible]
[5] [illegible]
[6] [illegible]
[7] [illegible]
[8] [illegible]
[9] [illegible]
[10] [illegible]
[11] [illegible]
[12] [illegible]
[13] [illegible]
[14] [illegible]
[15] [illegible]
[16] [illegible]
[17] [illegible]
[18] [illegible]
[19] [illegible]
[20] [illegible]